Studien- und Übungsbücher der Wirtschafts- und Sozialwissenschaften

Herausgegeben von
Dr. Heiko Burchert
und
Universitätsprofessor Dr. Thomas Hering

Bisher erschienene Werke:

Arens-Fischer · Steinkamp, Betriebswirtschaftslehre
Berlemann, Allgemeine Volkswirtschaftslehre
Burchert · Hering, Betriebliche Finanzwirtschaft
Burchert · Hering · Rollberg, Produktionswirtschaft
Burchert · Hering · Rollberg, Logistik
Guba · Ostheimer, PC-Praktikum
Keuper, Finanzmanagement
Keuper, Strategisches Management

Allgemeine Volkswirtschaftslehre

Aufgaben und Lösungen

Herausgegeben
von
Dipl.-Ök. Dr. Michael Berlemann

R. Oldenbourg Verlag München Wien

Die Deutsche Bibliothek - CIP-Einheitsaufnahme

Allgemeine Volkswirtschaftslehre : Aufgaben und Lösungen / hrsg. von Michael Berlemann. – München ; Wien : Oldenbourg, 2001
(Studien- und Übungsbücher der Wirtschafts- und Sozialwissenschaften)
ISBN 3-486-25600-9

Rosenheimer Straße 145, D-81671 München
Telefon: (089) 45051-0
www.oldenbourg-verlag.de

Gedruckt auf säure- und chlorfreiem Papier
Gesamtherstellung: Druckhaus „Thomas Müntzer" GmbH, Bad Langensalza

ISBN 3-486-25600-9

Vorwort des Herausgebers

Auch die beste Vorlesung nützt zumeist nicht allzuviel, wenn der dort vermittelte Stoff nicht anhand von Übungsaufgaben wiederholt und vertieft wird. Diese Erkenntnis kommt - wenn auch etwas allgemeingültiger - in Sprichwörtern wie „Übung macht den Meister" oder „Ohne Fleiß kein Preis" zum Ausdruck. Der vorliegende Sammelband bietet hierzu die Möglichkeit. Neben dem allgemeinen Verständnis der Materie der Volkswirtschaftslehre soll dieses Übungsbuch auch zur Prüfungsvorbereitung dienen. Bei den einzelnen Beiträgen wurde ein Schwerpunkt auf die formale Analyse gelegt. Jeder Beitrag endet mit einer kurzen Literaturempfehlung für eine vertiefte Beschäftigung mit der in den Aufgaben behandelten Thematik.

Das Buch wendet sich an Studenten aller wirtschaftswissenschaftlicher Studiengänge. Die Aufgaben behandeln einerseits den typischen Stoff des Grundstudiums, andererseits aber auch hauptstudiumsrelevante Sachverhalte, die häufig Gegenstand des Fachs „Allgemeine Volkswirtschaftslehre" (oder eines Fachs ähnlicher Bezeichnung) in der Diplomprüfung vieler wirtschaftswissenschaftlicher Studiengänge sind. Auf Aufgaben zu Spezialthemen wurde weitgehend verzichtet.

Die Aufgaben wurden in in vier Blöcke geteilt, wobei die Zuteilung der Aufgaben zu diesen Blöcken aufgrund von Überschneidungen nicht immer einfach und eindeutig möglich war. Der erste Block enthält Aufgaben zu methodischen Grundlagen der Volkswirtschaftslehre, die für praktisch alle Bereiche der Volkswirtschaftslehre (und zum Teil auch der Betriebswirtschaftslehre) relevant sind. Der zweite Block umfaßt Aufgaben mit eher mikroökonomischem Schwerpunkt wohingegen der dritte Block die Makroökonomik abdeckt. Der vierte Block enthält schließlich Aufgaben zu Themen, die typischerweise der Finanzwissenschaft zugeordnet werden, seien sie eher mikro- oder makroökonomisch geprägt. Auf eine Gliederung nach Grund- bzw. Hauptstudiumsstoff wurde verzichtet, weil die Studiengänge an deutschen Universitäten zu heterogen sind, um eine auch nur annähernd allgemeingültige Zuordnung zu gewährleisten.

Ich möchte nicht vergessen, mich bei denjenigen zu bedanken, die mich bei der Planung und Umsetzung des Buches beraten, unterstützt bzw. einen Beitrag hierzu geleistet haben. Besonderen Dank schulde ich zunächst meinem Kollegen Roland Rollberg, der mich zu dem Projekt ermuntert hat und mir jederzeit mit Rat und Tat zur Seite stand. Daneben möchte ich mich bei den Herausgebern der Reihe, in der dieses Übungsbuch erscheint, Thomas Hering und Heiko Burchert, für die freundliche und unkomplizierte Zusammenarbeit bedanken. Wertvolle Ratschläge zur Auswahl geeigneter Themenblöcke und der Gliederung des Buches insgesamt verdanke ich meinem Kollegen Frank Leibbrand. Unterstützung bei der Erstellung des Manuskripts leistet Sven Lohse. Schließlich möchte ich den Autoren für die Mühe danken, die sie sich mit der Erstellung geeigneter Aufgaben und Lösungen gemacht haben. Ich denke, das Ergebnis kann sich sehen lassen.

Inhaltsverzeichnis

Teil I

Methodische Grundlagen

Kapitel 1

Erwartungsbildung

Dr. Michael Berlemann, Technische Universität Dresden

Aufgaben

Aufgabe 1.1:

Erwartungsbildungsprozesse spielen in den Wirtschaftswissenschaften eine zentrale Rolle. Dies gilt sowohl für mikroökomische als auch makroökonomische Modelle.

1.1.1 Erläutern Sie kurz, unter welchen Umständen ein Wirtschaftssubjekt Erwartungen über ein Ereignis bilden wird.

1.1.2 Zeigen Sie auf, inwiefern Erwartungsbildungsprozesse z.B. im Rahmen der Entscheidung über die Höhe des individuellen Konsums und der Arbeitsangebotsentscheidung eine Rolle spielen.

1.1.3 Erläutern Sie den Unterschied zwischen einem walrasianischen Gleichgewicht und einem walrasianischen Erwartungsgleichgewicht.

Aufgabe 1.2:

Es sei angenommen, die Variable x entwickele sich im Zeitablauf gem. dem Prozeß

$$x_t = x_{t-1} + \epsilon_t.$$

Dabei sei t ein Zeitindex und ϵ ein stochastischer Schock mit den beiden gleich wahrscheinlichen Ausprägungen 5 und 15.

Weiterhin sei unterstellt, in den beiden Zeitpunkten $t = -1$ und $t = 0$ liege ein Erwartungsgleichgewicht vor, d.h. die tatsächliche Ausprägung der Variable x und der Erwartungswert bzgl. x stimmten gerade überein.

1.2.1 Im Laufe der Zeit wurde eine ganze Reihe von verschiedenen Erwartungsbildungshypothesen entwickelt und propagiert. Stellen Sie die folgenden (Gruppen von) Erwartungsbildungshypothesen formal dar und erläutern Sie sie inhaltlich:

- Konstante/Exogene Erwartungsbildung,
- Autoregressive Erwartungsbildung (naive, adaptive und extrapolative Erwartungsbildung),
- Rationale Erwartungsbildung.

1.2.2 Berechnen Sie die tatsächlichen Ausprägungen der Variable x_t für die Perioden $t = -1, 0, 1, ..., 30$ für den Fall, daß der stochastische Schock in der Periode $t = 1$ die Ausprägung $\epsilon_1 = 15$ aufweise und in der Folge jeweils zufällig gerade seine Ausprägung wechsele. In den Perioden $t = -1$ und $t = 0$ sei noch kein Schock aufgetreten. Berechnen Sie weiterhin die Erwartungswerte für die in Teilaufgabe 1.2.1 genannten Erwartungsbildungsprozesse. Gehen Sie hierzu bei der adaptiven und der extrapolativen Erwartungsbildung von einem Anpassungsparameter der Höhe 0,9 aus.

1.2.3 Bestimmen Sie für jede Form der Erwartungsbildung die Summe der Beträge der absoluten Erwartungsfehler sowie den durchschnittlichen betragsmäßigen Erwartungsfehler für die Perioden $t = 1$ bis $t = 30$. Bilden Sie auf der Basis der Erwartungsfehler ein Ranking der einzelnen Erwartungsbildungshypothesen.

1.2.4 Diskutieren Sie, inwiefern sich das Ranking aus Teilaugabe 1.2.3 verallgemeinern läßt.

1.2.5 Skizzieren Sie kurz die Geschichte der Erwartungsbildungshypothesen in der makroökonomischen Theorie.

Aufgabe 1.3:

Wir betrachten die Variable x innerhalb zweier Zeitperioden. In dem schon weiter zurückliegenden Zeitintervall $[t, \infty]$ sei die Ausprägung der Variable $x_t = \underline{x}$ gewesen. Im Zeitintervall $[1, t-1]$ dagegen nahm die Variable x dann die Ausprägung $x_t = \bar{x}$ an.

Zeigen Sie formal, daß adaptive Erwartungen bei der oben unterstellten, einmaligen Veränderung der Prognosevariablen im Zeitablauf zu einer Angleichung des Erwartungswerts an die tatsächliche Entwicklung führen.

Aufgabe 1.4:

Anders als in Aufgabe 1.3 unterstellen wir nun, die Variable x weise einen Trend auf:

$$x_t = \gamma_0 + \gamma_1 \cdot t + \epsilon_t.$$

Dabei stellt t einen Zeitindex, γ_0 und γ_1 positive Konstanten und ϵ einen normalverteilten Zufallsschock mit Erwartungswert $E[\epsilon_t] = 0$ und endlicher, konstanter Varianz σ_t^2 dar.

Zeigen Sie formal, daß ein adaptiver Erwartungsbildungsprozeß zu einer systematischen Unterschätzung der tatsächlichen Entwicklung der Prognosevariablen führt.

Aufgabe 1.5:

Erläutern Sie die wichtigsten Eigenschaften rationaler Erwartungsbildungsprozesse.

Lösungen

Aufgabe 1.1:

1.1.1 Das Problem, Erwartungen über irgendein Ereignis bilden zu müssen, stellt sich für ein Individuum immer erst dann, wenn

1. das Ereignis für das Individuum relevant ist, d.h. seinen Nutzen in irgendeiner Weise beeinflußt,

2. bezüglich des Eintretens oder der Ausprägung des Ereignisses Unsicherheit besteht.

Es leuchtet unmittelbar ein, daß Individuen nur über solche Ereignisse Erwartungen bilden, die ihnen subjektiv relevant zu sein scheinen. Da die Bildung von Erwartungen in der Regel mit Kosten verbunden ist, z.B. zur Beschaffung hierzu notwendiger Informationen, wäre die Erwartungsbildung über irrelevante Ereignisse eine Verschwendung von Ressourcen.

Auch müssen die Wirtschaftssubjekte nur dann Erwartungen über ein für sie relevantes Ereignis bilden, wenn das Eintreten oder zumindest die Ausprägung dieses Ereignisses unsicher ist. Unter perfekter Voraussicht (perfect foresight) müssen demnach keine Erwartungen gebildet werden.

1.1.2 Eine der bis heute in der Makroökonomik umstrittenen Fragen ist die, von welchen Größen der Konsum (C) eines Wirtschaftssubjekts (oder auch der aggregierte Konsum innerhalb einer Volkswirtschaft) abhängt. Eine Auffassung hierzu manifestiert sich in der sog. „absoluten Einkommenshypothese", nach der die aktuelle Konsumnachfrage lediglich vom laufenden Einkommen Y eines Wirtschaftssubjekts i abhängt

$$C_t^i = C(Y_t^i).$$

Selbst in diesem einfachen Fall spielt die Erwartungsbildung schon eine Rolle. Betrachten wir einmal einen Taxifahrer, dessen Gehalt sich aus einem geringen Fixum sowie einer Erfolgsbeteiligung zusammensetze und der ein Vermögen in Höhe eines Monatslohns besitze. Zwar kann der Taxifahrer am Monatsende einigermaßen sicher mit seinem Fixgehalt rechnen, die Höhe seiner Erfolgsbeteiligung steht aber erst am Monatsende fest. Da der Taxifahrer seinen Konsum typischerweise nicht vollständig an das Monatsende verschieben kann, konsumiert er in Unkenntnis der Höhe seines laufenden Gehalts. Es liegt auf der Hand, daß der Taxifahrer bei Planung seiner Konsumausgaben eine Erwartung über die Höhe der Erfolgsbeteiligung bildet. Auch dann, wenn der Taxifahrer ein Fixgehalt erhielte, würden Erwartungen eine - wenn auch vergleichsweise geringe - Rolle spielen. Theoretisch ist es nämlich durchaus denkbar, daß das Taxiunternehmen pleite macht und der Taxifahrer gar kein Gehalt erhält.

Noch offensichtlicher wird die Rolle der Erwartungsbildung im Zusammenhang mit der Konsumnachfrage, wenn die sog. „permanente Einkommenshypothese" zugrunde gelegt wird. Nach dieser Hypothese legen die Wirtschaftssubjekte der Konsumentscheidung nicht ihr gegenwärtiges, sondern den Erwartungswert des zukünftigen (des „permanenten") Einkommens zugrunde

$$C_t^i = C(Y_p^i).$$

Demzufolge werden Wirtschaftssubjekte nur dann ihr Konsumverhalten ändern, wenn sie erwarten, daß sich ihr Einkommen dauerhaft verändert.

Auch im Rahmen der Lohnverhandlungen spielen Erwartungen eine wichtige Rolle. Da Arbeitsverträge typischerweise für einen längeren Zeitraum abgeschlossen werden, müssen die Arbeitnehmer eine Erwartung über die Inflationsrate bilden, die sich während der Vertragslaufzeit einstellen wird. Nur dann, wenn die Inflationsrate korrekt antizipiert wird, hat dies keine Beschäftigungseffekte (streng genommen gilt dies natürlich nur in Abwesenheit von Produktivitätszuwächsen). Unterschätzen die Wirtschaftssubjekte die tatsächliche Inflationsrate, so nimmt ihr Reallohn ab. Für die Unternehmen lohnt es sich nun aufgrund der gesunkenen realen Lohnkosten, zusätzliche Arbeitskräfte einzustellen, so daß die aggregierte Beschäftigung zunimmt. Umgekehrt wäre ein Beschäftigungsrückgang für den Fall zu prognostizieren, daß eine zu hohe Inflationsrate antizipiert wurde.

1.1.3 Man spricht vom Vorliegen eines walrasianischen Gleichgewichts, wenn in einem System interdependenter Märkte alle Wirtschaftssubjekte ihre geplanten Mengen (Angebots- und Nachfragemengen) realisieren können.

Dagegen liegt ein walrasianisches Erwartungsgleichgewicht vor, wenn auf allen Märkten die erwarteten Preise den tatsächlichen entsprechen. In diesem Fall haben die Wirtschaftssubjekte keinen endogenen Grund, ihre Erwartungen zu ändern. Dabei sind zwei Arten von Erwartungsgleichgewichten zu unterscheiden:

1. Deterministische Erwartungsgleichgewichte: hier sind alle erwarteten und tatsächlichen Preise deterministisch und deswegen stets einwertig.

2. Stochastische Erwartungsgleichgewichte: in diesem Fall werden die Variablen zumindest teilweise durch objektive Verteilungen beschrieben. Somit handelt es sich bei den Gleichgewichtswerten um Erwartungswerte.

Nicht jedes walrasianische Gleichgewicht stellt gleichzeitig auch ein Erwartungsgleichgewicht dar. So kann durchaus ein temporäres walrasianisches Gleichgewicht vorliegen, bei dem zwar alle Märkte zum Untersuchungszeitpunkt geräumt sind, die sich einstellenden Preise aber nicht mit den erwarteten Preisen übereinstimmen. Erst nach Abschluß der Erwartungsrevisionen liegt dann gleichzeitig ein walrasianisches Gleichgewicht und ein walrasianisches Erwartungsgleichgewicht vor.

Aufgabe 1.2:

1.2.1 Unter der konstanten bzw. exogenen Erwartungsbildung (bzgl. der zu prognostizierenden Variablen x)

$$x_t^e = c \tag{1.1}$$

wird der Erwartungswert exogen determiniert und verändert sich dann im Zeitablauf nicht mehr. Es ist auf den ersten Blick einsichtig, daß diese Art der Erwartungsbildung kaum realistisch ist, da sie impliziert, daß die Erwartungen in keiner Weise an die tatsächliche Entwicklung der Variablen x angepaßt werden. Zumindest über einen längeren Zeitraum hinweg erscheint die Arbeit mit dieser Erwartungsbildungshypothese kaum sinnvoll. Allenfalls in sehr kurzer Frist kann die Verwendung dieser Hypothese unter Umständen gerechtfertigt werden.

Unter dem Begriff der „autoregressiven" Erwartungsbildung werden all jene Erwartungsbildungsprozesse zusammengefaßt, bei denen sich der Erwartungswert über die vergangenen Realisierungen der Prognosevariablen berechnet.

Die einfachste Form der autoregressiven Erwartungsbildung ist die „naive" Erwartungsbildung, bei der der Erwartungswert der laufenden Periode immer gerade der Ausprägung in der vergangenen Periode entspricht

$$x_t^e = x_{t-1}. \tag{1.2}$$

Es wird hier also unterstellt, daß die Wirtschaftssubjekte davon ausgehen, daß sich die Prognosevariable gegenüber der Vorperiode überhaupt nicht verändert.

Bei der extrapolativen Erwartungsbildung wird der Wert der Prognosevariablen aus der Vorperiode auf Basis der vergangenen Ausprägungen in die Zukunft fortgeschrieben. Im einfachsten Fall wird dabei lediglich auf Daten aus den beiden Perioden vor dem Betrachtungszeitpunkt zurückgegriffen:

$$x_t^e = x_{t-1} + \alpha \cdot (x_{t-2} - x_{t-1}). \tag{1.3}$$

Dabei stellt der Faktor α ein Maß für das Ausmaß dar, mit dem der Trend in die Erwartungsbildung eingeht. In der Regel werden für α Werte zwischen null und eins verwendet.

Unter adaptiver Erwartungsbildung wird der Erwartungswert in jeder Periode um einen Faktor β des Erwartungsfehlers der Vorperiode korrigiert. Die adaptive Erwartungsbildungshypothese läßt sich demnach wie folgt darstellen:

$$x_t^e = x_{t-1}^e + \beta \cdot (x_{t-1} - x_{t-1}^e) \tag{1.4}$$

mit

$$0 < \beta < 1.$$

Dabei bezeichnet der Faktor β die Anpassungsgeschwindigkeit der Erwartungen. Für den Extremfall $\beta = 0$ würde gar keine Anpassung der Erwartungen an die tatsächliche Entwicklung der Prognosevariablen stattfinden. Es handelte sich in diesem Fall um einen den konstanten Erwartungen äquivalenten Fall. Der zweite Extremfall $\beta = 1$ ist dagegen äquivalent zum Fall naiver Erwartungsbildung, da hier immer der Wert der Vorperiode erwartet wird.

Inhaltlich besagt die Hypothese rationaler Erwartungsbildung, daß der rationale Erwartungswert nichts anderes als der mathematische Erwartungswert der Prognosevariablen ist, der sich auf der Basis aller zu diesem Zeitpunkt verfügbaren und relevanten Informationen Ω_{t-1} ergibt

$$x_t^e = E[x_t \mid \Omega_{t-1}]. \tag{1.5}$$

Anders als in den bisher vorgestellten Ansätzen wird hier davon ausgegangen, daß die Wirtschaftssubjekte, die Erwartungen zu bilden haben, davon ausgehen, daß die zu prognostizierende Variable sich im Zeitablauf durch einen mathematisch beschreibbaren Prozeß erklären läßt. Die vermutete Struktur dieses Prozesses bildet dann die Grundlage für die Berechnung des Erwartungswertes. Die eigentliche Innovation des Konzepts rationaler Erwartungsbildung ist somit, daß die Erwartungen nicht mehr losgelöst von der vermuteten Modellstruktur gebildet werden, wie es bei allen Formen der autoregressiven Erwartungsbildung der Fall ist.

Von zentraler Bedeutung für die Qualität rationaler Erwartungsbildung sind die Informationen, die in den Erwartungsbildungsprozeß einfließen. Besonders relevant sind insbesondere Informationen bzgl. der Modellstruktur bzw. des die Prognosevariable determinierenden Prozesses, aber auch die Ausprägung exogener Variablen sowie der Modellparameter. Ein rationales Wirtschaftssubjekt wird erwägen, neben den ihm bereits zur Verfügung stehenden Informationen möglicherweise noch weitere einzuziehen, um so die Qualität der Prognose zu verbessern. Da die Informationsbeschaffung aber regelmäßig mit Kosten verbunden ist, werden in aller Regel nicht alle relevanten Informationen beschafft, sondern nur diejenigen, deren erwarteter zusätzlicher Nutzen über den Beschaffungskosten liegt.

1.2.2 In Tabelle 1.1 ist eine Wertetabelle dargestellt, die für jede Zeitperiode die sich ergebenden x-Werte und die stochastischen Schocks enthält. Daneben sind für alle weiter oben vorgestellten Formen der Erwartungsbildung die sich ergebenden Erwartungswerte und die hieraus resultierenden Erwartungsfehler f_t (vgl. Teilaufgabe 1.2.3) angegeben.

1.2.3 Unter exogenen Erwartungen verändert sich der Erwartungswert im Zeitablauf nicht. Somit verbleibt der Erwartungswert unter konstanter Erwartungsbildung x^{KE} die gesamte Zeit auf dem Ausgangsniveau 20. Der Trend der Variablen wird stark unterschätzt. Für die Summe der resultierenden Erwartungsfehler folgt:

$$\sum_{t=-1}^{30} \mid f_t^{KE} \mid = 4725.$$

Auch unter naiver Erwartungsbildung wird die tatsächliche Entwicklung der Prognosevariablen systematisch unterschätzt. Für die Summe der Erwartungsfehler unter naiver Erwartungsbildung ergibt sich:

$$\sum_{t=-1}^{30} \mid f_t^{NE} \mid = 300.$$

Ähnliches wie für die naive Erwartungsbildung gilt auch für die extrapolative Erwartungsbildung. Für die Summe der Erwartungsfehler unter extrapolativer Erwartungsbildung folgt:

$$\sum_{t=-1}^{30} \mid f_t^{EE} \mid = 565,5.$$

Wie unter extrapolativer Erwartungsbildung wird auch unter der adaptiven Erwartungsbildung der Trend der Prognosevariablen unterschätzt. Als Summe der Erwartungsfehler ergibt sich

$$\sum_{t=-1}^{30} \mid f_t^{AE} \mid = 332,6.$$

Unter der Hypothese rationaler Erwartungsbildung gibt es keine eindeutige Unter- oder Überschätzung der Entwicklung der Prognosevariablen. Über- und Unterschätzungen sind gleich häufig. Die Summe der Beträge der Erwartungsfehler ist

$$\sum_{t=-1}^{30} \mid f_t^{AE} \mid = 150,$$

t	x_t	ϵ_t	x_t^{KE}	x_t^{NE}	x_t^{EE}	x_t^{AE}	x_t^{RE}	f_t^{KE}	f_t^{NE}	f_t^{EE}	f_t^{AE}	f_t^{RE}
-1	20	0	20	20	20,0	20,0	20	0	0	0,0	0,0	0
0	20	0	20	20	20,0	20,0	20	0	0	0,0	0,0	0
1	35	15	20	20	20,0	20,0	30	15	15	15,0	15,0	5
2	40	5	20	35	21,5	33,5	45	20	5	18,5	6,5	5
3	55	15	20	40	35,5	39,4	50	35	15	19,5	15,7	5
4	60	5	20	55	41,5	53,4	65	40	5	18,5	6,6	5
5	75	15	20	60	55,5	59,3	70	55	15	19,5	15,7	5
6	80	5	20	75	61,5	73,4	85	60	5	18,5	6,6	5
7	95	15	20	80	75,5	79,3	90	75	15	19,5	15,7	5
8	100	5	20	95	81,5	93,4	105	80	5	18,5	6,6	5
9	115	15	20	100	95,5	99,3	110	95	15	19,5	15,7	5
10	120	5	20	115	101,5	113,4	125	100	5	18,5	6,6	5
11	135	15	20	120	115,5	119,3	130	115	15	19,5	15,7	5
12	140	5	20	135	121,5	133,4	145	120	5	18,5	6,6	5
13	155	15	20	140	135,5	139,3	150	135	15	19,5	15,7	5
14	160	5	20	155	141,5	153,4	165	140	5	18,5	6,6	5
15	175	15	20	160	155,5	159,3	170	155	15	19,5	15,7	5
16	180	5	20	175	161,5	173,4	185	160	5	18,5	6,6	5
17	195	15	20	180	175,5	179,3	190	175	15	19,5	15,7	5
18	200	5	20	195	181,5	193,4	205	180	5	18,5	6,6	5
19	215	15	20	200	195,5	199,3	210	195	15	19,5	15,7	5
20	220	5	20	215	201,5	213,4	225	200	5	18,5	6,6	5
21	235	15	20	220	215,5	219,3	230	215	15	19,5	15,7	5
22	240	5	20	235	221,5	233,4	245	220	5	18,5	6,6	5
23	255	15	20	240	235,5	239,3	250	235	15	19,5	15,7	5
24	260	5	20	255	241,5	253,4	265	240	5	18,5	6,6	5
25	275	15	20	260	255,5	259,3	270	255	15	19,5	15,7	5
26	280	5	20	275	261,5	273,4	285	260	5	18,5	6,6	5
27	295	15	20	280	275,5	279,3	290	275	15	19,5	15,7	5
28	300	5	20	295	281,5	293,4	305	280	5	18,5	6,6	5
29	315	15	20	300	295,5	299,3	310	295	15	19,5	15,7	5
30	320	5	20	315	301,5	313,4	325	300	5	18,5	6,6	5

Tabelle 1.1: Wertetabelle für Erwartungen und Erwartungsfehler

	$\sum_{t=-1}^{30} \mid f_t^{AE} \mid$	$\frac{\sum_{t=-1}^{30} \lvert f_t^{AE} \rvert}{30}$	Rang
Konstante Erwartungen	4725	157,5	5.
Naive Erwartungen	300	10	2.
Extrapolative Erwartungen	565,5	18,9	4.
Adaptive Erwartungen	332,6	11,1	3.
Rationale Erwartungen	150	5	1.

Tabelle 1.2: Summen der Beträge der Erwartungsfehler bzgl. der Variable x

wohingegen sich die einzelnen absoluten Erwartungsfehler insgesamt gerade ausgleichen:

$$\sum_{t=-1}^{30} f_t^{AE} = 0.$$

In Tabelle 1.2 sind die Summen der Beträge der Erwartungsfehler für die einzelnen Erwartungsbildungshypothesen noch einmal zusammengestellt.

Offensichtlich erzeugt die rationale Erwartungsbildung in unserem Modellbeispiel im Durchschnitt die geringsten betragsmäßigen Erwartungsfehler. Relativ gut schneiden außerdem die naive und die adaptive Erwartungsbildung ab. Zu schlechten Ergebnissen führt dagegen die extrapolative und insbesondere die konstante Erwartungsbildung.

1.2.4 Die Ergebnisse aus Teilaufgabe 1.2.3 dürfen nicht ohne weiteres verallgemeinert werden. Zwar liefern rationale Erwartungen in aller Regel die geringsten Erwartungsfehler, die Reihung der übrigen Erwartungsbildungsprozesse hängt jedoch stark von den Eigenschaften der zu prognostizierenden Variable und der Wahl der Anpassungsparameter (bei adaptiver bzw. extrapolativer Erwartungsbildung) ab. Unter bestimmten Umständen ist sogar möglich, daß z.B. adaptive Erwartungsbildung und rationale Erwartungsbildung zu gleichen Erwartungswerten und damit auch zu gleichen Erwartungsfehlern führen.

1.2.5 Zwar hat die Erwartungsbildung in den Wirtschaftswissenschaften von jeher eine Rolle gespielt; die Bedeutung, die Erwartungsbildungsprozessen zugemessen wurde und die Art, wie Erwartungsbildung modelliert wurde, war jedoch im Zeitablauf sehr unterschiedlich. Es lassen sich inhaltlich drei Phasen abgrenzen, die sich zeitlich etwas überschneiden.

In einer ersten Phase (bis etwa 1940) wurden Erwartungen - wenn überhaupt - stets exogen modelliert, was in der obigen Systematik also den konstanten Erwartungen entspricht. Dies bedeutet jedoch nicht, daß die damalige Wissenschaft Erwartungsbildung per se als irrelevant ansah. Vielmehr bestand zu dieser Zeit noch Unklarheit über eine geeignete Modellierung von Erwartungen. Zudem konnte z.B. mit dem Argument einer rein kurzfristigen Betrachtung unter dann unveränderten Erwartungen die Notwendigkeit einer expliziten Modellierung der Erwartungen umgangen werden.

In der zweiten Phase, die ungefähr von 1930 bis 1975 reichte, wurde die Erwartungsbildung mit Hilfe autoregressiver Prozesse endogenisiert. In diese Phase fällt unter anderem die sog. „Phillipskurvendiskussion". Intensive Verwendung fand die Hypothese adaptiver Erwartungsbildung bei den Monetaristen.

Die dritte Phase, deren Beginn auf etwa 1970 zu terminieren ist, ist durch die Verwendung der Hypothese rationaler Erwartungsbildung gekennzeichnet (Neuklassische Theorie). In weiten Bereichen der makro-, aber auch der mikroökonomischen Theorie hat sich diese Hypothese durchgesetzt, so daß diese dritte Phase bis heute andauert.

Aufgabe 1.3:

Wir können die Hypothese adaptiver Erwartungsbildung aus Gleichung 1.4 auch etwas anders ausdrücken und setzen hierzu die Erwartungswerte aus den Vorperioden ein. Wir erhalten dann:

$$\begin{aligned} x_t^e &= \beta \cdot x_{t-1} + (1-\beta) \cdot (\beta \cdot x_{t-2} \\ &\quad +(1-\beta) \cdot (\beta \cdot x_{t-3} + (1-\beta) \cdot (...))) \\ &= \beta \cdot x_{t-1} + \beta \cdot (1-\beta) \cdot x_{t-2} + \beta \cdot (1-\beta)^2 x_{t-3} + ... \\ &= \beta \sum_{i=1}^{\infty} (1-\beta)^{i-1} \cdot x_{t-i}. \end{aligned} \tag{1.6}$$

Bezeichnen wir den Faktor $1-\beta$, mit dem die vergangenen Werte weniger in den adaptiven Erwartungswert eingehen, mit λ, so können wir für den Erwartungswert auch schreiben:

$$x_t^e = \beta \cdot \sum_{i=1}^{\infty} \lambda^{i-1} \cdot x_{t-i}.$$

Damit gilt aber auch:

$$x_t^e = \beta \cdot \sum_{i=1}^{t-1} \lambda^{i-1} \cdot \bar{x} + \beta \cdot \sum_{i=t}^{\infty} \lambda^{i-1} \cdot \underline{x}.$$

Den zweiten Term aus dieser Erwartungsbildungsformel können wir nun wie folgt umformen:

$$\begin{aligned} & \beta \cdot \sum_{i=t}^{\infty} \lambda^{i-1} \cdot \underline{x} \\ = & \beta \cdot \underline{x} \cdot (\lambda^{t-1} + \lambda^t + \lambda^{t+1} + ...) \\ = & \beta \cdot \underline{x} \cdot \lambda^{t-1} \cdot (\lambda^0 + \lambda^1 + \lambda^2 + ...) \\ = & \beta \cdot \underline{x} \cdot \lambda^{t-1} \cdot \sum_{i=1}^{\infty} \lambda^{i-1}. \end{aligned}$$

Damit ergibt sich:

$$x_t^e = \bar{x} \cdot \left(\sum_{i=1}^{t-1} \beta \cdot \lambda^{i-1} \right) + \underline{x} \cdot \lambda^{t-1} \cdot \left(\sum_{i=1}^{\infty} \beta \cdot \lambda^{i-1} \right). \tag{1.7}$$

Bilden wir nun den Grenzwert für den adaptiven Erwartungswert für $t \to \infty$, so ergibt sich:

$$\lim_{t\to\infty} x_t^e = \bar{x} \cdot \left[\lim_{t\to\infty} \sum_{i=1}^{t-1} \beta \cdot \lambda^{i-1} \right] + \underline{x} \cdot \left[\lim_{t\to\infty} \lambda^{t-1} \right] \cdot \left[\sum_{i=1}^{\infty} \beta \cdot \lambda^{i-1} \right].$$

Mit Hilfe des Satzes über geometrische Reihen

$$s_n = \sum_{k=1}^{n} a_1 \cdot q^{k-1} = a_1 \cdot \frac{1-q^n}{1-q}$$

folgt

$$\sum_{i=1}^{t-1} \lambda^{i-1} = \frac{1-\lambda^{t-1}}{1-\lambda},$$

so daß wir den Grenzwert des adaptiven Erwartungswerts auch ausdrücken können als

$$\lim_{t\to\infty} x_t^e = \bar{x} \cdot \beta \cdot \left[\lim_{t\to\infty} \frac{1-\lambda^{t-1}}{1-\lambda} \right] + \underline{x} \cdot \left[\lim_{t\to\infty} \lambda^{t-1} \right] \cdot \left[\sum_{i=1}^{\infty} \beta \cdot \lambda^{i-1} \right]. \tag{1.8}$$

Weiterhin gilt:

$$\lim_{t\to\infty} \lambda^{t-1} = 0$$

und

$$\lim_{t\to\infty} 1 - \lambda^{t-1} = 1,$$

so daß wir Gleichung 1.8 wie folgt vereinfachen können:

$$\begin{aligned} \lim_{t\to\infty} x_t^e &= \bar{x} \cdot \beta \cdot \frac{1}{1-\lambda} + 0 \\ &= \bar{x}. \end{aligned}$$

Damit passen sich die Erwartungen also bei einer einmaligen Änderung des Niveaus der Variable x im Zeitablauf an das neue Niveau an.

Aufgabe 1.4:

Dauerhafte Trends in der Prognosevariablen werden unter adaptiver Erwartungsbildung systematisch unterschätzt.

Im folgenden soll der unter adaptiver Erwartungsbildung zu erwartende Prognosefehler berechnet werden. Hierzu bilden wir den mathematischen Erwartungswert von Gleichung 1.6 und erhalten

$$\begin{aligned} E[x_t^e] &= \beta \cdot \sum_{i=1}^{\infty} \lambda^{i-1} \cdot E[\gamma_0 + \gamma_1 \cdot (t-i) + \epsilon_{t-1}] \\ &= \beta \cdot \sum_{i=1}^{\infty} \lambda^{i-1} \cdot \gamma_0 + \beta \cdot \sum_{i=1}^{\infty} \lambda^{i-1} \cdot \gamma_1 \cdot t \\ &\quad -\beta \cdot \sum_{i=1}^{\infty} \lambda^{i-1} \cdot \gamma_1 \cdot i + \beta \cdot \sum_{i=1}^{\infty} \lambda^{i-1} \cdot E[\epsilon_{t-1}]. \end{aligned}$$

Unter Verwendung von $\beta = 1 - \lambda$, $E[\epsilon_{t-1}] = 0$ und

$$\sum_{i=1}^{\infty} \lambda^{i-1} = \frac{1}{1-\lambda}$$

ergibt sich:

$$E[x_t^e] = \gamma_0 + \gamma_1 \cdot t - \gamma_1 \cdot \beta \cdot \sum_{i=1}^{\infty} i \cdot \lambda^{i-1} + 0.$$

Unter Berücksichtigung von

$$\sum_{i=1}^{\infty} i \cdot \lambda^{i-1} = \frac{1}{(1-\lambda)^2}$$

folgt weiterhin:

$$\begin{aligned} E[x_t^e] &= \gamma_0 + \gamma_1 \cdot t - \gamma_1 \cdot \beta \cdot \frac{1}{(1-\lambda)^2} \\ \Leftrightarrow E[x_t^e] &= \gamma_0 + \gamma_1 \cdot t - \frac{\gamma_1}{\beta}. \end{aligned}$$

Dagegen lautet der mathematische Erwartungswert der Bestimmungsgleichung der Prognosevariablen x:

$$E[x_t] = \gamma_0 + \gamma_1 \cdot t.$$

Der erwartete Erwartungsfehler unter adaptiver Erwartungsbildung beträgt somit:

$$\begin{aligned} E[x_t^e] - E[x_t] &= \gamma_0 + \gamma_1 \cdot t - \frac{\gamma_1}{\beta} - (\gamma_0 + \gamma_1 t) \\ &= -\frac{\gamma_1}{\beta}. \end{aligned}$$

Somit wird die tatsächliche Entwicklung der Prognosevariablen systematisch unterschätzt.

Aufgabe 1.5:

Im folgenden bezeichnen wir Ω_{t-1} die einem Wirtschaftssubjekt zum Zeitpunkt $t-1$ zur Verfügung stehende Menge an Informationen. Diese Informationsmenge enthalte:

- alle Daten über die vergangenen Ausprägungen der für das Modell relevanten Variablen,
- alle vergangenen Erwartungswerte der zu prognostizierenden Variablen,
- alle weiteren relevanten Informationen.

Weiterhin sei angenommen, die gemeinsame Wahrscheinlichkeitsverteilung der in das Modell eingehenden Zufallsvariablen, dargestellt durch den Vektor x_t, sei gegeben durch die Funktion

$$g(x_t \mid \Omega_{t-1}).$$

Die Hypothese rationaler Erwartungsbildung fordert nun, daß die subjektiv bedingte Prognose für den Vektor x_t exakt mit der objektiven bedingten Verteilung von x_t übereinstimmt. Damit muß also u.a. gelten:

$$x_t^e = E[x_t \mid \Omega_{t-1}] = \int_{\underline{x}}^{\bar{x}} x_t \cdot g(x_t \mid \Omega_{t-1}) dx_t,$$

wobei das Intervall $[\underline{x}, \bar{x}]$ den Wertebereich für x_t beschreibt. Rationale Erwartungen haben die folgenden Eigenschaften:

- *Orthogonalität*

  Die unter rationalen Erwartungen auftretenden Erwartungsfehler $f_t = x_t - x_t^e$ sind, gegeben eine Informationsmenge I_{t-1}, im Durchschnitt null, d.h. die einzelnen Fehler heben sich langfristig gegeneinander auf. Diese Eigenschaft wird auch „Orthogonalitätseigenschaft" (orthogonality property) bezeichnet und läßt sich formal wie folgt ausdrücken:

  $$E[f_t \mid I_{t-1}] = 0. \tag{1.9}$$

  Die Orthogonalitätseigenschaft rationaler Erwartungen läßt sich wie folgt beweisen: für den Fall vollkommener Information ergibt sich der bedingte Erwartungsfehler unter vollkommener Information als

  $$f_t = x_t - E[x_t \mid \Omega_{t-1}].$$

  Nach Bildung des Erwartungswerts folgt:

  $$\begin{aligned} E[f_t \mid \Omega_{t-1}] &= E[x_t - E[x_t \mid \Omega_{t-1}] \mid \Omega_{t-1}] \\ &= E[x_t \mid \Omega_{t-1}] - E[E[x_t \mid \Omega_{t-1}] \mid \Omega_{t-1}] \\ &= E[x_t \mid \Omega_{t-1}] - E[x_t \mid \Omega_{t-1}] \\ &= 0. \end{aligned} \tag{1.10}$$

Dann aber gilt auch für jede Teilmenge $I_t \subset \Omega_t$

$$E[f_t \mid I_{t-1}] = 0. \tag{1.11}$$

q.e.d.

Die Orthogonalitätseigenschaft impliziert zwei weitere Eigenschaften rationaler Erwartungsbildung: die „Unverzerrtheitseigenschaft" und die „Effizienzeigenschaft".

Die Unverzerrtheitseigenschaft (unbiasedness porperty) setzt voraus, daß der unbedingte erwartete Fehler null beträgt, d.h.

$$E[f_t] = 0.$$

Die Effizienzeigenschaft (efficiency property) fordert, daß der Erwartungsfehler der Periode t auf der Basis der vergangenen Ausprägungen der Prognosevariablen nicht prognostizierbar ist, d.h.

$$E[f_t \mid x_{t-1}, x_{t-2}, \ldots] = 0.$$

Es gibt somit keine Möglichkeit, die Prognose auf Basis der vergangenen Ausprägungen der Prognosevariablen zu verbessern. Letztlich ist die Effizienzeigenschaft lediglich ein Spezialfall der Orthogonalitätseigenschaft, bei dem die Informationsmenge lediglich die vergangenen Werte der Prognosevariablen enthält.

- *Serielle Unkorreliertheit:*

  Die unter rationaler Erwartungsbildung auftretenden Erwartungsfehler weisen kein systematisches Muster auf. Insbesondere sind die Erwartungsfehler unkorreliert mit allen Variablen der Informationsmenge und damit auch mit allen vergangenen Ausprägungen der Prognosevariablen. Diese Eigenschaft wird auch als „serielle Unkorreliertheitseigenschaft" (lack of serial correlation property) bezeichnet. Auch die Gültigkeit dieser Eigenschaft läßt sich leicht beweisen. Für alle $i \geq 1$ gilt nämlich:

$$E[f_t \cdot f_{t-i} \mid \Omega_{t-i}] = f_{t-i} \cdot E[f_t \mid \Omega_{t-i}].$$

Da Ω_{t-i} eine Teilmenge von Ω_{t-1} ist, muß nach Gleichung 1.11 auch

$$E[f_t \cdot f_{t-i}] = 0$$

für alle $i \geq 1$ gelten. Analog läßt sich

$$E[f_t \cdot f_{t+i}] = 0$$

beweisen. Somit sind die Erwartungsfehler also tatsächlich seriell unkorreliert.

Kommentierte Literaturhinweise:

Als einführendes Standard-Lehrbuch zur Erwartungsbildung kann Attfield/Demery und Duck (1991) empfohlen werden. Anspruchsvoller, aber auch weiter in die Tiefe gehend sind die Lehrbücher von Minford (1992) und Pesaran (1989). Eine deutschsprachige Einführung in die Theorie der Erwartungsbildung liefert Karmann (1995). Im Bereich deutschsprachiger Literatur kann weiterhin das Buch von Huschens (1994) empfohlen werden.

Attfield, C./Demery, D./Duck, N. (1991):
Rational Expectations in Macroeconomics. 2. Auflage, Oxford.

Huschens, S. (1994):
Zur Modellierung der Erwartungsbildung in makroökonomischen Modellen. Heidelberg.

Karmann, A. (1995):
Theorie rationaler Erwartungen. Eine Einführung. Beiträge zur Wirtschaftsforschung, Sozialökonomisches Seminar der Universität Hamburg, Neudruck 1995.

Minford, P. (1992):
Rational Expectations Macroeconomics. 2. Auflage, Oxford.

Pesaran, M. H. (1989):
The Limits to Rational Expectations. Oxford.

Kapitel 2

Entscheidungen unter Unsicherheit

Dipl.-Kfm. Dominik Maltritz, Technische Universität Dresden

Aufgaben

Aufgabe 2.1:

Ein namhafter italienischer Motorradhersteller, dem es in den vergangenen Jahren gelungen ist, mehrere Weltmeistertitel im Grand-Prix-Sport (Motorräder mit Zweitakt-Motoren und 125-500ccm Hubraum) zu erringen und dadurch seinen Umsatz drastisch zu steigern, plant sein Motorsport-Engagement für die nächste Saison. Da die Firma gegenwärtig ihre Produktpalette in den oberen Hubraumklassen ausweitet, besteht die Überlegung sich flankierend auch im Superbike-Sport (Motorräder mit Viertakt-Motoren und bis zu 1000 ccm Hubraum) zu engagieren. Dabei hat die Firma die Wahl, sich wie bisher nur im Grand-Prix-Sport zu engagieren, sich ausschließlich auf den Superbike-Sport zu konzentrieren oder sich an beiden Wettbewerben zu beteiligen. Für beide Bereiche ist dabei ein Mindestbudget erforderlich, um erfolgreich zu sein.

Dieser Mitteleinsatz stellt einen erheblichen Kostenfaktor dar, der sich sehr stark auf den Gewinn auswirkt. Er läßt sich aus ökonomischer Sicht nur rechtfertigen, wenn durch ihn eine starke Steigerung des Umsatzes zu erzielen ist.

Die Wirkung auf den Umsatz hängt zunächst davon ab, wie sich das Zuschauerinteresse (ZI) auf die beiden Rennserien verteilt. Außerdem hängt die Umsatzentwicklung der Firma von der gesamten Absatzlage (AL) der Branche ab, die

	hohes ZI i. GP günstige AL P=20%	hohes ZI i. GP schlechte AL P=20%	hohes ZI i. SBK günstige AL P=30%	hohes ZI i. SBK schlechte AL P=30%
A1(GP)	120	50	80	30
A2(SBK)	70	20	120	90
A3(GP+SBK)	140	0	180	0

Tabelle 2.1: Gewinne in Millionen

beispielsweise von Faktoren wie Kaufkraft der Konsumenten und den Witterungsverhältnissen beeinflußt wird. Die Geschäftsleitung identifiziert in diesem Zusammenhang vier mögliche Zukunftslagen. Diese sind gemeinsam mit den oben beschriebenen Handlungsalternativen sowie den sich aus den jeweiligen Kombinationen ergebenden Gewinnen (in Millionen DM) in Tabelle 2.1 dargestellt.

2.1.1 Erläutern Sie zunächst das Grundmodell der Entscheidungstheorie am obigen Beispiel.

2.1.2 Erläutern Sie die folgenden Dominanz-Prinzipien:

- absolute Dominanz
- Zustandsdominanz.

Wenden Sie diese Dominanz-Prinzipien auf das oben angegebene Entscheidungsproblem an.

2.1.3 Beschreiben Sie kurz die folgenden Entscheidungsregeln:

- Minimax-Regel
- Maximax-Regel
- Hurwicz-Regel ($\alpha = 0,4$)
- Laplace-Regel.

Welche Aussagen können über die Risikoeinstellung des Entscheiders getroffen werden? Kritisieren Sie kurz diese Entscheidungsregeln. Ermitteln Sie die optimale Strategie mit Hilfe der genannnten Entscheidungsregeln.

2.1.4 Lösen Sie das Entscheidungsproblem mit Hilfe des $\mu-$Prinzips. Welche Risiko-Einstellung kann für den Entscheidungsträger angenommen werden?

2.1.5 Lösen Sie das Entscheidungsproblem mit Hilfe des μ-σ-Prinzips. Unterstellen Sie dabei, daß sich die Risikoeinstellung des Entscheidungsträgers durch folgende

Risiko-Präferenz-Funktion beschreiben läßt:

$$\Phi(\mu, \sigma) = \mu - 0,5 \cdot \sigma.$$

Welche Risiko-Einstellung kann für den Entscheidungsträger angenommen werden?

2.1.6 Lösen Sie das vorgegebene Entscheidungsproblem durch die Anwendung des Bernoulli-Prinzips. Gehen Sie dabei von folgender Risiko-Nutzen-Funktion aus:

$$U_{i,k}(Z_{i,k}) = \ln\left(\frac{Z_{i,k}}{1Mio} + 1\right).$$

Aufgabe 2.2:
Den folgenden Aufgaben liegt die Modellwelt des CAPM zugrunde.

2.2.1 Gegeben seien zwei Wertpapiere mit

$$\begin{aligned} WP_1: \quad & \mu = 10\% \quad \sigma = 10\% \\ WP_2: \quad & \mu = 25\% \quad \sigma = 25\% \\ & \rho_{1,2} = 0,5. \end{aligned}$$

Es seien keine Leerverkäufe zugelassen. Stellen Sie die Wertpapiere im μ-σ-Diagramm dar. Skizzieren Sie die Effizienzlinie. Skizzieren Sie das Minimum-Varianz-Portfolio (MVPf).

2.2.2 Nehmen Sie nun zusätzlich an, Geld könne zu 5% sicher angelegt werden. Zeichnen Sie die Kapitalmarktlinie und das effiziente Marktportfolio in das μ-σ-Diagramm ein.

Es besteht jetzt außerdem die Möglichkeit, Geld zu 5% zu leihen. Stellen Sie die neue Situation ebenfalls im μ-σ-Diagramm dar.

Welchen Punkt im $\mu - \sigma$-Diagramm realisiert ein Wirtschaftssubjekt, dessen angestrebtes Risiko durch eine Standardabweichung von 35% charakterisiert wird? Würden Sie ein solches Wirtschaftssubjekt als risikofreudig oder risikoscheu bezeichnen?

2.2.3 Skizzieren Sie die Wertpapiermarktlinie in einem geeigneten Diagramm. Welche Werte charakterisieren das Marktportfolio? Welche Bedeutung hat der Parameter β? Wie kann dieser Parameter ermittelt werden?

Lösungen

Aufgabe 2.1:

2.1.1 Im Grundmodell der Entscheidungstheorie verfügt der Entscheidungsträger über I einander ausschließende Handlungsalternativen (Strategien, Aktionen, Entscheidungsalternativen) A. Im genannten Beispiel sind dies die drei Alternativen, sich entweder im Grand-Prix-Bereich ($A1$), im Superbike-Sport ($A2$) oder in beiden Wettbewerben ($A3$) zu engagieren.

Es können K mögliche zukünftige Umweltzustände (Zukunftslagen) U eintreten. Unsicherheit besteht hinsichtlich der Frage, welche Umweltzustände realisiert werden. Die Wahrscheinlichkeiten für bestimmte Umweltzustände können häufig quantifiziert werden. In unserem Beispiel gibt es vier mögliche Umweltzustände:

- $U1$: es herrscht stärkeres Zuschauerinteresse im Grand-Prix-Wettbewerb und eine günstige Absatzlage,
- $U2$: es herrscht stärkeres Zuschauerinteresse im Grand-Prix-Wettbewerb aber eine insgesamt eher ungünstige Absatzsituation,
- $U3$: es herrscht stärkeres Zuschauerinteresse im Superbike-Wettbewerb und eine günstige Absatzlage,
- $U4$: es herrscht stärkeres Zuschauerinteresse im Superbike-Wettbewerb aber eine insgesamt eher ungünstige Absatzsituation.

In Abhängigkeit vom realisierten Umweltzustand kann jeder Handlungsalternative ein eindeutiges, sicheres Ergebnis $Z_{i,k}$ (im Beispiel der realisierte Gewinn) zugeordnet werden. Unsicherheit besteht einzig und allein hinsichtlich des Eintretens künftiger Umweltzustände. Übertragen auf unser Beispiel heißt das, die Geschäftsleitung weiß welchen Gewinn die Firma erwirtschaftetet, wenn sie eine Handlungsalternative wählt und ein bestimmter Umweltzustand eintritt. Sie weiß jedoch nicht, welcher Umweltzustand eintritt. Dies ist die einzige Quelle von Unsicherheit.

Der Entscheidungsträger muß eine Strategie auswählen ohne deren Ergebnis genau zu kennen, da dieses davon abhängt, welchen Zustand die von ihm nicht zu beeinflussende Umwelt in Zukunft annimmt.

Weiterhin liegen dem Grundmodell der Entscheidungstheorie folgende Annahmen zugrunde:

- Der Entscheidungsträger kennt alle relevanten Handlungsalternativen und Umweltzustände.
- Jeder Kombination aus Handlungsalternative und Umweltzustand ist genau ein Ergebnis zugeordnet, das dem Entscheidungsträger ebenfalls bekannt ist.

- Über dieses Ergebnis hinausgehend sind die Handlungsalternativen und Umweltzustände wertfrei, das heißt, sie besitzen keinen eigenen Nutzen.
- Der Entscheidungsträger besitzt keine weitergehenden Informationen und kann sich auch keine beschaffen.
- Die möglichen Umweltzustände sind gegeben. Sie können vom Entscheidungsträger weder hinsichtlich ihrer Art noch ihrer Eintrittswahrscheinlichkeit beeinflußt werden.

2.1.2 Eine Alternative i dominiert die Alternative j absolut (absolute Dominanz), wenn der zu erzielende ungünstigste Wert der Zielgröße der Alternative i nicht ungünstiger ist als der günstigste Wert der Zielgröße der Alternative j.

Bezogen auf unser Beispiel heißt das, daß der niedrigste Gewinn einer Alternative nicht geringer sein darf als der höchste Gewinn der zu dominierenden Alternative. Vergleicht man jeweils zwei Alternativen, so erkennt man, daß dies in keinem Fall gegeben ist.

Unter dem kriterium der Zustandsdominanz werden die Ergebnisse der Alternativen für die einzelnen Umweltzustände getrennt verglichen. Die Alternative i dominiert die Alternative j, wenn der mit i zu erzielende Wert der Zielgröße in keinem Umweltzustand schlechter und in mindestens einer Umweltlage besser ist als bei Alternative j. Für unser Beispiel würde dies bedeuten, das sich bei Wahl einer Alternative in keinem Umweltzustand ein geringerer Gewinn erzielen läßt als bei der zum Vergleich herangezogenen Alternative und in mindestens einem Umweltzustand ein höherer Gewinn eintritt. Auch dies ist nicht der Fall.

2.1.3 Bei der Minimax-Regel wird für jede Handlungsalternative das schlechteste Ergebnis bestimmt und die Handlungsalternative ausgewählt, die hierbei den besten Wert aufweist. Diese Vorgehensweise zeugt von extremen Pessimismus des Entscheidungsträgers, da er sich ausschließlich an der ungünstigsten Umweltlage orientiert. Wichtige Informationen, wie die Eintittswahrscheinlichkeiten für die Umweltzustände und die Ausprägungen der günstigeren Umweltzustände bleiben unberücksichtigt.
Angewendet auf unser Beispiel ergibt sich folgendes Bild:

- Minimum-Gewinn $(A1) = 30$
- Minimum-Gewinn $(A2) = 20$
- Minimum-Gewinn$(A3) = 0$.

Unter der Minimax-Regel wrde also die Alternative $A1$ ausgewählt.

Bei der Maximax-Regel wird für jede Handlungsalternative das beste Ergebnis bestimmt und die Handlungsalternative ausgewählt, die hierbei den besten Wert aufweist. Diese Vorgehensweise zeugt von extremen Optimismus des Entscheidungsträgers, da er sich ausschließlich an der günstigsten Umweltlage orientiert. Auch hierbei bleiben wichtige Informationen unberücksichtigt. In unserem Beispiel wird Alternative $A3$ ausgewählt, da sie den höchsten Maximalgewinn aufweist.

Bei der Hurwicz-Regel wird das jeweils schlechteste ($\min(A_i)$) und das beste Ergebnis ($\max(A_i)$) einer Handlungsalternative in die Beurteilung der Vorteilhaftigkeit einbezogen. Dabei wird für jede Handlungsalternative ein Zwischenergebnis (ZE) gemäß folgender Formel ermittelt:

$$ZE(A_i) = (1 - \alpha) \cdot \min(A_i) + \alpha \cdot \max(A_i).$$

Es wird die Alternative ausgewählt, die das höchste Zwischenergebnis aufweist.

Benutzt der Entscheidungsträger die Hurwicz-Regel, kann seine Risikoeinstellung zwischen extremen Optimismus und extremen Pessimismus liegen. Die Risikoneigung des Entscheidungsträgers kann durch entsprechende Wahl des Parameters α berücksichtigt werden, wobei sich für $\alpha = 1$ die Maximax-Regel und für $\alpha = 0$ die Minimax-Regel als Grenzfälle ergeben.

Setzt man $\alpha = 0,4$ wie in der Aufgabenstellung gefordert, so ergeben sich folgende Zwischenergebnisse:

$$\begin{aligned} ZE(A1) &= 66 \\ ZE(A2) &= 60 \\ ZE(A3) &= 72. \end{aligned}$$

Legt man also die Hurwicz-Regel mit $\alpha = 0,4$ zugrunde, so müßte sich die Geschäftsleitung für Alternative $A3$ entscheiden.

Bei der Laplace-Regel wird das Zwischenergebnis für die einzelnen Handlungsalternativen ermittelt, indem die möglichen Ergebnisse $Z_{i,k}$ für alle Umweltsituationen einbezogen werden. Dabei fließen die möglichen Ergebnisse mit der gleichen Gewichtung in die Berechnung ein:

$$ZE_i(A_i) = \sum_{k=1}^{K} \frac{1}{K} \cdot Z_{i,k}(A_i, U_k).$$

Es wird die Handlungsalternative ausgewählt, die bei den so ermittelten Zwischenergebnissen den höchsten Wert aufweist.

In unserem Beispiel gibt es vier mögliche Umweltsituationen ($K = 4$). Daher werden die Ergebnisse mit jeweils 0,25 gewichtet. Es ergeben sich die folgenden Zwischenergebnisse:

$$\begin{aligned} ZE(A1) &= 0,25 \cdot 120 + 0,25 \cdot 50 + 0,25 \cdot 80 + 0,25 \cdot 30 = 70 \\ ZE(A2) &= 75 \\ ZE(A3) &= 80. \end{aligned}$$

Bei der Laplace-Regel werden zwar alle möglichen Ergebnisse in die Entscheidungsfindung einbezogen, die Gleichgewichtung der Ergebnisse ist jedoch zu kritisieren.

Dies trifft insbesondere zu, wenn für die möglichen Umweltzustände konkrete Eintrittswahrscheinlichkeiten angegeben werden können. Diese werden bei den nachfolgend beschriebenen klassischen Entscheidungsprinzipien in die Entscheidungsfindung einbezogen.

2.1.4 Bei Anwendung des μ-Prinzips wird die Handlungsalternative ausgewählt, die den höchsten Erwartungswert aufweist. Da das Risiko bei der Entscheidungsfindung nicht berücksichtigt wird, ist von einem risikoneutralen Entscheidungsträger auszugehen. Bezeichnet man die Eintrittswahrscheinlichkeit der Umweltzustände mit P_k, so ergibt sich der Erwartungswert gemäß folgender Formel:

$$E(A_i) = \sum_{k=1}^{K} P_k \cdot Z_{i,k}(A_i, U_k).$$

Für die einzelnen Handlungsalternativen ermittelt man damit folgende Erwartungswerte:

$$\begin{aligned} E(A1) &= 0,2 \cdot 120 + 0,2 \cdot 50 + 0,3 \cdot 80 + 0,3 \cdot 30 = 67 \\ E(A2) &= 81 \\ E(A3) &= 82. \end{aligned}$$

Damit ist Alternative $A3$ unter dem $\mu-$Prinzip die vorteilhafteste.

2.1.5 Beim μ-σ-Prinzip wird neben dem Erwartungswert die Standardabweichung als Risikomaß in die Entscheidungsfindung einbezogen. Dabei ist zu beachten, daß es sich um ein zweiseitiges Risikomaß handelt. Im Gegensatz zur umgangssprachlichen Verwendung des Risikobegriffs wird nicht nur die Gefahr einer negativen Abweichung gemessen, sondern sowohl die Möglichkeit negativer wie auch positiver Abweichungen.

Zur Lösung des Entscheidungsproblems ist neben dem Erwartungswert μ die Standardabweichung σ zu berechnen. Dazu verwendet man zunächst folgende Formel um die Varianz zu bestimmen:

$$\sigma_i^2 = \sum_{k=1}^{K} P_k \cdot (Z_{i,k}(A_i, U_k) - E_i(A_i))^2.$$

Die Standardabweichung ergibt sich dann als Wurzel aus der Varianz.

Zur Lösung des Entscheidungsproblems benötigt man weiterhin eine Risiko-Präferenz-Funktion $\Phi(\mu, \sigma)$, für die zu fordern ist, daß sie die Risikoeinstellung des Entscheidungsträgers abbildet. Geht man von folgender allgemeinen Form der Risiko-Präferenz-Funktion aus

$$\Phi(\mu, \sigma) = \mu + \alpha \cdot \sigma,$$

so kann man folgende Fälle unterscheiden:

- $\alpha > 0$: der Entscheidungsträger ist risikofreudig;
- $\alpha < 0$: der Entscheidungsträger ist risikoscheu (risikoavers);
- $\alpha = 0$: der Entscheidungsträger ist risikoneutral.

Im Beispiel handelt es sich also um einen risikoscheuen Entscheidungsträger.

Für die Varianzen ergeben sich im Beispiel folgende Werte:

$$\begin{aligned} \sigma^2(A1) &= 0,2 \cdot (120 - 67)^2 + 0,2 \cdot (50 - 67)^2 \\ &\quad +0,3 \cdot (80 - 67)^2 + 0,3 \cdot (30 - 67)^2 \\ &= 1081 \\ \sigma^2(A2) &= 1249 \\ \sigma^2(A3) &= 6916. \end{aligned}$$

Daraus können für die Standardabweichungen angenähert folgende Werte ermittelt werden:

$$\begin{aligned} \sigma(A1) &= 32,88 \\ \sigma(A2) &= 35,34 \\ \sigma(A3) &= 83,16. \end{aligned}$$

Die Risiko-Präferenz-Werte errechnen sich zu:

$$\begin{aligned} \Phi(A1) &= 67 - 0,5 \cdot 32,88 = 50,56 \\ \Phi(A2) &= 63,33 \\ \Phi(A3) &= 40,42. \end{aligned}$$

Obwohl die Handlungsalternative $A3$ einen höheren Erwartungswert aufweist, würde ein risikoscheuer Entscheidungsträger mit einer Risiko-Präferenz entsprechend der oben angegebenen Risiko-Präferenz-Funktion die Alternative $A2$ vorziehen. Sogar die Alternative $A1$ ist vorteilhafter als $A3$, obwohl ihr Erwartungswert deutlich niedriger liegt.

2.1.6 Bei der Anwendung des Bernoulli-Prinzips werden zunächst allen Ergebnissen $Z_{i,k}$, die sich aus den Kombination von Handlungsalternativen und Umweltzuständen ergeben, Nutzenwerte zugeordnet. Dazu ist zunächst eine Risiko-Nutzen-Funktion zu ermitteln, die die Riskoeinstellung des Entscheidungsträgers wiederspiegelt.

Im nächsten Schritt sind für die einzelnen Handlungsalternativen Erwartungswerte dieser Nutzenwerte zu ermitteln. Es wird die Handlungsalternative gewählt, die den höchsten dieser Erwartungswerte aufweist.

	hohes ZI i. GP günstige AL P=20%	hohes ZI i. GP schlechte AL P=20%	hohes ZI i. SBK günstige AL P=30%	hohes ZI i. SBK schlechte AL P=30%
A1(GP)	4,80	3,93	4,39	3,43
A2(SBK)	4,26	3,04	4,8	4,51
A3(GP+SBK)	4,95	0	5,2	0

Tabelle 2.2: Nutzen-Matrix unter dem Bernoulli-Prinzip

Für unser Beispiel ergibt sich die in Tabelle 2.2 dargestellte Situation. Daraus können die folgenden Erwartungswerte bestimmt werden:

$$\begin{aligned} EU(A1) &= 0,2 \cdot 4,8 + 0,2 \cdot 3,93 + 0,3 \cdot 4,39 + 0,3 \cdot 3,43 \\ &= 4,092 \\ EU(A2) &= 4,253 \\ EU(A3) &= 2,55. \end{aligned}$$

Alternative $A2$ erweist sich somit als vorteilhaft, wenn angenommen wird, daß die gegebene Risiko-Nutzen-Funktion die Risikoeinstellung des Geschäftsleitung wiederspiegelt.

Aufgabe 2.2:

2.2.1 In Abbildung 2.1 sind die Wertpapiere grafisch in einem μ-σ-Diagramm dargestellt.

2.2.2 Die gepunktete Linie stellt die Kapitalmarktlinie für den Fall dar, daß es eine sichere Anlage mit einer Rendite von 5% gibt. Das effiziente Marktportfolio ist mit MPf gekennzeichnet. Im Rahmen des CAPM wird unterstellt, das die Wirtschaftssubjekte nur riskante Wertpapiere halten, die sich im Marktportfolio befinden. Ihre gewünschte Rendite-Risiko-Kombination realisieren die Wirtschaftssubjekte indem sie ihr Geld teilweise in die risikolose Anlageform investieren. Sie bewegen sich im obigen Diagramm also auf der Kapitalmarktlinie.

Kann Geld zum Zins von 5% ausgeliehen werden, so verlängert sich die Kapitalmarktlinie über den durch das Marktportfolio (MPf) markierten Punkt hinaus. Punkte auf dieser Linie werden realisiert indem Geld ausgeliehen und in das Marktportfolio investiert wird.

Auf diese Weise kann ein Wirtschaftssubjekt auch in eine Risikoposition mit einer Standardabweichung von 35% gelangen. Im Rahmen des CAPM wird von risikoscheuen Wirtschaftssubjekten ausgegangen. Wenn ein Investor ein Risiko von 35% realisiert, so fordert er dafür eine entsprechend höhere Rendite.

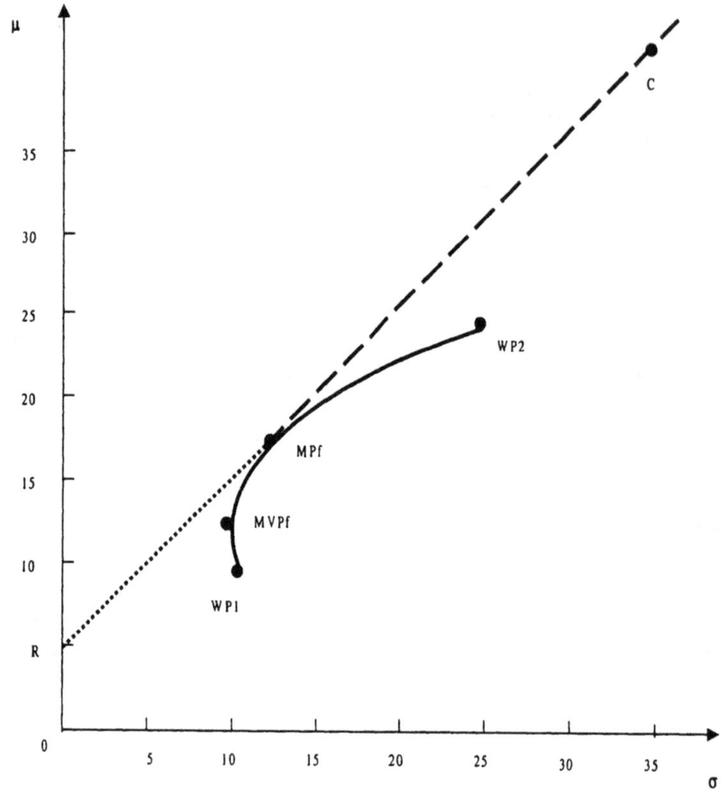

Abbildung 2.1: Das μ-σ-Diagramm

2.2.3 Wird ein Wertpapier als Teil des Marktportfolios gehalten und befinden sich die Kapitalmärkte im Gleichgewicht, wie es im Rahmen des CAPM unterstellt wird, so gibt der Parameter β das induviduelle Risikomaß für dieses Wertpapier an. Der Parameter β berechnet sich gemäß folgender Formel:

$$\beta_i = \frac{\text{cov}(r_i, r_M)}{\text{var}(r_M)}.$$

Wenn ein Wertpapier als Teil des Marktportfolios gehalten wird, so kann das individuelle Risiko des Wertpapiers, gemessen als Varianz oder Standardabweichung, aufgespalten werden in einen systematischen und einen unsystematischen Teil. Der unsystematische Anteil kann durch die Diversifikation eliminiert werden und spielt daher für die Bestimmung des Risikos keine weitere Rolle. Das systematische Risiko stellt den Beitrag eines Wertpapiers zum Gesamtrisiko des Marktportfolios dar. Es ergibt sich als Kovarianz der Rendite des Wertpapiers i mit der Rendite des Marktportfolios. Zur Berechnung des Parameters β wird diese Kovarianz noch mit der Gesamtvarianz des Marktportfolios standardisiert.

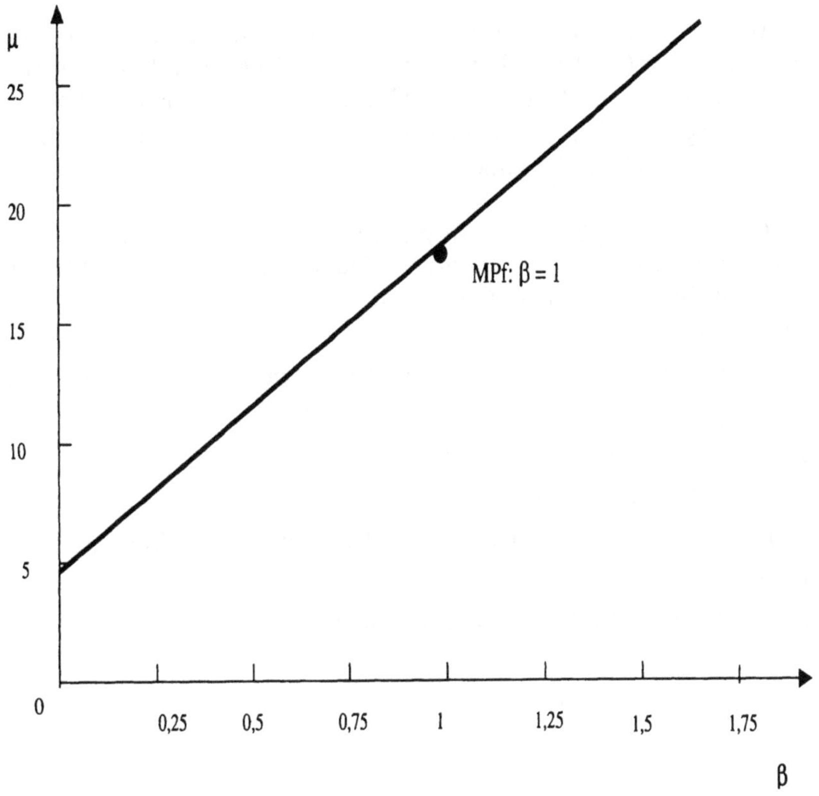

Abbildung 2.2: Die Wertpapiermarktlinie im $\mu - \beta$-Diagramm

Die erwartete Rendite eines Wertpapiers ergibt sich nach CAPM als Summe aus der risikolosen Verzinsung und einer Risikoprämie, die sich aus einer Risikoprämie pro Risikoeinheit

$$\frac{\mu_M - i_f}{\mathrm{r_M}}$$

und dem individuellen Risiko des Wertpapiers $\mathrm{cov}(r_i, r_M)$ zusammensetzt:

$$\mu_i = i_f + \frac{\mathrm{cov}(r_i, r_M)}{\mathrm{var}(r_M)} \cdot (\mu_M - i_f).$$

Das CAPM kann unter Verwendung des Parameters β folgendermaßen formuliert werden:

$$\mu_i = i_f + \beta_i \cdot (\mu_M - i_f).$$

Kommentierte Literaturhinweise:

Zur Einarbeitung in das Grundmodell der Entscheidungstheorie können die Lehrbücher von Kruschwitz (1995) und Biethahn et al. (1996) empfohlen werden.

Eine sehr gelungene Einführung in das Capital-Asset-Pricing-Modell findet sich in Schmidt/Terberger (1996). Empfehlenswert sind hier weiterhin die Lehrbücher von Steiner/Bruns (1998) und Franke/Hax (1994).

Biethahn, J./Hönerloh, A./Kuhl, J./Meyer, M./Nissen, V. (1996):
Methoden der praktischen Entscheidungsfindung. Skripten der Abteilung Wirtschaftsinformatik I. 2. Auflage, Göttingen.

Franke, G./Hax, H. (1994):
Finanzwirtschaft des Unternehmens und Kapitalmarkt. 3. Auflage, Berlin u.a.

Kruschwitz, L. (1995):
Finanzierung und Investition. Berlin.

Schmidt, R.H./Terberger, E. (1996):
Grundzüge der Investitions- und Finanzierungstheorie. 3. Auflage, Wiesbaden.

Steiner, M./Bruns, C. (1998):
Wertpapiermanagement. 6. Auflage, Stuttgart.

Kapitel 3

Informationsökonomik

Dr. Frank Leibbrand, Technische Universität Dresden

Aufgaben

Aufgabe 3.1:

Gegeben sei eine Prinzipal-Agent-Beziehung, in der der Prinzipal dem Agenten einen einmaligen Kontrakt ohne Nachverhandlungsmöglichkeiten (take it or leave it) anbietet. Der Agent kann zwischen zwei Arbeitsniveaus wählen, nämlich ein hohes, $e_H = 11$, oder ein niedriges, $e_N = 9$. Das monetäre Ergebnis $x(e, \varepsilon)$, der Auszahlungsüberschuß vor Lohnzahlung, hängt von der Anstrengung e des Agenten und dem Umweltzustand ε ab wie in Tabelle 3.1 aufgeführt.

$x(e, \varepsilon)$	Umweltzustand				
Anstrengung	ε_1	ε_2	ε_3	ε_4	ε_5
$e = 9$	20.000	60.000	20.000	20.000	40.000
$e = 11$	60.000	60.000	20.000	40.000	60.000

Tabelle 3.1: Auszahlungsüberschüsse

Sowohl der Prinzipal als auch der Agent glauben, daß alle Umweltzustände eine gleiche Wahrscheinlichkeit haben. Die Zielfunktionen des Prinzipals, P, und des Agenten, U, haben die Form:

$$P(x, w) = x - w$$

$$U(w, e) = \sqrt{w} - e^2,$$

wobei w der monetäre (und stets positive) Lohn des Agenten ist. Weiterhin nehmen wir an, daß der Agent einen Vertrag nur dann annimmt, wenn sein erwartetes Nutzenniveau mindestens $\underline{U} = 79$ (Erwartungsreservationsnutzenniveau) beträgt.

3.1.1 Was kann aus den Nutzenfunktionen beider Teilnehmer bezüglich ihrer Risikoeinstellung geschlossen werden?

3.1.2 Leiten Sie den optimalen Kontrakt (Arbeitseinsatz und Lohn) bei symetrischer Information, d.h. die Anstrengung ist beobachtbar und kontrahierbar, her. Welches Ergebnis erzielt der Prinzipal?

3.1.3 Gehen Sie in den weiteren Teilen dieser Aufgabe davon aus, daß die Informationen asymetrisch verteilt sind, d.h. der Arbeitseinsatz des Agenten ist nicht beobachtbar und nicht verifizierbar. Wie sieht der Zeitpfad dieser Prinzipal-Agent-Situation aus? Welches Ergebnis erreicht der Prinzipal und welche Anstrengung erbringt der Agent, wenn der Prinzipal den optimalen Kontrakt aus 3.1.2 vorschlägt? Wie sieht der optimale Fixlohnkontrakt aus? Was folgern Sie hieraus für die Relevanz des Prinzipal-Agent-Problems?

3.1.4 Berechnen Sie den optimalen Kontrakt unter asymmetrischer Information, den damit erzielten Arbeitseinsatz und das Ergebnis des Prinzipals. Vergleichen Sie die Ergebnisse mit Ihren Lösungen aus 3.1.2 und 3.1.3 .

3.1.5 Berechnen Sie den optimalen linearen Kontrakt, d.h. der Lohn hängt linear vom Ergebnis ab ($w(x_i) = a + b \cdot x_i$), den damit erzielten Arbeitseinsatz und das Ergebnis des Prinzipals. (Hinweis:Verwenden Sie hierbei die Ergebnisse aus 3.1.4 und verwenden Sie ein iteratives Lösungsverfahren.)

Aufgabe 3.2:
Seit einigen Monaten fiel kein Tropfen Wasser in Südspanien, so daß der Wassergebrauch schon stark eingeschränkt werden mußte. Alle klassisch-wissenschaftlichen Lösungsmethoden dieses Malheurs haben versagt, so daß der Gouverneur nunmehr auch unkonventionelle Wege in Betracht zieht. Man hat ihm zugetragen, daß ein afrikanischer Medizinmann Regen machen könnte. Der Gouverneur ist jedoch nicht davon überzeugt, daß der Regenmacher tatsächlich diese Fähigkeit besitzt. Einen Scharlatan will er auf keinen Fall anstellen, da er sich damit politisch lächerlich machen würde. Deshalb möchte der risikoneutrale Gouverneur dem Regenmacher einen Vertrag anbieten, den dieser nur annimmt, wenn er tatsächlich diese Fähigkeit besitzt. Insgesamt braucht ein Regenmacher eine Woche Zeit, um die Früchte seiner Arbeit einzufahren. Die natürliche Regenwahrscheinlichkeit während dieser Zeit beträgt 2/100 und wird von einem Scharlatan nicht beeinflußt. Der allerdings auch nicht unfehlbare authentische Regenmacher erhöht die Regenwahrscheinlichkeit auf 20/100. Sowohl Scharlatane und Regenmacher haben eine Nutzenfunktion

von $u(w) = \sqrt{w}$, wobei ersterer eine erwartete Entschädigung für den Aufwand und den Verzicht auf Opportunitäten in Höhe von 1 und letzterer in Höhe von 10 fordert.

3.2.1 Formulieren Sie das Optimierungsproblem des Gouverneurs.

3.2.2 Berechnen Sie den optimalen Kontrakt bei symmetrischer und asymmetrischer Informationsverteilung und vergleichen Sie die Ergebnisse.

Aufgabe 3.3:
Der risikoneutrale Personalleiter möchte einen Universitätsabsolventen einstellen. Er weiß, daß dieser auch risikoneutral ist. Hinsichtlich der Bewertung des Arbeitsleides kennt der Personalleiter nur die beiden potentiellen Ausprägungen, nämlich $v(e) = e^2$ und $v(e) = 2 \cdot e^2$, und deren Auftrittswahrscheinlichkeit q, d.h. mit einer Wahrscheinlichkeit von $q \epsilon (0, 1)$ ist der Absolvent ein guter (belastbarer) Arbeiter mit $U_G = w - e^2$, ansonsten $U_S = w - 2 \cdot e^2$. Beide Typen haben das gleiche Reservationsnutzenniveau von $\underline{U} = 0$. Der schlechte Absolvent leidet also stärker unter seinem kontinuierlichen, nicht negativen Arbeitseinsatz und erbringt zu jedem vorgegebenen Lohn weniger Arbeitseinsatz. Der Personalleiter bzw. dessen Unternehmen haben eine Auszahlungsfunktion $P(e, w) = k \cdot e - w$, mit $k > 0$. Der Arbeitseinsatz sei verifizierbar.

3.3.1 Formulieren und lösen Sie das Problem des Personalleiters für den Fall symmetrischer Information. Worin besteht das Problem bei asymmetrischer Information?

3.3.2 Formulieren und lösen Sie das Problem des Personalleiters für den Fall asymmetrischer Information. Gehen Sie zunächst davon aus, daß es für den Personalleiter interessant ist, beide Typen einzustellen.

3.3.3 Nehmen Sie nun an, daß $k = 1$ und $q = \frac{1}{2}$ ist. Wie hoch sind nun die Gewinne des Unternehmens sowohl im symmetrischen als auch im asymmetrischen Fall, wenn der Personalleiter beide Typen einstellt.

3.3.4 Welchen Kontrakt würde der Personalleiter bei asymmetrischer Information anbieten, wenn er nur den guten Typ einstellen wollte? Wie hoch wären dann die Gewinne des Unternehmens? Sollte der Personalleiter nun beide Absolventen, d.h. unabhängig von ihrem Typ, anstellen? (Hinweis: Gehen Sie davon aus, daß beim Personalleiter genau ein Absolvent vorspricht, den dieser dann einstellen oder auch ablehnen kann).

Lösungen

Aufgabe 3.1

3.1.1 Bei den beiden von-Neumann-Morgensternschen Nutzenfunktionen kann die Risikoeinstellung anhand der zweiten Ableitung festgestellt werden. Die Variation stammt von stochastischen Impulsen des Umfeldes, nicht vom einmal zu wählenden, dann aber fixen Niveau des Arbeitseinsatzes $\bar{e}$. Deshalb muß die Zielfunktion des Prinzipals nach $(x - w)$ und die Nutzenfunktion des Agenten nach w zweimal abgeleitet werden, was zu den folgenden Resultaten führt:

$$P'' = 0,$$

d.h. der Prinzipal ist risikoneutral.

$$U''(w, \bar{e}) = -\frac{1}{4 \cdot \sqrt{w^3}} < 0, \text{ für alle } w > 0,$$

d.h. der Agent ist risikoscheu.

3.1.2 Für den Prinzipal stellt sich das Maximierungsproblem $P_{3.1.2}$, maximiere die Auszahlung des Prinzipal

$$\max_{\{e,w(x_i)\}} \sum_{i=1}^{n} p_i(x_i|e) \cdot (x_i - w(x_i))$$

unter der Partizipationsnebenbedingung, daß der Agent seinen Mindestnutzen erhält

$$\sum_{i=1}^{n} p_i(x_i|e) \cdot \sqrt{w(x_i)} - e^2 \geq \underline{U},$$

wobei $p_i(x_i|e)$, in Kurznotation $p_i(e)$, die bedingte Wahrscheinlichkeit des Auftretens von x_i bei einem Arbeitseinsatz von e bezeichnet. Diese müssen zunächst einmal berechnet werden.

$p_i(x_i\|e)$	$i = 1$	$i = 2$	$i = 3$
x_i	20.000	40.000	60.000
$p_i(e_N)$	0,6	0,2	0,2
$p_i(e_H)$	0,2	0,2	0,6

Tabelle 3.2: Bedingte Wahrscheinlichkeiten

Bei dem niedrigeren Arbeitseinsatz, $e_N = 9$, tritt das Ergebnis $x_1 = 20.000$ sowohl im Umweltzustand ε_1, ε_3 und ε_4 auf, d.h. mit einer Wahrscheinlichkeit von

$p_1(e_N) = 0,6$. Die analogen Berechnungen für die anderen bedingten Wahrscheinlichkeiten sind in Tabelle 3.2 angegeben.

Bei der Optimierung unter symmetrischer Information kann der Arbeitseinsatz beobachtet (und vor Gericht verifiziert) werden, so daß der vereinbarte Arbeitseinsatz auch immer geleistet wird. Zunächst gehen wir von einem festen Arbeitseinsatz $\bar{e}$ aus, bei dem wir die optimalen Lohnzahlungen $w(x_i)$ (kurz: w_i) für die einzelnen erzielten Ergebnisse x_i herleiten wollen. Dazu wird die Lagrange-Funktion des Problems $P_{3.1.2}$

$$L(w_1, w_2, w_3, \lambda) = \sum_{i=1}^{3} p_i(\bar{e}) \cdot (x_i - w_i) + \lambda \cdot \left(\sum_{i=1}^{3} (p_i(\bar{e}) \cdot \sqrt{w_i}) - \bar{e}^2 - \underline{U} \right)$$

nach w_i abgeleitet,

$$\frac{\partial L}{\partial w_i} = -p_i(\bar{e}) + \lambda \cdot \frac{p_i(\bar{e})}{2 \cdot \sqrt{w_i}} = 0 \qquad \forall i \epsilon \{1, 2, 3\},$$

d.h. für jedes potentielle Ergebnis x_i gibt es eine optimale Lohnzahlung. Durch das Auflösen nach λ erhält man für alle möglichen Ergebnisse x_i denselben positiven Wert für λ

$$\lambda = 2 \cdot \sqrt{w_i} > 0, \forall w_i,$$

d.h. zum einen, daß die Partizipationsnebenbedingung bindend, also auf Gleichheit erfüllt ist (ansonsten würde der nach der Kuhn-Tucker-Bedingung stets nicht negative Lagrangemultiplikator den Wert Null annehmen), und zum anderen, daß unabhängig vom eintretenden Ergebnis x_i stets ein identischer Lohn $w_1 = w_2 = w_3$ gezahlt wird. Intuitiv erklärt sich das Ergebnis aus der Risikominimierung beim risikoscheuen Agenten (und der gleichzeitigen Risikoneutralität des Prinzipals), so daß eine Lohnzahlung ohne Variation, also ein konstanter Lohn, gewählt wird.

Welchen Arbeitseinsatz wird nun der Prinzipal wählen? Dazu berechnen wir für beide Einsatzniveaus e_N und e_H die daraus resultierenden Zielfunktionswerte. Aus dem obigen Teil wissen wir, daß der Lohn konstant ist und die Partizipationsnebenbedingung bindend ist. Damit läßt sich letztere nach w auflösen

$$w = \left(\underline{U} + e^2\right)^2.$$

Beim niedrigeren Arbeitseinsatz e_N werden somit folgende Werte erzielt:

$$\begin{aligned} e_N &= 9, \quad w_N = (79 + 9^2)^2 = 25.600, \\ x_N &= 0,6 \cdot 20.000 + 0,2 \cdot 40.000 + 0,2 \cdot 60.000 = 32.000 \end{aligned}$$

Der maximal erzielbare Überschuß des Prinzipals beträgt damit

$$P_N = x_N - w_N = 6.400.$$

Beim höheren Arbeitseinsatz e_H werden die Werte

$$\begin{aligned} e_H &= 11, \quad w_H = (79 + 11^2)^2 = 40.000, \\ x_H &= 0,2 \cdot 20.000 + 0,2 \cdot 40.000 + 0,6 \cdot 60.000 = 48.000 \end{aligned}$$

erreicht. Der maximal erzielbare Überschuß des Prinzipals beträgt damit

$$P_H = x_H - w_H = 8.000.$$

Somit bietet der Prinzipal den optimalen (konstanten) Kontrakt mit $e_H^* = 11$ und $w_H^* = 40.000$ an.

3.1.3 Der Zeitpfad ist derjenige einer typischen Moral Hazard Situation (vgl. hierzu Abbildung 3.1).

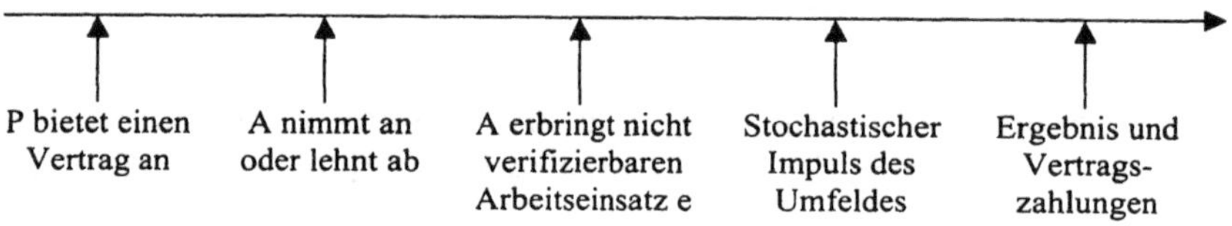

Abbildung 3.1: Zeitpfad einer typischen Moral-Hazard-Situation

Schlägt der Prinzipal den optimalen Kontrakt aus 3.1.2, d.h. $w_H^* = 40.000$, vor, so wird dieser vom Agenten akzeptiert. Da jedoch zusätzlicher Arbeitseinsatz stets mit einem negativen Nutzen verbunden ist und der Arbeitseinsatz nicht verifizierbar ist, arbeitet der Agent nur $e_N = 9$. Er erreicht damit ein höheres Nutzenniveau, nämlich $U^* = 119 > 79 = \underline{U}$.

Bei einer fixen Gehaltszahlung wird der Agent stets den minimalen Arbeitseinsatz wählen, weshalb der optimale Fixlohnkontrakt dem Agenten gerade sein (Erwartungs-) Reservationsnutzenniveau beläßt, also gerade den bereits in 3.1.2 berechneten Fall für $e_N = 9$. Der Prinzipal bietet also den optimalen Fixlohnkontrakt mit $w_N^* = 25.600$ an und erreicht damit einen Zielfunktionswert von $P_N^* = 6.400$, wohingegen dem Agenten weiterhin ein Erwartungsnutzen von $\underline{U} = 79$ bleibt.

Damit wird klar, daß das Prinzipal-Agent-Problem nur dann relevant wird, wenn man erreichen will, daß der Agent einen Arbeitseinsatz e_H zeigt und nicht das mit dem geringsten Arbeitseinsatz erreichbare Ergebnis bereits optimal ist.

3.1.4 Der Prinzipal möchte seinen erwarteten Gewinn $E(x_i - w_i)$ maximieren. Aus Aufgabe 3.1.3 wissen wir, daß er durch einen Fixlohnkontrakt mindestens $P_N^* = 6.400$ erreichen kann.

Für den niedrigen Arbeitseinsatz e_N stellt diese Lösung auch das Optimum dar, da der Prinzipal dem risikoscheuen Agenten keine (zusätzliche) Prämie für die Übernahme von Risiko zahlen muß. Wenn wir im folgenden nun die optimale Lösung für den hohen Arbeitseinsatz e_H suchen, so dürfen wir nicht vergessen, daß wir den erreichten Zielfunktionswert P_H^* mit $P_N^* = 6.400$ vergleichen müssen. Im folgenden konzentrieren wir uns nur auf den Fall, daß der Agent den Arbeitseinsatz e_H erbringen soll.

Das Maximierungsproblem $P_{3.1.2}$ verkürzt sich damit auf $P_{3.1.4}$

$$\max_{\{w(x_i)\}} \sum_{i=1}^{n} p_i(x_i|e_H) \cdot (x_i - w(x_i))$$

unter der Partizipationsnebenbedingung

$$\sum_{i=1}^{n} p_i(x_i|e_H) \cdot \sqrt{w(x_i)} - e_H^2 \geq \underline{U}.$$

Hinzu kommt noch die Anreiz-Nebenbedingung (incentive oder individual rationality constraint), die fordert, daß es für den Agenten unter dem vorgeschlagenen Kontrakt günstiger sein muß, den hohen Arbeitseinsatz e_H statt des niedrigen Arbeitseinsatzes e_N zu erbringen:

$$\sum_{i=1}^{n} p_i(x_i|e_H) \cdot \sqrt{w(x_i)} - e_H^2 \geq \sum_{i=1}^{n} p_i(x_i|e_N) \cdot \sqrt{w(x_i)} - e_N^2.$$

Unter Vereinfachung der Notation und Umformung der Anreiz-Nebenbedingung ergibt sich für die drei in Frage kommenden Ergebnisse (20.000; 40.000; 60.000) das Optimierungsproblem $P_{3.1.4}$:

$$\max_{\{w_i\}} \sum_{i=1}^{3} p_i^H \cdot (x_i - w_i)$$

unter den Nebenbedingungen

$$\sum_{i=1}^{3} p_i^H \cdot \sqrt{w_1} - e_H^2 \geq \underline{U} \tag{3.1}$$

$$\sum_{i=1}^{3} (p_i^H - p_i^N) \cdot \sqrt{w_i} \geq e_H^2 - e_N^2. \tag{3.2}$$

Die Ableitung der Lagrange-Funktion nach w_i, bei der der Ungleichung 3.1 (3.2) der Lagrange-Multiplikator $\lambda(\mu)$ zugeordnet wird, ergibt dann die Bedingung für einen optimalen Kontrakt:

$$-p_i^H + \lambda \cdot p_i^H \cdot \frac{1}{2 \cdot \sqrt{w_i}} + \mu \cdot \left(p_i^H - p_i^N\right) \cdot \frac{1}{2 \cdot \sqrt{w_i}} = 0 \tag{3.3}$$

$$\forall i \in \{1, 2, 3\}.$$

Nach einigen Umformungen erhält man die Bedingungen für alle optimalen Lohnzahlungen

$$2 \cdot \sqrt{w_i} = \lambda + \mu \cdot \left(1 - \frac{p_i^N}{p_i^H}\right). \qquad (3.4)$$

Bevor wir weiter rechnen, interessieren wir uns für die Lagrange-Multiplikatoren λ und μ. Nach den Kuhn-Tucker-Bedingungen sind beide nicht negativ. Sind beide positiv, so sind beide Restriktionen bindend, d.h. auf Gleichheit erfüllt. Um den Wert für λ zu erhalten, multiplizieren wir Gleichung 3.3 zunächst mit $2 \cdot \sqrt{w_i}$ und summieren anschließend über alle i auf und verwenden dabei $\sum_{i=1}^{3} p_i^H = 1$ und $\sum_{i=1}^{3} p_i^N = 1$. Damit ergibt sich:

$$\lambda = \sum_{i=1}^{3} 2 \cdot p_i^H \cdot \sqrt{w_i} > 0. \qquad (3.5)$$

Kommen wir nun zum Wert von μ. Nehmen wir $\mu = 0$ an. Dann ergibt sich direkt aus Gleichung 3.4, daß ein konstanter Lohn gezahlt wird. Aus Aufgabe 3.1.2 wissen wir jedoch, daß dann die Anreiznebenbedingung nie erfüllt ist. In diesem Fall wählt der Agent immer den niedrigeren Arbeitseinsatz e_N. Folglich kann Ungleichung 3.2 nicht strikt erfüllt sein. Aus diesem Widerspruch können wir auf $\mu > 0$ schließen. Damit sind beide Restriktionen auf Gleichheit erfüllt. Einsetzen von Gleichung 3.4 in die Partizipationsnebenbedingung 3.1 ergibt

$$\sum_{i=1}^{3} p_i^H \cdot \frac{1}{2} \cdot \left(\lambda + \mu \cdot \left(1 - \frac{p_i^N}{p_i^H}\right)\right) = \underline{U} + e_H^2.$$

Durch Einsetzen der entsprechenden Werte der p_i erhält man

$$\frac{1}{5} \cdot \frac{1}{2} \cdot (\lambda - 2 \cdot \mu) + \frac{1}{5} \cdot \frac{1}{2} \cdot \lambda + \frac{3}{5} \cdot \frac{1}{2} \cdot \left(\lambda + \frac{2}{3} \cdot \mu\right) = \underline{U} + e_H^2$$

und schließlich

$$\lambda = 2 \cdot (\underline{U} + e_H^2) = 400.$$

Der Wert von μ ergibt sich aus der Anreiznebenbedingung 3.2:

$$\sum_{i=1}^{3} (p_i^H - p_i^N) \cdot \sqrt{w_i} = e_H^2 - e_N^2.$$

Durch Einsetzen der entsprechenden Werte der p_i erhält man

$$-\frac{2}{5} \cdot \frac{1}{2} \cdot (\lambda - 2 \cdot \mu) + 0 + \frac{2}{5} \cdot \frac{1}{2} \cdot \left(\lambda + \frac{2}{3} \cdot \mu\right) = e_H^2 - e_N^2$$

und schließlich

$$\mu = \frac{15}{8} \cdot (e_H^2 - e_N^2) = 75.$$

Mit diesen Werten für λ und μ können wir mit Hilfe von Gleichung 3.4 für alle drei möglichen Auszahlungen die optimalen Lohnzahlungen berechnen:

$$\begin{aligned}
x_1 &= 20.000: \quad 2 \cdot \sqrt{w_1} = \lambda - 2 \cdot \mu \\
\Rightarrow \quad w_1 &= \left(\frac{\lambda}{2} - \mu\right)^2 = 125^2 = 15.625, \\
x_2 &= 40.000: \quad 2 \cdot \sqrt{w_2} = \lambda \\
\Rightarrow \quad w_2 &= \left(\frac{\lambda}{2}\right)^2 = 200^2 = 40.000, \\
x_3 &= 60.000: \quad 2 \cdot \sqrt{w_3} = \lambda + \frac{2 \cdot \mu}{3} \\
\Rightarrow \quad w_3 &= \left(\frac{\lambda}{2} + \frac{\mu}{3}\right)^2 = 225^2 = 50.625.
\end{aligned}$$

Der Prinzipal erreicht mit diesem Kontrakt

$$K^*_{asym} = (15.625; 40.000; 50.625)$$

einen Zielfunktionswert von

$$\begin{aligned}
P^* &= \frac{1}{5} \cdot (20.000 - 15.625) + \frac{1}{5} \cdot (40.000 - 40.000) \\
&\quad + \frac{3}{5} \cdot (60.000 - 50.625) = 6.500
\end{aligned}$$

und damit genau 100 Einheiten mehr als bei dem optimalen konstanten Lohnkontrakt aus Aufgabe 3.1.3. Der Prinzipal hat also das Ziel, den Agenten mit dem Vertrag zu einem bestimmten Arbeitseinsatz, nämlich e_H, zu veranlassen. Der Agent erreicht mit dem Kontrakt K^*_{asym} sowohl mit dem niedrigen als auch mit dem hohen Arbeitseinsatz sein Erwartungsreservationsnutzenniveau, so daß er (annahmegemäß) den hohen Arbeitseinsatz wählt. Im Vergleich zur symmetrischen Situation büßte der Prinzipal einen monetären Überschuß von 1.500 Einheiten ein und bleibt nur 100 Einheiten über dem auch mit einem fixen Kontrakt erreichbaren Ergebnis, obwohl sich der Agent nicht verbessert. Das liegt daran, daß dem Agenten zwar diese 1.500 Geldeinheiten zufließen, er aber damit nur für die Übernahme des Risikos (Lohnschwankung) entschädigt wird. Ohne diese Lohnschwankung könnte der Prinzipal jedoch den Agenten nicht zum hohen (nicht beobachtbaren) Arbeitseinsatz veranlassen.

3.1.5 Zur Ermittlung des optimalen linearen Kontraktes könnten wir wiederum formal vorgehen und in dem Maximierungsproblem $P_{3.1.4}$ alle w_i durch $a + b \cdot x_i$ ersetzen und anschließend das optimale a^* und b^* suchen. Man erhielte dabei vier nichtlineare Gleichungen für die Variablen a, b, λ und μ, die dann zu lösen wären. Aus Aufgabe 3.1.4 wissen wir jedoch bereits, daß die Anreiznebenbedingung bindend ist, d.h. $\mu > 0$. Es kann wiederum gezeigt werden, daß auch $\lambda > 0$ sein muß. Damit reduziert sich unser Problem der optimalen Wahl von a und b auf die Erfüllung beider Nebenbedingungen, nämlich

$$\begin{aligned} \sum_{i=1}^{3} \left(p_i^H \cdot \sqrt{a+b\cdot x_i}\right) &= \underline{U} + e_H^2 \\ \sum_{i=1}^{3} \left((p_i^H - p_i^N) \cdot \sqrt{a+b\cdot x_i}\right) &= e_H^2 - e_N^2 \end{aligned} \tag{3.6}$$

Gleichung 3.6 ergibt in unserem konkreten Fall

$$-\frac{2}{5}\cdot\sqrt{a+b\cdot x_1} + 0 + \frac{2}{5}\cdot\sqrt{a+b\cdot x_3} = e_H^2 - e_N^2 = 40,$$

d.h. der Lohn von w_3 und w_1 stehen in der Beziehung

$$\sqrt{w_3} = 100 + \sqrt{w_1}.$$

Der Wert des Lohnes für w_2 ergibt sich nun aufgrund des linearen Lohnkontraktes in diesem Aufgabenteil zu

$$w_2 = \frac{w_1 + w_3}{2}, \quad da \quad x_2 = \frac{x_1 + x_3}{2}$$

ist. Mit diesen Löhnen muß der Agent nun mindestens seinen Reservationsnutzen erhalten, d.h.

$$\sum_{i=1}^{3}(p_i^H \cdot \sqrt{a+b\cdot x_i}) = \underline{U} + e_H^2. \tag{3.7}$$

Durch Einsetzen der Werte für p_i^H und Gleichungen für die w_i in Gleichung 3.7 erhält man

$$\frac{1}{5}\cdot\sqrt{w_1} + \frac{1}{5}\cdot\sqrt{\frac{w_1 + \left(100+\sqrt{w_1}\right)^2}{2}} + \frac{3}{5}\cdot(100+\sqrt{w_1}) = 200.$$

Mittels eines iterativen Lösungsverfahrens können damit die (Näherungs-) Werte bestimmt werden: $w_1 = 16.544,86$, $w_2 = 34.407,54$ und $w_3 = 52.270,23$. Für die Werte des linearen Kontraktes erhält man $a = -1.317,82$ und $b = 0,893$. Der Agent erhält wie beim optimalen Kontrakt gerade wieder seinen Reservationsnutzen und ist indifferent zwischen beiden Arbeitseinsätzen. Der Prinzipal erreicht einen Zielfunktionswert von $P^* = 6.447,38$, d.h. durch die Vorgabe der Linearität des Kontraktes wird der noch bestehende Verteilungsspielraum von 100 Geldeinheiten in Relation zum Vergleichszustand des geringen Arbeitseinsatzes zu gut der Hälfte aufgebraucht.

Aufgabe 3.2

3.2.1 Der Gouverneur will nur einen Regenmacher anstellen und keinen Scharlatan, d.h. der Kontrakt muß dem Regenmacher mindestens den Reservationsnutzen ($E(U) \geq 10$) bieten und dem Scharlatan eben nicht ($E(U) \leq 1$). Insgesamt will der Gouverneur natürlich die Lohnzahlungen minimieren. Seine Handlungsparameter sind die Lohnzahlungen für den Erfolgsfall (Regen) w_E und für den Mißerfolgsfall w_M. Das Problem lautet also:

$$\min_{\{w_E,w_M\}} (0,2 \cdot w_E + 0,8 \cdot w_M)$$

unter den Nebenbedingungen

$$0,2 \cdot \sqrt{w_E} + 0,8 \cdot \sqrt{w_M} \geq 10$$

$$0,02 \cdot \sqrt{w_E} + 0,98 \cdot \sqrt{w_M} \leq 1.$$

3.2.2 Die Umformulierung des Optimierungsproblems für eine Kuhn-Tucker adäquate Darstellung $G_{3.2.2}$ führt zu

$$\max_{\{w_E,w_M\}} -(0,2 \cdot w_E + 0,8 \cdot w_M)$$

unter den Nebenbedingungen

$$0,2 \cdot \sqrt{w_E} + 0,8 \cdot \sqrt{w_M} - 10 \geq 0 \tag{3.8}$$

$$-0,02 \cdot \sqrt{w_E} - 0,98 \cdot \sqrt{w_M} + 1 \geq 0. \tag{3.9}$$

Im Fall symmetrischer Information, in dem der Gouverneur den Scharlatan und den Regenmacher unterscheiden kann, muß nur die Nebenbedingung 3.8 als Partizipationsbedingung berücksichtigt werden. Da der Prinzipal risikoneutral, der Agent jedoch risikoavers sind, wird ein Fixlohnkontrakt bevorzugt. Damit muß $\sqrt{w} = 10$ sein bzw. $w^* = 100$.

Im asymmetrischen Fall muß das Problem $G_{3.2.2}$ mittels Kuhn-Tucker-Bedingungen gelöst werden. Die Ableitung nach w_E und w_M ergibt:

$$\frac{\partial L}{\partial w_E} = -0,2 + \lambda \cdot \frac{0,2}{2 \cdot \sqrt{w_E}} + \mu \cdot \frac{-0,02}{2 \cdot \sqrt{w_E}} = 0 \tag{3.10}$$

$$\frac{\partial L}{\partial w_M} = -0,8 + \lambda \cdot \frac{0,8}{2 \cdot \sqrt{w_M}} + \mu \cdot \frac{-0,98}{2 \cdot \sqrt{w_M}} = 0 \tag{3.11}$$

Gehen wir zunächst einmal davon aus, daß sowohl λ als auch μ positiv seien und damit die beiden Restriktionen bindend sind. (Dies müssen wir dann natürlich für die Lösung überprüfen!). Damit können wir die beiden Ungleichungen 3.8 und 3.9 als Gleichungen formulieren und nach w_E und w_M auflösen:

$$0,2 \cdot \sqrt{w_E} + 0,8 \cdot \sqrt{w_M} = 10 \tag{3.12}$$

$$0,02 \cdot \sqrt{w_E} + 0,98 \cdot \sqrt{w_M} = 1. \tag{3.13}$$

Wird Gleichung 3.12 mit 5 multipliziert und vom 50-fachen der Gleichung 3.13 abgezogen, so erhält man $w_M = 0$. Durch Einsetzen in Gleichung 3.12 ergibt sich $w_E = 2.500$. Aus den Gleichungen 3.10 und 3.11 ergeben sich für λ und μ positive Werte, nämlich $\lambda = 108,88$ und $\mu = 88,88$. (Bei Gleichung 3.11 können Grenzwertbetrachtungen für $\sqrt{w_M} \to 0$ durchgeführt werden.)

Die erwartete Lohnzahlung beträgt

$$E(w) = 0,2 \cdot 2.500 + 0,8 \cdot 0 = 500,$$

d.h. der Gouverneur muß im Erwartungswert 400 Geldeinheiten (bei symmetrischer Information betrug der Lohn $w^* = 100$) ausgeben, nur um Scharlatanen das Handwerk zu legen. Diesen Betrag investiert er ausschließlich in die Risikokompensation des Regenmachers, der Regenmacher selbst verbessert sich nicht.

Aufgabe 3.3

3.3.1 Der Personalleiter muß für jeden Typ, den er laut Aufgabenstellung erkennen kann, ein gesondertes Optimierungsproblem lösen und zwar maximiert er die Zielfunktion

$$\max_{\{e,w\}}\{P(e,w)\} = \max_{\{e,w\}}\{k \cdot e - w\}$$

unter der Nebenbedingung für den guten Absolventen A_G

$$U(w_G, e_G) = w_G - e_G^2 \geq 0 \tag{3.14}$$

bzw. unter der Nebenbedingung für den schlechten Absolventen A_S

$$U(w_S, e_S) = w_S - 2 \cdot e_S^2 \geq 0. \tag{3.15}$$

Aus der Ableitung der beiden Lagrange-Funktionen nach w

$$\frac{\partial L}{\partial w_{G,S}} = -1 + \lambda = 0 \quad \Rightarrow \quad \lambda = 1$$

ergibt sich für beide Typen ein Wert für λ von 1. Daraus wiederum folgt, daß jeweils die Ungleichung 3.14 und 3.15 auf Gleichheit erfüllt sind und die Lohnzahlung für den guten Absolventen $w_G^* = (e_G^*)^2$ und für den schlechten Absolventen $w_S^* = 2 \cdot (e_S^*)^2$ beträgt.

Um den optimalen Arbeitseinsatz der beiden Typen zu bestimmen, werden die jeweiligen Lagrangefunktionen nach e abgeleitet. Für den Absolventen A_G errechnen sich die Lösungen

$$\frac{\partial L}{\partial e_G} = k - 2 \cdot \lambda \cdot e_G = 0 \quad \Rightarrow \quad e_G^* = \frac{k}{2}, \; w_G^* = \frac{k^2}{4}, \; P_G^* = \frac{k^2}{4} \tag{3.16}$$

und für den Absolventen A_S

$$\frac{\partial L}{\partial e_S} = k - 4 \cdot \lambda \cdot e_S = 0 \quad \Rightarrow \quad e_S^* = \frac{k}{4}, \; w_S^* = \frac{k^2}{8}, \; P_S^* = \frac{k^2}{8}. \tag{3.17}$$

Da der Personalleiter mit beiden Absolvententypen Gewinne machen kann, wird er jeden zur Verfügung stehenden Absolventen einstellen, wobei ihm die belastbaren (guten) lieber sind.

Bei asymmetrischer Information ist nur dem Absolventen bei Vertragsabschluß bekannt, welche Eigenschaften er hat. Typisch für eine Adverse-Selection-Situation ist, daß der Prinzipal einen Kontrakt vorschlägt und einen geringeren Informationsstand hat. Ansonsten würde der vorgeschlagene Kontrakt bereits Signale enthalten. Der typische Zeitpfad sieht damit wie in Abbildung 3.2 dargestellt aus.

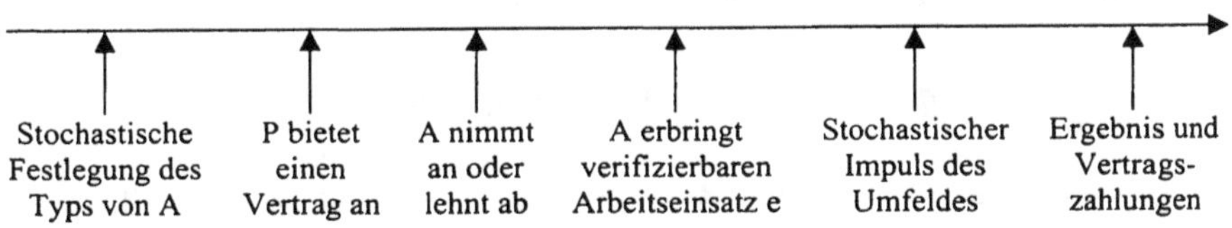

Abbildung 3.2: Typischer Zeitpfad bei Adverser Selektion

Wer wählt nun welchen Kontrakt, wenn der Personalleiter $K_G = (e_G^*, w_G^*)$ und $K_S = (e_S^*, w_S^*)$ anbietet? Da der Arbeitseinsatz verifizierbar ist, muß zu einem bestimmten Lohn auch der entsprechende Arbeitseinsatz erbracht werden. Der Absolvent A_S würde mit dem Vertrag K_G seinen Reservationsnutzen nicht erreichen, sondern $\frac{-k^2}{4} < 0$. Folglich wählt dieser den für ihn bestimmten Vertrag K_S. Der Absolvent A_G würde mit dem Vertrag K_S einen Nutzen von $\frac{k^2}{16} > 0$ erreichen und sich damit für den Kontrakt K_S entscheiden. Für einen belastbaren Absolventen ist es also lohnend, sich zu verstellen und sich als wenig belastbaren Absolventen auszugeben. Dadurch entgingen dem Personalleiter $\frac{k^2}{8}$ und der Gemeinschaft insgesamt (wenn P und U in monetären Größen gemessen werden) $\frac{k^2}{16}$ Verrechnungseinheiten. Das Ziel ist nun, Verträge anzubieten, so daß sich der Agent durch Wahl des für ihn optimalen Vertrages offenbart.

3.3.2 Bei asymmetrischer Information schlägt der Personalleiter zwei Verträge vor, die folgendes Optimierungsproblem lösen:

$$\max_{\{e_G, w_G, e_S, w_S\}} \{q \cdot (k \cdot e_G - w_G) + (1 - q) \cdot (k \cdot e_S - w_S)\}$$

unter den Partizipationsnebenbedingungen beider Absolventen A_G und A_S

$$w_G - e_G^2 \geq 0 \tag{3.18}$$
$$w_S - 2 \cdot e_S^2 \geq 0 \tag{3.19}$$

und den Anreiznebenbedingungen (self-selection) zur Wahl des für den jeweiligen Absolventen vorgesehenen Vertrages

$$w_G - e_G^2 \geq w_S - e_S^2 \tag{3.20}$$
$$w_S - 2 \cdot e_S^2 \geq w_G - 2 \cdot e_G^2. \tag{3.21}$$

Die Ungleichungen 3.19 und 3.20 implizieren die Ungleichung 3.18

$$w_G - e_G^2 \geq w_S - e_S^2 \geq w_S - 2 \cdot e_S^2 \geq 0,$$

so daß der Personalleiter nur die Partizipationsnebenbedingung des schlechteren Absolventen berücksichtigen muß. Mit den Ungleichungen 3.19, 3.20 und 3.21 verwenden wir die Lagrange-Multiplikatoren λ, μ und ν. Die Ableitungen der Lagrangefunktion nach den Optimierungsvariablen e_G, e_S, w_G und w_S ergeben dann:

$$\frac{\partial L}{\partial e_G} = q \cdot k - 2 \cdot \mu \cdot e_G + 4 \cdot \nu \cdot e_G = 0, \tag{3.22}$$
$$\frac{\partial L}{\partial e_S} = (1-q) \cdot k - 4 \cdot \lambda \cdot e_S + 2 \cdot \mu \cdot e_S - 4 \cdot \nu \cdot e_S = 0, \tag{3.23}$$
$$\frac{\partial L}{\partial w_G} = -q + \mu - \nu = 0, \tag{3.24}$$
$$\frac{\partial L}{\partial w_S} = -(1-q) + \lambda - \mu + \nu = 0. \tag{3.25}$$

Einsetzen von Gleichung 3.24 in Gleichung 3.25 ergibt $\lambda = 1$. Aus Gleichung 3.24 folgt auch, daß $\mu = q + \nu > 0$, da ansonsten bei $q \epsilon (0,1)$ $\nu < 0$ sein müßte. Definitionsgemäß müssen jedoch die Lagrange-Multiplikatoren nach den Kuhn-Tucker-Bedingungen nicht negativ sein, d.h. $\nu \geq 0$ und damit ist $\mu > 0$. Die Ungleichungen 3.19 und 3.20 sind also bindend.

Über den Wert von ν können wir im Moment noch nichts sagen, so daß wir zunächst (fälschlicherweise) einen positiven Wert, nämlich $\nu > 0$ annehmen, d.h. auch die Ungleichung 3.21 ist bindend.

Durch Einsetzen der Werte für λ und μ in die Gleichungen 3.22 und 3.23 sowie anschließender Elimination von ν erhalten wir

$$q \cdot k \cdot e_S + (1-q) \cdot k \cdot e_G - 4 \cdot e_S \cdot e_G = 0$$

$$\Rightarrow \quad e_G = \frac{q \cdot k \cdot e_S}{4 \cdot e_S - (1-q) \cdot k}. \tag{3.26}$$

Die beiden Ungleichungen 3.19 und 3.20 sind bindend, so daß wir für die Löhne w_G und w_S die folgenden Ergebnisse erhalten:

$$w_S - 2 \cdot e_S^2 = 0 \quad \Rightarrow \quad w_S = 2 \cdot e_S^2 \,, \tag{3.27}$$

$$w_G - e_G^2 - w_S + e_S^2 = 0 \quad \Rightarrow \quad w_G = e_G^2 + e_S^2 \,. \tag{3.28}$$

Die Annahme, daß Ungleichung 3.21 auch bindend sei, führt uns zu einer Gleichheit des von beiden Absolventen geforderten optimalen Arbeitseinsatzes:

$$w_S - 2 \cdot e_S^2 - w_G + 2 \cdot e_G^2 = 0 \quad \Rightarrow \quad e_G = e_S \,.$$

Das Einsetzen dieses Ergebnisses in Gleichung 3.26 und Auflösen nach e_G ergibt

$$q \cdot k \cdot e_G + k \cdot e_G - q \cdot k \cdot e_G - 4 \cdot e_G^2 = 0 \quad \Rightarrow \quad e_G = \frac{k}{4}. \tag{3.29}$$

Einsetzen von Gleichung 3.24 und Gleichung 3.29 in Gleichung 3.22 führt uns zu

$$q \cdot k - 2 \cdot (\nu + q) \cdot e_G + 4 \cdot \nu \cdot e_G = \frac{k}{2} \cdot (q + \nu) = 0 \quad \Rightarrow \quad \nu < 0 \,.$$

Dies führt uns zu einem Widerspruch mit der oben gemachten Annahme $\nu > 0$, d.h. die Ungleichung 3.21 ist nicht bindend und wir können im weiteren Verlauf davon ausgehen, daß $\nu = 0$. Zusammen mit der Kenntnis der anderen Lagrange-Multiplikatoren ($\lambda = 1$ und $\mu = q$) vereinfacht sich die Gleichung 3.22 zu

$$q \cdot k - 2 \cdot q \cdot e_G = 0 \quad \Rightarrow \quad e_G = \frac{k}{2}$$

und die Gleichung 3.23 zu

$$(1 - q) \cdot k - 4 \cdot e_S + 2 \cdot q \cdot e_S = 0 \quad \Rightarrow \quad e_S = \frac{(1 - q) \cdot k}{4 - 2 \cdot q} \,.$$

Die Gleichungen 3.27 und 3.28 gelten nach wie vor, so daß die optimalen Kontrakte wie folgt lauten:

$$K_G = \left(e_G^* = \frac{k}{2};\; w_G^* = \frac{k^2}{4} + \frac{(1 - q)^2 \cdot k^2}{(4 - 2 \cdot q)^2} \right) , \tag{3.30}$$

$$K_S = \left(e_S^* = \frac{(1 - q) \cdot k}{4 - 2 \cdot q};\; w_S^* = 2 \cdot \frac{(1 - q)^2 \cdot k^2}{(4 - 2 \cdot q)^2} \right) . \tag{3.31}$$

3.3.3 Im symmetrischen Fall schließt der Personalleiter mit A_G nach Gleichung 3.16 den Vertrag

$$K_G = \left(e_G^* = \frac{k}{2} = \frac{1}{2};\; w_G^* = \frac{k^2}{4} = \frac{1}{4} \right) \quad \Rightarrow \quad P_G^* = \frac{1}{4}$$

und mit A_S nach Gleichung 3.17 den Vertrag

$$K_S = \left(e_S^* = \frac{k}{4} = \frac{1}{4};\ w_S^* = \frac{k^2}{8} = \frac{1}{8}\right) \quad \Rightarrow \quad P_S^* = \frac{1}{8}\ .$$

Bei $q = \frac{1}{2}$ beträgt der erwartete Zielfunktionswert $P^* = \frac{3}{16} = 0,1875$.

Im asymmetrischen Fall, bei dem beide beschäftigt werden, bietet der Personalleiter dem Absolventen A_G nach Gleichung 3.30 den Kontrakt

$$\left(e_G^* = \frac{1}{2};\ w_G^* = \frac{5}{18}\right)$$

und dem Absolventen A_S nach Gleichung 3.31 den Kontrakt

$$\left(e_S^* = \frac{1}{6};\ w_S^* = \frac{1}{18}\right)$$

an und erzielt damit einen erwarteten Zielfunktionswert

$$P^* = \frac{1}{2} \cdot \left(\frac{1}{2} - \frac{5}{18}\right) + \frac{1}{2} \cdot \left(\frac{1}{6} - \frac{1}{18}\right) = \frac{1}{6} = 0,1\overline{6}\ .$$

Bestünde das System aus einem guten und einem schlechten Absolventen, so würde die Informationsasymmetrie den Prinzipal 6/144 Einheiten kosten, der Absolvent A_G gewänne 4/144 Einheiten, der Absolvent A_S verdiente 10/144 Einheiten weniger (und arbeitete auch weniger) und insgesamt würden 12/144 Einheiten Überschuß weniger produziert werden. Der Absolvent A_G kassiert eine Informationsrente, der Absolvent A_S zahlt die Zeche.

3.3.4 Im folgenden gehen wir davon aus, daß genau ein Agent beim Personalleiter vorspricht, den dieser dann einstellen kann oder auch nicht. Aus Aufgabe 3.3.1 wissen wir, daß der für den guten Absolvent A_G optimale Kontrakt K_G im symmetrischen Fall vom schlechten Absolvent A_S nicht angenommen wird. Wenn der Personalleiter also nur die Guten anstellen will, dann erreicht er seinen maximalen Erfolg mit dem Kontrakt K_G. Sein erwarteter Erfolg ergibt sich für diesen Fall aus der Wahrscheinlichkeit für das Auftreten eines guten Absolventen bzw. der Wahrscheinlichkeit, daß der vorsprechende Absolvent belastbar (guter Typ) ist, multipliziert mit dem Erfolg, nämlich

$$P_G^* = q \cdot \left(k \cdot \frac{k}{2} - \frac{k^2}{4}\right) = q \cdot \frac{k^2}{4} = \frac{1}{8} = 0,125\ . \qquad (3.32)$$

Somit zieht der Personalleiter die Beschäftigung von beiden Typen vor (da $0,1\overline{6} > 0,125$). Es läßt sich sogar zeigen, daß dies für alle $k > 0$ und alle $q \epsilon (0,1)$ gilt, d.h. durch die Berücksichtigung der Informationsasymmetrie wird der schlechtere Absolvent nicht aus dem Markt getrieben, es wird von ihm lediglich ein geringer Arbeitseinsatz gefordert und entsprechend weniger Lohn bezahlt. Vom guten

Absolvententyp wird hingegen derselbe Arbeitseinsatz gefordert, wofür allerdings eine zusätzliche Informationsrente fällig wird. Typisch ist die zweiseitige Anpassung durch den Personalleiter. Zum einen wird die Verführung des guten Absolventen sich als wenig belastbaren Typ auszugeben durch das Angebot für den schlechteren Typ verringert und zum anderen das Angebot für einen belastbaren Typen durch einen Lohnzuschlag verbessert. Dadurch ist der gute Typ bereit, seine private Information offenzulegen.

Kommentierte Literaturhinweise:

Der Artikel von Breid (1995) gibt einen kurzen und prägnanten Überblick über die unterschiedlichsten Informationsasymmetrien und beschreibt die Struktur des Prinzipal-Agent-Problems gut. Ewert und Wagenhofer (1997) diskutieren das Moral-Hazard-Problem im Zusammenhang mit Abweichungen von Plan- zu Ist-Zahlen. Insbesondere die Fußnoten dienen dazu, die Limitationen der verwendeten Methoden klar zu machen oder die Interpretation zu vertiefen. Macho-Stadler und Pérez-Castrillo (1997) schreiben eine auch didaktisch äußerst gelungene Einführung in das Thema. Der Schwierigkeitsgrad in jedem Thema steigt von einer verbalen Einführung über diskrete hin zu kontinuierlichen Modellen stetig an. Neben den Anwendungen sind auch die komplementären und die fortgeschrittenen Themen, in denen Erweiterungen und Limitationen präzise herausgearbeitet werden, besonders lesenswert. Wer sich mit der Informationsökonomie beschäftigen will, sollte dieses Buch auf jeden Fall konsultieren. Das Buch von Mas-Colell, Whinston und Green (1995) löst derzeit den Varian als Standard-Lehrbuch zur Mikroökonomie ab. Innerhalb des breiten Spektrums der Mikroökonomie sind der Prinzipal-Agent-Theorie und der Adversen Selektion je ein Kapitel gewidmet, die dicht und mathematisch präzise geschrieben sind.

Breid, V. (1995):
Aussagefähigkeit agencytheoretischer Ansätze im Hinblick auf die Verhaltenssteuerung von Entscheidungsträgern, in: Zeitschrift für betriebswirtschaftliche Forschung (zfbf). Vol. 47, 9/95, S.821-854.

Ewert, R.; Wagenhofer, A. (1997):
Interne Unternehmensrechnung. 3. Auflage, Berlin u.a.

Macho-Stadler, I.; Pérez-Castrillo, J. D. (1997):
An Introduction to the Economics of Information - Incentives and Contracts. Translated by Richard Watt. Oxford.

Mas-Colell, A.; Whinston, M.D.; Green, J. W. (1995):
Microeconomic Theory. New York, Oxford.

Kapitel 4

Spieltheorie

Dr. Michael Berlemann, Technische Universität Dresden

Aufgaben

Aufgabe 4.1:

Stellen Sie sich vor, Oliver Kahn absolviert ein Probetraining beim FC Schalke 04. Da er unbedingt einmal im königsblauen Trikot auflaufen will, möchte er besonders glänzen. Die Entscheidung über eine Verpflichtung soll schließlich in einem simulierten Elfmeterschießen fallen, bei dem Olaf Thon 20 Elfmeter auf das von Kahn gehütete Tor schießen soll. Thon möchte sich nicht blamieren und muß sich nun entscheiden, auf welche Torhälfte er zielen soll, die linke oder die rechte. Analog muß sich Kahn entscheiden, welche Hälfte des Tors er abdecken soll. Thon habe seine Stärke im Schuß auf die linke Torhälfte. Schießt Thon nach links und Kahn entscheidet sich ebenfalls für die linke Ecke, so trifft Thon in 70 Prozent der Fälle. Bei Schüssen auf die rechte Ecke dagegen trifft Thon nur in 50 Prozent der Fälle, vorausgesetzt Kahn springt ebenfalls nach rechts. Höher ist die Erfolgsquote von Thon generell, wenn sich Kahn in die falsche Ecke wirft. Schießt Thon nach links und Kahn springt nach rechts, so trifft Thon in 80 Prozent der Fälle. Im umgekehrten Fall hat Thon dagegen sogar eine Erfolgsquote von 90 Prozent.

4.1.1 Welche Erfolgsquote kann Thon mit einer reinen Strategie maximal erreichen, vorausgesetzt, Kahn ist bekannt, daß Thon eine reine Strategie wählen wird?

4.1.2 Welche Strategie sollte Kahn verfolgen, wenn Thon zu einer gemischten Strategie übergeht und mit einer Wahrscheinlichkeit von je 50 Prozent zufällig in die linke oder rechte Ecke schießt? Mit welcher Erfolgsquote kann Thon dann rechnen?

4.1.3 Wie sieht die optimale Strategiemischung für Thon und Kahn aus? Welche Erfolgsquote würden die beiden Spieler mit ihren optimalen Strategien erreichen?

Aufgabe 4.2:

Nehmen Sie an, die Dresdner Investitionsbank sammele Einlagen für ein Bauprojekt in Berlin, das insgesamt zwei Perioden bis zur Fertigstellung benötigt. Insgesamt werden 2 Mrd. DM benötigt, die von zwei Investoren (A,B) zur Verfügung gestellt werden. Wird das Projekt wie geplant durchgeführt, so wirft es zum Ende der zweiten Periode insgesamt 3 Mrd. DM ab, die auf das gemeinsame Projektkonto bei der Bank eingezahlt werden. Wird das Projekt hingegen frühzeitig abgebrochen (nach Periode 1), so kann der Rohbau nur für 1,2 Mrd. DM verkauft werden.

Entschließen sich beide Investoren, das Projekt in Periode eins abzubrechen, so muß die Bank das Projekt liquidieren und beide erhalten jeweils die Hälfte des Erlöses für den fertigen Rohbau. Fordert dagegen nur ein Investor den Projektabbruch, so erhält dieser seine Einlage aus dem Verkaufserlös zurück und der andere erhält den verbleibenden Rest. In beiden Fällen endet das Spiel nach Periode eins. Entscheiden sich beide Investoren für eine Fortsetzung des Projekts, so tritt das Projekt in die Vollendungsphase (Periode zwei) ein.

Nach Periode zwei ist das Projekt in jedem Fall vollendet. Das Gebäude wird verkauft und der Erlös auf das Projektkonto eingezahlt. Beide Investoren können von diesem Konto Abhebungen tätigen, wobei sie jedoch nicht über die ursprüngliche Einlage des jeweils anderen verfügen können. Entschieden sich beide Investoren nach Periode zwei für eine Abhebung des maximal möglichen Betrags, so übersteigt die Summe der Abhebungswünsche das Guthaben und beide Investoren erhalten die Hälfte des Kontoguthabens. Entscheidet sich nur ein Investor für eine Abhebung, so erhält er seine Einlage plus den gesamten Gewinn und dem anderen verbleibt lediglich sein Einsatz. Erhebt keiner der beiden Investoren einen Abhebungswunsch, so wird das Konto liquidiert und jeweils die Hälfte des Guthabens auf den Privatkonten der beiden Investoren gutgeschrieben.

4.2.1 Erstellen Sie für die beiden Perioden jeweils die Payoffmatrix.

4.2.2 Analysieren Sie, ob das beschriebene Spiel teilspielperfekte Gleichgewichte aufweist. Vernachlässigen Sie dabei die Diskontierung zukünftiger Payoffs.

4.2.3 Was können Sie über die Effizienzeigenschaften (Pareto-Effizienz) der teilspielperfekten Gleichgewichte des Spiels aussagen?

4.2.4 Unter welchen Umständen hat der Diskontierungsfaktor einen Einfluß auf die Gleichgewichtslösung des Spiels?

Aufgabe 4.3:

Der junge und noch unbekannte Sänger Elvis P. hat seine erste CD aufgenommen und möchte diese nun möglichst teuer an die Plattenfirma „Schall und Rauch" verkaufen. Der Gewinn aus der Vermarktung der Platte betrage 1 Mio. DM. Gehen Sie bei der Beantwortung der folgenden Fragen stets davon aus, daß bei der Plattenfirma keine Fixkosten anfallen und keine anderen Künstler der Plattenfirma CD-Projekte antragen.

4.3.1 Nehmen Sie an, der Gewinn aus der Vermarktung der Platte sei sowohl der Plattenfirma als auch Elvis bekannt. Welchen Preis sollte Elvis für seine CD von der Plattenfirma verlangen, wenn er ein einmaliges Angebot machen kann, das entweder von der Plattenfirma angenommen oder abgelehnt werden kann? Eine Möglichkeit der Nachverhandlung bestehe nicht.

4.3.2 Welchen Preis kann Elvis maximal von der Plattenfirma verlangen, wenn nach einem abgelehnten Angebot von Elvis die Plattenfirma direkt anschließend ein einmaliges Nachverhandlungsangebot an Elvis machen kann? Weitere Möglichkeiten der Nachverhandlung seien ausgeschlossen.

4.3.3 Wie verändert sich die Situation, wenn die Plattenfirma nach einem abgelehnten Angebot nicht direkt, sondern erst nach einer Periode ein Gegenangebot vorlegen kann? Die Diskontierungsrate betrage $r = 0,1$. Weitere Möglichkeiten der Nachverhandlungen bestehen nicht.

4.3.4 Anders als in den bisherigen Teilaufgaben nehmen wir nun an, die Plattenfirma habe einen Informationsvorsprung in bezug auf die Beurteilung der Qualität der CD. Elvis hat noch nicht viel Erfahrung auf dem Musikmarkt und kennt lediglich die Wahrscheinlichkeitsverteilung über verschiedene mögliche Vermarktungsgewinne aus der CD. Er geht davon aus, daß die CD im Normalfall 0,2 Mio. DM einbringt und dieser Fall mit einer Wahrscheinlichkeit von 80 Prozent eintritt. Mit einer Wahrscheinlichkeit von 20 Prozent wird die CD ein Chartbreaker und wirft dann einen Gewinn von 1 Mio. DM ab. Die Plattenfirma hat dagegen Erfahrung im Geschäft und kann perfekt einschätzen, welcher der beiden Fälle eintreten wird. Es wird vereinbart, daß zuerst Elvis eine Gewinnschätzung vornimmt. Wird die Gewinnschätzung von der Plattenfirma akzeptiert, so soll der Gewinn zu gleichen Teilen aufgeteilt werden. Bei Ablehnung darf die Plattenfirma direkt im Anschluß eine Gewinnschätzung vornehmen, die Elvis wiederum akzeptieren oder ablehnen kann. Wieder wird der Gewinn bei Akzeptanz zu gleichen Teilen aufgeteilt. Gibt es auch bei dieser Nachverhandlung keine Einigung, so werden die Verhandlungen abgebrochen.

Welche Gewinnschätzung sollte Elvis abgeben, wenn beide Parteien risikoneutral eingestellt sind? Mit welchem Gewinn kann Elvis ex ante rechnen?

Aufgabe 4.4:

Nach dem überraschenden Tod des berühmten und mit einem Nobelpreis ausgezeichneten Adam Schmitz wird dessen Bibliothek von den Erben versteigert. Die beiden jungen Nachwuchswissenschaftler Maynard und Milton sind große Bewunderer des Verstorbenen und möchten die Bibliothek beide gerne erwerben. Weitere Interessenten gibt es nicht. Maynards Wertschätzung für die Bibliothek beträgt 5.000 DM, die von Milton 8.000 DM. Sowohl Maynard als auch Milton sind risikoneutral eingestellt und weisen die Nutzenfunktion $U_i = W_i - G_i$ auf. Dabei bezeichnet W_i die jeweilige Wertschätzung und G_i das (zum Zuge gekommene) Gebot.

4.4.1 Nehmen wir einmal an, die Bibliothek werde im Wege einer sog. „First-Price-Sealed-Bid"-Auktion versteigert, bei der die Interessenten ihr Gebot in einem verschlossenen Umschlag an den Auktionator übergeben müssen. Den Zuschlag erhält das höchste Gebot zum gebotenen Preis. Welche Gebote werden Milton und Maynard machen, wenn sie die Wertschätzung des jeweils anderen kennen? Wer wird die Bibliothek erhalten und welchen Nutzen werden die beiden Bieter realisieren?

4.4.2 Gehen Sie nun davon aus, die Erben würden sich zugunsten einer englischen Auktion entscheiden, bei der die Angebote offen und aufsteigend getätigt werden müssen und der Interessent mit dem höchsten Gebot gewinnt. Wie wird sich diese Form von Auktion auf das Ergebnis im Vergleich zu Aufgabe 4.4.1 auswirken?

4.4.3 Wir geben nun die Annahme auf, daß die Wertschätzungen der beiden Interessenten common knowledge sind. Stattdessen nehmen wir an, sie würden aus einer kontinuierlichen gleichverteilten Grundgesamtheit mit der unteren Grenze 0 DM und der oberen Grenze 10.000 DM gezogen. Die tatsächliche Wertschätzung sei nur dem jeweiligen Bieter selbst bekannt. Leiten Sie eine Bietfunktion für Maynard und Milton her, die in Abhängigkeit von ihren Wertschätzungen angibt, wieviel sie in einer First-Price-Sealed-Bid-Auktion bieten sollten. (Lösungshinweis: die Bietfunktionen müssen streng monoton steigend in den Wertschätzungen sein, d.h. eine höhere Wertschätzung ist immer auch mit einer Erhöhung des Gebots verbunden.)

4.4.4 Wie verändern sich die Bietfunktionen, wenn neben Maynard und Milton auch noch Reinhard mitbietet?

Lösungen

Aufgabe 4.1:

4.1.1 Eine reine Strategie verlangt, daß bei jedem Elfmeter die gleiche Ecke gewählt wird. Thon kann also die Torecke später nicht mehr wechseln. Da Thon bekannt ist, daß er Kahn durch den ersten Schuß seine Strategie offenbart, wird Thon, der sich annahmegemäß für eine reine Strategie entscheiden muß, den Schuß in die linke Ecke wählen. Hier beträgt seine Erfolsquote immerhin 70 Prozent gegenüber nur 50 Prozent bei Schüssen in die rechte Ecke. Dies wiederum kann Kahn voraussehen und wird deswegen von Beginn an in die linke Ecke springen. Thon kann also mit einer Erfolgsquote von 70 Prozent rechnen. Da es sich um ein Nullsummenspiel handelt, der Erfolg des einen also immer mit einem Mißerfolg des anderen verbunden ist, kann Kahn immerhin auf eine Erfolgsquote von 30 Prozent bauen.

4.1.2 Wenn Kahn die Strategie von Thon beobachten kann, sollte er sich immer auf seine bessere Seite orientieren. Dies ist eindeutig die rechte Ecke (20 bzw. 50 Prozent Erfolgschance für Kahn gegenüber 30 bzw. 10 Prozent in der linken Ecke). In 50 Prozent aller Fälle springt Kahn dann in die richtige Ecke. Damit läßt sich auch die Erfolgsquote für beide Spieler ausrechnen. Für Thon ergibt sich die Erfolgsquote

$$EQ^T = 0,5 \cdot 0,8 + 0,5 \cdot 0,5 = 0,65.$$

Thon trifft nun also nur noch in 65 Prozent aller Fälle, wohingegen die reine Strategie „schieße immer in die linke Ecke" noch eine Erfolgsquote von 70 Prozent aufwies. Thon wäre also schlecht beraten, wenn er tatsächlich eine Strategiemischung von 50:50 vornähme.

4.1.3 Das Nash-Gleichgewicht des Spiels, also das Paar wechselseitig bester Strategien, ist dadurch gekennzeichnet, daß es sich für keinen der beiden Spieler mehr lohnen darf, die Strategie zu wechseln, gegeben die Strategie des anderen Spielers.

Die optimale Strategiemischung für Kahn muß also die Eigenschaft haben, daß Thon indifferent zwischen seinen beiden Strategien ist. Bezeichnen wir die Wahrscheinlichkeit, mit der Kahn sich in die linke Ecke wirft, mit p, so muß für die optimale Strategiemischung

$$p \cdot 0,7 + (1-p) \cdot 0,8 = p \cdot 0,9 + (1-p) \cdot 0,5$$

gelten. Nach Auflösen nach p ergibt sich, daß Kahn in 60 Prozent der Fälle nach links, in 40 Prozent der Fälle dagegen nach rechts springen sollte.

Analog können wir die optimale Strategiemischung für Thon berechnen. Bezeichnen wir die Wahrscheinlichkeit, mit der Thon in die linke Ecke schießt, mit q, so muß die Bedingung

$$q \cdot 0,7 + (1-q) \cdot 0,9 = q \cdot 0,8 + (1-q) \cdot 0,5$$

erfüllt sein. Nach Auflösen nach q folgt, daß Thon mit einer Wahrscheinlichkeit von 0,8 nach links und mit der verbleibenden Wahrscheinlichkeit von 0,2 nach rechts schießen sollte.

Die Erfolgsquote von Thon muß unabhängig von Kahns konkreter Strategie sein, so daß sie sich auf zwei Arten berechnen läßt:

$$EQ^T = 0,8 \cdot 0,7 + 0,2 \cdot 0,9 = 0,74\%,$$

falls Kahn die linke Ecke wählt oder

$$EQ^T = 0,8 \cdot 0,8 + 0,2 \cdot 0,5 = 0,74\%,$$

falls sich Kahn für die rechte Ecke entscheidet. Da es sich bei dem betrachteten Spiel um ein sog. Nullsummenspiel handelt, bei dem der Gewinn des einen Spielers gleich dem Verlust des anderen ist, ist unmittelbar einsichtig, daß sich die Erfolgsquote für Kahn mit der von Thon zu eins addieren muß. Sie beträgt somit:

$$EQ^K = 1 - 0,74 = 0,26\%.$$

Zur Kontrolle berechnen wir noch einmal die Erfolgsquote von Kahn ausführlich. Für den Fall, daß Thon nach links schießt, ergibt sich:

$$EQ^K = 0,6 \cdot 0,3 + 0,4 \cdot 0,2 = 0,26\%.$$

Das gleiche Ergebnis erhalten wir auch für den Fall, daß Thon sich für die rechte Ecke entscheidet:

$$EQ^K = 0,6 \cdot 0,1 + 0,4 \cdot 0,5 = 0,26\%.$$

Aufgabe 4.2:

4.2.1 Die Payoffmatritzen für die beiden Perioden sind in den Abbildungen 4.1 und 4.2 dargestellt.

4.2.2 Ein Gleichgewicht ist teilspielperfekt, wenn es für keinen der Spieler optimal ist, bei irgendeinem Teilspiel, das an einem beliebigen Knoten des Spielbaumes beginnt, von seiner Gleichgewichtsstrategie abzuweichen. Die Forderung der Teilspielperfektheit schließt aus, daß unglaubwürdige Drohungen Elemente von Gleichgewichtsstrategien werden können.

Das vorliegende Spiel läßt sich durch Rückwärtsinduktion, d.h. durch eine rückwärtsgerichtete Vorgehensweise von der letzten Periode aus lösen. In der letzten Periode haben beide Investoren eine dominante Strategie, nämlich die Abhebung des maximal möglichen Anteils. Zwar würden sie den gleichen Betrag erhalten, wenn sie die Überweisung auf ihr Konto abwarten würden. Sie gingen jedoch das Risiko ein, daß der jeweils andere Spieler vorher den gesamten Gewinn vom gemeinsamen Projektkonto abhebt und sie selbst damit bzgl. des Gewinns leer ausgingen.

	abbrechen	fortsetzen
abbrechen	0,6 0,6	1,0 0,2
fortsetzen	0,2 1,0	nächste Periode

Abbildung 4.1: Payoffmatrix 1. Periode

	abheben	warten
abheben	1,5 1,5	2,0 1,0
warten	1,0 2,0	1,5 1,5

Abbildung 4.2: Payoffmatrix 2. Periode

Das Teilspiel der letzten Periode hat also ein eindeutiges Nash-Gleichgewicht in den Strategien (abheben; abheben). Keiner der beiden Investoren kann hier seinen Payoff steigern, gegeben jeweils die Strategie des anderen Investors. Damit können wir die Payoffmatrix der ersten Periode, wie in Abbildung 4.3 dargestellt, vervollständigen.

Das Teilspiel der ersten Periode hat nun gleich zwei Nash-Gleichgewichte in reinen Strategien: einerseits das Strategiepaar (Projektabbruch; Projektabbruch), andererseits das Strategiepaar (Projektfortsetzung; Projektfortsetzung). Beide Gleichgewichte sind zudem teilspielperfekt im obigen Sinne. Wir können somit keine eindeutige Aussage über den Ausgang des Spiels treffen.

4.2.3 Ein Zustand wird als Pareto-optimal bezeichnet, wenn kein Individuum besser gestellt werden kann, ohne zumindest eines schlechter zu stellen. Entscheiden sich beide Investoren in der ersten Periode für die Vollendung des Projekts und

	abbrechen	fortsetzen
abbrechen	0,6 0,6	1,0 0,2
fortsetzen	0,2 1,0	1,5 1,5

Abbildung 4.3: Vervollständigte Payoffmatrix 1. Periode

in der zweiten für die sofortige Abhebung, so erhalten beide Akteure einen Payoff der Höhe 1,5 Mrd. DM. Beide Investoren erhalten im zweiten teilspielperfekten Gleichgewicht (Projekt abbrechen; Projekt abbrechen) lediglich einen Payoff der Höhe 0,6 Mrd. DM, so daß das erstgenannte Gleichgewicht Pareto-superior ist. Das zweite Gleichgewicht, das auch als Bank-Run interpretiert werden kann, ist somit ineffizient.

4.2.4 Eine Vernachlässigung des Diskontfaktors ist gleichbedeutend mit einem Diskontfaktor der Höhe null, d.h. zukünftige Payoffs werden genauso stark gewichtet wie gegenwärtige. Bezeichnen wir den Payoff einer Periode mit p_t und den Diskontfaktor mit r, so ergibt sich für den Gegenwartswert des Payoffs

$$P_t = \sum_{\tau=t}^{N} (\frac{1}{1+r})^{\tau-t} \cdot p_\tau.$$

Auf die Lösung des Teilspiels der zweiten Periode hat der Diskontfaktor überhaupt keinen Einfluß, da alle Payoffs mit der gleichen Rate diskontiert werden müßten. Lediglich die im Nash-Gleichgewicht resultierenden Payoffs würden mit jedem positiven Diskontfaktor abnehmen.

An den gleichgewichtigen Lösungen für die erste Periode ändert sich solange nichts, wie die Bedingung $r \leq \frac{1}{3}$ erfüllt ist. Ist der Diskontfaktor größer als $\frac{1}{3}$, so ist das Strategiepaar (Projekt fortsetzen; Projekt fortsetzen) kein Nash-Gleichgewicht der ersten Periode mehr. Damit ergibt sich in diesem Fall eine eindeutige Lösung des Spiels. Unter der Annahme Payoff-maximierender Investoren resultierte immer das teilspielperfekte Gleichgewicht (Projekt abbrechen; Projekt abbrechen) und es entstünde somit in jedem Fall ein Bank-Run.

Aufgabe 4.3:

4.3.1 Da es sich bei diesem Spiel um ein sog. „Ultimatum Bargaining" handelt, ist die Verhandlungsposition von Elvis relativ gut. Elvis kann ein Angebot ohne Nachverhandlungsmöglichkeiten machen, das von der Plattenfirma nur angenommen oder abgelehnt werden kann. Im Extremfall könnte Elvis den gesamten Vermarktungsgewinn von 1 Mio. DM verlangen. Die Plattenfirma wäre in diesem Fall indifferent zwischen der Annahme und der Ablehnung des Angebots, da in beiden Fällen ihr Gewinn gleich null wäre. Elvis ist natürlich daran interessiert, daß die Plattenfirma das Angebot annimmt. Nur so kann er einen Gewinn verbuchen. Um sicher zu gehen, daß die Plattenfirma das Angebot annimmt, wäre Elvis deshalb gut beraten, der Plattenfirma zumindest einen marginalen Gewinn im Gegenzug für die Produktion der CD zu bieten.

4.3.2 In diesem Fall verliert Elvis seine vormals günstige Verhandlungsposition. Diesmal ist die Plattenfirma berechtigt, Elvis ein ultimatives Angebot zu machen. Da die Plattenfirma direkt nach Ablehnung eines Angebots von Elvis reagieren kann (keine nennenswerte Zeitdifferenz), wird sie Elvis, analog den Überlegungen aus Teilaufgabe 4.3.1, lediglich einen marginalen Gewinn zugestehen. Damit ist das Recht von Elvis, das erste Angebot zu unterbreiten, praktisch wertlos. Würde Elvis auch nur ein wenig mehr als einen marginalen Gewinnanteil fordern, so würde die Plattenfirma sein Angebot in jedem Fall ablehnen und ein Gegenangebot mit eben dem marginalen Gewinn für Elvis machen, das dieser auch annehmen sollte (er bekommt sonst gar nichts).

Zu beachten ist, daß jedwede Drohung von Elvis in Richtung der Plattenfirma, bei Ablehnung des eigenen Angebots das jeweilige Gegenangebot ebenfalls abzulehnen, unglaubwürdig ist, da sie die Drohung mit einem irrationalen Verhalten beinhaltet (Ablehnung eines - wenn auch nur marginalen - Gewinns).

Insgesamt zeigt sich, daß das Recht, ein ultimatives Angebot machen zu können, in der Regel eine starke Verhandlungsposition mit sich bringt.

4.3.3 Verzögern sich die Nachverhandlungen um eine Periode, so verwandelt sich das Spiel in ein sog. „shrinking-cake-game", d.h. der zu verteilende Gewinn nimmt im Zeitablauf ab. Zwar nimmt der zu verteilende Gewinn nicht absolut ab (er beträgt in Periode 2 immer noch 1 Mio. DM), gemäß der unterstellten Gegenwartspräferenz werden Gewinne in Periode 1 aber höher gewichtet als zukünftige (Periode 2). Der Gegenwartswert des Rechts der Plattenfirma, in Periode 2 ein ultimatives Verteilungsangebot machen zu können, beträgt

$$\frac{1}{1+0,1} \cdot 1 = 0,91.$$

Damit verbessert sich die Verhandlungsposition von Elvis im Vergleich zu Teilaufgabe 4.3.2 wieder etwas. Fordert er nun nämlich eine marginal geringere Gewinnbeteiligung als 0,09 Mio. DM (1,0 - 0,91 Mio. DM), so ist es aus Sicht der Plattenfirma in jedem Fall optimal, dieses Angebot anzunehmen, da das Warten auf die zweite Periode mit den nominal dann höheren Gewinnaussichten durch den Liquiditätsverzicht in der ersten Periode überkompensiert würde.

4.3.4 Zwar hat Elvis prinzipiell einen Informationsnachteil gegenüber der Plattenfirma, er kann diesen aber kompensieren, wenn er die Plattenfirma durch die Wahl seines Angebotes zwingt, ihre Informationen implizit preiszugeben. Dies kann Elvis dadurch erreichen, daß er eine Gewinnschätzung von 1 Mio. DM, also der des Chartbreaker-Falls, vornimmt. Ist die CD tatsächlich ein Chartbreaker, so wird die Plattenfirma die Gewinnschätzung von 1 Mio. DM akzeptieren, da sie bei Ablehnung des Angebots auch nicht mehr als die Hälfte dieser Summe verdienen kann. Beträgt der erzielbare Vermarktungsgewinn dagegen nur 0,2 Mio. DM, so wird die Plattenfirma zwar das Angebot ablehnen; dennoch erhält Elvis dann die Hälfte des Gewinns, da der wahre Wert der Platte ja nun bekannt ist und annahmegemäß bereits vorab eine 50:50-Aufteilung einer akzeptierten Gewinnschätzung vereinbart wurde.

Zusammenfassend kann festgehalten werden, daß Elvis in jedem Fall zu Beginn den Gewinn auf die maximal mögliche Summe schätzen sollte, also 1 Mio. DM. Entweder er erhält dann die Hälfte dieser Summe oder es kommt zu einer Gewinnschätzung der Plattenfirma von 0,2 Mio. DM. In diesem Fall würde er 0,1 Mio. DM erhalten. Damit kann der Erwartungswert des Gewinns für Elvis ex ante wie folgt berechnet werden:

$$E[G^{Elvis}] = 0,2 \cdot 0,5 + 0,8 \cdot 0,1 = 0,18.$$

Aufgabe 4.4:

4.4.1 Zunächst einmal kann ausgeschlossen werden, daß die Spieler höhere Gebote abgeben werden als ihre eigene Wertschätzung. Würde nämlich ein Bieter „überbieten" und dann die Auktion gewinnen, so würde er einen negativen Nutzen realisieren. Die Strategie „überbieten" wird also durch die Strategie „biete nichts", die einen sicheren Nutzen von null bringt, eindeutig dominiert und ist daher irrelevant.

Für denjenigen Spieler mit der höheren Wertschätzung (hier Milton) kommt als maximales Gebot daher seine eigene Wertschätzung in Frage. Er würde in diesem Fall zwar die Auktion gewinnen, dann allerdings einen Nutzen von null realisieren. Da Milton bekannt ist, daß Maynard keinen Anreiz hat, mehr als seine Wertschätzung zu bieten, kann er seinen Nutzen durch „bid-shaving", d.h. Kürzung seines Angebots, steigern. Er sollte sein Angebot so stark senken, daß er gerade noch sicher sein kann, die Auktion zu gewinnen. Dies ist der Fall, wenn er marginal mehr als die Wertschätzung von Maynard (5.000 DM) bietet. Er realisiert dann einen monetären Nutzen von annähernd 3.000 DM.

Maynard kann sich nun leicht ausrechnen, daß Milton ihn überbieten wird und er somit keine Chance hat, die Auktion zu gewinnen. Sein Angebot ist daher irrelevant, sein Nutzen beträgt bei jedem Gebot zwischen null und seiner Wertschätzung null.

4.4.2 Auch wenn sich der Ablauf der Auktion im Einzelfall etwas komplexer gestalten könnte, würde sich dies im Ergebnis überhaupt nicht auswirken. Milton würde auch in diesem Fall mit einem Gebot von marginal mehr als 5.000 DM die Auktion gewinnen.

4.4.3 Zunächst einmal läßt sich feststellen, daß für beide Spieler die gleiche Bietfunktion resultieren muß, da das Spiel völlig symmetrisch ist. Für beide Bieter geht es nun darum, durch ihr Gebot G ihren erwarteten Nutzen zu maximieren. Bezeichnen wir die Wahrscheinlichkeit, mit der Spieler i die Auktion gewinnt, mit p_i, so läßt sich der Erwartungsnutzen von Spieler i ausdrücken als

$$\begin{aligned} E[U_i] &= p_i \cdot (W_i - G_i) + (1 - p_i) \cdot 0 \\ &= p_i \cdot (W_i - G_i). \end{aligned}$$

Die Wahrscheinlichkeit für Spieler i, die Auktion zu gewinnen, ist proportional zu seinem Gebot G_i, so daß wir notieren können:

$$p_i = k \cdot G_i,$$

wobei k eine positive Konstante darstellt. Damit können wir den erwarteten Nutzen des Spielers i ausdrücken als

$$E[U_i] = k \cdot G_i \cdot (W_i - G_i).$$

Leiten wir nach G_i ab und setzen die Ableitung gleich null, so erhalten wir die notwendige Maximierungsbedingung

$$-k \cdot G_i + k \cdot (W_i - G_i) = 0.$$

Damit erhalten wir die optimale Bietfunktion

$$G_i = \frac{W_i}{2}.$$

Beide Interessenten sollten also jeweils die Hälfte ihrer Wertschätzung bieten. Es gewinnt dann immer derjenige Spieler die Auktion, der die höhere Wertschätzung aufweist.

4.4.4 Um die Auktion zu gewinnen, muß ein Interessent nun nicht nur einen, sondern zwei andere Bieter schlagen. Da die Wertschätzungen aller Interessenten unabhängig voneinander aus der gleichen Verteilung gezogen werden, ist die Wahrscheinlichkeit, daß Bieter i die Auktion gewinnt, gleich dem Produkt der Wahrscheinlichkeiten, jeden einzelnen Konkurrenten zu schlagen. Bezeichnen wir die Wahrscheinlichkeit, daß der Bieter 1 Bieter 2 schlägt, mit $p_{1,2}$, so muß für Bieter 1 also gelten:

$$p_1 = p_{1,2} \cdot p_{1,3}.$$

Aufgrund der Symmetrie des Spiels gilt weiterhin

$$p_{1,2} = p_{1,3}.$$

Die Wahrscheinlichkeit, daß Bieter 1 Bieter 2 schlägt, ist wieder proportional zu seinem Gebot

$$p_1 = k \cdot G_1,$$

so daß gilt:

$$p_1 = (k \cdot G_1)^2.$$

Damit läßt sich der erwartete Nutzen von Spieler 1 ausdrücken als

$$E[U_1] = (k \cdot G_1)^2 \cdot (W_1 - G_1) = k^2 \cdot G_1^2 \cdot W_1 - k^2 \cdot G_1^3.$$

Als notwendige Optimierungsbedingung ergibt sich in diesem Fall

$$k^2 \cdot 2 \cdot G_1 \cdot W_1 - k^2 \cdot 3 \cdot G_1^2 = 0.$$

Damit ergibt sich die optimale Bietfunktion als

$$G_1 = \frac{2}{3} \cdot W_1.$$

Jeder der drei Interessenten sollte also $\frac{2}{3}$ seiner eigenen Wertschätzung bieten. Auch hier gewinnt wieder derjenige Spieler mit der höchsten Wertschätzung die Auktion.

Kommentierte Literaturhinweise:

Das Buch von Dixit/Nalebuff (1995), inzwischen in deutscher Übersetzung verfügbar, macht seinem Titel alle Ehre. Es ist sowohl für den Einsteiger ohne jede Vorbildung im Bereich der Wirtschaftswissenschaften als auch den bereits etwas fortgeschritteneren Leser absolut empfehlenswert. Spieltheoretische Grundkonzepte und Anwendungsgebiete werden hier - weitestgehend verbal - mit viel Humor anschaulich vorgestellt.

Ist das Interesse an der Thematik erst einmal geweckt, so bietet sich eine Vertiefung mit Hilfe des hervorragenden Lehrbuchs von Gardner (1995) an. Ein empfehlenswertes englischsprachiges Lehrbuch ist das von Gibbons (1992). Im Bereich deutschsprachiger Literatur können die Lehrbücher von Güth (1999) und Holler/Illing (2000) empfohlen werden.

Dixit A. K./Nalebuff, B. J. (1995):
Spieltheorie für Einsteiger. Strategisches Know-How für Gewinner. Stuttgart.

Gardner, R. (1995):
Games for Business and Economics. New York u.a.

Gibbons, R. (1992):
A Primer in Game Theory. New York u.a.

Güth, W. (1999):
Spieltheorie und ökonomische (Bei)Spiele. 2. Auflage, Berlin u.a.

Holler, M./Illing, G. (2000):
Einführung in die Spieltheorie. 4. Auflage, Berlin u.a.

Teil II

Mikroökonomik

Kapitel 5

Produktionstheorie I: Substitutionale Produktionsfunktionen

Dr. Roland Rollberg, Technische Universität Dresden

Aufgaben

Das auf Turgot und von Thünen zurückgehende Ertragsgesetz (Gesetz vom abnehmenden Grenzertrag) läßt sich mit Hilfe von peripher substitutionalen Produktionsfunktionen veranschaulichen. Periphere Substitutionalität ist gegeben, wenn positive Ausbringungsmengen grundsätzlich positive Einsatzmengen aller an der produktiven Kombination beteiligten Einsatzfaktoren voraussetzen. Mithin können die einzelnen, miteinander zu kombinierenden Produktionsfaktoren nur innerhalb bestimmter Grenzen gegeneinander ausgetauscht werden.

Aufgabe 5.1:

Gegeben seien folgende ertragsgesetzliche Produktionsfunktionen, die den Gesamtertrag (x) in Abhängigkeit von der Einsatzmenge des Faktors 1 (r_1) bzw. 2 (r_2) bei Konstanz aller übrigen Einsatzfaktoren ausdrückt:

$$\begin{aligned} x(r_1) &= -0,5 \cdot r_1^3 + 6 \cdot r_1^2 + 4 \cdot r_1, \\ x(r_2) &= -\frac{2}{3} \cdot r_2^3 + 8 \cdot r_2^2 + 6 \cdot r_2. \end{aligned}$$

Ermitteln Sie für die beiden gegebenen Produktionsfunktionen die Grenzertragsfunktion und die Durchschnittsertragsfunktion. Bestimmen Sie die Schwellenwerte für das ertragsgesetzliche Vier-Phasen-Schema, und erläutern Sie den Verlauf der verschiedenen Funktionen in den einzelnen Phasen. Veranschaulichen Sie den ertragsgesetzlichen Verlauf der substitutionalen Produktionsfunktionen an Hand einer Graphik.

Aufgabe 5.2:

Nunmehr sei eine ertragsgesetzliche Produktionsfunktion gegeben, die den Gesamtertrag (x) in Abhängigkeit von der Einsatzmenge der beiden Faktoren 1 und 2 (r_1, r_2) bei Konstanz aller übrigen Faktoren ausdrücken:

$$x(r_1, r_2) = (-0{,}5 \cdot r_1^3 + 6 \cdot r_1^2 + 4 \cdot r_1) \cdot \left(-\frac{2}{3} \cdot r_2^3 + 8 \cdot r_2^2 + 6 \cdot r_2\right).$$

Bestimmen Sie die Schwellenwerte für das ertragsgesetzliche Vier -Phasen-Schema für den Fall, daß die Einsatzmenge des Faktors 1 bzw. 2 auf 5 Faktoreinheiten festgeschrieben wird. Verdeutlichen Sie Ihre Ergebnisse an Hand einer dreidimensionalen Darstellung des Ertragsgebirges. Berechnen Sie den Gipfel des Gebirges.

Aufgabe 5.3:

Angenommen, der Zusammenhang zwischen eingesetzten Faktormengen (r_1, r_2) und der Ausbringung (x) eines seine Kosten minimierenden Unternehmens läßt sich durch die folgende substitutionale Produktionsfunktion ausdrücken:

$$x(r_1, r_2) = 8 \cdot r_1 - r_1^2 + 16 \cdot r_2 - 2 \cdot r_2^2 + 4 \cdot r_1 \cdot r_2.$$

Formulieren Sie das Optimierungsproblem für die Produktionsmenge $\overline{x} = 130$, und bestimmen Sie die kostenminimale Faktormengenkombination mit Hilfe des Lagrange-Ansatzes, wenn eine Mengeneinheit von Faktor 1 gerade 4 Geldeinheiten und von Faktor 2 gerade 16 Geldeinheiten kostet. Geben Sie die Höhe der entstehenden Kosten und den Wert des Lagrange-Multiplikators an. Wie ist der Multiplikator zu interpretieren?

Lösungen

Aufgabe 5.1:

Die Grenzertragsfunktion ergibt sich durch Ableitung der Gesamtertragsfunktion nach der variablen Faktormenge r_1 *bzw.* r_2. Wird die Gesamtertragsfunktion durch die jeweils relevante Faktormenge r_1 bzw. r_2 dividiert, erhält man die Durchschnittsertragsfunktion. Das für die Berechnung der Schwellenwerte des ertragsgesetzlichen Vier-Phasen-Schemas erforderliche Steigungsmaß der Grenz- und der Durchschnittsertragsfunktion resultiert aus der Ableitung der jeweiligen Funktion abermals nach der entsprechenden Faktormenge. Die einzelnen Ausdrücke finden sich für die beiden gegebenen peripher substitutionalen Produktionsfunktionen in Tabelle 5.1 wieder.

Funktionsverläufe	**Produktionsfunktion $x(r_1)$**	**Produktionsfunktion $x(r_2)$**
Gesamtertrag $x(r)$	$-0,5 \cdot r_1^3 + 6 \cdot r_1^2 + 4 \cdot r_1$	$-\frac{2}{3} \cdot r_2^3 + 8 \cdot r_2^2 + 6 \cdot r_2$
Grenzertrag $x'(r)$	$-1,5 \cdot r_1^2 + 12 \cdot r_1 + 4$	$-2 \cdot r_2^2 + 16 \cdot r_2 + 6$
Steigungsmaß der Grenzertragskurve $x''(r)$	$-3 \cdot r_1 + 12$	$-4 \cdot r_2 + 16$
Durchschnittsertrag $e = \frac{x(r)}{r}$	$-0,5 \cdot r_1^2 + 6 \cdot r_1 + 4$	$-\frac{2}{3} \cdot r_2^2 + 8 \cdot r_2 + 6$
Steigungsmaß der Durchschnittsertragskurve e'	$-r_1 + 6$	$-\frac{4}{3} \cdot r_2 + 8$

Tabelle 5.1: Produktionsfunktionen im Vergleich

Das sogenannte ertragsgesetzliche Vier-Phasen-Schema unterteilt den Verlauf der Gesamtertragsfunktion in vier Bereiche (vgl. auch Abbildung 5.1): In der ersten Phase steigt der Gesamtertrag progressiv bis zum Wendepunkt und in der zweiten und dritten Phase degressiv bis zum Maximum der Produktionsfunktion, um danach in der vierten Phase progressiv zu fallen. Folglich steigt der Grenzertrag in der ersten Phase degressiv, bis er sein Maximum erreicht. In den sich anschließenden Phasen zwei und drei fällt der Grenzertrag progressiv und wird dann in der vierten Phase negativ. Der Durchschnittsertrag steigt in den ersten beiden Phasen bis zu seinem Maximum degressiv und fällt in den beiden letzten Phasen progressiv. An der Schwelle zur dritten Phase entsprechen sich Grenz- und Durchschnittsertrag (der Fahrstrahl aus dem Ursprung wird zur Tangente an die Ertragskurve; vgl. nochmals Abbildung 5.1), davor übersteigt der Grenzertrag, dahinter der Durchschnittsertrag die jeweils andere Größe.

Da die vierte Phase in den „unendlichen Weiten niedrigster Gesamterträge" endet, läßt sich das Vier-Phasen-Schema durch jeweils drei Schwellenwerte für die

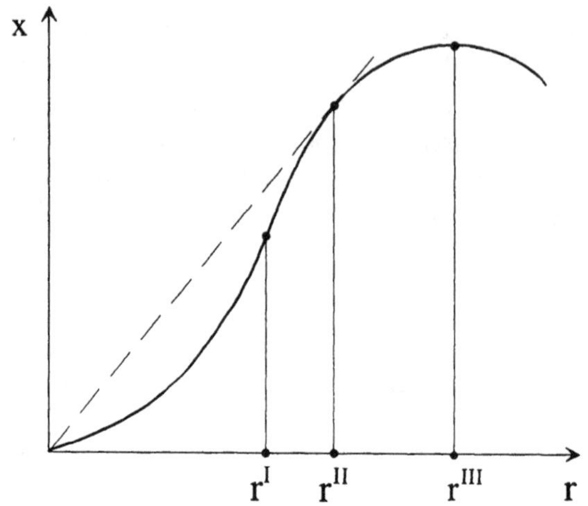

Abbildung 5.1: Ertragsgesetzliche Produktionsfunktion

Faktoreinsatzmenge und den resultierenden Gesamtertrag charakterisieren. Der erste Schwellenwert für die Faktoreinsatzmenge (r^I) läßt sich ermitteln, indem die zweite Ableitung der Produktionsfunktion gleich null gesetzt wird (Maximum des Grenz-, Wendepunkt des Gesamtertrags). Der zweite Schwellenwert (r^{II}) befindet sich dort, wo die erste Ableitung der Durchschnittsertragsfunktion den Wert Null annimmt (Maximum des Durchschnittsertrags, Grenzertrag gleich Durchschnittsertrag). Schließlich ergibt sich der dritte Schwellenwert (r^{III}) durch Nullsetzen der ersten Ableitung der ertragsgesetzlichen Produktionsfunktion (Maximum des Gesamtertrags). Allgemeine Berechnungsvorschriften und konkrete Schwellenwerte für die beiden Produktionsfunktionen sind in Tabelle 5.2 zusammengefaßt.

Endpunkt	**allgemein**	$\mathbf{r_1}$	$\mathbf{x(r_1)}$	$\mathbf{r_2}$	$\mathbf{x(r_2)}$
Phase I	Wendepunkt der Produktionsfunktion $x' = max \Rightarrow x'' = 0$	4	80	4	109,33
Phase II	$e = x'$; $e = max \Rightarrow e' = 0$	6	132	6	180
Phase III	Maximum der Produktionsfunktion $x = max \Rightarrow x' = 0$	8,32	160,65	8,36	219,76

Tabelle 5.2: Schwellenwerte des Vier-Phasen-Schemas

Aufgabe 5.2:

Die gegebene ertragsgesetzliche Produktionsfunktion in Abhängigkeit von zwei peripher substitutionalen Einsatzfaktoren entspricht der multiplikativen Verknüpfung der beiden zuvor diskutierten Produktionsfunktionen. Wird einer der beiden Faktoren auf fünf gesetzt, so ergibt sich für die zugehörige Teilfunktion ein absoluter Wert, der mit der Teilfunktion des jeweils anderen, noch variabel einsetzbaren Faktors zu multiplizieren ist. Folgende Werte ergeben sich für $r_1 = 5$ bzw. $r_2 = 5$:

$$r_1 = 5 \quad \Rightarrow \quad -0,5 \cdot 5^3 + 6 \cdot 5^2 + 4 \cdot 5 = 107,5,$$
$$r_2 = 5 \quad \Rightarrow \quad -\frac{2}{3} \cdot 5^3 + 8 \cdot 5^2 + 6 \cdot 5 = 146\frac{2}{3}.$$

Mithin lassen sich für das ertragsgesetzliche Vier-Phasen-Schema unter Zugrundelegung der gegebenen Produktionsfunktion im Falle von $r_2 = 5$ bzw. $r_1 = 5$ die Schwellenwerte wie in den Tabellen 5.3 und 5.4 dargestellt berechnen.

Endpunkt	$\mathbf{r_1}$	$\mathbf{x(r_1, 5)}$
Phase I	4	$80 \cdot 146,67 = 11.733,33$
Phase II	6	$132 \cdot 146,67 = 19.360,00$
Phase III	8,32	$160,65 \cdot 146,67 = 23.561,89$

Tabelle 5.3: Phasenendpunkte für $r_2 = 5$

Endpunkt	$\mathbf{r_2}$	$\mathbf{x(5, r_2)}$
Phase I	4	$107,5 \cdot 109,33 = 11.753,33$
Phase II	6	$107,5 \cdot 180 = 19.350,00$
Phase III	8,36	$107,5 \cdot 219,76 = 23.624,07$

Tabelle 5.4: Phasenendpunkte für $r_1 = 5$

Unabhängig von der vorgegebenen Einsatzmenge des einen Faktors ergeben sich immer dieselben Schwellenwerte für die Einsatzmenge des anderen Faktors. Lediglich die Schwellenwerte des Gesamtertrags steigen mit den vorgegebenen Mengen. Folglich ist immer der gleiche ertragsgesetzliche Verlauf der Produktionsfunktion zu beobachten. Dies läßt sich auch gut erkennen, wenn man verschiedene Schnitte durch das zur Produktionsfunktion gehörige Ertragsgebirge legt (vgl. auch Abbildung 5.2).

Ein senkrechter Schnitt durch die r_1, r_2-Grundfläche parallel zur r_1-Achse (r_2-Achse) in Höhe von $r_2 = \overline{r}_2$ ($r_1 = \overline{r}_1$) hinterläßt einen oberen Rand, der dem ertragsgesetzlichen Verlauf der Produktionsfunktion bei Konstanz aller Einsatzfaktoren bis auf den Faktor 1 (2) entspricht. Bei $r_2 = \overline{\overline{r}}_2$ ($r_1 = \overline{\overline{r}}_1$) ergibt sich exakt derselbe Verlauf, allerdings auf einem höheren Niveau. Angenommen, es gilt $\overline{r}_1 = 5$ bzw. $\overline{r}_2 = 5$, dann weisen die zugehörigen oberen Schnittkanten genau die Schwellenwertepaare aus den Tabellen 5.3 und 5.4 auf. Der Gipfel des Gebirges liegt dort, wo sich die ertragsgesetzlich verlaufenden oberen Schnittkanten für $\overline{\overline{r}}_1 = 8,32$ (Maximum der von Faktor 1 abhängigen Teilfunktion) und $\overline{\overline{r}}_2 = 8,36$ (Maximum der von Faktor 2 abhängigen Teilfunktion) schneiden:

$$x(8,32; 8,36) = 160,65 \cdot 219,76 = 35.304,07.$$

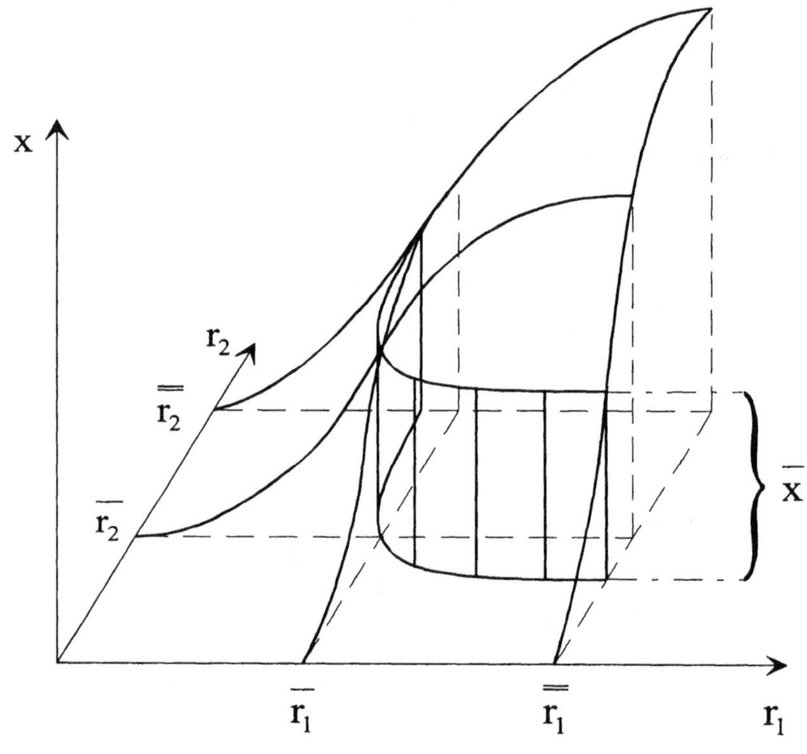

Abbildung 5.2: Ertragsgebirge

Wird ein Schnitt parallel zur r_1, r_2-Grundfläche auf der Höhe $\overline{x}$ gelegt, so umfaßt die entstehende Kante (die sich jenseits der Kante erstreckende Fläche) alle Faktormengenkombinationen, mit denen exakt (mindestens) eine Ausbringung von $\overline{x}$ erzielt werden kann. Deshalb wird die Kante auch als Isoquante ("gleiche Menge") bezeichnet.

Aufgabe 5.3:

Unter Verwendung der angegebenen Preise und der gleich 130 gesetzten Produktionsfunktion läßt sich folgender Kostenminimierungsansatz mit einer Produktionsnebenbedingung und zwei Nichtnegativitätsbedingungen aufstellen:

Zielfunktion

$$\min K := 4 \cdot r_1 + 16 \cdot r_2 \tag{5.1}$$

Nebenbedingung

$$\overline{x} = 8 \cdot r_1 - r_1^2 + 16 \cdot r_2 - 2 \cdot r_2^2 + 4 \cdot r_1 \cdot r_2 = 130$$

mit

$$r_1, r_2 \geq 0.$$

Dieser Optimierungsansatz mit nur einer Nebenbedingung, die obendrein in Gleichheitsform zu erfüllen ist, kann in einen Lagrange-Ansatz überführt werden:

Lagrangefunktion

$$\begin{aligned}\min L(r_1, r_2, \lambda) := \quad & 4 \cdot r_1 + 16 \cdot r_2 \\ & + \lambda \cdot (130 - 8 \cdot r_1 + r_1^2 - 16 \cdot r_2 + 2 \cdot r_2^2 - 4 \cdot r_1 \cdot r_2)\end{aligned}$$

Zunächst ist die Lagrange-Funktion nach ihren drei Variablen partiell zu differenzieren, und die beiden partiellen Ableitungen nach r_1 und r_2 sind nach λ aufzulösen:

$$\frac{\partial L}{\partial r_1} = 4 - 8 \cdot \lambda + 2 \cdot r_1 \cdot \lambda - 4 \cdot r_2 \cdot \lambda = 0 \;\Rightarrow\; \lambda = \frac{4}{(8 - 2 \cdot r_1 + 4 \cdot r_2)} \tag{5.2}$$

$$\frac{\partial L}{\partial r_2} = 16 - 16 \cdot \lambda + 4 \cdot r_2 \cdot \lambda - 4 \cdot r_1 \cdot \lambda = 0 \;\Rightarrow\; \lambda = \frac{16}{(16 - 4 \cdot r_2 + 4 \cdot r_1)} \tag{5.3}$$

$$\frac{\partial L}{\partial \lambda} = 130 - 8 \cdot r_1 + r_1^2 - 16 \cdot r_2 + 2 \cdot r_2^2 - 4 \cdot r_1 \cdot r_2 = 0 \tag{5.4}$$

Nunmehr sind die beiden Ausdrücke 5.2 und 5.3 für λ gleichzusetzen und nach r_1 umzustellen:

$$\frac{4}{(8 - 2 \cdot r_1 + 4 \cdot r_2)} = \frac{16}{(16 - 4 \cdot r_2 + 4 \cdot r_1)}$$

$$\Leftrightarrow 8 - 2 \cdot r_1 + 4 \cdot r_2 = 4 - r_2 + r_1$$

$$\Leftrightarrow r_1 = \frac{4}{3} + \frac{5}{3} \cdot r_2. \tag{5.5}$$

Ausdruck 5.5 für r_1 eingesetzt in 5.4 ergibt:

$$130 - 8 \cdot \left(\frac{4}{3} + \frac{5}{3} \cdot r_2\right) + \left(\frac{4}{3} + \frac{5}{3} \cdot r_2\right)^2 - 16 \cdot r_2 + 2 \cdot r_2^2 - 4 \cdot \left(\frac{4}{3} + \frac{5}{3} \cdot r_2\right) \cdot r_2 = 0$$

$$\Rightarrow 121\frac{1}{9} - 30\frac{2}{9} \cdot r_2 - 1\frac{8}{9} \cdot r_2^2 = 0$$

$$\Leftrightarrow r_2^* = 3,32.$$

Nach Einsetzen von r_2 in Ausdruck 5.5 und von r_1 und r_2 in Ausdruck 5.1 und 5.2 folgt:

$$r_1^* = 6,86; \quad K^{min} = 80,56; \quad \lambda = 0,53.$$

Eine Ausbringung von $\overline{x} = 130$ ist also unter den vorausgesetzten Bedingungen zu minimalen Kosten von $K^{min} = 80,56$ Geldeinheiten zu erreichen, wenn von Faktor 1 $r_1^* = 6,86$ und von Faktor 2 $r_2^* = 3,32$ Einheiten eingesetzt werden (vgl. auch die allgemeine Darstellung der Zusammenhänge in Abbildung 5.3 mit der Isoquante $\overline{x}$ und der Isokostenlinie K^{min}). Der Lagrange-Multiplikator repräsentiert die Grenzkosten bei einer infinitesimalen Erhöhung der Produktionsmenge.

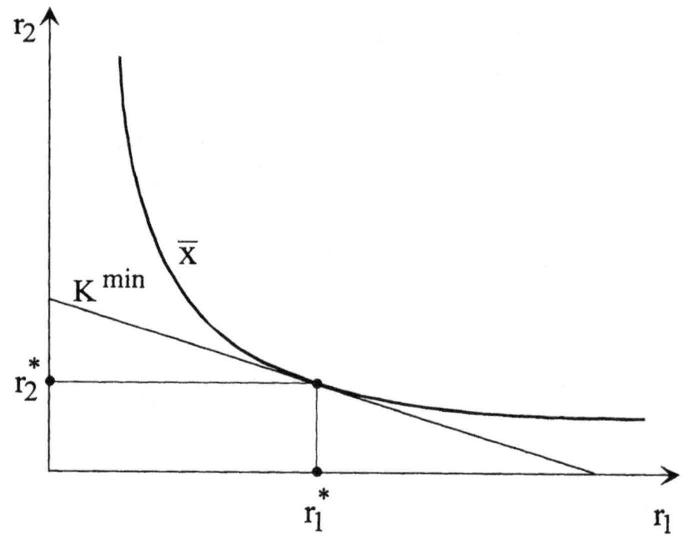

Abbildung 5.3: Minimalkostenkombination

Kommentierte Literaturhinweise:

Substitutionale Produktionsfunktionen sind Gegenstand sowohl der Betriebs- als auch der Volkswirtschaftslehre. In der Betriebswirtschaftslehre werden sie im Rahmen der Produktions- und Kostentheorie, wie beispielsweise in der Einführung in die Produktion Bloech/Bogaschewsky/Götze/Roland (1998), und in der Volkswirtschaftslehre im Rahmen der Mikroökonomie, wie z.B. in den klassischen Grundlagenwerken zur mikroökonomischen Theorie von Helmstädter (1991) und Schumann/Meyer/Ströbele (1999), diskutiert.

Bloech, J.; Bogaschewsky, R.; Götze, U; Roland, F. (1998):
Einführung in die Produktion. 3. Auflage, Heidelberg.

Helmstädter, E. (1991):
Wirtschaftstheorie I-Mikroökonomische Theorie. 4. Auflage, München.

Schumann, J.; Meyer, U.; Ströbele, W. (1999):
Grundzüge der mikroökonomischen Theorie. 7. Auflage, Berlin u.a.

Kapitel 6

Produktionstheorie II: Gewinnmaximierung und Gleichgewicht

Dipl.-Vw. Nicole-Barbara Buschle, Technische Universität Dresden

Aufgaben

Aufgabe 6:

In der vorangehenden Aufgabe haben Sie kennengelernt, wie eine Firma durch Kostenminimierung ihre optimale Position bestimmt, wenn die Produktionsfunktion einem ertragsgesetzlichen Verlauf folgt. Alternativ kann man sich vorstellen, daß eine Firma auch das Ziel der Gewinnmaximierung verfolgen könnte. In dieser Aufgabe wird deshalb der Gewinnmaximierungsansatz und der Zusammenhang mit der Kostenminimierung näher beleuchtet. Ferner werden bei einer gegebenen Nachfragefunktion mögliche Gleichgewichte in einem Markt für Kraftnahrung untersucht, wenn Firmen mit unterschiedlichen Technologien produzieren.

Gegeben sei nun die Kostenfunktion der Firma Fitmax durch

$$C_F(w, y) = \frac{1}{16} \cdot y_F^2 \cdot \sqrt{w_1 \cdot w_2},$$

wobei die Kosten zur Erstellung von Kraftnahrung abhängen von der produzierten Menge, y, und den Faktorpreisen, w_i, $i = 1, 2$, der Einsatzfaktoren x_1 und x_2.

6.1 Bestimmen Sie die dazugehörige Produktionsfunktion $y = f(x_1, x_2)$. Welche Eigenschaften hat sie?

6.2 Welche Menge an Einsatzfaktoren x_1 und x_2 in Abhängigkeit der Preise benötigt die Firma in ihrem Gewinnmaximum und wieviel Kraftnahrung wird sie in diesem Punkt produzieren? Ermitteln Sie den maximalen Gewinn, den Fitmax erzielen kann, wenn $w_1 = w_2 = 1$ und $p = 5$ ist.

6.3 Wie würde sich das Ergebnis für die Firma Fitmax ändern, wenn sie ihre Kosten minimiert anstatt ihren Gewinn zu maximieren?

Stellen Sie sich nun vor, daß die Firma nicht mehr allein auf der Welt ist, sondern ihr Produkt auf einem Markt mit vollkommener Konkurrenz verkaufen möchte. Die Einsatzfaktoren kann die Firma in beliebiger Menge zum Preis von $w_1 = w_2 = 1$ beziehen. Auf dem Absatzmarkt sieht sie sich folgender Nachfragefunktion gegenüber:

$$y^N = \begin{cases} 0 & ; \ p \geq 40 \\ 40 - p & ; \ 20 \leq p \leq 40 \\ 140 - 6 \cdot p & ; \ 0 \leq p \leq 20 \end{cases}$$

6.4 Welcher Gleichgewichtspreis, p^*, bildet sich auf dem Markt und wieviel Einheiten der Kraftnahrung, y, werden gehandelt?

6.5 Ein Unternehmen der Schokoladenbranche entdeckt bei der Entwicklung einer anderen Technologie zufällig, daß sich mit ihrer neuen Maschine auch Kraftnahrung herstellen läßt. Welche Menge wird die Firma Schokoboom anbieten, wenn ihre Kostenfunktion durch

$$C_S(y) = 5 \cdot y_S$$

gegeben ist? Bestimmen Sie das gesamte Angebot und den neuen Gleichgewichtspreis auf diesem Markt.

6.6 Durch die Erfolge der Schokoboom GmbH motiviert, sucht Daniel D. nach einer noch besseren Möglichkeit, um Kraftnahrung herzustellen. Nach vielen durchdachten Nächten gelingt ihm dann die Produktion zu sagenhaft günstigen Kosten von

$$C_D(y) = \sqrt{y_D}.$$

Wie sieht sein Angebot aus und wie beeinflußt er mit seiner Innovation das Marktgleichgewicht?

Lösungen

Aufgabe 6:

6.1 Die Herleitung der Produktionsfunktion aus der Kostenfunktion erfolgt in drei Schritten.

Schritt 1:

Berechnen der bedingten Faktornachfragen durch Ableiten der Kostenfunktion nach den Faktorpreisen (Shepards Lemma: $\frac{\partial C(w,y)}{\partial w_i} = x_i(w,y)$):

$$\frac{\partial C(w,y)}{\partial w_1} = x_1 = \frac{1}{16} \cdot y^2 \cdot \frac{1}{2} \cdot w_1^{-1/2} \cdot w_2^{1/2} = \frac{1}{32} \cdot y^2 \cdot \sqrt{\frac{w_2}{w_1}}$$

$$\frac{\partial C(w,y)}{\partial w_2} = x_2 = \frac{1}{16} \cdot y^2 \cdot \frac{1}{2} \cdot w_1^{1/2} \cdot w_2^{-1/2} = \frac{1}{32} \cdot y^2 \cdot \sqrt{\frac{w_1}{w_2}}$$

Schritt 2:

Auflösen der beiden Ableitungen nach $\frac{w_1}{w_2}$:

$$x_1 = \frac{1}{32} \cdot y^2 \cdot \sqrt{\frac{w_2}{w_1}} \quad \Longleftrightarrow \quad \frac{w_1}{w_2} = \left(\frac{1}{32} \cdot y^2 \cdot \frac{1}{x_1}\right)^2$$

$$x_2 = \frac{1}{32} \cdot y^2 \cdot \sqrt{\frac{w_1}{w_2}} \quad \Longleftrightarrow \quad \frac{w_1}{w_2} = \left(32 \cdot x_2 \cdot \frac{1}{y^2}\right)^2$$

Schritt 3:

Gleichsetzen dieser beiden Gleichungen und Auflösen nach y:

$$\begin{aligned}
\left(\tfrac{1}{32} \cdot y^2 \cdot \tfrac{1}{x_1}\right)^2 &= \left(32 \cdot x_2 \cdot \tfrac{1}{y^2}\right)^2 \\
y^4 &= x_1 \cdot x_2 \cdot 32^2 \\
y &= \sqrt{32} \cdot x_1^{1/4} \cdot x_2^{1/4} = f(x_1, x_2)
\end{aligned}$$

Die Produktionsfunktion ist homogen vom Grade 1/2:

$$\begin{aligned}
f(tx_1, tx_2) &= \sqrt{32} \cdot (tx_1)^{1/4} \cdot (tx_2)^{1/4} \\
&= \sqrt{32} \cdot t^{1/4} \cdot t^{1/4} \cdot (x_1)^{1/4} \cdot (x_2)^{1/4} \\
&= t^{1/2} \cdot \sqrt{32} \cdot (x_1)^{1/4} \cdot (x_2)^{1/4} = t^{1/2} \cdot f(x_1, x_2)
\end{aligned}$$

Das bedeutet, daß eine gleichzeitige Ver-t-fachung aller Inputs ($t > 1$) zur Folge hat, daß die Ausbringungsmenge lediglich um den Faktor $t^{1/2}$ ansteigen wird.

Diese Produktionsfunktion hat also – im Gegensatz zur Produktionsfunktion mit ertragsgesetzlichem Verlauf aus der vorangehenden Aufgabe – auf ihrem gesamten Definitionsbereich fallende Skalenerträge. Ebenso hat sie im gesamten Definitionsbereich abnehmende Grenzproduktivitäten (d.h. die zweite Ableitung der Produktionsfunktion nach einem Input ist negativ).

6.2 Gesucht sind hier die unbedingten Faktornachfragen, also in Abhängigkeit der Faktorpreise w und des Absatzpreises p:

$$x_i = x_i(w,p), i = 1,2.$$

Die Zielfunktion bei Gewinnmaximierung erhält man, indem man in die Definition des Gewinns die Produktionsfunktion einsetzt:

$$\begin{aligned} \Pi &= p \cdot f(x_1, x_2) - w_1 \cdot x_1 - w_2 \cdot x_2 \quad \longrightarrow \quad \max_{x_1,x_2}! \\ \Pi &= p \cdot (\sqrt{32} \cdot x_1^{1/4} \cdot x_2^{1/4}) - w_1 \cdot x_1 - w_2 \cdot x_2. \end{aligned}$$

Die Bedingungen erster Ordnung lauten:

$$\frac{\partial \Pi}{\partial x_1} = \frac{1}{4} \cdot p \cdot \sqrt{32} \cdot x_1^{-3/4} \cdot x_2^{1/4} - w_1 = 0,$$

$$\frac{\partial \Pi}{\partial x_2} = \frac{1}{4} \cdot p \cdot \sqrt{32} \cdot x_1^{1/4} \cdot x_2^{-3/4} - w_2 = 0.$$

Die Bedingungen zweiter Ordnung ergeben sich als

$$\frac{\partial^2 \Pi}{\partial x_1^2} = -\frac{3}{4} \cdot \frac{1}{4} \cdot p \cdot \sqrt{32} \cdot x_1^{-7/4} \cdot x_2^{1/4} < 0,$$

$$\frac{\partial^2 \Pi}{\partial x_2^2} = -\frac{3}{4} \cdot \frac{1}{4} \cdot p \cdot \sqrt{32} \cdot x_1^{1/4} \cdot x_2^{-7/4} < 0.$$

Aus den Bedingungen erster Ordnung erhält man die Marginalbedingungen "Wertgrenzprodukt = Faktorkosten" bzw. "Grenzproduktivität = Reallohn", also

$$p \cdot \frac{\partial f(x_1, x_2)}{\partial x_1} = w_1 \quad \text{bzw.} \quad \frac{\partial f(x_1, x_2)}{\partial x_1} = \frac{w_1}{p} \quad \text{für Faktor 1,}$$

$$p \cdot \frac{\partial f(x_1, x_2)}{\partial x_2} = w_2 \quad \text{bzw.} \quad \frac{\partial f(x_1, x_2)}{\partial x_2} = \frac{w_2}{p} \quad \text{für Faktor 2.}$$

Auflösen dieses simultanen Gleichungssystems ergibt die unbedingten Faktornachfragefunktionen:

$$x_1^*(w,p) = \frac{2 \cdot p^2}{\sqrt{w_1^3 \cdot w_2}}$$

und

$$x_2^*(w,p) = \frac{2 \cdot p^2}{\sqrt{w_1 \cdot w_2^3}},$$

die zunehmend im Absatzpreis und abnehmend in den beiden Faktorpreisen sind.

Nun steht fest, welche Mengen an Einsatzfaktoren die Firma im Gewinnmaximum verwendet, wenn die Faktor- und Absatzpreise gegeben sind, also nicht von der Firma beeinflußt werden können. (D. h. die Firma verhält sich als Preisnehmer auf dem Absatz- und Beschaffungsmarkt.)

Um zu berechnen, wieviel Kraftnahrung die Firma Fitmax produziert, werden die unbedingten Faktornachfragen $x_i^*(w,p), i = 1,2$ in die Produktionsfunktion eingesetzt. Als Resultat erhält man die Angebotsfunktion in Abhängigkeit der Preise w und p.

$$\begin{aligned}
\hat{y}_F &= f(x_1^*, x_2^*) = \sqrt{32} \cdot (x_1^*)^{1/4} \cdot (x_2^*)^{1/4} \\
&= \sqrt{32} \cdot \left(\frac{2 \cdot p^2}{\sqrt{w_1^3 \cdot w_2}}\right)^{1/4} \cdot \left(\frac{2 \cdot p^2}{\sqrt{w_1 \cdot w_2^3}}\right)^{1/4} \\
&= \sqrt{32} \cdot \left(\frac{4 \cdot p^4}{sqrt w_1^4 \cdot w_2^4}\right)^{1/4} \\
\hat{y}_F &= \frac{8 \cdot p}{\sqrt{w_1 \cdot w_2}}.
\end{aligned}$$

Diese Angebotsfunktion gibt die optimale Ausbringungsmenge für gegebene Absatz- und Faktorpreise an.

Um die Gewinnfunktion zu erhalten, setzt man die unbedingten Faktornachfragefunktionen in die obige Definition des Gewinns ein und erhält den Gewinn in Abhängigkeit der Faktor- und Absatzpreise. Der Gewinn ist abnehmend in den Faktorpreisen und zunehmend im Absatzpreis.

$$\Pi_F(w,p) = \frac{4 \cdot p^2}{\sqrt{w_1 \cdot w_2}} = \frac{4 \cdot 5^2}{\sqrt{1 \cdot 1}} = 100.$$

6.3 Da die Kostenfunktion von Fitmax eine nicht-fallende, homogene, konkave und stetige Funktion der Preise w_1 und w_2 ist, führt die Kostenminimierung zum gleichen Ergebnis wie die Gewinnmaximierung. (Lediglich die jeweils ermittelten Faktornachfragen haben eine unterschiedliche funktionale Form, da sie im Falle der Gewinnmaximierung von den In- und Outputpreisen, im Falle der Kostenminimierung aber von den Inputpreisen und der Ausbringungsmenge abhängen.)

Beachten Sie, daß Gewinnmaximierung und Kostenminimierung jedoch in der Regel nicht zum gleichen Ergebnis führen, wenn eine der oben angeführten Eigenschaften nicht erfüllt ist. Wenn beispielsweise die Kostenfunktion (und damit auch die Produktionsfunktion) konstante Skalenerträge oder die Kosten- bzw. Produktionsfunktion fallende (steigende) Skalenerträge aufweist, dann ist das Gewinnmaximium nicht wohldefiniert.

6.4 Den Gleichgewichtspreis erhält man durch Gleichsetzen von Angebot und Nachfrage. Aus Teilaufgabe 6.2 ist die Angebotsfunktion der Firma Fitmax bereits bekannt; ferner gilt $w_1 = w_2 = 1$, weshalb sich die Angebotsfunktion vereinfacht zu:

$$\hat{y}_F(p) = 8 \cdot p.$$

Die Nachfrage ist in drei Definitionsbereiche untergliedert. Beispielsweise könnte man sich vorstellen, daß als Nachfrager der Kraftnahrung Hochleistungs- und Gelegenheitssportler infrage kommen, wobei die Hochleistungssportler eine Nachfragefunktion von $y_H^N(p) = \max\{0, 40 - p\}$, und die Gelegenheitssportler von $y_G^N(p) = \max\{0, 100 - 5p\}$ haben und niemand einen höheren Preis als $p = 40$ zu zahlen bereit ist. Wenn nun die beiden Nachfragefunktionen y_H^N und y_G^N aggregiert werden, erhält man die gesamte Marktnachfragefunktion y^N.

Setzt man nun das Angebot jeweils mit den entsprechenden Teilen der Nachfragefunktion gleich, so ergibt sich für den oberen Bereich folgendes:

$$8 \cdot p = 40 - p \qquad \Longrightarrow \qquad p^* = 4,\bar{4}.$$

Da in diesem Bereich der Nachfragefunktion aber gilt, daß $20 \leq p \leq 40$, kann $p^* = 4,\bar{4}$ kein Gleichgewicht sein, da dieser Preis nicht im Definitionsbereich des gewählten Nachfrageabschnittes liegt. (Das entspricht in Abbildung 6.1 dem Schnittpunkt der Angebotsfunktion mit der gepunkteten Linie.)

Für den Bereich $0 \leq p \leq 20$ ergibt sich:

$$8 \cdot p = 140 - 6p \qquad \Longrightarrow \qquad p^* = 10.$$

Der Preis $p^* = 10$ liegt innerhalb des entsprechenden Definitionsbereiches und ist somit der gesuchte Gleichgewichtspreis. Das Gleichgewicht ist in Abbildung 6.1 dargestellt. Es entpricht dem Schnittpunkt der Angebotsfunktion mit dem unteren Ast der Nachfragekurve (durchgezogene Linie).

Die im Markt gehandelte Menge läßt sich dann entweder über die Angebots- oder die Nachfragefunktion bestimmen.[1]

$$\hat{y}_F = 8 \cdot 10 = 80 \qquad \text{bzw.} \qquad y^N = 140 - 6 \cdot 10 = 80.$$

Als Gewinn realisiert Fitmax

$$\Pi_F = p \cdot \hat{y}_F - C(\hat{y}_F) = 10 \cdot 80 - \frac{1}{16} \cdot 6400 = 800 - 400 = 400.$$

6.5 Gegeben die Kostenfunktion in Abhängigkeit der Ausbringungsmenge, $C(y)$, dann ergibt sich das Angebot einer Firma durch Einsetzen der Kostenfunktion in die Gewinnfunktion, Nullsetzen der Ableitung nach der Ausbringungsmenge und anschließendem Auflösen nach y (Prüfen Sie das Ergebnis für die Firma Fitmax nach!):

$$\Pi_S = p \cdot y_S - C_S(y) = p \cdot y_S - 5 \cdot y_S$$

$$\frac{\partial \Pi_S}{\partial y_S} = p - 5 \stackrel{!}{=} 0 \qquad \Longrightarrow \qquad p = 5.$$

[1] Das Gleichgewicht ist ja gerade dadurch charakterisiert, daß sich Angebot und Nachfrage bei p^* genau entsprechen.

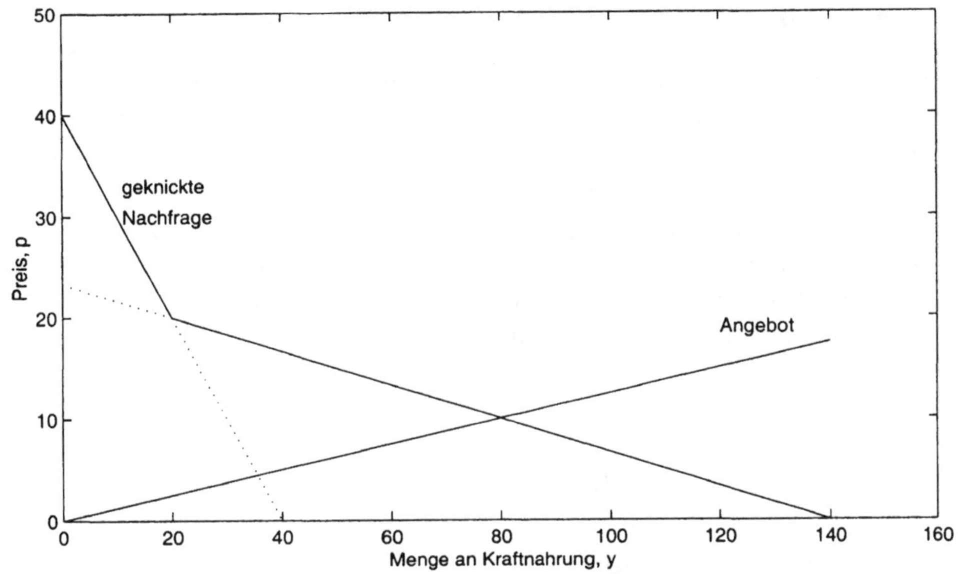

Abbildung 6.1: Gleichgewicht von Angebot und Nachfrage

Für die Firma Schokoboom läßt sich auf Grund der konstanten Skalenerträge keine Angebotsfunktion der Form $y_S = f(p)$ berechnen wie für Fitmax. Aber aus der obigen Bedingung geht hervor, daß die Firma Schokoboom optimal anbietet bei einem Peis von $p = 5$. Für $p < 5$ würde Schokoboom Verluste machen und somit nicht in den Markt eintreten, während für $p > 5$ ihr Angebot auf Grund der konstanten Skalenerträge unendlich wäre und somit kein Marktgleichgewicht existieren würde. Einziger Gleichgewichtspreis kann hier also nur $p = 5$ sein.

Bei $p = 5$ ist die Marktnachfrage

$$y^N = 140 - 6 \cdot p = 140 - 6 \cdot 5 = 110.$$

Die optimale Ausbringungsmenge für Fitmax wäre

$$\hat{y}_F = 8 \cdot p = 8 \cdot 5 = 40.$$

Dann bliebe für die Firma Schokoboom eine Restnachfrage von $110 - 40 = 70$ Einheiten übrig. Fitmax hätte in diesem Fall einen Gewinn von $\Pi_F = 100$, während Schokoboom bei jeder Ausbringungsmenge Nullgewinne macht. Das ist aber nur eine von vielen Möglichkeiten, wie sich die beiden Firmen den Markt aufteilen können. Beachten Sie: Aufgrund der konstanten Skalenerträge bei Schokoboom ist ihr Gewinn bei $p = 5$ bei jeder Ausbringungsmenge gleich null. Der Gewinn von Fitmax ist jedoch abhängig von der verkauften Menge an Kraftnahrung und ist durch die veränderte Situation von 400 (in Teilaufgabe 6.4) auf maximal 100 Einheiten gesunken.

Die oben vorgeschlagene Aufteilung des Marktes ist jedoch insofern sinnvoll, als die Summe der Gewinne im Produktionssektor maximal ist. Andernfalls würde die Firma Fitmax nur im Markt bleiben, wenn sie zum Preis von 5 nicht mehr als 80 Einheiten Kraftnahrung anbieten müßte, da sonst ihr Gewinn negativ wird. In diesem Fall würde Schokoboom den Markt allein bedienen und die insgesamt im Markt erzielten Gewinne würden null betragen.

6.6 Erinnnert man sich an Teilaufgabe 6.3 und betrachtet die Kostenfunktion etwas genauer, so stellt man fest, daß diese fallende Skalenerträge aufweist. Hieraus folgt, daß die Produktionsfunktion zunehmende Skalenerträge hat und somit ein Gewinnmaximum nicht definiert ist. Optimieren der Gewinnfunktion:

$$\Pi_D = p \cdot y_D - \sqrt{y_D}$$

führt zur Bedingung erster Ordnung:

$$\frac{\partial \Pi_D}{\partial y_D} = p - \frac{1}{2} \cdot x^{-1/2} \stackrel{!}{=} 0$$

und zur Bedingung zweiter Ordnung:

$$\frac{\partial^2 \Pi_D}{\partial y_D^2} = -\frac{1}{2}\left(-\frac{1}{2}\right) \cdot x^{-3/2} > 0,$$

woraus ersichtlich ist, daß es sich hier nicht um ein Gewinnmaximum, sondern um ein Gewinnminimum handelt. Das so errechnete Angebot würde mit zunehmendem Preis sinken.

Es ergibt sich also folgende Situation: die Angebotsfunktion von Daniel D. ist unstetig an der Stelle $p = 0$; in $p = 0$ ist das Angebot $y_D = 0$, während für $p > 0$ das Angebot $y_D = \infty$ ist.
Das heißt, daß für den gesamten Markt gilt:

- bei $p = 0$: Angebot < Nachfrage (≥ 140)
- bei $p > 0$: Angebot ($= \infty$) > Nachfrage (< 140).

Fazit: Wenn Daniel D. noch in den Markt eintreten würde, dann existiert kein Gleichgewicht mehr in diesem Markt, da Daniel bei jedem Preis größer null eine unendlich große Menge anbieten möchte, weil sein Gewinn überproportional zu seiner Ausbringungsmenge ansteigt.

Eine Technologie, die durchweg steigende Skalenerträge aufweist (und damit sinkende Grenz- und Durchschnittskosten hat), führt ohne Eingriffe in den Markt dazu, daß sich bei ausreichend großer Nachfrage ein sogenanntes natürliches Monopol etabliert, d. h. daß auf Dauer nur eine Firma im Markt sein wird, die durch ihre Kostenvorteile alle Konkurrenten vom Markt vertreibt.

Kommentierte Literaturhinweise:

Zur Vertiefung werden die folgenden Lehrbücher vorgeschlagen (im Anspruch tendenziell steigend).

Frank, R. (1997):
Microeconomics and Behavior. 3. Auflage, New York.

Nicholson, W. (1987):
Intermediate Microeconomics and its Application. 4. Auflage, Chicago.

Schumann, J. u.a. (1999):
Grundzüge der mikroökonomischen Theorie. 7. Auflage, Berlin.

Varian, H. (1994):
Mikroökonomie. 3. Auflage, München.

Mas-Colell, A. u.a. (1995):
Microeconomic Theory. New York.

Kapitel 7

Haushaltstheorie

Dr. Kornelia Möser, Technische Universität Dresden

Aufgaben

Aufgabe 7.1:

Eine Ökonomie besteht aus 3 Haushalten, die jeweils die beiden in der Ökonomie angebotenen Güter nachfragen. Die Haushalte A und B geben je einen festen Anteil ihres Einkommens für die Güter aus; Haushalt C fragt entweder das eine oder das andere Gut nach:

$$
\begin{aligned}
u^A[x_1, x_2] &= x_1^{1/5} \cdot x_2^{4/5} \\
u^B[x_1, x_2] &= x_1^{0,5} \cdot x_2^{0,5} \\
u^C[x_1, x_2] &= x_1 + x_2.
\end{aligned}
$$

7.1.1 Berechnen Sie die Nachfragefunktionen für die drei Haushalte.

7.1.2 Offensichtlich unterscheiden sich die zugrundeliegenden Präferenzen des Haushaltes C bezüglich der beiden Güter deutlich von denen der anderen beiden Haushalte. Als was betrachtet der Haushalt C die beiden Güter?

7.1.3 Geben Sie zu einer der obigen Nutzenfunktionen zwei ordinal äquivalente Nutzenfunktionen an. Machen Sie deutlich, zu welcher der Nutzenfunktionen diese ordinal äquivalent sind. (*Kurze Erläuterung*)

7.1.4 Das Preissystem sei $p = (2, 1)$. Die Haushalte haben folgende Einkommen:

$$\begin{aligned} m^A &= 300 \\ m^B &= 700 \\ m^C &= 500. \end{aligned}$$

Berechnen Sie die aggregierte Nachfrage nach Gut 1.

7.1.5 Es findet eine Einkommensumverteilung statt, so daß alle Haushalte das gleiche Einkommen haben. Geben Sie die neuen Einkommensverhältnisse an. Hat sich die Gesamtnachfrage nach Gut 1 durch die Umverteilung verändert? Berechnen Sie die Gesamtnachfrage ggfs. neu.

7.1.6 Die Einkommen seien wieder wie in der Ausgangssituation. Der Preis des ersten Gutes sinkt auf $p_1 = 0,75$. Steigt oder fällt die aggregierte Nachfrage nach Gut 1?

7.1.7 Wie verändert sich die Nachfrage des Haushaltes A durch die Preissenkung? Berechnen Sie die (Slutzky-) kompensierte Nachfrage des Haushalts A nach Gut 1. Zerlegen Sie schließlich analytisch die Nachfrageänderung in einen Einkommens- und Substitutionseffekt und geben Sie dafür auch die allgemeine Gleichungsform an. Erklären Sie in je einem Satz die beiden Effekte.

Aufgabe 7.2:

Maike L. ist sauer. Die Verbrauchssteuer des 1. Gutes wurde von 20% auf 30% erhöht. Sie schreibt an die zuständige Stelle, sie möge ihr Einkommen doch bitte soweit aufstocken, daß sie nicht schlechter dasteht als vor der Steuererhöhung. Maike kann über ein Einkommen von 1000,- DM verfügen. Das Preissystem vor der Steuererhöhung ist $p^0 = (3, 2)$. Maikes Präferenzen werden durch die Nutzenfunktion $u(x_1, x_2) = \ln(x_1 \cdot x_2)^2$ repräsentiert.

7.2.1 Welche Einkommenskompensation müßte Maike erhalten, damit sie sich das alte Güterbündel wieder leisten kann?

7.2.2. Welche Einkommenskompensation wäre nötig, damit sie das alte Nutzenniveau wieder erreicht?

Aufgabe 7.3:

Ein Haushalt sei durch folgende Nutzenfunktion gekennzeichnet:

$$u(x_1, x_2) = (x_1 + 4) \cdot (x_2 + 4).$$

Das Preissystem $p = (p_1, p_2) \in I\!R^2_+$ und das Einkommen $m \in I\!R_+$ seien gegeben und durch die Konsumentscheidung des Haushalts nicht beeinflußbar.

7.3.1 Beschreiben Sie die Grundidee der dualen Nutzentheorie.

7.3.2 Berechnen Sie die indirekte Nutzenfunktion $V = V(p, m)$. Welche ökonomische Bedeutung hat sie? Überprüfen und interpretieren Sie die ökonomisch relevanten Eigenschaften der indirekten Nutzenfunktion.

7.3.3 Beschreiben Sie eine Anwendungsmöglichkeit der indirekten Nutzenfunktion und gehen Sie auf die in der Praxis entstehende Problematik ein.

7.3.4 Ein öffentliches Projekt soll dann durchgeführt werden, wenn es der Konsument wünscht. Das Projekt habe folgende Auswirkungen:

$$\begin{array}{lrcl} \text{vorher:} & (p_1^0, p_2^0, m^0) & = & (3, 2, 11) \\ \text{nachher:} & (p_1^1, p_2^1, m^1) & = & (5, 4, 16). \end{array}$$

Soll das Projekt durchgeführt werden oder nicht? Warum gestaltet sich die Bewertung nach diesem o. g. Kriterium in der Praxis so schwierig?

Lösungen

Aufgabe 7.1:

7.1.1 Die Nachfragefunktion für den Haushalt A kann wie folgt hergeleitet werden:

Die Preise der beiden Güter müssen dem Grenznutzenverhältnis entsprechen:

$$\frac{GN_1}{GN_2} = \frac{p_1}{p_2}.$$

Somit muß gelten:

$$\begin{aligned} \frac{p_1}{p_2} &= \frac{\partial u^A / \partial x_1}{\partial u^A / \partial x_2} \\ \Rightarrow \frac{p_1}{p_2} &= \frac{\frac{1}{5} \cdot x_1^{-4/5} \cdot x_2^{4/5}}{\frac{4}{5} \cdot x_1^{-1/5} \cdot x_2^{1/5}} \\ \Leftrightarrow \frac{p_1}{p_2} &= \frac{1}{4} \cdot \frac{x_2}{x_1} \\ \Leftrightarrow 4 \cdot p_1 \cdot x_1 &= p_2 \cdot x_2. \end{aligned}$$

Unter Berücksichtigung der Budgetrestriktion m gilt weiterhin:

$$\begin{aligned} m &= p_1 \cdot x_1 + 4 \cdot p_1 \cdot x_1 \\ \Leftrightarrow m &= 5 \cdot p_1 \cdot x_1. \end{aligned}$$

Damit ergibt sich für Gut x_1 die Marshall-Nachfrage:

$$x_1^* = \frac{m}{5 \cdot p_1} = x_1^*(p, m).$$

Mit

$$\begin{aligned} 4 \cdot p_1 \cdot x_1 &= p_2 \cdot x_2 \\ \Leftrightarrow p_1 \cdot x_1 &= \frac{p_2 \cdot x_2}{4} \end{aligned}$$

folgt:

$$\begin{aligned} m &= \frac{p_2 \cdot x_2}{4} + p_2 \cdot x_2 \\ \Leftrightarrow m &= \frac{5}{4} \cdot p_2 \cdot x_2. \end{aligned}$$

Die Marshall-Nachfrage für x_2 beträgt somit:

$$x_2^* = \frac{4 \cdot m}{5 \cdot p_2} = x_2^*(p, m).$$

Analog ergibt sich für Haushalt B:

$$\begin{aligned} \frac{p_1}{p_2} &= \frac{GN_1}{GN_2} \\ \Rightarrow \frac{p_1}{p_2} &= \frac{\frac{1}{2} \cdot x_1^{-1/2} \cdot x_2^{1/2}}{\frac{1}{2} \cdot x_1^{-1/2} \cdot x_2^{1/2}}. \end{aligned}$$

$$\begin{aligned} \frac{x_2}{x_1} &= \frac{p_1}{p_2} \\ \Rightarrow p_2 \cdot x_2 &= p_1 \cdot x_1. \end{aligned}$$

$$\begin{aligned} m &= p_1 \cdot x_1 + p_1 \cdot 2 \cdot x_2 \\ \Leftrightarrow m &= p_2 \cdot x_2 + p_2 \cdot x_2 \\ \Leftrightarrow m &= 2 \cdot p_2 \cdot x_2. \end{aligned}$$

Die Marshall-Nachfrage für x_1 lautet damit

$$x_1^* = \frac{m}{2 \cdot p_1} = x_1^*(p, m)$$

und für x_2

$$x_2^* = \frac{m}{2 \cdot p_2} = x_2^*(p, m).$$

Da die Güter für Haushalt C perfekte Substitute sind, ist nur die Menge wichtig; der Haushalt wählt immer das billigere Gut von beiden. Der Haushalt C fragt also entweder das eine oder das andere Gut nach:

$$x_1^*(p,m) = \begin{cases} \frac{m}{p_1} & ; \; p_1 < p_2 \\ 0 \leq x_1 \leq \frac{m}{p_1} & ; \; p_1 = p_2 \\ 0 & ; \; p_1 > p_2 \end{cases}$$

$$x_2^*(p,m) = \begin{cases} 0 & ; \; p_1 < p_2 \\ 0 \leq x_2 \leq \frac{m}{p_2} & ; \; p_1 = p_2 \\ \frac{m}{p_2} & ; \; p_1 > p_2 \end{cases}$$

7.1.2 Der Haushalt betrachtet die Güter als perfekte Substitute. Die Präferenzen besagen lediglich, daß der Konsument in diesem Fall das billigere Gut kaufen wird. Wenn beide Güter denselben Preis haben, ist es dem Konsumenten egal, welches er kauft.

7.1.3 Zu der Nutzenfunktion u^A sind z.B. die beiden folgenden Nutzenfunktionen ordinal äquivalent:

$$\begin{aligned} u^{A1}[x_1, x_2] &= 2x_1 \cdot x_2^4 \qquad |^5 \qquad | \cdot 2 \\ u^{A2}[x_1, x_2] &= ln(x_1^{1/5} \cdot x_2^{4/5}) \end{aligned}$$

Kurze Erläuterung: Sind zwei Nutzenfunktionen ordinal äquivalent, so repräsentieren sie dieselbe Präferenzordnung. Wenn also $f(u)$ eine beliebige monotone Transformation der Nutzenfunktion ist, die Präferenzen $\succsim$ darstellt, dann ist auch $f(u(x_1, x_2))$ eine Nutzenfunktion, die dieselben Präferenzen darstellt.

7.1.4 Die aggregierte Nachfrage nach Gut 1 kann wie folgt berechnet werden:

$$\begin{aligned} x_1^A[p, m^A] &= \frac{300}{5 \cdot 2} &&= \frac{300}{10} &&= 30 \\ x_1^B[p, m^B] &= \frac{700}{2 \cdot 2} &&= \frac{700}{4} &&= 175 \\ x_1^C[p, m^C] &= p_1 > p_2 &&\Rightarrow x_1^C &&= 0 \\ x_1^G[p, m] &= x_1^A + x_1^B + x_1^C &&= 30 + 175 + 0 &&= \underline{205}. \end{aligned}$$

7.1.5 Die Gesamtnachfrage nach der Einkommensumverteilung kann wie folgt berechnet werden:

$$\begin{array}{rlclcr}
 & \overline{m}^A = \overline{m}^B = \overline{m}^C & = & \dfrac{\overline{m}^A + \overline{m}^B + \overline{m}^C}{3} & = & \underline{500} \\
* & x_1^A[p, \overline{m}^A] & = & \dfrac{500}{10} & = & 50 \\
 & x_1^B[p, \overline{m}^B] & = & \dfrac{500}{4} & = & 125 \\
 & x_1^C[p, \overline{m}^C] & = & 0 & \text{weil immer noch} & p_1 > p_2 \\
\Rightarrow & x_1^G[p, \overline{m}] & = & 50 + 125 + 0 & = & \underline{175}.
\end{array}$$

Die Gesamtnachfrage ist also nach der Einkommensumverteilung auf 175 Einheiten gesunken. Jeder Haushalt hat nach der Einkommensumverteilung 500 Geldeinheiten.

7.1.6 Die Gesamtnachfrage nach Gut 1 steigt durch die Preissenkung, weil x_1^A und x_1^B steigen und x_1^C jetzt ebenfalls nachgefragt wird.

$$\begin{aligned} p_1 &= 0,75 \\ p_2 &= 1 \end{aligned}$$

$$\begin{aligned}
x_1^A &= \frac{300}{0,75 \cdot 5} &&= 80 \\
x_1^B &= \frac{700}{2 \cdot 0,75} &&= 166,\overline{6} \\
x_1^C &= \frac{500}{0,75} &&= 666,\overline{6}.
\end{aligned}$$

Die aggregierte Nachfrage beträgt jetzt:

$$x_1^A + x_1^B + x_1^C = 80 + 166,\overline{6} + 666,\overline{6} = 913,\overline{3}.$$

7.1.7 Haushalt A fragt aufgrund der Preissenkung mehr von Gut 1 nach.

$$\begin{aligned} p_1^0 &= 2 \\ p_1^1 &= 0,75 \end{aligned}$$

$$\begin{aligned}
m^{AS} &= p_1^1 x_1^{A0} + p_2^0 x_2^0 \\
&= 0,75 \cdot 30 + 1 \cdot \frac{0,8 m^A}{p_2} \\
&= 0,75 \cdot 30 + \frac{0,8 \cdot 300}{1} \\
&= 22,5 + 240 \\
&= \underline{262,5}.
\end{aligned}$$

Aus den Teilaufgaben 7.1.4 und 7.1.6 erhalten wir:

$$\begin{aligned} x_1^0 &= 30 \\ x_1^1 &= 80. \end{aligned}$$

Die Slutzky-kompensierte Nachfrage läßt sich wie folgt berechnen:

$$x_1^S = \frac{m^{AS}}{5 \cdot p_1^1} = \frac{262,5}{5 \cdot 0,75} = 70.$$

Der Substitutionseffekt ergibt sich als

$$\Delta x_1^S = *x_1^S - x_1^0 = 70 - 30 = 40.$$

Der Einkommenseffekt beträgt hingegen

$$\Delta x_1^m = x_1^S - x_1^1 = 70 - 80 = -10.$$

Damit folgt für den Gesamteffekt:

$$x^1 - x^0 = (x^S - x^0) - (x^S - x^1) = 40 - (-10) = 50.$$

Der Substitutionseffekt zeigt an, wie der Konsument ein Gut durch ein anderes ersetzt, wenn sich der Preis ändert, die Kaufkraft aber gleich bleibt. Der Substitutionseffekt ist negativ.

Der Einkommenseffekt ist die Änderung der Nachfrage nach einem Gut, wenn das Einkommen von m auf m', bei Konstanz des Preises des Gutes auf geändertem Niveau, steigt. Der Einkommenseffekt kann in beide Richtungen gehen.

$$\underbrace{x^1 - x^0}_{Gesamteffekt} = \underbrace{x^S - x^0}_{Substitutionseffekt} + \underbrace{x^1 - x^S}_{Einkommenseffekt}$$

oder

$$x^1 - x^0 = (x^S - x^0) - (x^S - x^1)$$

Aufgabe 7.2:

7.2.1 Vorgegeben ist:

$$\begin{aligned} m &= 1000 \\ p^0 &= (3, 2) \\ u(x_1, x_2) &= \ln(x_1 \cdot x_2)^2. \end{aligned}$$

Das Nettopreissystem lautet:

$$p^N = \left(\frac{3}{1,2}; 2\right) = (2,5; 3).$$

Die Erhöhung der Verbrauchssteuer beim ersten Gut von 20% auf 30% bewirkt:

$$p^1 = (2,5 \cdot 1,3; 2) = (3,25; 2).$$

Maike soll so kompensiert werden, daß sie sich das alte Güterbündel zu neuen Preisen wieder leisten kann. Es gilt

$$GRS = \frac{p_1}{p_2}.$$

Die Nutzenfunktion lautet

$$u(x_1, x_2) = \ln(x_1 \cdot x_2)^2.$$

Die Ableitung ergibt

$$\frac{1}{x_1^2 \cdot x_2^2} = x_1^{-2} \cdot x_2^{-2}.$$

Weiterhin muß gelten:

$$\begin{aligned} \frac{p_1}{p_2} &= \frac{GN_1}{GN_2} \\ \Rightarrow \frac{p_1}{p_2} &= \frac{-2 \cdot x_1^{-3} \cdot x_2^{-2}}{-2 \cdot x_2^{-3} \cdot x_1^{-2}} \\ \Leftrightarrow \frac{p_1}{p_2} &= \frac{x_2^3 \cdot x_1^2}{x_1^3 \cdot x_2^2} \\ \Leftrightarrow \frac{p_1}{p_2} &= \frac{x_2}{x_1} \\ \Leftrightarrow p_2 \cdot x_2 &= p_1 \cdot x_1. \end{aligned}$$

Die Budgetrestriktion lautet:

$$\begin{aligned} m &= p_1 \cdot x_1 + p_2 \cdot x_2 \\ \Rightarrow m &= p_1 \cdot x_1 + p_1 \cdot x_1 \\ \Leftrightarrow m &= 2 \cdot p_1 \cdot x_1. \end{aligned}$$

Damit folgt:

$$\begin{aligned} x_1 &= \frac{m}{2 \cdot p_1} \\ x_2 &= \frac{m}{2 \cdot p_2}. \end{aligned}$$

Mit

$$p^0 = (3, 2)$$

folgt weiterhin:

$$\begin{aligned} x_1^0 &= \frac{1000}{6} = 166,\overline{6} \\ x_2^0 &= \frac{1000}{4} = 250. \end{aligned}$$

Wegen

$$p^1 \cdot x^0 = m^k$$

gilt auch:

$$\begin{aligned} p_1^1 \cdot x_1^0 + p_2^0 \cdot x_2^0 &= m^k \\ 3,25 \cdot 166,\overline{6} + 2 \cdot 250 &= 1041,\overline{6}. \end{aligned}$$

Die notwendige Slutzky-Kompensation beträgt somit

$$\Delta m^S = 41,\overline{6}.$$

7.2.2 Gefragt ist hier nach der sog. „Hicks-Kompensation".

$$\left(GRS = \frac{p_1^1}{p_2^1} = \frac{3,25}{2} \right)$$

$$\bar{u} = \ln(166,\overline{6} \cdot 250)^2 \approx 21,3$$

Das Nutzenniveau soll unverändert bleiben:

$$21,3 = \ln(x_1 \cdot x_2)^2.$$

Die Nutzenfunktion läßt sich auch schreiben als

$$u = 2 \cdot \ln(x_1 \cdot x_2).$$

Die Grenzrate der Substitution beträgt

$$\begin{aligned} GRS &= \frac{3}{2} \\ \Rightarrow \frac{x_2}{x_1} &= \frac{3}{2}. \end{aligned}$$

Mit

$$\begin{aligned} x_2 &= \frac{1000}{2} - \frac{3}{2} \cdot x_1 \\ \Leftrightarrow \frac{3 \cdot x_1}{2} &= 500 - \frac{3}{2} \cdot x_1 \\ \Leftrightarrow 3 \cdot x_1 &= 500 \end{aligned}$$

folgt:

$$\begin{aligned} x_1^* &= 166,\overline{6} \\ x_2^* &= 250,0. \end{aligned}$$

Das Nutzenniveau der Indifferenzkurve beträgt somit

$$u(x^*) = 2 \cdot \ln(166,\overline{6} \cdot 250) \Rightarrow 21,274.$$

Gesucht ist nun die notwendige Hicks-Kompensation m^H für das Preissystem

$$p = (3,25; 2)$$

und das Nutzenniveau

$$\bar{u} = 21,274 = 2 \cdot \ln(x_1 \cdot x_2).$$

Unter Verwendung von

$$\begin{aligned} y &= \ln(x) \\ x &= e^y \end{aligned}$$

ergibt sich:

$$\begin{aligned} x_2 &= \frac{e^{\frac{21,274}{2}}}{x_1} \\ \Leftrightarrow x_2 &= \frac{41666,\overline{6}}{x_1}. \end{aligned}$$

Damit können wir nun x_1 und x_2 wie folgt berechnen:

$$\begin{aligned} x_1 \cdot \frac{3,25}{2} &= \frac{41666,\overline{6}}{x_1} \\ \Leftrightarrow x_1 &= \sqrt{\frac{41666,\overline{6} \cdot 2}{3,25}} \\ \Rightarrow x_1^H &= 160,128 \end{aligned}$$

und

$$\begin{aligned} x_2 &= \frac{3,25}{2} \cdot x_1^H \\ \Rightarrow x_2^H &= 260,21. \end{aligned}$$

Das notwendige Budget beträgt somit

$$3,25 \cdot 160,128 + 2 \cdot 260,21 = 1040,83.$$

Damit ergibt sich die notwendige Hicks-Kompensation als

$$\Delta m^H = 40,83.$$

Die notwendige Hicks-Kompensation ist somit geringer als die Slutzky-Kompensation ($\Delta m^S = 41,\overline{6}$).

Aufgabe 7.3:

7.3.1 Die Grundidee der dualen Nutzentheorie kann wie folgt beschrieben werden:

Nutzenmaximierung	Ausgabenminimierung
Max. $\overline{u}(x_1, x_2)$ unter	Min. $p_1x_1 + p_2x_2$ unter
$p_1x_1 + p_2x_2 \leq m$ (geg.)	$\overline{u}(x_1, x_2) \geq \overline{u}$ (geg.)
$\downarrow$	$\downarrow$
Lösen von Max.	Lösen von Min.
$\downarrow$	$\downarrow$
Marshallsche Nachfrage	Hickssche Nachfrage
$x_i^* = x_i^*(p_1, p_2, m)_{i=1,2}$	$h_i = h_i(p, \overline{u})_{i=1,2}$
$\downarrow$	$\downarrow$
Einsetzen von x_i^* in $\overline{u}(x_1, x_2)$	Einsetzen von h_i in $p_1x_1 + p_2x_2$
$\downarrow$	$\downarrow$
indirekte Nutzenfunktion	Ausgabenfunktion
$v(p, m) = \overline{u}(x^*(p, m))$	$e(p, \overline{u}) = p_1h_1 + p_2h_2$
$v(p, m) = \overline{u}(x_1^*(p, m), x_2^*(p, m))x_2$	

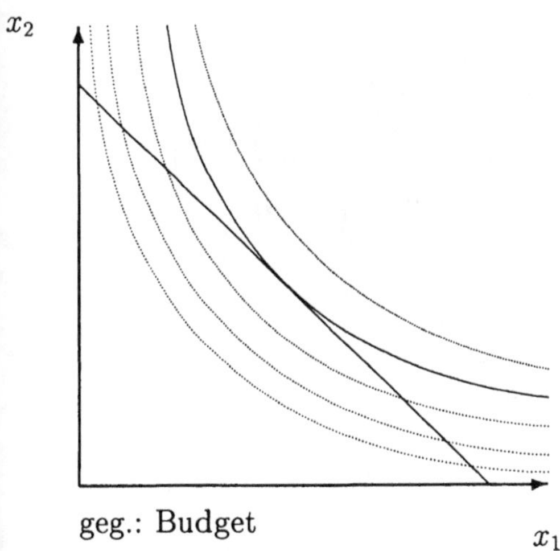

geg.: Budget
ges.: Nutzenmaximum

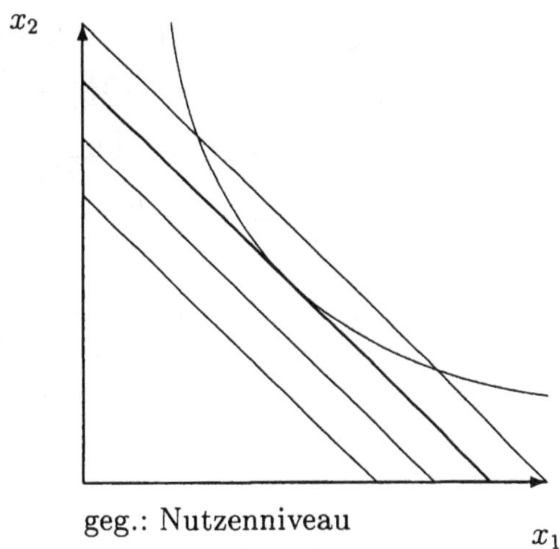

geg.: Nutzenniveau
ges.: min. Ausgaben

7.3.2 Indirekte Nutzenfunktion und deren relevante Eigenschaften:

$$\begin{array}{rll}
V & = & V(p,m) \\
u(x_1,x_2) & = & (x_1+4)(x_2+4) \\
\frac{\partial u/\partial x_1}{\partial u/\partial x_2} & = & \frac{x_2+4}{x_1+4} \quad = \quad \frac{p_1}{p_2} \\
p_2x_2+4p_2 & = & p_1x_1+4p_1 \\
\Rightarrow \quad p_1x_1 & = & p_2x_2+4p_2-4p_1 \\
p_2x_2 & = & p_1x_1+4p_1-4p_2 \\
m & = & p_1x_1+p_2x_2 \\
m & = & p_2x_2+4p_2-4p_1+p_2x_2 \\
m & = & 2p_2x_2+4p_2-4p_1 \\
2p_2x_2 & = & m+4p_1-4p_2
\end{array}$$

$$\boxed{x_2^*(p,m) = \frac{m+4p_1-4p_2}{2p_2}}$$

$$\begin{array}{rcl}
m & = & p_1x_1+p_2x_2 \\
m & = & p_1x_1+p_1x_1+4p_1-4p_2 \\
m & = & 2p_1x_1+4p_1-4p_2
\end{array}$$

$$\Rightarrow \quad \boxed{x_1^*(p,m) = \frac{m-4p_1+4p_2}{2p_1}}$$

$$\begin{array}{rcl}
u(x_1,x_2) & = & (x_1+4)(x_2+4) \\
\Rightarrow \quad V(p,m) & = & \left(\frac{m-4p_1+4p_2}{2p_1}+4\right) \cdot \left(\frac{m+4p_1-4p_2}{2p_2}+4\right) \\
V(p,m) & = & \left(\frac{m-4p_1+4p_2+8p_1}{2p_1}\right) \cdot \left(\frac{m+4p_1-4p_2+8p_2}{2p_2}\right) \\
V(p,m) & = & \frac{m-4p_1+4p_2}{2p_1} \cdot \frac{m+4p_1-4p_2}{2p_2}
\end{array}$$

$$\boxed{V(p,m) = \frac{(m+4p_1+4p_2)^2}{4p_1p_2}}$$

Ökonomische Bedeutung der indirekten Nutzenfunktion:
Die indirekte Nutzenfunktion gibt den maximalen Nutzen an, den ein Konsument bei gegebenem Preisvektor und Einkommen erreichen kann.

Ökonomisch relevante Eigenschaften der indirekten Nutzenfunktion:

1. Monotonie:

$$\begin{aligned}
V(p,tm) &> V(p,m) \\
V(tp,m) &< V(p,m) \\
\text{mit } & t > 1 \\
V(p,tm) &= \frac{(tm+4p_1+4p_2)^2}{4p_1p_2} \\
\text{mit } & t > 1 \\
(tm+4p_1+4p_2)^2 &> (m+4p_1+4p_2)^2 \\
V(p,tm) &> V(p,m)
\end{aligned}$$

$$\begin{aligned}
V(tp,m) &= \frac{(m+4tp_1+4tp_2)^2}{4p_1p_2t^2} \\
V(tp,m) &= \frac{[t(m/t+4tp_1+4p_2)]^2}{4p_1p_2t^2} \\
V(tp,m) &= \frac{(m/t+4tp_1+4p_2)^2}{4p_1p_2} \\
\text{mit } & t > 1 \\
(m/t+4p_1+4p_2)^2 &< (m+4p_1+4p_2)^2 \\
V(tp,m) &< V(p,m)
\end{aligned}$$

Interpretation: Eine Erhöhung des Einkommens bei sonst konstanten Preisen bringt eine Nutzenverbesserung. Eine ausschließliche Erhöhung der Preise (Inflation) ohne Einkommensanpassung bringt eine Nutzenverringerung.

2. Homogenität:

$$\begin{aligned}
V(tp,tm) &= V(p,m) \\
\text{mit } & t > 0
\end{aligned}$$

Homogenität vom Grade 0, d.h. eine gleichzeitige Änderung aller Preise und des Einkommens ändert nicht das Nutzenniveau:

$$\begin{aligned} V(tp,tm) &= \frac{(tm+4tp_1+4tp_2)^2}{4tp_1tp_2} \\ V(tp,tm) &= \frac{t^2(m+4p_1+4p_2)^2}{t^2 4p_1p_2} \\ V(tp,tm) &= \frac{(m+4p_1+4p_2)^2}{4p_1p_2} \\ \Rightarrow \quad V(tp,tm) &= V(p,m) \end{aligned}$$

3. <u>Konvexität:</u>
Eine Indifferenzkurve ist zum Ursprung hin gekrümmt, d. h., wenn zwei Güterbündel auf einer Indifferenzkurve liegen, die konvex gekrümmt ist, ist ein durchschnittliches Güterbündel besser als die Ausgangsgüterbündel:

$$V(p,m) = \frac{(m+4p_1+4p_2)^2}{4p_1p_2}$$

<u>*Erklärung an einem Beispiel:*</u>

$$\left.\begin{array}{l}\left.\begin{array}{l} m=5 \\ p_1=1 \\ p_2=3 \end{array}\right\} V(p,m)=36,75 \\ \\ \left.\begin{array}{l} m=5 \\ p_1=1 \\ p_2=3 \end{array}\right\} V(p,m)=36,75 \end{array}\right\}$$

Durchschnitt der Preise

$$\begin{aligned} p_1=p_2 &= \frac{3+1}{2}=2 \\ m &= 5 \\ \Rightarrow \quad V(p,m) &= 27,6 \end{aligned}$$

7.3.3 Indirekte Nutzenfunktionen stellen eine Möglichkeit dar innerhalb der Kosten-Nutzen-Analyse Projekte theoretisch zu überprüfen, ob sie durchgeführt weden sollten oder nicht.

Wenn nach der Durchführung eines Projektes der Nutzen größer wäre als vorher, dann sollte das Projekt durchgeführt werden. Wenn das nicht der Fall ist, sollte das Projekt abgelehnt werden.

Allerdings sind indirekte Nutzenfunktionen in der Realität nicht beobachtbar. Preise und Einkommen sind beobachtbar; der Verlauf der indirekten Nutzenfunktion dagegen nicht. Eine Bewertung von Projekten über die indirekte Nutzenfunktionen ist daher nur bedingt möglich.

7.3.4 Das Projekt kann wie folgt evaluiert werden:

$$V(p,m) = \frac{(m + 4p_1 + 4p_2)^2}{4p_1p_2}$$

Ausgangssituation:

$$\begin{aligned}
(p_1^0, p_2^0, m^0) &= (3, 2, 11)\\
V(p^0, m^0) &= \frac{(11 + 4 \cdot 3 + 4 \cdot 2)^2}{4 \cdot 3 \cdot 2}\\
V(p^0, m^0) &= \underline{40,04}
\end{aligned}$$

Situation nach Durchführung des Projekts:

$$\begin{aligned}
(p_1^1, p_2^1, m^1) &= (5, 4, 16)\\
V(p^1, m^1) &= \frac{(16 + 4 \cdot 5 + 4 \cdot 2)^4}{4 \cdot 5 \cdot 4}\\
V(p^1, m^1) &= \underline{33,80}\\
\Delta V &= V(p^1, m^1) - V(p^0, m^0)\\
\Delta V &= 33,8 - 40,04\\
\Delta V &= \underline{-6,24} \qquad \Rightarrow \Delta V < 0
\end{aligned}$$

Durch das Projekt sinkt der maximale Nutzen des Konsumenten, seine Situation verschlechtert sich.

Das Projekt sollte also nicht durchgeführt werden. Die Einkommenserhöhung ist offensichtlich nicht groß genug, um die Preiserhöhungen auszugleichen.

Kommentierte Literaturhinweise:

Zur Vertiefung können die folgenden Lehrbücher empfohlen werden:

von Böventer, E./Illing, G. (1997):
Einführung in die Mikroökonomie. 9. Auflage, München.

Schumann, J./Meyer, U./Ströbele, W. (1999):
Grundzüge der mikroökonomischen Theorie. 7. Auflage, Berlin u.a.

Varian, H. R. (1999):
Intermediate Economics. A Modern Approach. New York.

Kapitel 8

Allgemeine Gleichgewichtstheorie und Wohlfahrtsökonomik

Dr. Gregor Brüggelambert, Universität-GH Essen
Dipl.-Vw. Jörg Stank, Universität-GH Essen

Aufgaben

Aufgabe 8.1:

König Waldemar und sein Heerführer Articus reiten nach siegreicher Schlacht durch ihr erobertes Land. Da das dort lebende Volk durch langjährige Misswirtschaft arg gebeutelt wurde, möchten nun die beiden Feldherren durch geeignete wirtschaftspolitische Maßnahmen den Wohlstand ihrer Untertanen erhöhen. Obwohl sie einige gute Ideen haben, wissen sie nicht, wie sie den Erfolg ihrer Aktivitäten überprüfen und beurteilen können.

8.1.1 Welche grundsätzlichen Möglichkeiten haben die beiden Eroberer? Skizzieren Sie theoretische Überlegungen anhand einer Nutzenfunktion.

8.1.2 Auf welche praktischen Probleme stößt die Umsetzung eines solchen Wohlfahrtskonzepts?

Aufgabe 8.2:

König Waldemar und Articus überlegen nun, wie sie das Problem der Wohlfahrtsermittlung in ihrem Land effektiv lösen können. Um sich nicht zu überfordern, stellen sie ihre Überlegungen zunächst nur für zwei ihrer Staatsbürger an, in der Hoffnung, daß sie später ihre Erkenntnisse auf den Rest ihrer Untertanen übertragen können. Sie wollen nunmehr versuchen, die Auswirkungen einer Änderung der ökonomischen Situation bzw. ihrer politischen Aktivitäten durch die Befragung ihrer Untertanen zu ermitteln (individualistischer Ansatz).

8.2.1 Erläutern Sie verbal und anhand einer Grafik das Prinzip des Pareto-Kriteriums.

8.2.2 Da König Waldemar und Articus die Pareto-Regel sehr restriktiv erscheint, überlegen sie sich, ob nicht noch weitere Wohlstandskriterien existieren, die bei der Lösung ihres Problems behilflich sein könnten. Erläutern Sie verbal und anhand einer Graphik die Prinzipen der sogenannten Kompensationskriterien. Gehen Sie bei letzteren auf mögliche Widersprüchlichkeiten ein.

Aufgabe 8.3:

König Waldemar und sein Heerführer Articus träumen nun davon, ein kleines Utopia zu entwerfen, in dem die Untertanen das bekommen was sie sich am meisten wünschen. Natürlich ist unseren zwei Staatslenkern bewußt, daß auch solche Wünsche von der Tatsache bedrängt werden, daß wir nicht in einem Schlaraffenland leben. Wie aber lassen sich Konsumwünsche effizient gestalten und die Produktionsfaktoren optimal einsetzen. Trotz aller diskutierten Schwächen möchten sie dabei als Effizienzkriterium das Pareto-Kriterium einsetzen. Um sich das Problem leicher zu veranschaulichen, gehen sie davon aus, daß ihre Volkswirtschaft aus zwei Einwohnern besteht, die als Produzenten (Fall a) oder als Konsumenten (Fall b) auftreten.

Fall a): Angenommen, die beiden Produzenten würden nun lediglich ein Gut x mit den beiden Produktionsfaktoren Arbeit (l) und Kapital (k) herstellen. Ihre Produktionsfunktionen lauten wie folgt:

$$x_1 = l_1^{\frac{1}{2}} + k_1^{\frac{1}{2}}$$

bzw.

$$x_2 = l_2^{\frac{1}{2}} + k_2^{\frac{1}{3}}.$$

Fall b): Die beiden Einwohner haben folgende Nutzenfunktionen:

$$U_1 = x_{11} \cdot x_{21}$$

bzw.

$$U_2 = x_{12} \cdot x_{22}.$$

Dabei stellen x_{11} und x_{21} die Gütermengen der Produkte 1 und 2 in den Händen des Wirtschaftssubjektes 1 dar, x_{12} und x_{22} die Gütermengen des 2. Wirtschaftssubjekts.

8.3.1 Bestimmen Sie die optimale Produktion für den Fall a. Gehen Sie dabei davon aus, daß die Hersteller kurzfristig lediglich über einen gegebenen Kapitalbestand ($k_1 = 9$, $k_2 = 64$) verfügen. Weiterhin sei der Bestand an Arbeit innerhalb der Volkswirtschaft mit $l = 20$ gegeben, kann jedoch beliebig auf die beiden Produzenten verteilt werden. Zu Beginn der Betrachtung arbeiten 4 Personen bei Produzent I und 16 Beschäftigte bei Produzent II. Erläutern Sie, ob diese Aufteilung optimal ist. Falls dies nicht der Fall sein sollte, bestimmen Sie bitte die optimale Faktorallokation, welche dadurch gekennzeichnet ist, daß die Wohlfahrt durch eine Reallokation der Produktionsfaktoren nicht mehr gesteigert werden kann.

8.3.2 Bestimmen Sie den optimalen Konsum für den Fall b. Durch die gegebene Produktionsstruktur sollen die beiden Einwohner dabei insgesamt über 10 Einheiten des Gutes 1 und 20 Einheiten des Gutes 2 verfügen. Die Anfangsausstattung betrage $x_{11} = 6$, $x_{21} = 8$, $x_{12} = 4$ und $x_{22} = 12$. Es stellt sich nun die Frage, ob diese Verteilung wohlfahrtsoptimal ist. Leiten Sie nach der Beantwortung dieser Frage den Verlauf der sogenannten Kontraktkurve her.

Aufgabe 8.4:

Nach einigen Jahren beobachtet der König, daß sich ein Gütermarkt entwickelt hat, auf dem lediglich ein einziger Anbieter existiert. Er mutmaßt, daß diese Situation nicht wohlfahrtsoptimal für seine Untertanen sein kann. Leider ist dies nur ein Gefühl, welches er nicht beweisen kann. Helfen Sie dem König bei der Beweisführung. Dabei sei angenommen, daß Preis-Absatz-Funtion (PAF) und Kostenfunktion $K(x)$ wie folgt gegeben seien:

$$\text{PAF: } p(x) = 100 - 2 \cdot x \quad \text{und} \quad K(x) = 20 \cdot x.$$

8.4.1 Vergleichen Sie die Gesamtwohlfahrt sowohl für den Monopol- als auch für den Wettbewerbsfall. Im Wettbewerbsfall sei unterstellt, daß sich beliebig viele Anbieter mit der gleichen Kostenfunktion ansiedeln würden.

8.4.2 Des weiteren interessiert sich der König dafür, ob die so getroffene Entscheidung auch richtig ist, wenn der Markt wächst oder schrumpft. Überprüfen Sie daher, ob die in Aufgabe 8.4.1 getroffene Entscheidung auch in Zeiten sich ändernder Marktnachfrage richtig ist. Unterstellen Sie dabei, daß sich im Falle eines Marktbooms die PAF nach außen und im Falle der Rezession nach innen verschiebt. Gehen Sie beispielsweise von folgendem Aussehen aus:

$$\begin{aligned} \text{PAF}_{\text{Boom}}: \quad p(x) &= 200 - 2 \cdot x, \\ \text{PAF}_{\text{Rezession}}: \quad p(x) &= 80 - 2 \cdot x. \end{aligned} \tag{8.1}$$

Die Kostenfunktion bleibe unverändert.

Aufgabe 8.5:

König Waldemar und sein Heerführer Articus haben sich nun zwar mühselig Effizienzbedingungen für ihr kleines Utopia entworfen, nun überlegen sie, mit welchen organisatorischen Maßnahmen sich dieses Ziel erreichen läßt. Etwas faul, gehen unsere Staatsherren dazu über, nach einer Organisationsform zu suchen, die sich dezentral steuert und ihre starke Hand lediglich noch für diejenigen Tätigkeiten fordert, die sich nicht auf diese Weise zur Zufriedenheit bewerkstelligen lassen.

8.5.1 Angenommen, die im Tauschdiagramm (Aufgabe 8.3.2) beschriebenen Personen A und B würden über die Austattungen ω_1^A, ω_2^A, ω_1^B und ω_2^B verfügen, wobei beispielsweise ω_1^A die Anfangsausstattung von Person A mit dem Gut x_1 kennzeichnen soll. Auf der Basis dieser Anfangsausstattungen ergibt sich in der Edgeworth-Box der Ausstattungspunkt Ω. In der Aufgabe 8.3.2 wurde diskutiert, wie sich ausgehend von einem solchen Ausstattungspunkt im Zuge von Tauschhandlungen Pareto-Verbesserungen erzielen lassen, bis zu einer Situation, in der die Grenzraten der Substitution für beide Individuen gleich sind. Bei einem Tausch am Markt wird ein solcher Tauschprozess mit Hilfe eines Preissystems initiiert. Zeigen Sie mit Hilfe des Auktionator-Konzepts von Walras über einen Anpassungsvorgang, der auch tâtonnement genannt wird, wie ein Gleichgewichtspreis erreicht wird, der ein Pareto-Optimum erzeugt.

8.5.2 Nachdem in Aufgabe 8.5.1 mit Hilfe der Edgeworth-Box gezeigt wurde, daß ein Marktgleichgewicht Pareto-effizient ist, sollen Sie unseren politischen Planern nun auf algebraischen Wege zeigen, daß in diesem Utopia alle Marktgleichgewichte Pareto-effizient sind. Diskutieren Sie zudem kritisch dieses „Erste Theorem der Wohlfahrtsökonomie".

8.5.3 Nachfolgend zur Herleitung der Ergebnisse aus Aufgabe 8.5.2, stellt sich nun die Frage, welche Bedingungen vorherrschen müssen, damit wir für ein gegebenes Pareto-Optimum einen Preisvektor finden, der ein Marktgleichgewicht darstellt. Die Fragestellung kehrt sich demnach genau um. Gesucht wird nach einem geometrischen Argument, aus dem sich das sogenannte „Zweite Theorem der Wohlfahrtsökonomie" herleiten lässt. Nennen Sie zudem noch einmal allgemein die Bedingungen, die erfüllt sein müssen, damit ein allgemeines Gleichgewicht bei vollkommener Konkurrenz existiert.

8.5.4 Welche Probleme bestehen für die in 8.5.2 und 8.5.3 gewonnen Erkenntnisse, wenn die Präferenzen der betrachteten Wirtschaftssubjekte nicht konvex sind?

8.5.5 Diskutieren Sie die Konsequenzen, die aus den zwei Theoremen der Wohlfahrtsökonomie hinsichtlich der Lösung von Effizienz- und Verteilungsproblemen resultieren. Gehen Sie auch noch einmal explizit auf Probleme ein, die sich hinter dem theoretisch sicherlich ansprechenen Resultaten verbergen.

Lösungen

Aufgabe 8.1:

8.1.1 In der Wohlfahrtstheorie unterscheidet man grundlegend zwischen einer individualistisch und einer kollektivistisch aufgebauten Wohlfahrtsfunktion. Bei der individualistischen Konzeption geht man davon aus, daß die Gesamtwohlfahrt einer Gruppe von Wirtschaftssubjekten abhängig ist vom subjektiven Wohlstandsempfinden eines jeden Gruppenmitgliedes. Grundgedanke ist nach Sohmen, daß jede wirtschaftspolitische Maßnahme nur dann wirksam wird, wenn sie bei den betroffenen Wirtschaftssubjekten eine positive oder negative Nutzenempfindungen auslösen. Algebraisch lässt sich eine gesellschaftliche Wohlfahrtfunktion wie folgt darstellen, wobei U den gesellschaftlichen Nutzen und u_i das Nutzenniveau der einzelnen Wirtschaftssubjekte bezeichnet:

$$U = U(u_i), \quad \text{mit} \quad \frac{\partial U}{\partial u_i} > 0.$$

Dies bedeutet, daß die Gesamtwohlfahrt ebenfalls steigt (fällt), wenn der Nutzen der betrachteten Individuen durch eine durchgeführte Maßnahme positiv (negativ) beeinflusst wird. Intuitiv dürfte klar sein, daß eine solch individualistisch aufgebaute Wohlstandsfunktion sehr gut geeignet ist, um die Wohlfahrt einer Bevölkerung zu beurteilen, da die Wirtschaftssubjekte selbst am besten wissen, was gut und was schlecht für sie ist. Ziel muß es also sein, eine gesellschaftliche Wohlstandsfunktion zu generieren, welche die individuellen Präferenzen aller Personen eindeutig widerspiegelt, um so die Wirkung wirtschaftspolitischer Maßnahmen bewerten zu können. Schon früh in der wohlfahrtstheoretischen Diskussion sind verschiedene Eigenschaften einer solchen Funktion erörtert worden, damit diese bei der Auswahl gegebener Handlungsalternativen entscheidungsrelevant sein kann. Im folgenden soll davon ausgegangen werden, daß lediglich eine ordinale Messung zulässig ist. Dies bedeutet, daß interpersonelle Nutzenvergleiche nicht zulässig sind. Arrow hat die folgenden Axiome zusammengestellt:

1. Individueller und gesellschaftlicher Nutzen sind positiv miteinander verbunden. Dies bedeutet, daß eine Alternative A der Alternative B dann überlegen bzw. vorzuziehen ist, wenn alle Wirtschaftssubjekte A der Alternative B vorziehen oder wenn ein Wirtschaftssubjekt A vorzieht, während alles anderen Subjekte indifferent sind. Diese Bedingung spiegelt den ordinalen Charakter der Funktion wieder, da entgegenläufige Nutzenentwicklungen nicht akzeptiert werden, was eine Ablehnung des Projektes zur Folge hat. Diese Art der Beurteilung wird auch Pareto - Regel oder Einstimmigkeitsregel genannt (siehe dazu auch Aufgabe 8.2).

2. Die Funktion muß alle Handlungsalternativen so bewerten können, daß eine eindeutige Rangfolge entsteht.

3. Bei einem paarweisen Vergleich zweier Alternativen wird das Ergebnis nicht beeinflußt, wenn eine dritte Alternative hinzutritt oder sich die Bewertung in einem alternativen Paarvergleich ändert. Dies bedeutet: Ist $A > B$, so ändert sich dies nicht, wenn C hinzukommt oder sich die Rangfolge zwischen B und C verändert.

4. Die Wohlfahrtsfunktion darf nicht durch die individuelle Nutzenfunktion eines einzelnen Wirtschaftssubjektes determiniert sein. Man spricht hier auch von Bürgersouveränität oder der Demokratie-Regel.

8.1.2 Während eine Wohlfahrtsfunktion, welche die hier angeführten Bedingungen erfüllt, sehr wünschenswert wäre und zumindest in der wirtschaftspolitischen Theorie starke Verbreitung findet, so stehen ihr in der Realität bei einer Entscheidungsfindung gewichtige Argumente entgegen. Zum einen ist es kaum möglich, die Präferenzen aller Wirtschaftssubjekte zu berücksichtigen. Die Transaktionskosten ihrer Ermittlung würden mit der Anzahl der betrachteten Wirtschaftssubjekte derart ansteigen, daß sie nicht mehr aufzubringen wären oder zumindest den Nutzen eines solchen Vorgehens bei weitem übersteigen würden. Zum anderen wurde bei der bisherigen Betrachtung implizit davon ausgegangen, daß sich sämtliche Individuen rational verhalten. Diesem Rationalitätspostulat ist entgegenzuhalten, daß die meisten Wirtschaftssubjekte realiter kaum in der Lage sein werden, den „wahren" Nutzen einer Maßnahme zu beurteilen. Insbesondere wird zwar oft die akute Nutzenbeeinflussung wahrgenommen, zukünftige Auswirkungen eines Ereignisses bleiben jedoch unberücksichtigt. Folge ist, daß die Nutzenwahrnehmung zu hoch oder zu niedrig erfolgt. Somit wird ein rationales Verhalten der Subjekte erheblich erschwert. In diesem Kontext sei ein weiteres Problem zu nennen. Neben der Unmöglichkeit, korrekte Nutzenangaben zu machen, besteht bei vielen Personen ein menschliches Bedürfnis, sich durch Falschangaben bezüglich ihrer Nutzenfunktion eigene Vorteile zu verschaffen. Tritt ein solches, strategisches Verhalten auf, ist es wiederum nicht möglich, eine Wohlfahrtsfunktion zu ermitteln, welche die wahren Präferenzen der einzelnen Wirtschaftssubjekte widerspiegelt.

Von der theoretischen Betrachtungsweise, bei der idealer Weise die Präferenzen aller Mitglieder einer betrachteten Gruppe berücksichtigt werden, unterscheidet sich stark die empirische Vorgehensweise hinsichtlich der Ermittlung des Wohlstandes. Hierbei wird versucht, anhand bestimmter Indikatoren auf die Wohlfahrt einer Volkswirtschaft zu schließen. Die klassische Meßlatte für gesellschaftlichen Wohlfahrt dürfte wohl die des Bruttosozialproduktes (BSP) sein. Ein Anstieg des BSP wird hierbei meist gleichgesetzt mit einer Verbesserung des Wohlstandes der Wirtschaftssubjekte einer Gesellschaft. Dieser Idee sind jedoch eine Vielzahl von Argumenten entgegenzusetzen:

- Das BSP wird ausschließlich in Geldeinheiten bemessen: Faktoren bzw. Umstände, die Einfluss auf den Nutzen der Wirtschaftssubjekte haben, nicht aber monetär bewertbar sind, entziehen sich somit einer Berücksichtigung.

Der wahre Nutzeneffekt wird somit verfehlt. Das beste Beispiel hierfür ist die Existenz sogenannter öffentlicher Güter. Ihr Nutzen kann nicht oder nur unzureichend berücksichtigt werden, da oftmals Marktpreise nicht vorhanden sind.

- Der Effekt von Externalitäten spiegelt sich nicht im BSP wider. Als rein ökonomische Größe berücksichtigt das BSP nicht, daß eine verbesserte Versorgung mit Gütern auch weitreichende, negative Folgen mit sich bringen kann. Als Beispiel sei angeführt, daß zum Beispiel eine weitreichende Versorgung mit Automobilen zwar einen positiven Nutzeneffekt auf den Menschen ausübt; die negativen Folgen in Form von Umweltverschmutzung oder steigenden Ausgaben im Gesundheitswesen werden jedoch vom Indikator BSP nicht berücksichtigt (siehe hierzu Aufgabe 8.4).

- Unberücksichtigt bleibt auch, welche Teile der Gesellschaft vom Anstieg des BSP profitieren und welche dabei verlieren. Ein Anstieg des BSP und Nutzeneinbußen innerhalb der Gesellschaft schließen sich a priori nicht aus. Strukturelle Veränderungen innerhalb einer Volkswirtschaft können zwar einen Anstieg des BSP begründen, haben jedoch häufig erhebliche Wohlfahrtseinbußen bestimmter Bevölkerungsteile zur Folge. Somit wird deutlich, daß Wohlfahrtsbetrachtungen immer auch verteilungstheoretische Aspekte berücksichtigen sollten.

- Der Nutzen der Wirtschaftssubjekte wird nicht allein durch die Güterversorgung bestimmt. Selbst, wenn die Güterausstattung aller Subjekte steigen sollte, spricht dies nicht für eine Wohlfahrtsverbesserung wenn gleichzeitig zum Beispiel die Qualität der konsumierten Produkte abnimmt. Es muß daher immer berücksichtigt werden, daß der Nutzen eines Wirtschaftssubjektes nicht nur durch die Mengeneinheiten konsumierter Güter sondern auch von einer Vielzahl anderer Faktoren beeinflußt wird.

Sich der Unvollkommenheit des Indikators BSP bewußt, versucht die Politik weitere Bewertungsmaßstäbe zu entwickeln. Hierbei liegt das Augenmerk verstärkt auf der Berücksichtigung sogenannter qualitativer Merkmale. Im Gegensatz zur rein monetären Berechnung des BSP wird hier versucht, die Bedürfnisse und Zufriedenheit der Wirtschaftssubjekte z.B. durch Befragungen zu erfahren um so politischen Handlungsbedarf zu erkennen und die Gesamtwohlfahrt zu bestimmen. Subjektive Empfindungen spielen hier also vermehrt eine Rolle, wodurch dem oben beschriebenen Idealfall der Wohlfahrtsfunktion zumindest in eingeschränktem Maße Rechnung getragen wird. Anzumerken bleibt schließlich nur, daß bislang auch bei dieser Methode unter anderem das Problem der Bewertung der einzelnen Aussagen nicht abschließend beantwortet werden konnte. Abschließend läßt sich somit sagen, daß die Bestimmung der Wohlfahrt in der Idealform zwar ein unlösbares Problem darstellt, ein offener Umgang mit den Vorteilen und Schwächen existierender alternativen Indikatoren aber durchaus nützliche Politikhilfen gibt.

Aufgabe 8.2:

8.2.1 Wie bereits erläutert, spricht man von einer Pareto-Verbesserung, wenn sich die Wohlfahrt (der Nutzen) mindestens eines Wirtschaftssubjektes erhöht, während sich die Wohlfahrt aller übrigen Wirtschaftssubjekte nicht verschlechtert. Analog dazu spricht man von einem Pareto-Optimum, wenn es nicht möglich ist, die Wohlfahrt eines Wirtschaftssubjektes zu erhöhen ohne dabei mindestens ein anderes Subjekt schlechter zu stellen. Die grafische Analyse erfolgt anhand einer von Samuelson entwickelten Darstellungsweise. Wir gehen davon aus, daß in unserer betrachteten Volkswirtschaft ein gegebenes Güterbündel auf seine beiden Bewohner verteilt wird. Je nach Verteilung dieses Bündels erzielen die Konsumenten einen gewissen Nutzen. Grafisch können alternative Verteilungen mit Hilfe der sogenannten Punkt-Nutzenmöglichkeitskurve (PMK) dargestellt werden. Folgende Überlegung steht dabei im Vordergrund: Wie hoch kann der Nutzen des einen Wirtschaftssubjektes maximal sein, wenn das andere Subjekt über ein gewisses Güterbündel verfüge (mit gegebenem Nutzen) und die betrachtete Person die restlichen Gütermengen konsumieren kann. Somit ergeben sich bei verschiedenen Verteilungsvariationen unterschiedliche Punkte in einem Diagramm, an dessen Achsen die Nutzenniveaus der beiden Personen *I* und *II* abgetragen werden. Grafik 8.1 soll dies verdeutlichen.

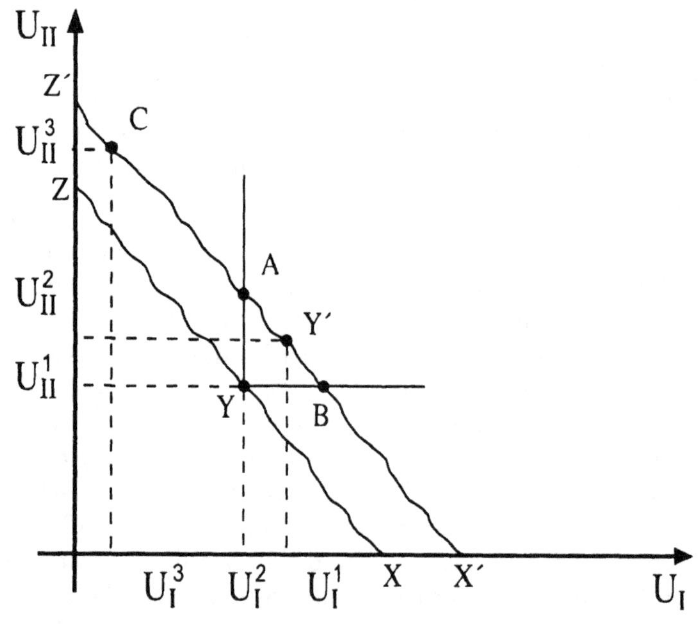

Abbildung 8.1: Die Punkt-Nutzenmöglichkeitskurve

Die Achsenabschnitte X (Nutzenmaximum Person I) und Z (Nutzenmaximum Person II) stellen hier jeweils eine Situation dar, bei der lediglich ein Wirtschaftssubjekt über die gesamte Güterausstattung verfügt. Der Punkt Y steht für eine beliebige alternative Aufteilung auf I und II, bei der die Nutzenniveaus U_I^1 und U_{II}^1 realisiert werden können. Die Verbindung dieser Punkte ergibt schließlich die PMK. Man beachte hierbei, daß die PMK keinen linearen Verlauf haben muß. Durch eine Entscheidung unseres Herrschers verbessere sich nun die allgemeine ökonomische Situation der Volkswirtschaft, was durch eine Verbesserung der Güterausstattung zum Ausdruck kommt. Es ein weiterhin unterstellt, daß diese Veränderung den maximalen Nutzen unserer Bewohner erhöhe. Somit verläuft die neue PMK rechts der alten PMK. Die neue PMK sein gekennzeichnet durch die Strecke $X'Z'$. Zwar würde der Nutzen jedes einzelnen Wirtschaftssubjektes steigen, wenn es über das gesamte Güterbündel verfügt; dies beantwortet jedoch nicht die Frage, ob die neue Situation in jedem Fall eine Verbesserung nach dem Pareto-Kriterium darstellt. Hierzu ist es erforderlich die genaue Verteilung des neuen Güterbündels zu kennen. Angenommen die neue Verteilung sei durch den Punkt Y' dargestellt (die alte Güterverteilung sei Y). Es ist unschwer zu erkennen, daß nun die jeweils erreichten Nutzenniveaus U_I^2 bzw. U_{II}^2 höher sind als die ursprünglichen Niveaus. Somit stellen sich beide Konsumenten besser als vorher: das Pareto-Kriterium ist eindeutig erfüllt. Grenzfälle stellen die Punkte A und B dar. In Punkt A (B) verbessert sich lediglich Subjekt II (I) während die jeweils andere Person indifferent bezüglich der beiden Verteilungen ist. Da sich jedoch ein Subjekt verbessert und niemand schlechter gestellt wird, spricht man auch hier von einer Pareto-Verbesserung. Es wird deutlich, daß grafisch gesehen alle neuen Verteilungen innerhalb eines Quadranten, welcher nordöstlich über Y aufgeschlagen wird, Pareto-Verbesserungen darstellen. Anders ist dies zum Beispiel bei einer Verteilung, die durch Punkt C dargestellt wird. Zwar verbessert sich Wirtschaftssubjekt II enorm ($U_{II}^3 > U_{II}^1$), Person I hingegen erleidet Nutzeneinbußen ($U_I^3 < U_I^1$). Somit ist keine Pareto-Verbesserung zustande gekommen. Es ist zu erkennen, daß alle Punkte auf der neuen PMK nordwestlich von A und östlich von B allesamt keine Verbesserung nach dem Pareto-Kriterium darstellen. Müsste eine wirtschaftspolitische Maßnahme beurteilt werden, die zur neuen Verteilung C führen würde, so müsste diese abgelehnt werden.

8.2.2 Von der Paretianischen Wohlfahrtsökonomie unterscheiden sich die Ansätze der sogenannten Kompensationskriterien grundlegend. Waren bei der vorherigen Analyse interpersonelle Nutzenvergleiche ausgeschlossen, können mit der Hilfe von Kompensationsansätzen durchaus unterschiedliche Richtungen in der Nutzenentwicklung analysiert werden. Dies bedeutet, daß Situationen, in denen sich Personen verbessern, während sich andere verschlechtern nicht zwangsläufig zur Ablehnung eines Projektes führen müssen. In der Praxis eignen sich diese Ansätze wesentlich besser dazu, ökonomische Entscheidungen zu treffen; die Begründung liegt darin, daß es kaum politische Maßnahmen gibt, die nach Durchführung nicht wenigstens ein Wirtschaftssubjekt schlechter stellen. Als die wohl bekannteste Ausprägung eines Kompensationskriteriums sei im folgenden das Kaldor-Hicks-Kriterium (KHK) dargestellt. Man spricht immer dann von einer Wohlfahrtsverbesserung nach dem KHK, wenn bei unterschiedlicher Nutzenentwicklung das Nutzen gewinnende Wirtschaftssubjekt die Person, welche an Nutzen verliert, so entschädigen könnte, daß das vorherige Nutzenniveau zumindest aufrecht erhalten werden kann.

Es ist zu beachten, daß es hierbei lediglich auf die Möglichkeit einer Entschädigung ankommt, nicht aber auf eine tatsächliche Kompensation. Zur grafischen Darstellung soll wiederum Abbildung 8.1 herangezogen werden. Während alle Punkte zwischen A und B natürlich auch nach dem Kaldor-Hicks-Kriterium eine Wohlfahrtsverbesserung darstellen (da beide Personen einen Nutzenzugewinn erfahren), sind alle Punkte zwischen Z' und A bzw. B und X' von besonderem Interesse. Am Beispiel der Verteilung C soll das Prinzip des KHK verdeutlicht werden. Wie bereits erwähnt, verbessert sich der II, während sich der I verschlechtert. Trotz dieses gegenläufigen Effektes spricht man in dieser Situation von einer Wohlfahrtsverbesserung. Dies ergibt sich daraus, daß die Möglichkeit besteht, den I so zu kompensieren, daß er auf das gleiche Nutzenniveau wie vorher kommt. Dies wäre genau in Punkt A der Fall. II könnte dem I genau so viele Gütermengen überlassen, daß dieser das Niveau U_I^1 halten kann. Subjekt zwei bleibt dann immer noch ein Nutzenzuwachs, der grafisch anhand der Strecke AY abzulesen ist. Es ist leicht zu erkennen, daß bei einer Verschiebung der PMK wie in Abb. 1 dargestellt jeder Punkt auf der neuen PMK eine Wohlfahrtsverbesserung nach dem Kaldor-Hicks-Kriterium darstellt. Bereits knapp zwei Jahre nach Entwicklung des KHK erbrachte Scitovsky den Beweis, daß das KHK unter gewissen Umständen zu inkonsistenten Ergebnissen führt. Es ist offensichtlich, daß, wenn wir beim Übergang von Y in C von einem Wohlfahrtsverlust sprechen, eine Rückführung in die alte Situation Y zu einem Wohlfahrtsverlust führen müsste. Andernfalls wäre eine eindeutige Rangfolge der verschiedenen Alternativen nicht möglich, der Ansatz wäre inkonsistent. Zur Verdeutlichung des Problems wird wiederum eine Darstellung mit Hilfe von Punkt-Nutzenmöglichkeitskurven gewählt (vgl. hierzu Abbildung 8.2).

Im folgenden sei unterstellt, daß eine eventuelle neue ökonomische Situation dazu führen würde, daß der maximale Nutzen des I steige, der maximale Nutzen des II hingegen sinke. Grafisch zeigt dies eine Verschiebung der alten PMK XY hin zur neuen PMK, welche durch die Strecke $X'Y'$ gekennzeichnet ist. Grund hierfür können zum Beispiel stark unterschiedliche Präferenzstrukturen der beiden Wirtschaftssubjekte sein. Folge ist zwei sich schneidende PMK's. Angenommen die Anfangsausstattung werde durch Punkt A widergespiegelt. Eine Änderung der ökonomischen Situation führe nun zum Punkt B. Es ist zu erkennen, daß der I auf Punkt C kompensiert werden könnte, während der II einen Nutzenzuwachs entsprechend der Strecke AC hätte. Wir hätten somit einen Wohlfahrtsgewinn nach dem KHK. Entsprechend müsste eine Wiederherstellung der Situation A ausgehend von Punkt B einen Wohlfahrtsverlust darstellen. Dies ist jedoch nicht der Fall. Finden wir uns auf der alten PMK wieder, so könnte Wirtschaftssubjekt I

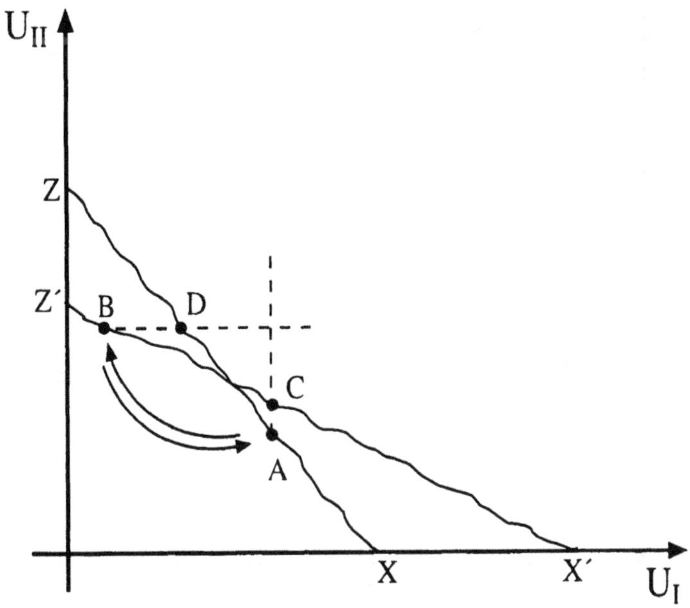

Abbildung 8.2: Sich schneidende Punkt-Nutzenmöglichkeitskurven

den *II* derart kompensieren, daß für ihn dennoch ein Nutzenzuwachs in Höhe der Strecke BD erhalten bliebe. Auch hier würde man wieder von einer Verbesserung nach dem KHK sprechen. Es ist zu erkennen, daß das KHK nicht unbedingt zu widerspruchsfreien Ergebnissen führt, was einer Einschränkung in der praktischen Anwendung gleichkommt.

Aufgabe 8.3:

8.3.1 Durch den gegebenen Bestand an Kapital vereinfachen sich die Produktionsfunktionen wie folgt:

$$x_1 = l_1^{\frac{1}{2}} + 3 \text{ bzw. } x_2 = l_2^{\frac{1}{2}} + 4. \tag{8.2}$$

Die Ausgangssituation ist in den Abbildungen 8.3 und 8.4 dargestellt.

Es ist nicht schwer zu erkennen, daß die gegebene Anfangsausstattung mit dem Faktor Arbeit nicht optimal sein kann. Die Steigungen der Funktionen an den Stellen $l_1 = 4$ und $l_2 = 16$ sind stark voneinander verschieden. Berücksichtigt man die Tatsache, daß die Steigung der Produktionsfunktion ökonomisch der Grenzproduktivität des Faktors Arbeit entspricht, wird deutlich, daß die Grenzproduktivität in Produktionsprozess 1 wesentlich höher ist als in Prozess 2. Dies bedeutet folgendes: würde man eine Einheit Arbeit aus Prozess 2 abziehen und in Prozess 1 überführen, so wäre das „Weniger" an Gut x aus Prozess 2 geringer als das „Mehr" an Gut

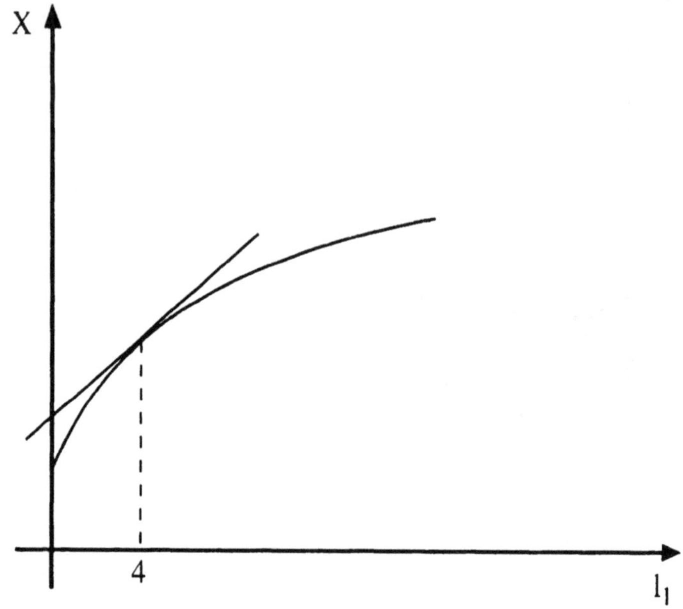

Abbildung 8.3: Produktionsfunktion Produzent 1

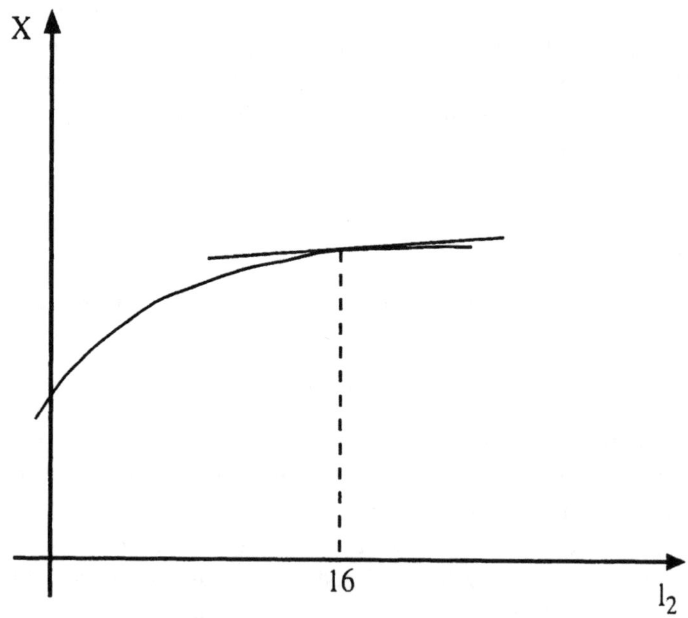

Abbildung 8.4: Produktionsfunktion Produzent 2

x aus Prozess 1. Dies hätte also insgesamt eine Verbesserung der Güterversorgung zur Folge. Intuitiv dürfte einleuchtend sein, daß Arbeit so lange umgeschichtet werden muß, bis sich die Steigungen, also die Grenzproduktivitäten, ausgleichen. An diesem Punkt ist es nicht mehr möglich, die Wohlfahrt durch Reallokation des Faktors Arbeit zu erhöhen. Diese Verteilung soll nun bestimmt werden. Um die Grenzproduktivitäten zu errechnen, müssen lediglich die Produktionsfaktoren nach dem Faktor Arbeit abgeleitet werden. Wir erhalten:

$$GP_1 = \frac{\partial x}{\partial l_1} = \frac{1}{2} \cdot l_1^{-\frac{1}{2}} \quad \text{bzw.} \quad GP_2 = \frac{\partial x}{\partial l_2} = \frac{1}{2} \cdot l_2^{-\frac{1}{2}}.$$

Da sich die Grenzproduktivitäten ausgleichen sollen, müssen die beiden rechten Teile der Gleichungen übereinstimmen:

$$\begin{aligned} \tfrac{1}{2} \cdot l_1^{-\frac{1}{2}} &= \tfrac{1}{2} \cdot l_2^{-\frac{1}{2}} \\ \Leftrightarrow \quad l_1^{-\frac{1}{2}} &= l_2^{-\frac{1}{2}} \\ \Rightarrow \quad l_1 &= l_2. \end{aligned}$$

Wir wissen nun, daß im Optimum die Arbeit derart verteilt werden sollte, daß in Produktionsprozess 1 und 2 die gleiche Anzahl an Arbeitskräften eingesetzt werden muß. Da in unserer Volkswirtschaft insgesamt 20 Arbeitskräfte zur Verfügung stehen gilt, daß $l_2 = (20 - l_1)$ Arbeiter für Prozess 2 zur Verfügung stehen. Berücksichtigt man dies in unserer Gleichgewichtsbedingung erhalten wir:

$$l_1 = 20 - l_1 \ \Rightarrow l_1 = 10 = l_2.$$

Eine optimale Verteilung sähe also so aus, daß in beiden Prozessen jeweils 10 Arbeitskräfte eingesetzt werden müssen. Zur Probe errechnen wir die vorher und nachher produzierten Mengen:

$$\begin{aligned} x_{\text{vorher}} &= 13 \\ x_{\text{nachher}} &\approx 13.3. \end{aligned}$$

Wie zu erkennen ist, könnte die Produktion des Gutes x durch Umschichtung der Produktionsfaktoren um ca. 0.3 Einheiten erhöht werden. Eine weitere Erhöhung ist ausgeschlossen, die Produktion wäre somit Pareto-effizient.

8.3.2 Es gilt nun zu untersuchen, ob die gegebene Güterausstattung Pareto-optimal ist oder ob es möglich ist, durch Tauschhandlungen zwischen den beiden Wirtschaftssubjekten die Wohlfahrt mindestens eines der beiden zu erhöhen, ohne daß sich jemand schlechter stellt als vorher. Die jeweiligen Nutzenfunktionen lassen sich mit Hilfe von Indifferenzkurven in einem Güterdiagramm darstellen (vgl. die Abbildungen 8.5 und 8.6).

In diesem Fall ist zu erkennen, daß die Steigungen der Indifferenzkurven bei gegebenen Anfangsausstattungen differieren. Die Steigung der Indifferenzkurven

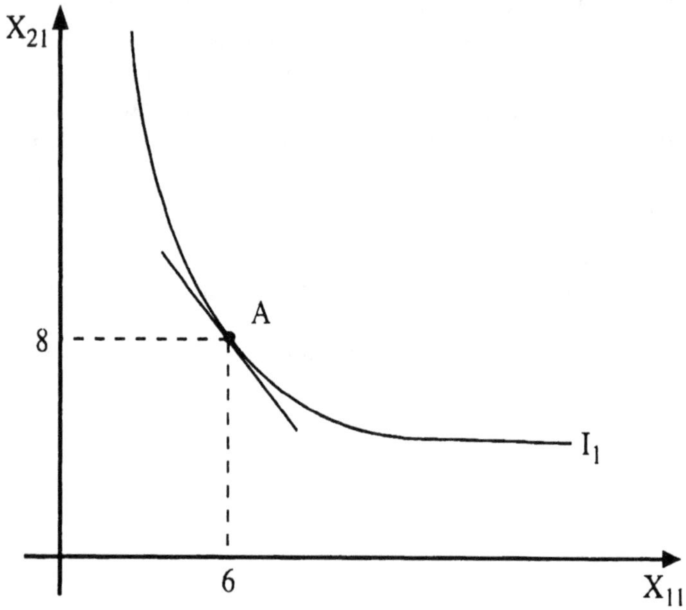

Abbildung 8.5: Indifferenzkurve Konsument 1

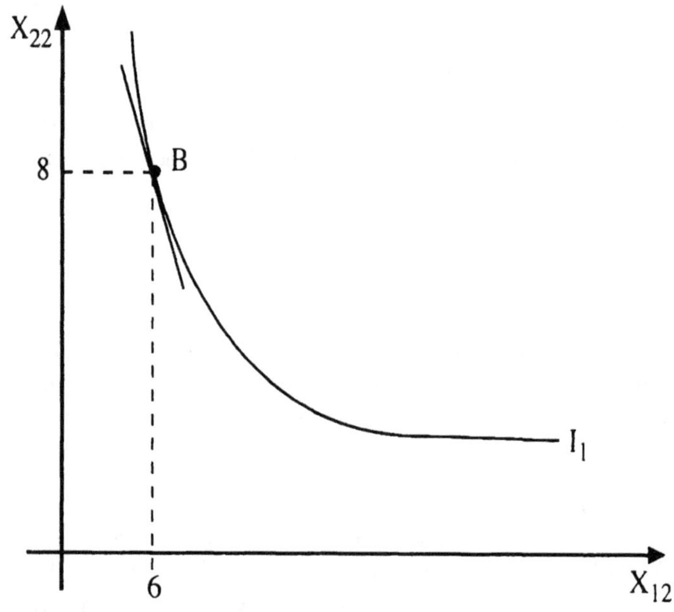

Abbildung 8.6: Indifferenzkurve Konsument 2

wiederum entspricht den Grenzraten der Substitution (GRS) der beiden Konsumenten. Dies bedeutet in diesem Fall, daß z.B. Konsument 2 bereit wäre, dem 1 mehr von Gut x_2 für eine Einheit x_1 zu überlassen, als dieser für den Tausch verlangen würde, wenn er seinen Nutzen lediglich konstant halten wollte. Dies heißt nichts anderes, als das der 2 für eine Einheit x_1 weniger tauschen muß (wenn unterstellt wird, daß der 1 seinen Nutzen konstant halten möchte) als er eigentlich bereit wäre. Somit kann sich sein Nutzen durch einen Tauschakt erhöhen. Alternativ kann ein Tauschverhältnis vereinbart werden, daß zwischen den beiden GRS liegt. Dies hätte einen Nutzenzuwachs beider Wirtschaftssubjekte zur Folge. Analog zum Tauschoptimum sollte also so lange getauscht werden, bis sich die beiden GRS ausgleichen. Um auch algebraisch zu überprüfen, ob die Anfangsausstattung optimal ist, müssen wir lediglich die GRS der beiden Personen bei der angegebenen Ausstattung bestimmen. Es gilt, daß die Steigung der Indifferenzkurven dem Verhältnis der Grenznutzen der beiden Güter entspricht. Wir leiten also die Nutzenfunktionen der Individuen jeweils nach x_1 und x_2 ab und setzten diese Grenznutzen zueinander ins Verhältnis:

$$\mathrm{GRS}_1 = \frac{x_{21}}{x_{11}} \quad \text{bzw.} \quad \mathrm{GRS}_2 = \frac{x_{22}}{x_{12}}. \tag{8.3}$$

Setzt man die gegebenen Ausstattungen ein, so bekommen wir für die GRS:

$$\mathrm{GRS}_1 = \frac{8}{6} \quad \text{bzw.} \quad \mathrm{GRS}_2 = \frac{12}{4}.$$

Wir sehen, daß die Anfangsausstattung nicht Pareto-optimal ist. Es ist somit möglich, die Wohlfahrt nach dem Pareto-Kriterium zu verbessern. Anhand der im folgenden herzuleitenden Kontraktkurve soll gezeigt werden, daß es für die beiden Wirtschaftssubjekte verschiedene Pareto-Optima gibt. Wie bereits oben angedeutet, kommt es dabei darauf an, welcher der beiden Konsumenten bei den Tauschverhandlungen eine stärkere Position einnimmt. So ist es durchaus möglich, daß sich lediglich ein Tauschender verbessert. Die Kontraktkurve ist der geometrische Ort aller Tauschgleichgewichte. Dies soll anhand von Abbildung 8.7 verdeutlicht werden.

Mit Hilfe der Edgeworthbox wurden die beiden Indifferenzkurven aus Abbildung 8.5 und 8.6 zusammengeführt. Wie soeben gezeigt, ist der Schnittpunkt der beiden Kurven (welcher die Ausgangsausstattungen A und B widerspiegelt) kein Pareto-Optimum. Voraussetzung für einen Ausgleich der GRS ist es, daß sich die Indifferenzkurve tangieren, da nur dann die Steigungen identisch sind. Wir können nun Kurve I_1 oder Kurve I_2 so weit nach außen verschieben, bis sie die jeweils andere Kurve tangiert. In diesem Fall verbessern sich entweder Konsument 1 (Punkt C) oder Konsument 2 (Punkt D), da weiter außen liegende Indifferenzkurven einem höheren Nutzenniveau entsprechen. Ein Tangentialpunkt, der innerhalb der Linse zwischen I_1 und I_2 liegt (Punkt E), hätte hingegen zur Folge, daß sich beide Personen verbessern. Wie zu erkennen ist, gibt es also praktisch unendlich viele Punkte innerhalb der Linse, die bei gegebener Anfangsausstattung zu Pareto-Optima

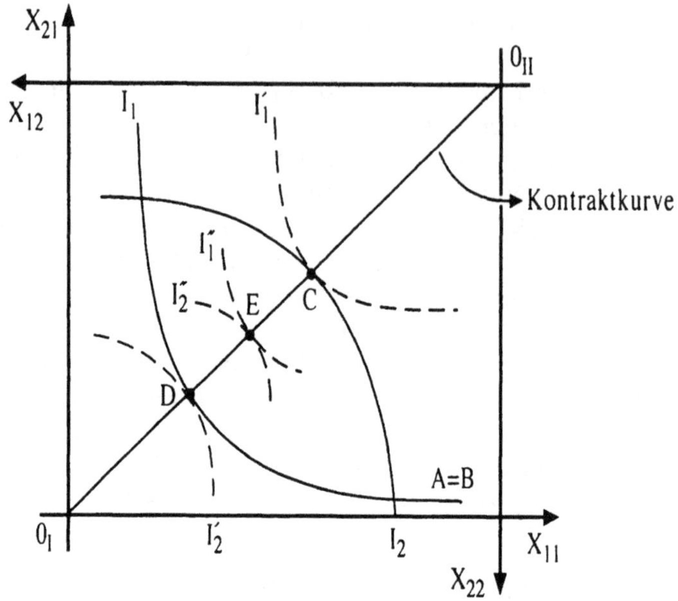

Abbildung 8.7: Kontraktkurve

führen würden. Tangentialpunkte außerhalb der Linse hingegen stehen für die Verschlechterung eines Konsumenten; somit gäbe es keine Wohlfahrtssteigerung nach dem Pareto-Kriterium. Bei der analytischen Herleitung wollen wir unterstellen, daß es keine individuelle Anfangsausstattung gibt, sondern lediglich den gesamten volkswirtschaftlichen Bestand von $x_1 = 10$ und $x_2 = 20$. Die GRS wurden bereits berechnet und so können wir diese sofort gleichsetzen:

$$\frac{x_{21}}{x_{11}} = \frac{x_{22}}{x_{12}}$$

$$\Leftrightarrow x_{11} \cdot x_{22} = x_{21} \cdot x_{12}. \tag{8.4}$$

Nun berücksichtigen wir, daß die Güter x_1 und x_2 auf die beiden Personen aufgeteilt werden. Dies führt zu folgenden Restriktionen:

$$\begin{aligned} x_{11} + x_{12} = x_1 = 10 \quad &\text{bzw.} \quad x_{21} + x_{22} = x_2 = 20 \\ \Leftrightarrow x_{12} = (10 - x_{11}) \quad &\text{bzw.} \quad x_{21} = (20 - x_{22}). \end{aligned} \tag{8.5}$$

Die Gleichungen 8.5 eingesetzt in die Gleichgewichtsbedingung 8.4 ergibt:

$$\begin{aligned} &x_{11} \cdot x_{22} = (10 - x_{11}) \cdot (20 - x_{22}) \\ &\Leftrightarrow x_{22} = 20 - 2 \cdot x_{11} \quad \text{bzw.} \quad x_{11} = 10 - \tfrac{1}{2} \cdot x_{22}. \end{aligned} \tag{8.6}$$

Dieses Ergebnis muß nun noch in die Restriktionen 8.5 eingesetzt werden:

$$\begin{aligned} x_{12} &= 10 - (10 - \tfrac{1}{2} \cdot x_{22}) \quad \text{bzw.} \quad x_{21} = 20 - (20 - 2 \cdot x_{11}) \\ \Leftrightarrow x_{21} &= 2 \cdot x_{11} \quad \text{bzw.} \quad x_{12} = \tfrac{1}{2} \cdot x_{22}. \end{aligned} \tag{8.7}$$

Aus den Gleichungen 8.7 kann abgeleitet werden, daß Person 1 und 2 in einem Tauschoptimum jeweils zwei mal mehr von Gut x_2 konsumiert als von Gut x_1. Weiterhin liefern uns die Gleichungen 8.6 die optimalen Gütermengen des einen Konsumenten, wenn der jeweils andere Konsument sein optimales Konsumverhältnis bereits realisiert bzw. erhalten hat. Ein Beispiel soll dies verdeutlichen: angenommen Konsument 1 bekommt vier Einheiten von Gut $x_1(x_{11} = 4)$. Aus der ersten Gleichung von 8.7 ist abzuleiten, daß es er in einem pareto-optimalen Tauschgleichgewicht 8 Einheiten x_2 konsumieren wird ($x_{21} = 8$). Aus den Restriktionen 8.5 oder den Bedingungen 8.6 ergibt sich, daß in dieser Konstellation Wirtschaftssubjekt 2 sechs Einheiten x_1 und 12 Einheiten x_2 realisieren wird ($x_{12} = 6$, $x_{22} = 12$). Grafisch zeigt sich, daß die Kontraktkurve in Abbildung 7 eine linearen Verlauf annimmt. Dies ergibt sich insbesondere aus den Gleichungen 8.6. Auch mit Hilfe der hier abgeleiteten Optimalitätsbedingungen kann gezeigt werden, daß die vorher gegebene Anfangsausstattung nicht optimal sein kann. Zwar sind die Restriktionsbedingungen erfüllt, das optimale Verhältnis zwischen x_1 und x_2 war jedoch bei beiden Wirtschaftssubjekten nicht erfüllt ($x_{21} \neq 2x_{11}$ und $x_{12} \neq \frac{1}{2}x_{22}$).

Aufgabe 8.4:

8.4.1 Betrachten wir zuerst die Wohlfahrtssituation im Monopolfall.

In Abbildung 8.8 ist zu erkennen, wie die Gesamtwohlfahrt grafisch zu ermitteln ist. Die Gesamtwohlfahrt setzt sich dabei grundsätzlich zusammen aus den beiden Bestandteilen Konsumentenrente und Produzentenrente. Die Konsumentenrente (schraffierte Fläche) bestimmt sich aus der Differenz der gesamten Zahlungsbereitschaft für eine bestimmte Menge x und den dafür tatsächlich anfallenden Ausgaben. Die Produzentenrente (gepunktete Fläche) bezeichnet nicht anderes als den Gewinn des Produzenten, also die Differenz aus seinem tatsächlichen Erlös und dem Minimum dessen, was er mindestens für seinen Output x erzielen müsste um kostendeckend zu produzieren. Folglich ist die Gesamtwohlfahrt gekennzeichnet durch die Addition der gekennzeichneten Teilflächen. Nun soll genau diese Fläche algebraisch ermittelt werden. Im einem ersten Schritt muß hierzu das Marktgleichgewicht - also die gehandelte Menge und der dazu gehörige Gleichgewichtspreis - errechnet werden. Hierzu machen wir uns bewusst, das der Monopolist immer dann, wenn er Gewinnmaximierer ist, nach der Bedingung Grenzerlös = Grenzkosten handelt. Er weitet also so lange seine Produktion aus, bis diese beiden Größen übereinstimmen. Es gilt also den Grenzerlös $E'(x)$ sowie die Grenzkosten $K'(x)$ gleichzusetzen. Aus der PAF ergibt sich für den Erlös:

$$E(x) = p(x) \cdot x = (100 - 2 \cdot x) \cdot x = 100 \cdot x - 2 \cdot x_2 \tag{8.8}$$

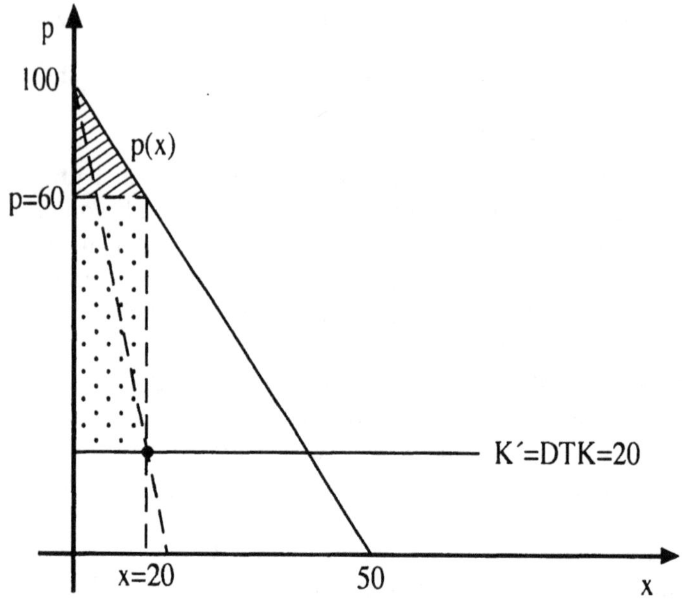

Abbildung 8.8: Wohlfahrt im Monopol

Aus diesem berechnet sich der Grenzerlös

$$E'(x) = \frac{\partial E}{\partial x} = 100 - 4x.$$

Die Grenzkosten der Produktion $K'(x)$ betragen:

$$K'(x) = \frac{\partial K}{\partial x} = 20.$$

Setzen wir $E'(x) = K'(x)$ so ergibt sich:

$$\begin{aligned} 100 - 4 \cdot x &= 20 \\ \Leftrightarrow x &= 20. \end{aligned}$$

In die PAF eingesetzt folgt für den Preis:

$$\begin{aligned} p(x) &= 100 - 2 \cdot x \\ \Leftrightarrow p(x) &= 60. \end{aligned}$$

Das Marktgleichgewicht liegt somit bei einer Menge von 20 und einem Preis von 60. Aus diesen Informationen lassen sich die Renten ableiten. Zuerst wollen wir dies für die Konsumentenrente vornehmen. Wir haben grafisch gesehen die beiden Seiten des schraffierten Dreiecks errechnet. Die Strecke auf der Ordinate entspricht der Differenz zwischen dem Reservationspreis $p = 100$ (also dem Ordinatenabschnitt der PAF) und dem Marktpreis $p = 60$. Die Abszissenstrecke ist direkt durch die abgesetzte Menge $x = 20$ bestimmt. Diese beiden Größen werden multipliziert und, da es sich um ein Dreieck handelt, durch zwei geteilt. Wir bekommen also für die Konsumentenrente KR:

$$KR = (100 - 60) \cdot \frac{20}{2} = 400.$$

Der Gewinn des Produzenten ergibt sich aus seinem Stückgewinn multipliziert mit der abgesetzten Menge. Sein Stückgewinn ist wiederum die Differenz zwischen dem für jede Einheit erzielten Preis $p = 60$ und seinen Gesamtstückkosten. Die durchschnittlichen Stückkosten (DTK) werden wie schon die Grenzkosten direkt aus der Kostenfunktion ermittelt:

$$DTK = \frac{K(x)}{x} = 20.$$

Für den Stückgewinn bekommen wir so bei einem Preis von 60 einen Wert von 40 Geldeinheiten heraus. Multipliziert mit der Menge $x = 20$ erhalten wir den Gewinn und somit die Produzentenrente PR:

$$PR = 40 \cdot 20 = 800.$$

Durch Addition von KR und PR ergibt sich somit eine Gesamtwohlfahrt vom 1.200 Geldeinheiten.

Der Wettbewerbsfall wird durch Abbildung 8.9 verdeutlicht. Die Berechnung der Gesamtwohlfahrt gestaltet sich hier wesentlich einfacher, wenn man bedenkt, daß im Falle des vollkommenen Wettbewerbes die Produzenten allesamt einen Gewinn von null realisieren. Alle Anbieter arbeiten in diesem Fall gerade kostendeckend. Somit wäre der erste Wert, nämlich die Produzentenrente, bereits bestimmt. Für die KR muß wiederum das Marktgleichgewicht bestimmt werden. Da jeder der Produzenten nach obiger Kostenfunktion produziert, gilt, daß die DTK für alle den Wert $DTK = 20$ annimmt. Wenn gerade kostendeckend produziert wird, bedeutet dies nicht anderes, daß sich langfristig am Markt ein Preis von $p = 20$ einpendeln wird. Ein höherer Preis kann langfristig nicht zustande kommen, da dies bei freiem Marktzutritt einen Zutritt anderer Anbieter herbeiführen und folglich zu einer Angebotserhöhung führen würde. Dies hätte schließlich eine Preissenkung bis hin zum „Nullgewinn-Preis" zur Folge. Um zur gehandelten Menge bei einem Preis von 20 zu gelangen, setzten wir diesen Wert in die PAF ein:

$$\begin{aligned} & p(x) &=& \ 100 - 2 \cdot x \\ \Rightarrow\ & 20 &=& \ 100 - 2 \cdot x \\ \Leftrightarrow\ & x &=& \ 40 \end{aligned} \tag{8.9}$$

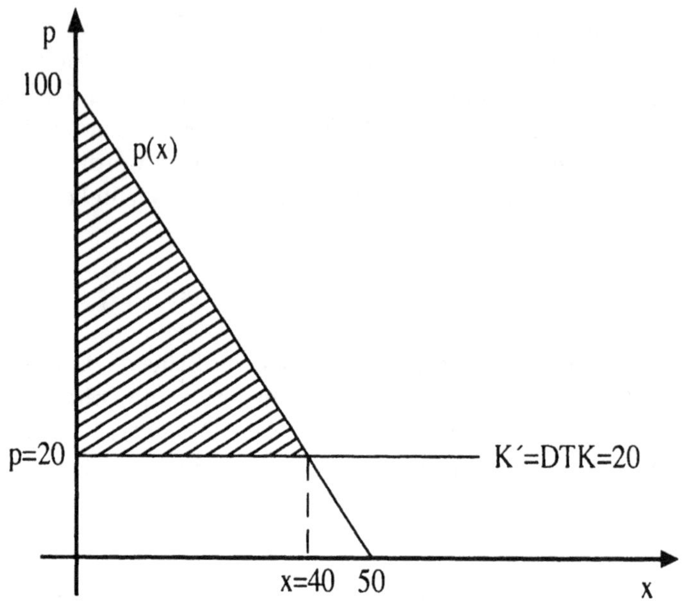

Abbildung 8.9: Wohlfahrt bei Wettbewerb

Das Markgleichgewicht pendelt sich demnach bei $p = 20$ und $x = 40$ ein. Diese Informationen genügen, um das schraffierte Dreieck, also die Konsumentenrente, zu errechnen. Der Ordinatenabschnitt beträgt 80 (Reservationspreis 100 - Marktpreis 20), der Abszissenabschnitt 40 (Menge = 40). Somit erhalten wir für die Konsumentenrente und damit für die Gesamtwohlfahrt ($PR = 0$):

$$KR = \frac{(80 \cdot 40)}{2} = 1.600.$$

Vergleichen wir nun die beiden Wohlfahrtssituationen, so erkennen wir, daß durch einen Übergang vom Monopol hin zum Wettbewerb eine Wohlfahrtssteigerung von 400 Geldeinheiten realisiert werden könnte. Intuitiv hatte der König das richtige Gefühl, da für seine Untertanen die Güter sowohl zu einem niedrigeren Preis als auch in höherer Zahl zur Verfügung stehen würden, wenn das Monopol abgeschafft wird.

8.4.2 Die genaue Berechnung der Wohlfahrt läuft im Fall der Rezession wie auch im Fall eins Booms natürlich analog zur obigen Darstellung ab. Der Wohlfahrtsgewinn (W) beim Wechsel von Monopol zu Wettbewerb ist in diesen beiden Fällen:

$$\begin{aligned} W_{\text{Boom}}: &= 2.025 \text{ GE} \\ \text{W}_{\text{Rezession}}: &= 225 \text{ GE} \end{aligned}$$

Wie zu sehen ist, liegt der König mit seiner Entscheidung in jedem Falle richtig. Gerade in einer Phase der steigenden Marktnachfrage wäre der Wohlfahrtsverlust beim Erhalt des Monopols sehr groß. Aber auch eine Schrumpfung des Marktes würde an der Vorteilhaftigkeit einer wettbewerblichen Marktkonstellation nicht ändern, obwohl dort der Wohlfahrtsverlust wesentlich kleiner ausfällt.

Aufgabe 8.5:

8.5.1 Dieser Anpassungsprozess lässt sich wie folgt beschreiben. Zunächst legt der Auktionator Preise p_1 und p_2 für die Güter x_1 und x_2 fest, die er den Marktteilnehmern mitteilt. Es lässt sich vorstellen, daß es ihm nicht auf Anhieb gelingen wird, einen Preisvektor zu finden, zu dem keiner der Marktteilnehmer den Wunsch verspürt, einen Teil der Anfangsausstattung zu verkaufen um dafür eine bestimmte Menge eines anderen Gutes zu kaufen. Auf einen bestimmten Preisvektor (p_1, p_2) bezogen, wird beispielsweise Individuum A immer dann noch zu Tauschhandlungen bereit sein, so lange nicht die Bedingung

$$\frac{\frac{\partial U^A}{\partial x_1}}{\frac{\partial U^A}{\partial x_2}} = \frac{p_1}{p_2}$$

erfüllt ist. Das Verhältnis der Grenznutzen zweier Güter muß demnach dem Verhältnis der Preise für diese zwei Güter entsprechen. Würde beispielsweise der Fall

$$\frac{\frac{\partial U^A}{\partial x_1}}{\frac{\partial U^A}{\partial x_2}} > \frac{p_1}{p_2}$$

vorliegen, so impliziert dies

$$\frac{\frac{\partial U^A}{\partial x_1}}{p_1} > \frac{\frac{\partial U^A}{\partial x_2}}{p_2},$$

d.h. der in Geld bewertete Nutzenzuwachs durch den Kauf einer weiteren Einheit x_1 ist für das Individuum A größer als der in Geld bewertete Nutzenzuwachs einer zusätzlichen Einheit x_2 . Ein Nutzenmaximum ist erst dann erreicht, wenn die letzte ausgegebene Geldeinheit den gleichen Nutzen stiftet, unabhängig davon ob sie für x_1 oder für x_2 ausgegeben wird. Da wir zudem wissen, daß in der Abbildung 8.10

$$-\frac{dx_2}{dx_1} = \frac{\frac{\partial U^A}{\partial x_1}}{\frac{\partial U^A}{\partial x_2}}, \tag{8.10}$$

gilt, lässt sich bestimmen, wieviele Einheiten die Individuen A und B beim gegebenen Preisvektor (p_1, p_2) nachfragen würden. Dort wo die Indifferenzkurve U^A die Preisgerade $-\frac{p_1}{p_2}$ tangiert, lässt sich die sogenannte Bruttonachfrage von A ablesen. Die Bruttonachfrage des Individuums A ist die Menge an den Gütern x_1^A und x_2^A,

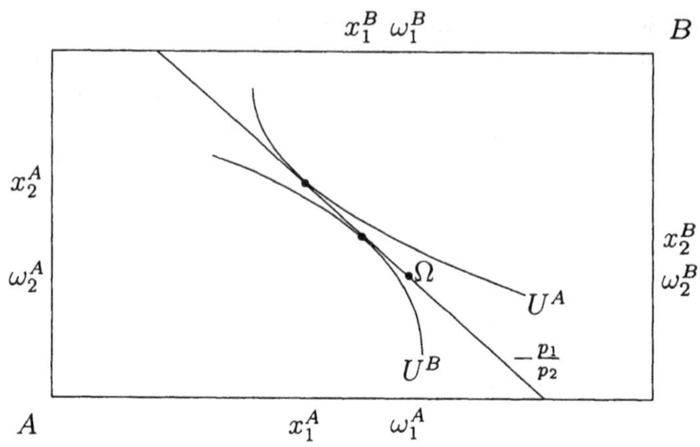

Abbildung 8.10: Tâtonnement

die das Individuum A zu den gegebenen Preisen p_1 und p_2 konsumieren möchte, da diese Mengen die nutzenmaximierende Güterkombination für das Individuum A darstellt. Die Überschußnachfrage bezeichnet wiederum die Differenz zwischen der ursprünglichen Ausstattung ω_1^A des Individuum A mit dem Gut x_1 und der Bruttonachfrage x_1^A, die sich beim gegebenen Preis p_1 einstellen würde.

$$a_1^A = x_1^A - \omega_1^A \tag{8.11}$$

Wie in Abbildung 8.10 festgehalten, zeigt sich bei den gegebenen Preisen, daß sich die Überschussnachfragen der Personen A und B nicht ausgleichen. Da somit angebotene und nachgefragte Mengen nicht übereinstimmen, liegt ein Ungleichgewicht vor. So möchte beispielsweise die Person A mehr vom Gut x_2 kaufen, als die Person B von diesem Gut verkaufen möchte. Die gesamte Nachfrage nach diesem Gut ist demnach höher, als das gesamte Angebot. Das hat zur Konsequenz, daß der Auktionator den Preis p_2 erhöhen muß. Gleichzeitig möchte A mehr von Gut x_1 verkaufen, als B davon nachfragt. Der Preis von x_1 muß also gesenkt werden, da das gesamte Angebot an x_1 zum gegebenen Preis p_1 die gesamte Nachfrage übersteigt.

Dieser Prozess wird so lange wiederholt, bis sich die nachgefragten und angebotenen Mengen ausgleichen. In diesem Fall ist ein Marktgleichgewicht (auch Walras-Gleichgewicht) erreicht.[1]

Eine solche Situation ist wurde in Abbildung 8.11 festgehalten. Es wurde ein Preisvektor ermittelt, der es jeder Person ermöglicht, das bevorzugte Güterbündel

[1] Leon Walras (1834-1910), der sich entsprechend einer Einführung zur englischen Übersetzung übrigens mit betontem 's' ausspricht, konzentrierte sein Schaffen bereits früh auf die Auseinandersetzung mit den Bedingungen eines allgemeinen Konkurrenzgleichgewichts. Vgl. L. Walras (1874 [1954]), Elements of Pure Economics, London. Vilfredo Pareto war Nachfolger von Leon Walras an der Universität von Lausanne.

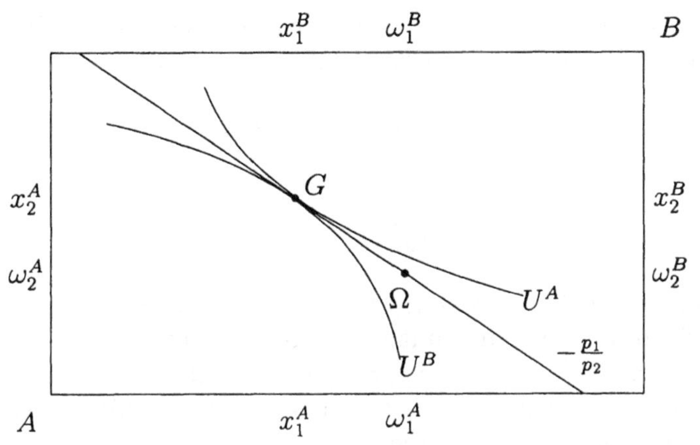

Abbildung 8.11: Marktgleichgewicht

zu realisieren, und gleichzeitig für Markträumung sorgt. Das Gleichgewicht kann wie folgt beschrieben werden:

$$\begin{aligned} \left[x_1^A(p_1,p_2) - \omega_1^A\right] + \left[x_1^B(p_1,p_2) - \omega_1^B\right] &= 0 \\ \left[x_2^A(p_1,p_2) - \omega_2^A\right] + \left[x_2^B(p_1,p_2) - \omega_2^B\right] &= 0 \end{aligned} \tag{8.12}$$

Demnach ist im Gleichgewicht die Summe der Nettonachfrage eines jeden Marktteilnehmers nach jedem Gut Null. Wie Abbildung 8.11 ebenso zeigt, ist die Allokation des Marktgleichgewichts zudem Pareto-effizient. Da die zur Bestimmung der optimalen Güterbündel eingezeichneten Indifferenzkurven die Budgetgerade im gleichen Punkt G tangieren, kann es keine Allokation geben, die von den Marktteilnehmern gegenüber der Gleichgewichtsallokation bevorzugt wird. Das erreichte Gleichgewicht ist daher Pareto-optimal.

8.5.2 Sollte ein Marktgleichgewicht nicht Pareto-effizient sein, so müßte eine alternative Allokation $(y_1^A, y_2^A, y_1^B, y_2^B)$ existieren, die zum einen erreichbar ist, d.h. es muß

$$\begin{aligned} y_1^A + y_1^B &= \omega_1^A + \omega_1^B \\ y_2^A + y_2^B &= \omega_2^A + \omega_2^B \end{aligned} \tag{8.13}$$

gelten, und zudem von jeder Person gegenüber der Marktgleichgewichtsallokation bevorzugt werden. Letzteres besagt, daß

$$
\begin{aligned}
(y_1^A, y_2^A) &\succ (x_1^A + x_2^A) \\
(y_1^B, y_2^B) &\succ (x_1^B + x_2^B)
\end{aligned}
\tag{8.14}
$$

gelten muß. Wir haben jedoch gezeigt, daß im Marktgleichgewicht jede Person bei gegebenen Budget das nutzenmaximale Güterbündel realisiert. Präferieren nun A und B die Bündel (y_1^A, y_2^A) und (y_1^B, y_2^B), so impliziert dies, daß dieses jenseits der jeweiligen Budgetrestriktion von A und B liegen muß. Mit anderen Worten müssen die folgenden Bedingungen gelten:

$$
\begin{aligned}
p_1 \cdot y_1^A + p_2 \cdot y_2^A &> p_1\omega_1^A + p_2\omega_2^A \\
p_1 \cdot y_1^B + p_2 \cdot y_2^B &> p_1\omega_1^B + p_2\omega_2^B.
\end{aligned}
\tag{8.15}
$$

Durch Addition der Gleichungen aus 8.15 erhalten wir

$$p_1 \cdot (y_1^A + y_1^B) + p_2 \cdot (y_2^A + y_2^B) > p_1 \cdot (\omega_1^A + \omega_1^B) + p_2 \cdot (\omega_2^A + \omega_2^B). \tag{8.16}$$

Werden in Gleichung 8.16 die Gleichungen aus 8.13 eingesetzt, so erhalten wir

$$p_1 \cdot (\omega_1^A + \omega_1^B) + p_2 \cdot (\omega_2^A + \omega_2^B) > p_1 \cdot (\omega_1^A + \omega_1^B) + p_2 \cdot (\omega_2^A + \omega_2^B). \tag{8.17}$$

Da zuvor angenommen wurde, daß das Marktgleichgewicht nicht Pareto-effizient sei, die Gleichung 8.17 jedoch ein Widerspruch darstellt, ergibt sich, daß die getroffene Annahme falsch sein muß. Demnach sind alle Marktgleichgewichte Pareto-effizient.

Es ist allerdings zu beachten, daß es sich hier um ideale Konkurrenzmärkte handelt, bei denen sich die Akteure als Mengenanpasser verhalten. Außerdem gelten selbstverständlich die mit dem Paretianischen Werturteil verbundenen Probleme auch hier. Bei dem Pareto-Kriterium handelt es sich eben nicht um eine objektive wissenschaftlich begründbare Aussage, sondern um ein Werturteil, das auf der Basis subjektiver Anschauungen getroffen wird. Wenngleich das Paretianische Werturteil auch auf eine relativ hohe Akzeptanz stoßen dürfte, sagt es beispielsweise nichts über die Verteilung des ökonomischen Nutzen aus. Es ist insofern Status-quo-orientiert, als daß es keine Veränderungen der gegenwärtigen Verteilung zuläsßt, die mit einer negativen Auswirkung auf das Nutzenniveau auch nur eines Individuums der Gesellschaft einhergeht. Dennoch ist es bedeutsam, einen Mechanismus beschrieben zu haben, der unter bestimmten Bedingungen effiziente Lösungen hervorbringt. Die Bedeutung der Schaffung effizienter Situationen wird

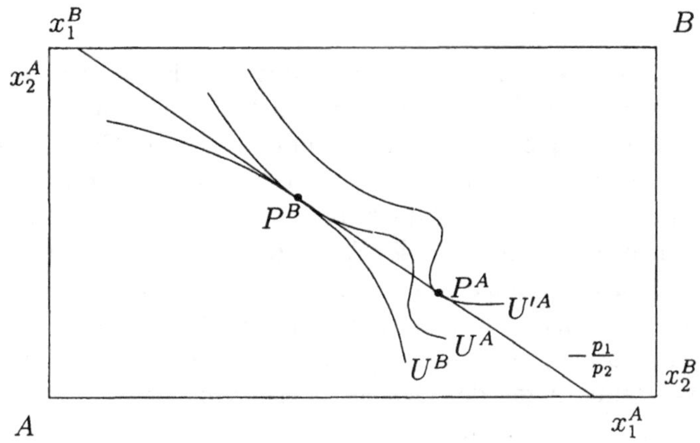

Abbildung 8.12: Nicht-konvexe Präferenzen

klar, wenn vor dem Hintergrund des Knappheitsproblems einer Gesellschaft die Frage in den Vordergrund tritt, wie die vorhandenen Ressourcen genutzt werden können, die für den Konsum nützlichen Güter und Dienstleistungen in maximaler Menge bereitzustellen.

8.5.3 Dazu möge man sich noch einmal die in Abbildung 8.11 festgehaltene Situation eines Pareto-Optimums vor Augen halten. Dabei waren wir von Präferenzen im Normalfall ausgegangen. Das heißt, daß die Indifferenzkurven einen konvexen Verlauf haben. In diesem Fall ist sichergestellt, daß die Gütermengen, die von den Individuen A und B im Vergleich zu der im gegebenen Pareto-Optimum bevorzugt werden, voneinander getrennt sind. Tragen wir in dem daraus resultierenden Tangentialpunkt der Indifferenzkurven eine Budgetgerade mit gleicher Steigung ein, so bestimmen sich daraus automatisch wieder unsere Gleichgewichtspreise. Schließlich brauchen wir nur noch eine Ausgangausstattung bestimmen, die entsprechend einen Punkt auf die so gebildete Budgetgerade einnehmen muß.

Aus dieser Vorgehensweise wird aber sogleich klar, daß das Vorliegen konvexer Präferenzen zentral für die Bestimmung eines Konkurrenzgleichgewichts aus einem gegebenen Pareto-Optimum ist. Somit lautet denn auch das „Zweite Theorem der Wohlfahrtsökonomie" wie folgt: Unter der Voraussetzung konvexer Präferenzen für alle Marktteilnehmer existiert stets ein Preisvektor der Art, daß jede Pareto-optimale Allokation ein Konkurrenzgleichgewicht bezüglich der entsprechend zugeteilten Ausstattungen ist.

8.5.4 Welche Probleme bei nicht-konvexen Präferenzen bestehen, macht die Abbildung 8.12 deutlich. In dort festgehaltenen Fall würde A zu den gegebenen Preisen den Punkt P^A bevorzugen, während B den Punkt P^B präferiert, mit der Konsequenz, daß sich nachgefragte und angebotenen Gütermengen nicht ausgleichen würden.

8.5.5 Somit haben es unsere Schmiede des Utopia zu zwei sehr fundamentalen Aussagen gebracht. Sind die festgehaltenen Bedingungen erfüllt, besagt das erste Wohlfahrtstheorem, daß ein Konkurrenzmarkt zu einer Pareto-effizienten Allokation führt. Wenngleich sicherlich nicht sofort erkennbar, impliziert zudem das zweite Wohlfahrtstheorem, das Verteilungsprobleme von Effizienzproblemen getrennt werden können. Das ergibt sich aus der Aussage, das unter den besagten Bedingungen jede Pareto-effiziente Allokation in der Form eines Konkurrenzgleichgewichts dezentralisiert werden kann. Möchten also unsere Staatslenker eine gerechtere Verteilung erreichen, so brauchen sie lediglich auf die gewünschte Art eine Umverteilung der Anfangsausstattungen der Gesellschaftsmitglieder vorzunehmen und daraufhin dem Markt die Arbeit überlassen, für eine effiziente Lösung zu sorgen.

„Do you hear the angles and trumpets now?", schreibt Kreps (1990, S. 202) und fügt an gleicher Stelle folgendes hinzu: „There are good reasons still not to hear them having to do with all the hidden assumptions made in the story of Walrasian equilibrium." Eine wichtige Annahme, die noch nicht erwähnt wurde bezieht sich auf die Abwesenheit sogenannter externer Effekte im Konsum. Ist diese Voraussetzung nicht erfüllt, ist ebenfalls nicht mehr gewährleistet, daß ein Marktgleichgewicht Pareto-effizient ist.

Erweitern wir die bislang auf eine reine Tauschökonomie konzentrierte Betrachtung und ziehen die Produktionsseite mit ein, so erfordert ein allgemeines Gleichgewicht bei vollständiger Konkurrenz die Erfüllung der folgenden Bedingungen:

- Bei den Markteilnehmern (Konsumenten und Produzenten) muß es sich um reine Mengenanpasser handeln.
- Es muß freier Marktzugang herrschen.
- Die Konsumenten realisieren ihr Nutzenmaximum, die Unternehmen ihr Gewinnmaximum, woraus resultiert, daß sich keinen Anreiz besitzen, ihre Situation zu verändern.
- Auf allen Märkten entsprechen sich Angebot und Nachfrage, was beispielsweise bei nicht-konvexen Präferenzen nicht gegeben sein muß.

Neben diesen technischen Bedingungen sind jedoch auch hier wieder verhaltenstheoretische Einwände anzubringen, die es ratsam erscheinen lassen, an der Existenz eines Allgemeinen Gleichgewichts der geschilderten Art zu zweifeln. Diesbezüglich sei beispielsweise noch einmal der Informationsstand in Erinnerung gerufen, mit dem die Marktteilnehmer ausgestattet sein müssten. Jeder Konsument müsste in dieser freien Wettbewerbsgesellschaft die Preise aller Güter zu allen Zeiten und an allen Orten kennen. Auch möge man sei noch einmal die Zweifelhaftigkeit der Annahme vor Augen führen, daß wir es in der Realität stets mit rationalen Entscheidern zu tun haben.

Kommentierte Literaturhinweise:

Zur Vertiefung eignen sich insbesondere die folgenden Lehrbücher.

Fees, E. (1997):
Mikroökonomie: Eine spieltheoretisch- und anwendungsbezogene Einführung. Marburg.

Kreps, D.M. (1990):
A Course in Microeconomic Theory. Princeton.

Schumann, J./Meyer, U./Ströbele, W. (1999):
Grundzüge der mikroökonomischen Theorie. Berlin.

Sohmen, E. (1976):
Allokationstheorie und Wirtschaftspolitik. Tübingen.

Varian, H. (1995):
Grundzüge der Mikroökonomik. 2. Auflage, München.

Kapitel 9

Industrieökonomik I: Monopol- und Polypoltheorie

Dipl.-Vw. Arwed Crüger, KPMG Global Transfer Pricing Services

Aufgaben

Aufgabe 9.1:

Beschreiben Sie die Situation des Monopols. Erläutern Sie die Preis-Absatzfunktion sowie die Marktnachfragefunktion.

Aufgabe 9.2:

Welche Beziehung besteht zwischen dem Grenzerlös des Monopolisten und der Preiselastizität der Marktnachfrage?

Aufgabe 9.3:

Für einen Monopolisten sei die Marktnachfragefunktion $q(p) = 10 - 2 \cdot p$ gegeben, wobei p den Preis und q die Absatzmenge darstellt. Seine Kostenfunktion lautet $K(q) = 3 \cdot q$. Berechnen Sie die gewinnmaximale Produktionsmenge und den gewinnmaximalen Preis des Monopolisten. Wie hoch ist der Monopolgewinn? Stellen Sie diese Situation auch graphisch dar.

Aufgabe 9.4:

Wie lautet die Amoroso-Robinson Relation und wie kann man mit Hilfe dieser Relation die Preisabsatzelastizität berechnen? Welchen Einfluß hat eine Änderung des Monopolpreises auf den Erlös des Monopolisten?

Aufgabe 9.5:

Belegen Sie mit Hilfe Ihrer Zeichnung aus Teilfrage 9.3, daß ein Anbieter bei vollkommener Konkurrenz und gleicher Kostensituation eine größere Menge zu einem geringeren Preis anbietet als der Monopolist. Beschreiben Sie auch kurz die rechnerische Lösung.

Lösungen

Aufgabe 9.1:

Ein Monopolist ist der Produzent und Anbieter eines Gutes in einem Markt mit einem einzigen Anbieter, aber vielen Nachfragern. Die Marktnachfragefunktion stellt dar, welche Menge des Produktes die Konsumenten zu einem bestimmten Preis nachfragen. Die Preis-Absatz-Funktion dagegen beschreibt diesen Zusammenhang aus Sicht des Monopolisten, indem sie abbildet, welche Menge der Monopolist zu einem bestimmten Preis absetzen kann.

Aufgabe 9.2:

Der Grenzerlös R' kann mit Hilfe der Erlösfunktion $R = p \cdot q$ berechnet werden. Mit Hilfe einiger Umformungen erkennt man dann den Zusammenhang mit der Preiselastizität der Nachfrage:

$$R = p \cdot q(p)$$

Weiterhin gilt:

$$\begin{aligned} \Rightarrow R' &= \frac{dR}{dq} \\ &= p + q \cdot \frac{\partial p}{\partial q} \end{aligned}$$

$$= p \cdot \left(1 + \frac{q}{p} \cdot \frac{\partial p}{\partial q}\right)$$
$$= p \cdot \left(1 + \frac{1}{\frac{p}{q} \cdot \frac{\partial q}{\partial p}}\right).$$

Die Preiselastizität der Nachfrage wird beschrieben durch:

$$\epsilon_{q,p} = \frac{\partial q}{\partial p} \cdot \frac{p}{q}.$$

Demnach kann man in der Formel für den Grenzerlös R' den Ausdruck

$$\frac{\partial q}{\partial p} \cdot \frac{p}{q}$$

durch $\epsilon_{q,p}$ ersetzen. Somit ergibt sich

$$R' = p \cdot \left(1 + \frac{1}{\epsilon_{q,p}}\right).$$

Der Grenzerlös hängt somit vom Preis und von der Preiselastizität der Nachfrage ab. Während ein höherer Preis sich steigernd auf den Grenzerlös auswirkt, wird bei einer höheren Preiselastizität ein geringerer Grenzerlös erzielt als bei einer geringen Preiselastizität. Der Grenzerlös ist also um so geringer, je höher die Preiselastizität der Nachfrage ist.

Aufgabe 9.3:

Aus der Marktnachfragefunktion

$$q(p) = 10 - 2 \cdot p$$

folgt

$$p(q) = 5 - \frac{1}{2} \cdot q.$$

Nun ist es möglich die Gewinnfunktion der Form $G = R - K$ aufzustellen. Die Kosten $K(q) = 3$ sind bereits gegeben, der Erlös R ergibt sich als Produkt aus Preis und Menge:

$$R = p \cdot q$$
$$R = (5 - \frac{1}{2} \cdot q) \cdot q.$$

Somit ergibt sich die Gewinnfunktion wie folgt:

$$G = R - K$$

$$\begin{aligned} &= (5 - \frac{1}{2} \cdot q) \cdot q - 3 \cdot q \\ &= 5 \cdot q - \frac{1}{2} \cdot q^2 - 3 \cdot q \\ &= 2 \cdot q - \frac{1}{2} \cdot q^2. \end{aligned}$$

Zur Bestimmung des Gewinnmaximums bestimmt man die Ableitung der Gewinnfunktion:

$$G' = 2 - q.$$

Die zweite Ableitung G'' ist kleiner Null ($G'' = -1$), so daß tatsächlich ein Maximum vorliegt. Dieses Gewinnmaximum läßt sich leicht ermitteln:

$$G' = 2 - q = 0.$$

Somit beträgt die gewinnmaximale Produktionsmenge $q^* = 2$. Der gewinnmaximale Preis p^* ergibt sich aus der Preisabsatzfunktion:

$$\begin{aligned} p(q) &= 5 - \frac{1}{2} \cdot q \\ \Rightarrow p^*(q^*) &= 5 - \frac{1}{2} \cdot 2 \\ \Rightarrow p^* &= 4. \end{aligned}$$

Damit beträgt der Monopolgewinn

$$G = p^* \cdot q^* - K' \cdot q^* = 8 - 6 = 2.$$

Für eine graphische Darstellung (vgl. Abbildung 9.1) wählt man ein Diagramm, in dem der Preis in Abhängigkeit von der Menge dargestellt wird. Die Preisabsatzfunktion $p(q) = 5 - \frac{1}{2} \cdot q$ muß dann eingezeichnet werden. Der Achsenabschnitt dieser Gerade beträgt demnach 5, ferner liegt eine Steigung von $-\frac{1}{2}$ vor. Die Preisabsatzfunktion stellt alle Preis-Mengen-Kombinationen dar, die der Monopolist realisieren kann. Dabei steigt in unserem Beispiel die abgesetzte Menge mit sinkendem Preis. Zu einem Preis von 5 wird die Menge Null abgesetzt. Bei einer Absatzmenge von 10 Einheiten beträgt der Marktpreis Null, mehr als 10 Einheiten können nicht abgesetzt werden. Der gewinnmaximale Preis sowie die gewinnmaximale Menge wurden bereits errechnet und werden ebenfalls eingetragen. Zum gewinnmaximalen Preis von 4 setzt der Monopolist 2 Einheiten ab. Punkt A repräsentiert diesen Punkt, also das Gewinnmaximum des Monopolisten.[1]

[1] Anmerkung: Eine graphische Ableitung des Gewinnmaximums mit Hilfe von Grenzerlös- und der Grenzkostenkurve kann auch konstruiert werden. Am Schnittpunkt dieser beiden Kurven kann man die gewinnmaximale Menge ablesen. Der entsprechende Preis kann anhand der Preisabsatzfunktion abgeleitet werden. Dieser Lösungsansatz kann anhand der Schaubilder aus den Teilaufgaben 9.4 und 9.5 nachvollzogen werden.

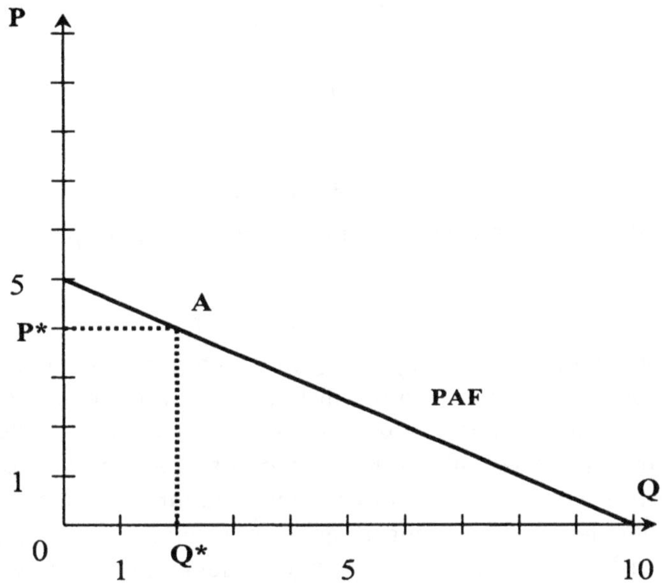

Abbildung 9.1: Monopollösung

Aufgabe 9.4:

Die Amoroso-Robinson-Relation wurde bereits in Aufgabe 9.2 entwickelt. Sie lautet:

$$R' = p \cdot \left(1 + \frac{1}{\epsilon_{q,p}}\right).$$

Mit Hilfe des Grenzerlöses R' läßt sich also die Preisabsatzelastizität bestimmen. Hierfür muß zuerst der Grenzerlös berechnet werden. Aus $R = p \cdot q$ folgt in unserem Beispiel:

$$R = (5 - \frac{1}{2}q) \cdot q$$

und somit:

$$R = 5 \cdot q - \frac{1}{2} \cdot q^2.$$

Die Ableitung der Erlösfunktion zeigt den Grenzerlös:

$$R' = 5 - q.$$

Setzt man diesen Grenzerlös $5 - q$ in die Amoroso-Robinson-Relation ein, so erhält man:

$$5 - q = p \cdot \left(1 + \frac{1}{\epsilon_{q,p}}\right)$$

und daraus:

$$5 - q = p + \frac{p}{\epsilon_{q,p}}.$$

Aus

$$5 - q - p = \frac{p}{\epsilon_{q,p}}$$

ergibt sich:

$$\epsilon_{q,p} \cdot (5 - q - p) = p.$$

Nun ist es möglich, q entsprechend der Marktnachfragefunktion $q = 10 - 2 \cdot p$ zu ersetzen:

$$\epsilon_{q,p} = \frac{p}{5 - (10 - 2 \cdot p) - p}.$$

Zusammengefaßt erhält man mit $\epsilon_{q,p} = \frac{p}{p-5}$ eine recht einfache Formel zur Berechnung der Preisabsatzelastizität. Somit wurde gezeigt, wie die Amoroso-Robinson-Relation zur Berechnung der Preisabsatzelastizität verwendet werden kann.

Einen Einfluß des Preises auf den Erlös kann man bereits an dieser letzten Formel erkennen. Ein steigender Preis bewirkt eine Zunahme der Nachfrageelastizität, d.h. daß bei steigenden Preisen weniger nachgefragt wird je höher der Preis bereits ist. Weil also bei hohen Preisen eine geringere Menge abgesetzt wird, kann dies die Höhe des Erlöses verringern. Für die Höhe des Erlöses sind sowohl Menge als auch Preis zu beachten, denn es gilt $E = q \cdot p$. Anhand dieser Erlösformel läßt sich letztlich der Einfluß des Preises auf den Erlös am einfachsten zeigen. Mit Hilfe der Marktnachfragefunktion ergibt sich für den Erlös:

$$R = (10 - 2 \cdot p) \cdot p$$

und daraus:

$$R = 10 \cdot p - 2p^2.$$

Der erlösmaximale Preis kann anhand der Ableitung dieser Erlösfunktion bestimmt werden:

$$R' = 10 - 4 \cdot p$$

und somit:

$$p^* = 2,5.$$

Bei einem Preis von 2,5 wird also der Erlös maximiert. Für eine Betrachtung des Einflusses einer Preisänderung auf den Erlös eignet sich auch die Graphik aus Abbildung 9.2.

Zusätzlich ist hier die Grenzerlöskurve R' eingezeichnet. Zwar fällt der Grenzerlös mit zunehmender Menge, aber positive Grenzerträge ($R' > 0$) liegen bis zu einer Menge von $q = 5$ vor. D.h. bis zu diesem Punkt nimmt der Erlös bei Produktion einer weiteren Einheit zu. Bei einer Menge von $q = 5$ ist der Grenzertrag gleich Null (danach wird er negativ), und daher liegt hier das Erlösmaximum. Den erlösmaximalen Preis von $p = 2,5$ kann man erneut an der Preisabsatzfunktion ablesen. Punkt B markiert dieses Erlösmaximum.

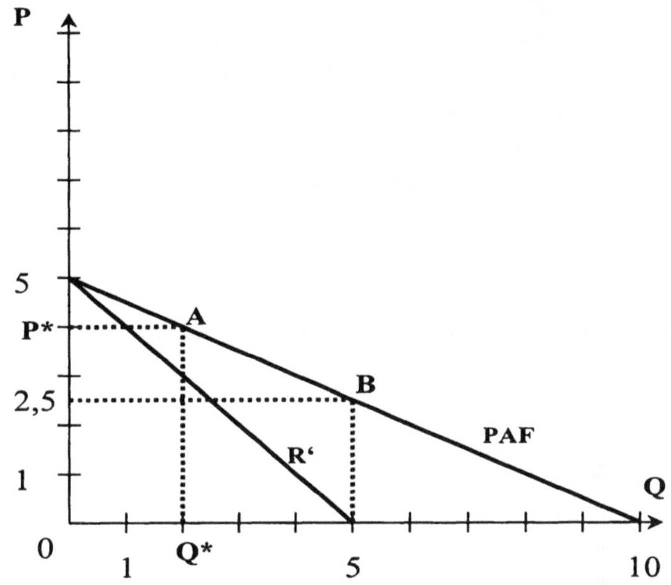

Abbildung 9.2: Einfluß einer Preisänderung auf den Erlös

Eine Preisänderung wirkt sich also in jedem Fall auf den Erlös aus. Ausgehend von einer Absatzmenge von $q = 0$, steigt der Erlös mit sinkendem Preis (und somit steigender Menge) bis zu einer Menge q von 5. Der Grenzerlös nimmt in diesem Bereich bei steigender Menge (und somit sinkendem Preis) ab, und wird ab einer Menge von $q > 5$ negativ. Daher sinkt ab diesem Punkt von $q = 5$ der Erlös. Das Erlösmaximum darf nicht mit dem Gewinnmaximum verwechselt werden. Während die Kosten für das Erlösmaximum keine Rolle spielen, kann der maximale Gewinn nur unter Berücksichtigung der Kostenfunktion bestimmt werden.

In diesem Zusammenhang soll auch die Preisabsatzelastizität erneut betrachtet werden. Dafür eignet sich zum Beispiel der Punkt A (also das Gewinnmaximum bei $q = 2$ und $p = 4$). In diesem Punkt kann die Preisabsatzelastizität mit Hilfe der oben berechneten Formel bestimmt werden

$$\epsilon_{q,p} = \frac{p}{p-5}$$

und somit für Punkt A:

$$\epsilon_{q,p} = \frac{4}{4-5}.$$

Folglich gilt in Punkt A: $\epsilon_{q,p} = -4$. Bei einer einprozentigen Preissteigerung sinkt die nachgefragte Menge um 4 Prozent (ausgehend von Punkt A!).

Aufgabe 9.5:

Bei vollkommener Konkurrenz ist der Anbieter dazu gezwungen, einen Marktpreis in Höhe seiner Produktionskosten zu akzeptieren. Demnach verkauft er zu Grenzkosten. In Abbildung 9.1 aus Teilaufgabe 9.3 ist daher die Grenzkostenkurve einzuzeichnen (vgl. Abbildung 9.3). In unserem Beispiel verläuft diese Kurve bei $p = 3$, da gilt:

$$K(q) = 3 \cdot q$$

und somit:

$$K'(q) = 3.$$

Der Marktpreis bei vollkommener Konkurrenz pv^* beträgt hier also 3.

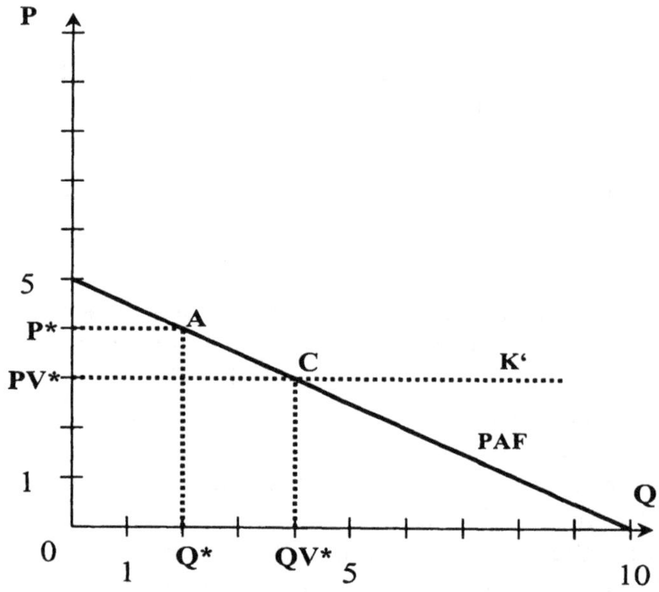

Abbildung 9.3: Monopol- und Polypollösung im Vergleich

Die Angebotsmenge des Polypolisten ergibt sich im Schnittpunkt von Preisabsatzfunktion und Grenzkostenkurve, dargestellt durch Punkt C. Die Angebotsmenge beträgt demnach $qv^* = 4$.

Die rechnerische Lösung erfolgt analog zur Lösung aus Aufgabe 9.3. Wie bereits beschrieben, gilt $p = K'$, da der Anbieter zu Grenzkosten verkaufen muß. Damit ist der Marktpreis $pv^* = 3$ bereits gegeben. Somit kann die Produktionsmenge qv^* eines Anbieters anhand der Marktnachfragefunktion $q(p) = 10 - 2 \cdot p$ wie folgt berechnet werden:

$$\begin{aligned} qv &= 10 - 2 \cdot 3 \\ \Rightarrow qv^* &= 4. \end{aligned}$$

Zum Preis von $pv^* = 3$ bietet ein Anbieter bei vollkommener Konkurrenz also 4 Einheiten an. Sein Gewinn beträgt Null, denn er verkauft zum Selbstkostenpreis ($p = K'$). Es gilt:

$$G = R - K$$

und somit:

$$G = 4 \cdot 3 - 4 \cdot 3 = 0.$$

Dieses Ergebnis ist durch den hohen Konkurrenzdruck bedingt (wie schon der Name vollkommene Konkurrenz vermuten läßt). Somit wurde bewiesen, daß der Polypolist eine höhere Menge (nämlich 4) als der Monopolist (2) zu einem geringeren Preis (3) als der Monopolist (4) anbietet.

Anmerkung: Im Polypol agieren mehrere Anbieter am Markt, aber für die Preissetzung ist es ausreichend, nur einen Anbieter zu betrachten. Die angebotene Menge ergibt sich als Summe des Angebotes aller Anbieter. In Aufgabe 9.5 wurde aus Vereinfachungsgründen nur von einem Anbieter ausgegangen.

Kommentierte Literaturhinweise:

McConnell/Brue (1990) ist ein amerikanisches Standardwerk zur Wirtschaftstheorie. Die Autoren behandeln u.a. die Monopolsituation aus verschiedenen Blickwinkeln. Beispiel verdeutlichen dabei die Sachverhalte. Tirole (1992) analysiert die Wettbewerbstheorie aus eher strategischer Sicht. Für eine Lektüre sind allerdings keine Vorkenntnisse der Spieltheorie notwendig. Woll (1990) ist ein Nachschlagewerk zu allen Fragen der Wirtschaftstheorie. Vor allem grundlegende Sachverhalte sind solide dargestellt.

McConnell, C.R./Brue, S.L. (1990):
Economics: Principles, Problems and Policies. New York.

Tirole, J. (1992):
Theory of Industrial Organization. Cambridge.

Woll, A. (1996):
Allgemeine Volkswirtschaftslehre. München.

Kapitel 10

Industrieökonomik II: Oligopoltheorie

Dipl.-Vw. Christian Hott, Technische Universität Dresden

Aufgaben

Aufgabe 10.1:

Ein wesentliches Merkmal oligopolistischer Märkte ist, daß sich jedes Unternehmen des Einflusses seiner Entscheidungen und Maßnahmen auf den gesamten Markt bewußt ist. Dieses Bewußtsein ermöglicht strategische Interaktionen, bei denen die Unternehmen ihre einzelnen Wettbewerbsparameter in einer Weise einsetzen, die sowohl den eigenen Einfluß auf den Markt, als auch das Verhalten der Konkurrenten mit einbezieht.

Kurzfristig stellt der Verkaufspreis den wichtigsten Wettbewerbsparameter dar. In dieser Aufgabe soll nun der Preiswettbewerb auf einem oligopolistischen Markt behandelt werden.

Man betrachte einen Markt, auf dem zwei Unternehmen ein homogenes Gut eine einzige Periode lang anbieten. Dabei entstehen ihnen konstante Stück- und Grenzkosten von c. Das erste Unternehmen verlangt den Preis p_1 und das zweite Unternehmen p_2. Die Gesamtnachfrage nach dem Gut ist $q = D(p)$. Dabei soll angenommen werden, daß sich die Unternehmung mit dem geringeren Preis der gesamten Nachfrage gegenüber sieht und diese auch befriedigen kann. Verlangen beide Unternehmen den gleichen Preis, können sie jeweils die Hälfte der Gesamtnachfragemenge absetzen. Weiter sei angenommen, daß beide Unternehmen ihre Preisentscheidung gleichzeitig treffen.

10.1.1 Zeigen sie, daß unter den oben genannten Bedingungen beide Unternehmen ihren Preis gleich ihren Grenzkosten setzen, es also zum sogenannten Bertrand-Paradox kommt.

10.1.2 Bekanntlich besteht eine Lösungsmöglichkeit des Bertrand-Paradox darin, von abnehmenden Skalenerträgen auszugehen. In dieser Teilaufgabe sei für beide Unternehmen die Kostenfunktion durch

$$C(q_i) = \bar{c} + q_i^2$$

gegeben.

Zeigen Sie, daß unter der angenommenen Kostenfunktion ein den Grenzkosten entsprechender Preis kein Nash-Gleichgewicht darstellt und berechnen sie das Cournot-Gleichgewicht. Gehen sie dabei von der folgenden Nachfragefunktion aus:

$$D(p) = 1 - p.$$

Der Markt sei effizient rationiert, d.h. der Anbieter mit dem höheren Preis sieht sich der Nachfragefunktion

$$D(p_i) = 1 - q_j - p_i$$

gegenüber.

10.1.3 In dieser Aufgabe soll untersucht werden, wie sich die Duopolisten verhalten, wenn sie nicht nur einmal, sondern unendlich oft aufeinander treffen. Dabei sei die Nachfrage in jeder Periode mit der jeweiligen Wahrscheinlichkeit $0,5$ hoch oder niedrig. Weiter sei angenommen, daß das Unternehmen mit dem niedrigeren Preis den gesamten Markt bedienen kann.

Welche Bedingung muß der Diskontfaktor δ erfüllen, damit eine Situation in der beide Firmen den Monopolpreis verlangen ein tragfähiges Nash-Gleichgewicht darstellt. Dabei sei angenommen, daß es nach der Periode, in der ein Unternehmen von dieser Strategie abweicht, sofort zu einem "Preis gleich Grenzkosten"-Nash-Gleichgewicht kommt. Die Unternehmen treffen ihre Preisentscheidung in Kenntnis der jeweiligen Nachfragesituation. Der hohe Monopolgewinn sei Π_h^m und der niedrige Π_n^m.

Aufgabe 10.2:

Eine grundsätzliche Annahme bezüglich des Verhaltens von Unternehmen, ist die Gewinnmaximierung. In der letzen Aufgabe standen ihnen die Parameter Preis (p) und Ausbringungsmenge (q) zur Verfügung um dieses Ziel zu erreichen. In dieser Aufgabe werden zusätzlich Innovationen mit einbezogen. Bei Innovationen unterscheidet man Produktinnovationen, welche zu neuen Produkten führen bzw. bestehende in den Augen der Konsumenten verändern und Prozeßinnovationen, welche Einfluß auf das Produktionsverfahren und damit auf die Produktionskosten vorhandener Produkte haben.

10.2.1 Ein Monopolist produziert ein Gut mit den konstanten Durchschnitts- und Grenzkosten $\bar{c}$. Untersuchen sie, welche unterschiedlichen Anreize der Monopolist (V^m) und ein potentieller Konkurrent (V^p) besitzen, sich eine Prozeßinnovation exklusiv anzueignen, welche die konstanten Grenzkosten auf $c < \bar{c}$ senkt. Dabei sei angenommen, daß es sich um eine einmalige Innovationsmöglichkeit handelt, die ewige Gültigkeit besitzt. Die Zeit ist stetig und der Zinssatz beträgt r. Die Nachfrage sei

$$D(q) = 1 - p.$$

Welche Rolle spielt das Ausmaß der Kostensenkung?

10.2.2 Zwei Unternehmen befinden sich in einem Bertrand-Wettbewerb und verlangen beide einen Preis gleich ihren konstanten Durchschnitts- und Grenzkosten $\bar{c}$. Es besteht nun die Möglichkeit pro stetiger Zeiteinheit einen Betrag x_i in Forschung und Entwicklung zu investieren, um eine neue Produktionstechnologie zu entdecken, welche die Grenzkosten auf c senkt. Dabei sei angenommen, daß der Monopolpreis $p^m(c)$ größer als die alten Grenzkosten $\bar{c}$ ist.

Welchen Betrag x_i wird das Unternehmen i pro stetiger Zeiteinheit investieren, wenn dadurch die Entdeckung in einer Zeiteinheit mit der Wahrscheinlichkeit $h(x_i)$ mit

$$h' > 0, \quad h'' < 0, \quad h'(0) = +\infty, \quad h'(+\infty) = 0$$

gelingt. Die Wahrscheinlichkeit, bis zu einem Zeitpunkt t die Produktionstechnologie entdeckt zu haben, ist damit wie folgt:

$$P(\tau \leq t) = 1 - e^{-h_i t}.$$

Weiter soll angenommen werden, daß ein Unternehmen nach der Entdeckung sofort ein Patent anmeldet und somit auf ewige Zeit ein Exklusivrecht auf sie besitzt. Die Nachfrage sei

$$D(p) = 1 - p$$

und der Zinssatz sei r.

Lösungen

Aufgabe 10.1:

10.1.1 Wie in der Aufgabenstellung schon erwähnt, versucht ein Oligopolist, seine Wettbewerbsparameter unter der Berücksichtigung der Handlung seiner Konkurrenten optimal einzusetzen. Diese Situation wird auch als nicht-kooperatives Spiel und dessen Gleichgewichtslösung als Nash-Gleichgewicht bezeichnet. Von einem Nash-Gleichgewicht kann man sprechen, wenn sich ein Unternehmen bei gegebenem Verhalten seiner Konkurrenten durch Wechseln seiner Strategie nicht besser stellen kann.

In der gestellten Aufgabe herrscht also ein Nash-Gleichgewicht, wenn ein Unternehmen bei gegebenem Preis seines Konkurrenten einen Preis setzt, von dem eine Abweichung zu einem geringeren Gewinn führen würde. Oder anders ausgedrückt: Jedes Unternehmen maximiert seinen Gewinn bei gegebenen Preis seines Konkurrenten.

Um nun zu sehen, wie in diesem konkreten Fall ein Nash-Gleichgewicht aussieht, muß man die Gewinnfunktion eines Unternehmen in Abhängigkeit von der antizipierten Preisentscheidung seines Konkurrenten betrachten:

$$\Pi_i = \begin{cases} (p_i - c) \cdot D(p_i) & : \quad p_i < p_j \\ (p_i - c) \cdot \frac{1}{2} \cdot D(p_i) & : \quad p_i = p_j \\ 0 & : \quad p_i > p_j \end{cases}$$

Es gibt also drei verschiedene Strategien die eine Unternehmung verfolgen kann:

- den Preis des Konkurrenten unterbieten,
- den gleichen Preis wie der Konkurrent verlangen oder
- den Preis des Konkurrenten überbieten bzw. aus dem Markt auszutreten.

Welche Strategie für die Unternehmung optimal ist, hängt nun vom jeweilig antizipierten Preis des Konkurrenten ab. Simultan verfolgt der Konkurrent die gleiche Strategie da er ja in jeglicher Hinsicht identisch ist. Daraus wird schon klar, daß ein Nash-Gleichgewicht nur existieren kann, wenn die optimale Strategie ist, den gleichen Preis wie der Konkurrent zu setzen. Es können sich ja nicht beide Firmen gegenseitig unter- bzw. überbieten.

Im Nash-Gleichgewicht muß es also für beide Unternehmen optimal sein, den gleichen Preis wie der jeweilige Konkurrent zu setzen. Optimalität bedeutet, daß der Gewinn bei der zweiten Strategie mindestens so hoch ist wie bei den anderen Strategien. Es müssen also die beiden folgenden Bedingungen erfüllt sein:

$$(p_j - c) \cdot \frac{1}{2} \cdot D(p_j) \geq (p_j - \varepsilon - c) \cdot D(p_j - \varepsilon),$$

$$p_j - c) \cdot \frac{1}{2} \cdot D(p_j) \geq 0.$$

Dabei ist ε sehr klein, nicht negtiv und spiegelt die Preisunterbietung gegenüber dem Kokurrenten j wider. Löst man diese beiden Bedingungen nach p_j auf, so erhält man die Bedingungen für einen Gleichgewichtspreis:

$$p_j \leq c + \varepsilon \cdot \frac{D(p_j)}{D(p_j) - \frac{1}{2} \cdot D(p_j - \varepsilon)}$$

$$p_j \geq c.$$

Aus der ersten Bedingung für einen Gleichgewichtspreis erkennt man, so daß die erste Strategie (unterbiete den Preis des Konkurrenten) favorisiert wird, solange es ein genügend kleines ε gibt, daß die Bedingung nicht erfüllt wird. Läßt man das ε gegen Null gehen ist aber der einzige Preis, der beide Bedingungen erfüllt, $p_j = c$.

Somit wurde gezeigt, daß sich unter den obigen Annahmen das Bertrand-Paradox ergibt, beide Oligopolunternehmen also ihren Preis gleich ihren Grenzkosten setzen.

10.1.2 Um zu zeigen, daß ein den Grenzkosten entsprechender Preis unter den getroffenen Annahmen kein Nash-Gleichgewicht darstellt, muß man zeigen, daß es sich für ein Unternehmen lohnt, von diesem Preis abzuweichen. Der Gewinn muß also bei einer Abweichung vom Grenzkosten-Preis größer werden.

Der Gewinn des Unternehmen i ist:

$$\Pi_i = q_i \cdot p_i - \bar{c} - q_i^2.$$

Angenommen, beide Unternehmen setzten ihren Preis gleich ihren Grenzkosten, also

$$p^* = C'(q) = 2q^*,$$

dann sähen sie sich der Gesamtnachfrage

$$D(q) = 1 - 2q^*$$

gegenüber. Da beide Unternehmen natürlich auch die identische Menge q^* absetzen ergibt sich:

$$\begin{aligned} 2q^* &= 1 - 2q^* \\ \Rightarrow \quad q^* &= \frac{1}{4} \\ \Rightarrow \quad p^* &= \frac{1}{2}. \end{aligned}$$

Demnach erzielen die beide Unternehmen bei einem den Grenzkosten entsprechenden Preis jeweils einen Gewinn von:

$$\Pi^* = \frac{1}{16} - \bar{c}.$$

Welchen Gewinn erzielt nun die Unternehmung i, wenn sie ihren Preis leicht (um ε) anhebt? Um diese Frage beantworten zu können, betrachte man zunächst die neue Absatzmenge dieses Unternehmen. Annahmegemäß sieht sich das Unternehmen mit dem höheren Preis der Nachfragefunktion

$$D(p_i) = 1 - q_j - p_i$$

gegenüber. Hieraus ergibt sich:

$$\begin{aligned} q_i &= 1 - q^* - (2q^* + \varepsilon) \\ \Leftrightarrow q_i &= \frac{1}{4} - \varepsilon. \end{aligned}$$

Der Gewinn des Unternehmen i ist also nach der Preiserhöhung:

$$\Pi_i = \frac{1}{16} - \bar{c} + \frac{1}{4} \cdot \varepsilon - 2 \cdot \varepsilon^2.$$

Dieser Gewinn ist nun aber höher als der ursprüngliche, wenn die Preiserhöhung ε nicht größer als $\frac{1}{8}$ ist. Somit kann eine Situation, in der beide Firmen Grenzkosten-Preise setzen, kein Nash-Gleichgewicht darstellen.

Unter der Annahme abnehmender Skalenerträge kommt es also nicht zum Bertrand-Gleichgewicht. Man kann nun das aus der Oligopoltheorie bekannte Cournot-Gleichgewicht berechnen. Hier maximiert das Unternehmen i seinen Gewinn über seine Ausbringungsmenge q_i:

$$\Pi_i = q_i \cdot (1 - q_i - q_j) - \bar{c} - q_i^2,$$

und hat somit eine optimale Ausbringungsmenge von:

$$q_i = \frac{1 - q_j}{4}.$$

Da die identische Unternehmung j auf die gleiche Lösung kommt, ergibt sich:

$$\begin{aligned} q_i &= \frac{1}{4} - \frac{1 - q_i}{16} \\ \Rightarrow \quad q^* &= \frac{1}{5}. \end{aligned}$$

Mit diesem Ergebnis ergibt sich ein Gleichgewichtspreis von $\frac{3}{5}$, Kosten von $\bar{c} + \frac{1}{25}$ und ein Gewinn von $\frac{2}{25} - \bar{c}$ für jedes Unternehmen.

10.1.3 Eine Situation, in der beide Unternehmen den Monopolpreis verlangen, ist nur dann ein tragfähiges Nash-Gleichgewicht, wenn es sich für kein Unternehmen lohnt, von dieser Strategie abzuweichen. Um dies zu untersuchen betrachte man zuerst den Wert, den eine Kooperation für ein Unternehmen hat. Der Gewinn in der Periode t ist $\frac{1}{2} \cdot \Pi_t^m$ und dem Unternehmen bekannt. Der erwartete Gewinn in Periode $t + s$ beträgt:

$$E(\Pi_{t+s}) = \frac{1}{2} \cdot (0,5 \cdot \Pi_h^m + 0,5 \cdot \Pi_n^m).$$

Demnach lautet der Wert der Kooperation in der Periode t:

$$V_t = \frac{1}{2} \cdot \Pi_t^m + \sum_{s=1}^{\infty} \frac{1}{4} \cdot \delta^s \cdot (\Pi_h^m + \Pi_n^m)$$

$$\Leftrightarrow \quad V_t = \frac{1}{2} \cdot \Pi_t^m + \frac{1}{4} \cdot \frac{\delta}{1-\delta} \cdot (\Pi_h^m + \Pi_n^m).$$

Ein Unternehmen, das in der Periode t einen Preis verlangt, der marginal unter dem jeweiligen Monopolpreis liegt, zieht in dieser Periode die gesamte Nachfrage auf sich und erzielt einen Gewinn der nur marginal unter Π_t^m liegt. In allen weiteren Perioden erzielt es keinen Gewinn mehr. Daher lohnt es sich nicht, aus der Kooperation auszubrechen, wenn in jeder Periode folgende Bedingung erfüllt ist:

$$\Pi_t^m \leq \frac{1}{2} \cdot \Pi_t^m + \frac{1}{4} \cdot \frac{\delta}{1-\delta} \cdot (\Pi_h^m + \Pi_n^m)$$
$$\Leftrightarrow \quad \delta \geq \frac{2 \cdot \Pi_t^m}{\Pi_h^m + \Pi_n^m + 2 \cdot \Pi_t^m}.$$

Die gesuchte Bedingung für δ muß nun unabhängig von der Höhe des Gewinn Π_t^m erfüllt sein. Wie leicht zu erkennen ist, gilt:

$$\frac{2 \cdot \Pi_h^m}{3 \cdot \Pi_h^m + \Pi_n^m} > \frac{2 \cdot \Pi_n^m}{3 \cdot \Pi_n^m + \Pi_h^m}.$$

Daher lautet die gesuchte Bedingung:

$$\delta \geq \frac{2 \cdot \Pi_h^m}{3 \cdot \Pi_h^m + \Pi_n^m}.$$

Wie man hieraus erkennen kann ist der Anreiz, die Kooperation zu verlassen, um so höher, je größer der Abstand zwischen dem hohen Monopolgewinn Π_h^m und dem niedrigen Monopolgewinn Π_n^m ist. Wären beide Gewinne identisch, wäre ein $\delta \geq 1/2$ ausreichend für ein Nash-Gleichgewicht, in dem Monopolpreise gesetzt werden, und somit das Bertrand-Paradox gelöst.

Aufgabe 10.2:

10.2.1 Man betrachte zunächst den Anreiz des Monopolisten, sich die Innovation anzueignen. Produziert der Monopolist mit den niedrigen Grenzkosten c, ergibt sich sein maximaler Gewinn pro Zeiteinheit wie folgt:

$$\Pi^m(c) = (p-c) \cdot (1-p)$$
$$\frac{\partial \Pi^m}{\partial p} = 1 + c - 2 \cdot p = 0$$
$$\Rightarrow \quad p^m = \frac{1+c}{2}$$
$$\Rightarrow \quad \Pi^m = \frac{(1-c)^2}{4}.$$

Eignet sich der Monopolist die Innovation nicht an, wird er von seinem potentiellen Konkurrenten aus dem Markt gedrängt, da sich dieser dann die Innovation exklusiv aneignet. Daher besteht der Innovationsanreiz des Monopolisten in der vollen Höhe der abdiskontierten Monopolgewinne bei Innovation:

$$V^m = \int_0^\infty e^{-rt} \cdot \frac{(1-c)^2}{4} dt$$
$$\Rightarrow \quad V^m = \frac{1}{r} \cdot \frac{(1-c)^2}{4}.$$

Für den Anreiz des potentiellen Konkurrenten ist es nun entscheidend, in welchem Ausmaß die Innovation die Grenzkosten senkt. Man spricht von einer drastischen Innovation, wenn der Monopolpreis nach der Innovation $p^m(c)$ geringer ist als die ursprünglichen Grenzkosten $\bar{c}$. In diesem Fall hätte der potentielle Konkurrent nach der Innovation zu jedem Zeitpunkt einen Gewinn von $\Pi^m(c)$. Damit wäre sein Anreiz zur Innovation genauso hoch wie der des Monopolisten:

$$V^p = \frac{1}{r} \cdot \frac{(1-c)^2}{4}.$$

Ist die Innovation nicht drastisch, kann der potentielle Konkurrent den Monopolisten nicht aus dem Markt drängen, wenn er den Preis $p^m(c)$ setzt. In diesem Fall muß er vielmehr versuchen die Grenzkosten des Monopolisten marginal zu unterbieten. Der Einfachheit halber sei hier angenommen, daß es genügt den Preis gleich $\bar{c}$ zu setzen, um den ehemaligen Monopolisten zu verdrängen. Der potentielle Konkurrent erzielt bei Innovation somit in jedem Zeitpunkt einen Gewinn von:

$$\Pi^p = (\bar{c} - c) \cdot (1 - \bar{c}).$$

Dieser Gewinn ist selbstverständlich höchstens so hoch wie der Monopolgewinn (er ist identisch dem Monopolgewinn, wenn $p^m(c) = \bar{c}$). Demnach ist auch der Anreiz zur Innovation für den potentiellen Konkurrenten höchstens gleich dem Anreiz des Monopolisten:

$$V^p = \frac{1}{r} \cdot (\bar{c} - c) \cdot (1 - \bar{c}).$$

Man spricht hierbei auch vom sogenannten "efficiency effect", da ein Monopolist einen immer mindestens so hohen Gewinn erzielen kann wie zwei oder mehere Oligopolisten zusammen, indem er deren Verhalten nachahmt.

10.2.2 Gelingt es einem Unternehmen, die neue Produktionstechnologie zu entdecken, wird er seinen Konkurrenten aus dem Markt drängen. Da die Innovation drastisch ist, kann es dabei den Monopolpreis p^m verlangen. Das Unternehmen erzielt dadurch den aus der letzten Aufgabe bekannten Gewinn pro Zeiteinheit:

$$\Pi^m(c) = \frac{(1-c)^2}{4}.$$

Demnach ist der Wert der Innovation zum Zeitpunkt ihrer Entdeckung:

$$V^m = \frac{1}{r} \cdot \frac{(1-c)^2}{4}.$$

Laut Aufgabenstellung, kann sich nur ein Unternehmen die Innovation durch Entdeckung aneignen. Deshalb investiert ein Unternehmen solange in Forschung und Entwicklung, bis entweder es selber oder sein Konkurrent die Innovation entdeckt hat. Die Wahrscheinlichkeit, daß bis zum Zeitpunkt t keinem Unternehmen die Entdeckung gelingt, ist:

$$P(\tau \leq t) = e^{-(h(x_i)+h(x_j))\cdot t}.$$

Solange keinem Unternehmen die Entdeckung gelungen ist, kann sich das Unternehmen i zu jedem Zeitpunkt t mit der Wahrscheinlichkeit $h(x_i)$ den Wert der Innovation V^m aneignen und muß dabei x_i investieren. Somit ergibt sich für den erwarteten Gegenwartswert der Innovation:

$$E(V) = \int_0^\infty [h(x_i) \cdot V^m - x_i] \cdot e^{-(h(x_i)+h(x_j))\cdot t} e^{-r\cdot t} dt$$

$$\Rightarrow \quad E(V) = \frac{h(x_i) \cdot V^m - x_i}{h(x_i) + h(x_j) + r}.$$

Das Unternehmen i maximiert nun den erwarteten Gegenwartswert der Innovation über seine Ausgaben für Forschung und Entwicklung x_i:

$$\frac{\partial E(V)}{\partial x_i} = \frac{[h'(x_i) \cdot V^m - 1]\,[h(x_i) + h(x_j) + r] - h'(x_i)\,[h(x_i) \cdot V^m - x_i]}{[h(x_i) + h(x_j) + r]^2} = 0.$$

Da das Unternehmen j identisch ist, wird es auch einen identischen optimalen Betrag in Forschung und Entwicklung investieren. In einem symmetrischen Nash-Gleichgewicht muß also gelten: $x_i = x_j = x^*$.

$$[h'(x^*) \cdot V^m - 1]\,[h(x^*) + r] - h(x^*) + h'(x^*) \cdot x^* = 0$$

$$\Rightarrow \quad x^* = \frac{h(x^*)}{h'(x^*)} - \left[V^m - \frac{1}{h'(x^*)}\right] \cdot [h(x^*) + r].$$

Ohne genauere Spezifizierung der Wahrscheinlichkeitsfunktion $h(x_i)$ läßt sich das optimale x^* nicht genauer berechnen. Eine sehr plausible, aber aus der Gleichung nicht ohne weiteres ersichtliche Eigenschaft dieser optimalen Forschungsausgaben ist, daß sie positiv vom Wert der Innovation V^m abhängt. Dies läßt sich über die Bedingung zweiter Ordnung für ein Maximum (zweite Ableitung des erwarteten Gegenwartswert der Innovation nach x_i negativ) zeigen.

Kommentierte Literaturhinweise:

Die Arbeit von Audretsch (1995) bietet einen guten und knappen Überblick über die verschiedenen Disziplinen der Industrieökonomik. Die Bibel der Industrieökonomik ist eindeutig das Buch von Tirole (1995). Hier ist in sehr verständlicher Weise nahezu alles dargestellt, was es innerhalb der Industrieökonomik gibt. („Der Tirole ist wie eine Maschine, der macht nie Fehler." (Ausspruch eines Professors)) Ähnliches gilt sicher für das Buch von Varian (1994) im Bereich Mikroökonomik.

Audretsch, D. B. (1995):
Überblick über den Stand und Entwicklung der Industrieökonomik. Discussion Paper FS IV 95-15, Wissenschaftszentrum Berlin.

Tirole, J. (1995):
Industrieökonomik. München.

Varian, H. R. (1994):
Mikroökonomie. 3. Auflage, München.

Kapitel 11

Industrieökonomik III: Optimale Standortwahl

Dipl.-Vw. Oliver Greßmann, Technische Universität Dresden

"Die Zeit des Daseins ist uns bestimmt, seinen Ort zu wählen aber sind wir weithin frei. Er wird durch unseren Ursprung beeinflußt, aber nicht diktiert. Den rechten Standort finden, gehört mit zu einem gelungenen Leben, - aber auch mit zu einer geglückten Unternehmung..."[1]

Die folgenden Aufgaben sollen einen Einblick in einfache Fragestellungen der industriellen Standortlehre geben, um möglicherweise Interesse zu wecken und den Leser zu weiteren Studien auf diesem Gebiet anzuregen. Dabei müssen wir uns darüber im Klaren sein, daß der theoretisch günstigste Standort und der in der Realität gewählte Standort nicht notwendigerweise übereinstimmen müssen.

Die Wahl des optimalen Standortes eines Unternehmens kann von einer Vielzahl verschiedener Faktoren abhängig sein. In den nun folgenden Aufgaben sollen davon aber nur die Entfernung zu anderen Standorten sowie die Höhe der für den Transport von Gütern und Rohstoffen anfallenden Kosten betrachtet werden. Das heißt wir betrachten Fälle, in denen die Grenzen zur Konkurrenz feststehen und die Nachfrage vollkommen unelastisch ist, und suchen den Ort, an dem die gesamten vom Unternehmen zu tragenden Transportkosten minimal sind. Das Problem anderer Einflüsse, welche auf die an einem bestimmten Standort anfallenden Kosten einwirken (z.B. örtlich unterschiedliche Preise oder verschiedene Mengen benötigter Produktionsfaktoren) beseitigen wir durch die "ceteris paribus" Annahme.

[1] Lösch (1962).

Aufgaben

Aufgabe 11.1:

Die neu gegründete Firma "Stoß, Stange & Söhne" hat sich dazu entschlossen, Stoßstangen für PKWs zu produzieren.

Für ihre Produktion benötigt sie Lacke und Farben, welche sie von einer Firma in Adorf (A) beziehen muß, sowie Bleche aus einem Werk in Bdorf (B). Ihre fertigen Produkte liefert sie an eine Automobilfabrik in Zuffenhausen (Z).

Die Verträge mit Anbietern und dem Kunden beinhalten , daß "Stoß, Stange & Söhne" alle Transportkosten trägt. Die Speditionsfirma, die den Transport übernimmt, kalkuliert die anfallenden Kosten ausschließlich nach dem Volumen der zu transportierenden Güter (aus diesem Grund wurde der anfängliche Plan der Firma "Stoß, Stange & Söhne", Kopfkissen zu produzieren, schon früh verworfen) und der jeweiligen Wegstrecke. Demzufolge sind pro Kilometer pro Stoßstange 10 Geldeinheiten (GE), pro Blech 9 GE und für die jeweils benötigten Farben und Lacke je 8 GE zu veranschlagen.

Ermitteln Sie grafisch die Koordinaten für den optimalen Standort der Firma "Stoß, Stange & Söhne", dh. den Ort, an dem die anfallenden Transportkosten minimal sind. Die Standorte A, B und Z besitzen (in einem gedachten Koordinatensystem) die Koordinaten

$$A(8,5),\ B(4,12) \text{ und } Z(1,1).$$

Gehen Sie bei ihren Überlegungen davon aus, daß es (auf Grund des großen Einflusses der Automobilfirma auf Regierung und Behörden) möglich ist, vom optimalen Standort aus drei völlig gerade Straßen zu den Standorten A, B und Z auf Staatskosten anlegen zu lassen.

Aufgabe 11.2:

Leider hat die Firma "Stoß, Stange & Söhne" bei der Errechnung ihres optimalen Standortes die Vorgaben der Baubehörde außer Acht gelassen. Gerade der optimale Standort liegt mitten in einem Brutgebiet der äußerst seltenen Moorhühner.

Als Alternative bekommt die Firma vier mögliche Standorte mit den folgenden Koordinaten angeboten:

$$S_1(8,2),\ S_2(4,7),\ S_3(2,2) \text{ und } S_4(5,5)$$

Stellen Sie das zu lösende Optimierungsproblem (Minimierung der Transportkosten) formal dar und berechnen Sie mit Hilfe der Koordinaten und Transportkosten aus Aufgabe 11.1 den für die Firma günstigsten Standort (von jedem der angebotenen Standorte führt eine direkte Straßenverbindungen zu den jeweiligen Partnerfirmen).

Lösungen

Aufgabe 11.1:

Bevor wir mit der grafischen Lösung beginnen, fassen wir kurz zusammen, welche Daten gegeben bzw. gesucht sind. Gegeben sind:

- der Standort der Farbfabrik: S_A (8,5),
- der Standort der Blechfabrik: S_B (4,12),
- der Standort der Automobilfabrik: S_Z (1,1),
- die Vektoren der Transportkosten:
  - Farbe: $m_a = 8$,
  - Bleche: $m_b = 9$,
  - Stoßstangen: $m_z = 10$.

Gesucht ist:

- der Standort unseres Unternehmens: S_U (x,y).

Lösungsweg:

Zuerst nähern wir uns der Lösung des Problems aus einem allgemeinen Blickwinkel. Grafisch läßt sich dieser wie in Abbildung 11.1 dargestellt verdeutlichen.

Wir können erkennen, daß die Standorte der drei Partnerfirmen S_A, S_B und S_Z ein "Standortdreieck" ergeben. Logischerweise muß sich der optimale Standort unserer Firma innerhalb dieses Dreiecks befinden.

Zur Demonstration ist der gesuchte Punkt S_U an einer beliebigen Stelle im Dreieck eingetragen. Wir können erkennen, daß es aufgrund der vorgegebenen Vektoren für die Transportkosten pro Entfernung (m_a, m_b und m_z) einen Punkt in diesem Dreieck geben muß, in dem die jeweiligen Entfernungen zu den Partnerfirmen d_a, d_b und d_z gerade so groß sind, daß die Transportkosten

$$TK = m_a \cdot d_a + m_b \cdot d_b + m_z \cdot d_z$$

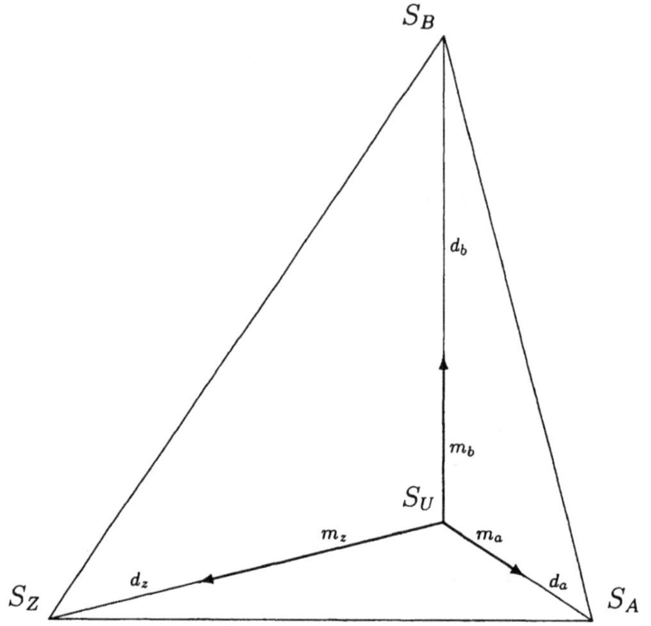

Abbildung 11.1: Allgemeine grafische Darstellung eines Standortproblems

minimal sind. Diesen Punkt werden wir nun grafisch ermitteln.

Beginnen wir dazu mit der Darstellung unseres Problems. Wir tragen in ein Koordinatensystem die Koordinaten der gegebenen Standorte ein. Das könnte wie in Abbildung 11.2 dargestellt aussehen[2].

Als nächstes stellen wir das Kräftedreieck, welches sich aus den Vektoren der Transportkosten zusammensetzt, dar (vgl. Abbildung 11.3).

Die Längen der Seiten dieses Dreiecks sind durch die Transportkostenvektoren vorgegeben. Für unsere weiteren Berechnungen benötigen wir die Größe der Innenwinkel dieses Kräftedreiecks. Diese berechnen wir mit Hilfe des Cosinussatzes

$$a^2 + b^2 = c^2 + 2 \cdot a \cdot b \cdot cos\gamma$$

[2]Die Darstellung ist nicht maßstabsgetreu

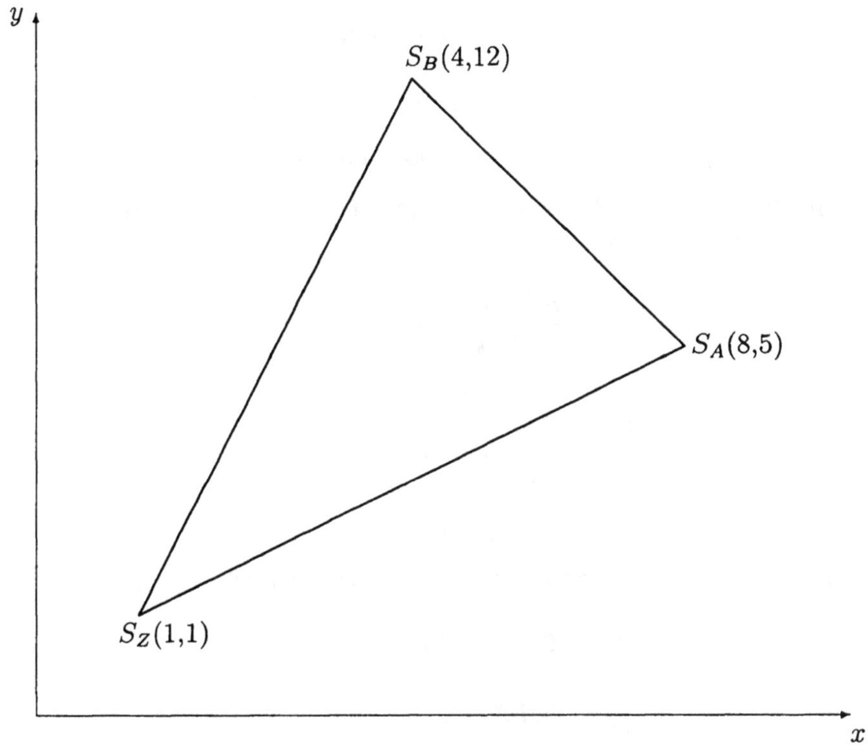

Abbildung 11.2: Ausgangssituation

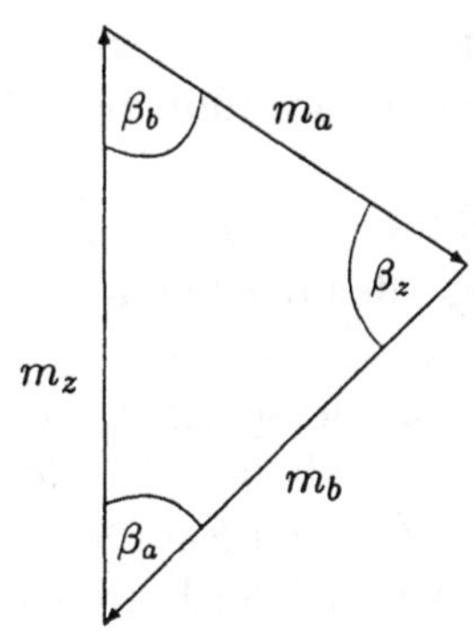

Abbildung 11.3: Kräftedreieck der Transportkosten

Auf unser Beispiel angewendet lautet dieser dann:

$$m_b^2 + m_z^2 = m_a^2 + 2 \cdot m_b \cdot m_z \cdot cos\beta_a$$

$$m_a^2 + m_z^2 = m_b^2 + 2 \cdot m_a \cdot m_z \cdot cos\beta_b$$

$$m_a^2 + m_b^2 = m_z^2 + 2 \cdot m_a \cdot m_b \cdot cos\beta_z.$$

Damit sind wir in der Lage, alle Innenwinkel dieses Dreiecks zu berechnen. Die entsprechenden Formeln dazu lauten dann:

$$cos\beta_a = \frac{m_b^2 + m_z^2 - m_a^2}{2m_b \cdot m_z}$$

$$cos\beta_b = \frac{m_a^2 + m_z^2 - m_b^2}{2m_a \cdot m_z}$$

$$cos\beta_z = \frac{m_a^2 + m_b^2 - m_z^2}{2m_a \cdot m_b}.$$

Setzen wir die gegebenen Werte entsprechend ein, so erhalten wir:

$$\beta_a = 49,46^\circ \approx 49^\circ$$

$$\beta_b = 58,75^\circ \approx 59^\circ$$

$$\beta_z = 71,79^\circ \approx 72^\circ.$$

Die Richtigkeit dieser Ergebnisse läßt sich mit dem Innenwinkelsatz für Dreiecke leicht überprüfen:

$$\beta_a + \beta_b + \beta_z = 180^\circ.$$

Dieser Innenwinkelsatz kann alternativ auch zur Errechnung des dritten Innenwinkels verwendet werden. Allerdings ist er daraufhin zur Überprüfung der Ergebnisse ungeeignet.

Zur Ermittlung des Schwerpunktes in unserem Standortdreieck, unserem gesuchten Standort, nutzen wir im folgenden noch einige andere geometrische Beziehungen.

Betrachten wir als nächstes das Parallelogramm, welches sich durch eine „Verdopplung" des Kräftedreiecks ergibt (vgl. hierzu Abbildung 11.4).

Da die Summe aller Innenwinkel in einem Parallelogramm immer 360° beträgt und die gegenüberliegenden Winkel jeweils gleich groß sind, gilt für den Winkel γ:

$$\gamma = 0,5 \cdot (360^\circ - 2 \cdot \beta_b)$$

$$\gamma = 180^\circ - \beta_b.$$

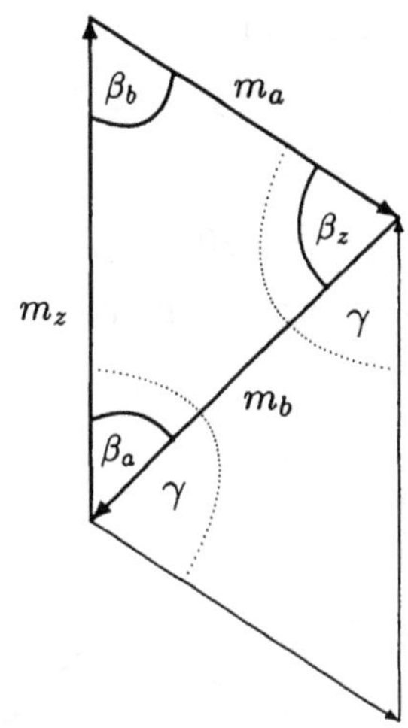

Abbildung 11.4: Kräfteparallelogramm

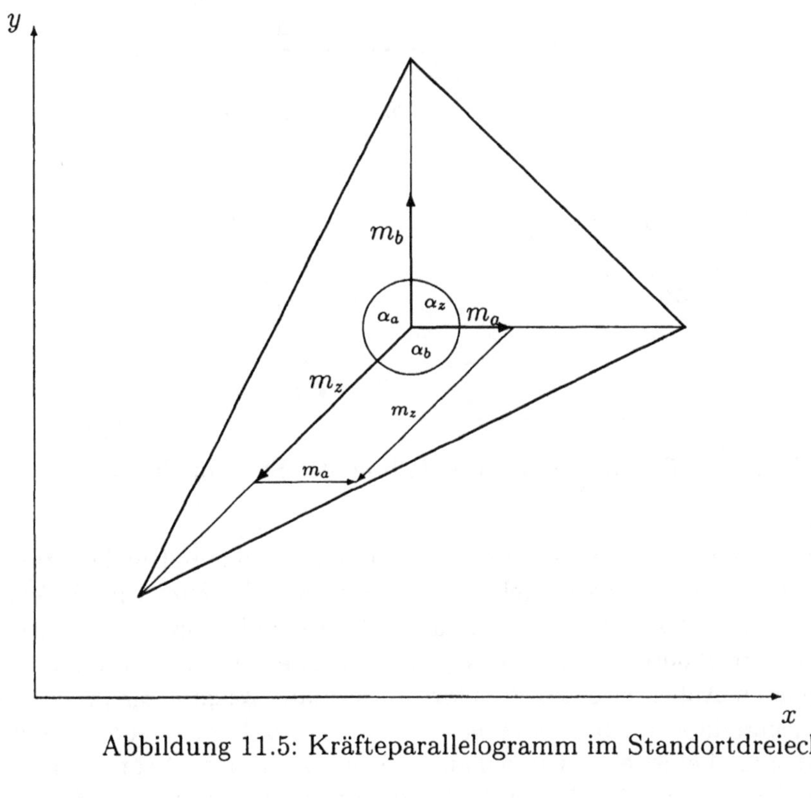

Abbildung 11.5: Kräfteparallelogramm im Standortdreieck

Wie leicht zu erkennen ist, entspricht in unserem Fall der Winkel γ dem Winkel α_b (vgl. Abbildung 11.5). Die Winkel α_a und α_z können analog errechnet werden, was zusammengefaßt folgendes Bild ergibt:

$$\alpha_a = 180 - \beta_a$$
$$\alpha_b = 180 - \beta_b$$
$$\alpha_z = 180 - \beta_z.$$

Ergänzen wir diese Betrachtungen nun um die komplette grafische Darstellung des Problems (vgl. Abbildung 11.6).

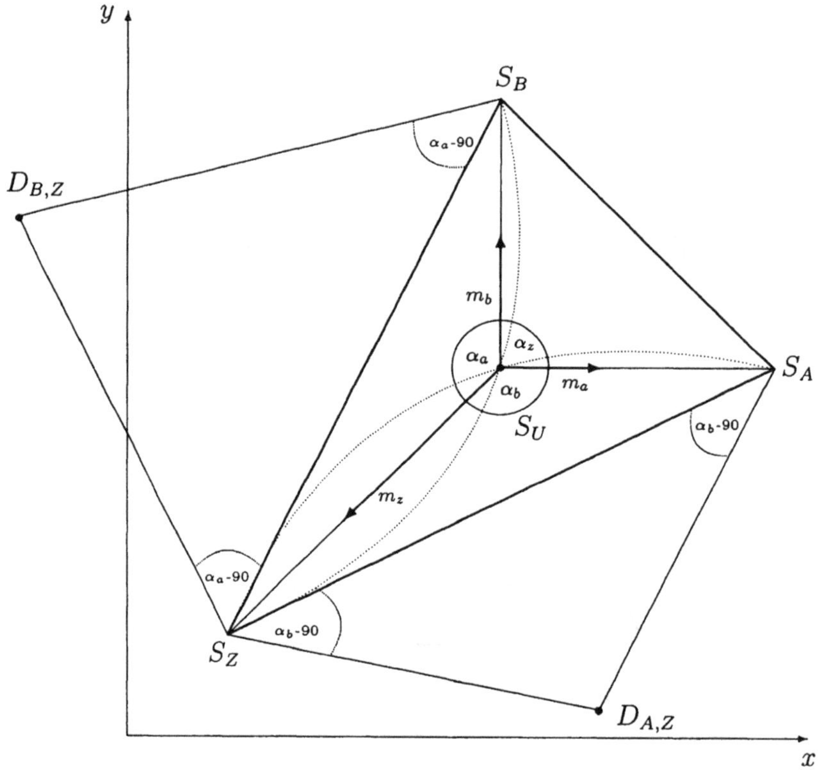

Abbildung 11.6: Vollständige Darstellung des Standortdreiecks

Mit den bis jetzt errechneten Daten ist es uns nun möglich, den optimalen Standort des Unternehmens grafisch zu ermitteln. Dazu tragen wir als erstes (unter Verwendung des "Satz des Thales" und das Satzes über "Mittelpunkts- und Peripheriewinkel") die soeben errechneten Winkel α_a, α_b und α_z, jeweils um 90° vermindert, an der entsprechenden Außenseite des Standortdreiecks ab. Wichtig für die weiteren Betrachtungen sind dabei die Schnittpunkte $D_{A,B}$, $D_{A,Z}$ und $D_{B,Z}$ der so entstehenden Hilfsgeraden. Dabei ist es prinzipiell ausreichend, zwei dieser Schnittpunkte zu bestimmen (vgl. Abbildung 11.6). Der dritte Schnittpunkt dient nur zur Kontrolle.

Um diese Punkte werden nun Kreisbögen geschlagen, deren Radius dem Abstand von $D_{A,Z}$ zu S_A bzw. S_Z entsprechen muß, analog wird bei den Punkten $D_{A,B}$ und $D_{B,Z}$ vorgegangen.

Die so entstehenden drei Kreisbögen haben einen gemeinsamen Schnittpunkt innerhalb des Standortdreiecks und genau an diesem Punkt liegt auch der von uns gesuchte optimale Standort S_U unseres Unternehmens.
Wenn Sie das oben gegebene Zahlenbeispiel nachvollziehen, finden Sie einen Standort mit den Koordinaten

$$S_U(4,9;5,5).$$

Bei der exakten formalen Lösung dieser Aufgabe erhält man die Standpunktkoordinaten $S_U(4,95;5,53)$, was zeigt, daß eine korrekte graphische Lösung zu sehr genauen Ergebnissen führt. Auf die rechnerische Lösung wird im Rahmen dieser Aufgabe nicht näher eingegangen.

Wenn sich also die Firma "Stoß, Stange & Söhne" an dem oben ermittelten Standort niederlassen würde, so wären die insgesamt anfallenden Transportkosten minimal und der Standort demzufolge optimal.

Aufgabe 11.2:

Da der in Aufgabe 11.1 ermittelte optimale Standort nicht zur Verfügung steht, soll in dieser Aufgabe rechnerisch ermittelt werden, welcher der vier möglichen Standorte

$$S_1(8{,}2),\ S_2(4{,}7),\ S_3(2{,}2) \text{ und } S_4(5{,}5)$$

für unser Unternehmen am besten geeignet ist. Zu diesem Zweck müssen wir die Beziehung zwischen der Lage des Standortes und der Höhe der gesamten Transportkosten formal herleiten. Die Transportkosten setzen sich aus der Summe der Produkte der Entfernungen und der jeweiligen Transportkosten pro Entfernungseinheit zusammen oder formal ausgedrückt (entsprechend Abbildung 11.7):

$$TK = d_a \cdot m_a + d_b \cdot m_b + d_z \cdot m_z.$$

Die Vektoren der Transportkosten übernehmen wir aus Aufgabe 11.1, sie betragen somit für

- Farbe: $m_a = 8$
- Bleche: $m_b = 9$
- Stoßstangen: $m_z = 10$.

Die Entfernungen zu den einzelnen Standorten müssen aus den gegebenen Koordinaten errechnet werden. Dazu benutzen wir den Satz des Pythagoras, wonach im rechtwinkligen Dreieck folgendes gilt:

$$a^2 + b^2 = c^2.$$

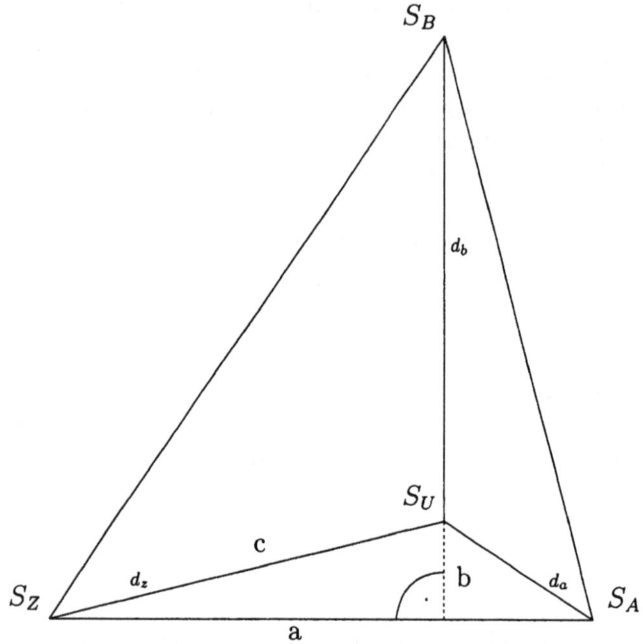

Abbildung 11.7: Herleitung der Transportkostenformel

In unserem Beispiel gilt demzufolge:

$$d_z^2 = (x_u - x_z)^2 + (y_u - y_z)^2,$$

wobei x und y die Koordinaten des jeweiligen Standortes

$$S_U = \begin{pmatrix} x_u \\ y_u \end{pmatrix}$$

$$S_A = \begin{pmatrix} x_a \\ y_a \end{pmatrix} = \begin{pmatrix} 8 \\ 5 \end{pmatrix}$$

$$S_B = \begin{pmatrix} x_b \\ y_b \end{pmatrix} = \begin{pmatrix} 4 \\ 12 \end{pmatrix}$$

$$S_Z = \begin{pmatrix} x_z \\ y_z \end{pmatrix} = \begin{pmatrix} 1 \\ 1 \end{pmatrix}$$

sind.

Wir können also die gesuchten Entfernungen wie folgt berechnen:

$$d_a = \sqrt{(x_u - x_a)^2 + (y_u - y_a)^2}$$

$$d_b = \sqrt{(x_u - x_b)^2 + (y_u - y_b)^2}$$

$$d_z = \sqrt{(x_u - x_z)^2 + (y_u - y_z)^2}.$$

Damit besitzen wir nun alle notwendigen Daten, um die Transportkostenfunktion aufzustellen:

$$TK = m_a \cdot \sqrt{(x_u - x_a)^2 + (y_u - y_a)^2} + m_b \cdot \sqrt{(x_u - x_b)^2 + (y_u - y_b)^2}$$
$$+ m_z \cdot \sqrt{(x_u - x_z)^2 + (y_u - y_z)^2}$$

und können mit der Berechnung der Transportkosten für den jeweiligen Standort beginnen.

Für Standort 1, $S_1(8{,}2)$, ergeben sich demnach folgende Transportkosten:

$$TK_1 = 8 \cdot \sqrt{(8-8)^2 + (2-5)^2} + 9 \cdot \sqrt{(8-4)^2 + (2-12)^2}$$
$$+10 \cdot \sqrt{(8-1)^2 + (2-1)^2}$$
$$TK_1 = 8 \cdot \sqrt{9} + 9 \cdot \sqrt{116} + 10 \cdot \sqrt{50}$$
$$\underline{TK_1 = 191,64}$$

Analog dazu erfolgt die Berechnung für die anderen Standorte. Wir erhalten als Ergebnis:

$$TK_1 = 191,64$$
$$TK_2 = 147,86$$
$$TK_3 = 159,59$$
$$\underline{TK_4 = 144,21}$$

An der Höhe der Transportkosten lässt sich leicht erkennen, daß es für unser Unternehmen unter den gegebenen Alternativen sinnvoll ist, Standort 4 zu wählen. Berechnen wir zur Probe noch einmal die Höhe der Transportkosten für den optimalen Standort ($S_U(4,95; 5,53)$), den wir in Aufgabe 2 grafisch ermittelt haben, so erhalten wir mit

$$\underline{TK_{S_U} = 143,72}$$

einen Wert, der unter TK_4 liegt. Da unser Unternehmen sich aber nicht am optimalen Standort niederlassen kann, bietet sich Standort 4 als Second-Best-Lösung an, da an diesem Standort die Transportkosten am geringsten von denen am optimalen Standort abweichen.

Kommentierte Literaturhinweise:

Einführende Literatur zur Industrieökonomik sind die Lehrbücher von Blum (1994) und Tirole (1995). Spezielle Fragen zur Standorttheorie und Raumwirtschaft werden in Blum/Leibbrand (1996), Domschke (1989), Domschke/Drexl (1990) und insbesondere in Lösch (1962) behandelt.

Blum, U. (1994):
Volkswirtschaftslehre. München u.a.

Blum, U./Leibbrand, F. (1996):
Standorte und Verkehr - Skript zur Vorlesung. Dresden.

Domschke, W. (1989):
Logistik: Transport. München u.a.

Domschke, W./Drexl, A. (1990):
Logistik: Standorte. München u.a.

Lösch, A. (1962):
Die räumliche Ordnung der Wirtschaft. Stuttgart.

Tirole, J. (1995):
Industrieökonomik. München u.a.

Kapitel 12

Umweltökonomik

Dr. Bettina Burger-Menzel, DEA AG

Aufgaben

Aufgabe 12.1:
Seit ein internationaler Konzern mit dem seidenblonden US-Star einer Fernsehseifenoper für sein Haarshampoo wirbt, ist sein Umsatz an diesem Produkt dauerhaft gestiegen. Das Unternehmen eröffnet daher eine neue Fabrik, in der das Haarwaschmittel unter Einsatz von Arbeit L produziert wird. Je mehr das Unternehmen an Haarwaschmittel produziert, desto mehr Abwässer werden in den nahegelegenen Fluß geleitet. Dort führen die Abwässer zu einem Rückgang des Fischbestands. Die Produktionsfunktion des Shampooherstellers ist gegeben durch

$$x_s = f(L_S).$$

Das Fangergebnis, das flußabwärts erzielt wird, hängt positiv vom Arbeitseinsatz und - aufgrund der Abwässer - negativ von der Shampooproduktion ab. Die Produktionsfunktion der Fischerei ist dann

$$x_F = g(L_F; x_S).$$

12.1.1 Wie sehen für gegebene Preise p_G und p_F die jeweiligen Bedingungen 1. Ordnung aus, wenn der Shampoohersteller und die Fischerei getrennt optimieren?

12.1.2 Wie sieht das Ergebnis aus, wenn der Shampoohersteller und die Fischerei gemeinsam optimieren?

12.1.3 Der Staat möchte einen Steuersatz t einführen, um bei getrennter Optimierung der Unternehmen eine pareto-optimale Lösung zu gewährleisten. Wie hoch ist der Steuersatz, mit dem der Shampoohersteller belastet wird? Welches Problem ergibt sich bei der Festlegung des Steuersatzes für den Staat? Leiten Sie die Steuerlösung graphisch ab.

Aufgabe 12.2:

Für die Dreharbeiten zu dem Film „The Beach" mit Leonardo DiCaprio sucht das Filmteam eine idyllische Bucht in Thailand. Für die Produktion werden zwei Inputs benötigt: die Arbeit X und die Fähigkeit des Strandes S, in seinem natürlichen Zustand beeinträchtigt zu werden. Das Filmteam verfügt über zwei Produktionstechnologien:

$$\frac{1}{4} \cdot S \cdot (S - 12) - 2 \cdot X + 2 \cdot E \leq 0$$

und

$$3 \cdot S \cdot (S - 5) - 3 \cdot X + 4 \cdot E \leq 0.$$

Die Inselbewohner haben folgende Wohlfahrtsfunktion

$$U(S, X) = \frac{8}{4 \cdot S + 4 \cdot S}.$$

Für den Film werden 18 Einstellungen E auf der Insel gedreht.

12.2.1 Welche Inputmengen bei den Dreharbeiten sind wohlfahrtsmaximal? Welche Produktionstechnologie wird das Filmteam verwenden?

12.2.2 Angenommen, die Inselbewohner zeigen für die Unberührtheit der Insel kein Interesse, so daß das Gut Natur kostenlos zur Verfügung steht. Für welche Inputkombination und welche Produktionstechnologie wird sich das Filmteam bei einem Preis p_x für den Input X entscheiden? Was fällt beim Vergleich der Lösung bei wohlfahrtsmaximalen Inputmengen mit der Lösung bei einem kostenlosen Einsatz der Natur auf?

12.2.3 Die thailändische Regierung will die Inselnatur dadurch schützen, daß sie bei einem Preis p_x für den Input X eine Abgabe p_s für eine Einheit Umweltzerstörung erhebt. Wie hoch wird diese Abgabe ausfallen, damit sie ein Wohlfahrtsmaximum ermöglicht?

Lösungen

Aufgabe 12.1:

12.1.1 Für den Shampoohersteller ergibt sich folgendes Optimierungsproblem

$$\max_{L_s}(p_S \cdot x_S - q_L \cdot L_S).$$

Da die Shampoofabrik eine negative Externalität auf die Fischerei ausübt, hängt deren Fangergebnis nicht nur vom Arbeitsinput ab, sondern auch von der Produktionsmenge an Haarwaschmittel. Auf diese Produktionsmenge kann die Fischerei keinen Einfluß ausüben. Das Optimierungsproblem der Fischerei ist dann

$$\max_{L_F}(p_F \cdot x_F - q_L \cdot L_F).$$

Beide Unternehmen setzen als Bedingung für Effizienz das jeweilige Grenzwertprodukt GWP der letzten Arbeitseinheit gleich dem Lohnsatz. Damit lauten die Bedingungen 1. Ordnung:

$$GWP_{L,S} = p_S \cdot \frac{\partial f(L_S)}{\partial L_S}$$

bzw.

$$GWP_{L,F} = p_F \cdot \frac{\partial g(L_F, x_S)}{\partial L_F} = q_L.$$

12.1.2 Das Vorhandensein eines externen Effektes bedeutet, daß die Handlungsweise des Shampooherstellers das Fischfangergebnis in einer Weise beeinflußt, die das Konkurrenzpreissystem nicht erfaßt. Um das gesellschaftliche Optimum zu erreichen, muß das Grenzwertprodukt des Shampooherstellers um den negativen Effekt bereinigt werden. Eine Möglichkeit, eine solche Lösung zu ermitteln, ist die gemeinsame Optimierung der Unternehmen

$$\max_{L_S, L_F}(p_S \cdot f(L_S) + p_F \cdot g(L_F, f(L_S)) - q_L(L_S + L_F)).$$

Die Effizienzbedingung für eine gesellschaftlich optimale Alloktion des Arbeitsinputs fordert

$$GWP^{soz}_{L,S} = \left(p_S + p_F \cdot \frac{\partial g(L_F, x_S)}{\partial x_S}\right) \cdot \frac{df(L_S)}{dL_S} = GWP^{soz}_{L,F} = p_F \cdot \frac{\partial g(L_F, x_S)}{\partial L_F} = q_L.$$

Die getrennte Optimierung des Shampooherstellers hat zu einer Verteilung der Ressourcen geführt, die vom gesellschaftlichen Standpunkt aus zu viele Arbeitskräfte in die Shampooproduktion lenkt. Da der Term

$$\left(p_F \cdot \frac{\partial g(L_F, x_S)}{\partial x_S}\right) \cdot \frac{df(L_S)}{dL_S}$$

negativ ist, führt die Fusion der Unternehmen zu einer freiwilligen Beschränkung der Shampooproduktion und damit zur Internalisierung des externen Effektes.

12.1.3 Belastet der Staat den Shampoohersteller mit einer Pigou-Steuer, um ein Paretooptimum herbeizuführen, geht dies entsprechend in die Optimierung des Unternehmens ein

$$\max_{L_S}(p_S \cdot f(L_S) - q_L \cdot L_S - t \cdot f(L_S)).$$

Das Unternehmen setzt als Bedingung für Effizienz wiederum das Grenzwertprodukt GWP der letzten Arbeitseinheit gleich dem Lohnsatz

$$GWP_{L,S} = p_S \cdot \frac{\partial f(L_S)}{\partial L_S} - t \cdot \frac{\partial f(L_S)}{\partial L_S} = q_L.$$

Damit sind - verglichen mit Aufgabe 12.1.1 - die privaten Grenzkosten für Arbeit angestiegen. Die Höhe des Steuersatzes beträgt

$$t = -p_F \cdot \frac{\partial g(L_F, x_S)}{\partial x_S}.$$

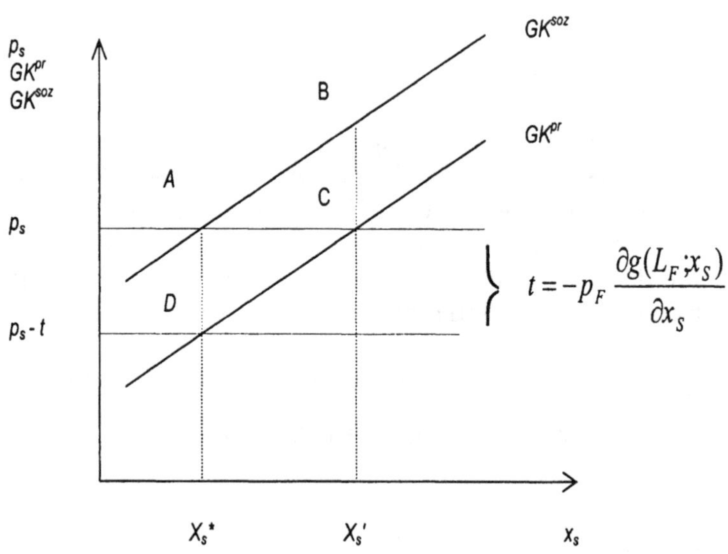

Abbildung 12.1: Pigou-Steuer

Nachteil dieser Internalisierungslösung ist, daß sich der gesellschaftlich optimale Steuersatz nur bei Kenntnis des jeweils optimalem Arbeitseinsatzes bestimmen läßt. Diesen kennt die staatliche Behörde aber in der Regel nicht.

In Abbildung 12.1 ist die Fehlallokation abgebildet, zu der es aufgrund des Vorliegens externer Effekte kommt. Bei gegebenem Preis p_S produziert der Shampoohersteller den gewinnmaximalen Output x'_S zu den privaten Grenzkosten GK_{pr}, die unterhalb der gesellschaftlichen Grenzkosten GK_{soz} liegen. Wird eine Pigou-Steuer eingeführt, wird der Output auf die gesellschaftlich gewünschte Menge x^*_S reduziert. Die gesellschaftlichen Kosten verringern sich um die Fläche $ABx'_S x^*_S$ und damit um mehr als die Kosten der Ressourcen $(ACx'_S x^*_S)$. Die Internalisierung führt somit zu einer Allokationsverbesserung.

Aufgabe 12.2:

12.2.1 Da wohfahrtsmaximierende Inputmengen eingesetzt werden sollen, lautet das Optimierungsproblem

$$\max_{S,X} U(S,X)$$

unter der notwendigen Nebenbedingung

$$\frac{1}{4} \cdot S \cdot (S-12) - 2 \cdot X + 2 \cdot E \leq 0 \tag{12.1}$$

bzw.

$$3 \cdot S \cdot (S-5) - 3 \cdot X + 4 \cdot E \leq 0. \tag{12.2}$$

Löst man zunächst 12.1 nach X auf und setzt den Term in U ein, erhält man

$$U = \frac{8}{\frac{1}{2} \cdot S^2 - 2 \cdot S + 72}.$$

Das Differenzieren der Wohlfahrtsfunktion nach S und das Einsetzen von S^* in 12.1 ergibt die optimalen Inputmengen

$$S^* = 2$$

und

$$X^* = \frac{31}{2}.$$

Verfährt man in analoger Weise mit Produktionstechnologie 2, so folgt

$$U = \frac{8}{4 \cdot S^2 -^1 6 \cdot S + 96}$$

sowie

$$S^* = 2$$

und

$$X^* = 18.$$

Nun läßt sich der gesellschaftliche Nutzen der Inselbewohner errechnen. Er beträgt bei Produktionstechnologie 1

$$U^*_{P1} = \frac{4}{35}$$

und bei Produktionstechnologie 2

$$U^*_{P2} = \frac{1}{10}.$$

Damit ist Produktionstechnologie 1 die wohlfahrtsoptimale Produktionstechnologie des Filmteams.

12.2.2 Bei diesem Fall braucht das Filmteam keine gesellschaftliche Wohlfahrtsfunktion bei seiner Optimierung zu berücksichtigen. Es kann die unberührte Natur kostenlos nutzen und wird sie daher bei den Filmarbeiten in einem Umfang einsetzen, bis ihr Grenzprodukt Null ist. Dies ist bei Produktionstechnologie 1 bei

$$\bar{S} = 6$$

der Fall. Den Wert erhält man durch die Ableitung der Produktionstechnologie nach S. Setzt man den errechneten Wert in (12.1 ein, ermittelt man einen Optimalwert für X

$$\bar{X} = \frac{27}{2}.$$

Bei analoger Vorgehensweise ergeben sich bei Produktionstechnologie 2

$$\bar{S} = \frac{5}{2}$$

und

$$\bar{X} = \frac{71}{4}.$$

Damit ist aus Sicht des Filmteams Produktionstechnologie 1 kostenminimal. Die gewählte Strategie ist zwar die gleiche wie bei Berücksichtigung der Wohlfahrtsfunktion der Inselbewohner. Die Natur wird aber viel extensiver bei den Filmarbeiten verwendet als zuvor.

12.2.3 Wenn die thailändische Regierung eine Abgabe für die Nutzung des Gutes Umwelt einführt, so sollte diese ein Wohlfahrtsmaximum sicherstellen. In einem solchen Maximum muß das Verhältnis der Grenznutzen gleich dem Inputpreisverhältnis sein

$$\frac{\partial U/\partial S}{\partial U/\partial X} = \frac{1}{1} = \frac{p_S}{p_X}.$$

Folglich wird die Regierung eine Abgabe in Höhe von $p_s = 1$ erheben.

Kommentierte Literaturhinweise:

Zur Vertiefung können die folgenden Bücher empfohlen werden:

Fritsch, M./Wein, T./Ewers, H.-J. (1993):
Marktversagen und Wirtschaftspolitik. München.

Varian, H. (1991):
Grundzüge der Mikroökonomik. 2. Auflage, München.

Weimann, J. (1995):
Umweltökonomik - Eine theorieorientierte Einführung. 3. Auflage, Berlin u.a.

Kapitel 13

Arbeitsmarktökonomik

Dipl.-Vw. Ralf Dewenter, Universität-GH Essen

Aufgaben

Aufgabe 13.1:

Nach einem erfüllten aber anstrengenden Arbeitsleben steht Lothar M. eines Tages im Alter von 39 Jahren vor dem Spiegel und kommt ins Grübeln. Es stellt sich ihm die Frage, ob es nun nicht langsam an der Zeit wäre, einen Teil der von ihm aufgewendeten Arbeitszeit ($A = T - F$) mit Freizeit (F) zu substituieren, um somit einen nicht unwesentlichen Teil des Tages (T) mit seiner Freundin Maren M. verbringen zu können. Da Lothar M. aber nicht gerne auf den Konsum der von ihm geliebten und lebensnotwendigen Leberknödel (x) verzichten möchte, ist es ihm nicht möglich, ganz aus dem Erwerbsleben auszuscheiden. Beide Güter gehen mit positiven aber abnehmenden Grenznutzen in seine Nutzenfunktion ein. Um sich über seine Situation klar zu werden, sucht Lothar M. einen Studenten der Wirtschaftswisenschaften, der ihm hilft dieses Problem zu lösen.

13.1.1 Erstellen Sie die Budgetrestriktion des Lothar M. unter der Annahme, daß ihm aus früheren Geldanlagen Zinseinkommen (z) in Höhe von 40 Geldeinheiten pro Tag zufließen und er zu einem Lohnsatz (w) von 50 Geldeinheiten pro Tag beschäftigt ist. Zeichnen Sie die Budgetgerade, wenn der Preis (p) einer Einheit Leberknödel 20 Geldeinheiten und die maximale Arbeitszeit 24 Stunden beträgt.

13.1.2 Wie lautet Lothars Optimierungsproblem? Stellen Sie die Lagrangefunktion auf und leiten Sie die notwendigen Bedingungen für ein Nutzenmaximum ab.

13.1.3 Leiten Sie die nutzenoptimalen Mengen ab, wenn Lothars Nutzenfunktion die Form $U_{x,F} = x^{0,37} \cdot F^{0,25}$ aufweist. Zeigen Sie auch anhand einer Grafik in welchem Punkt das Optimum liegt.

Aufgabe 13.2:

Nachdem Lothar M. realisiert hat, daß er auch ohne seine Arbeitskraft anzubieten täglich zwei Leberknödel konsumieren könnte, kommt er zu dem Entschluß, seine Entscheidung nun nicht mehr vom Konsum, als vielmehr allein von der Freizeit und seinem realisierbaren Einkommen (y) abhängig zu machen. Er gibt sein gesamtes Zinseinkommen nun für Leberknödel aus, somit steht z nicht mehr in seinem Optimierungskalkül. Ganz möchte Lothar allerdings nicht auf sein Einkommen verzichten, da er sein Lebensabend im kostspieligen New York verbringen möchte.

13.2.1 Wie läßt sich das Problem nun darstellen, wenn sich für Lothar das Problem der Leberknödel nicht mehr stellt? Wie lautet das nutzenmaximale Arbeitsangebot, wenn die Nutzenfunktion $U_{y,F} = y^{0,1} \cdot F^{0,5}$ lautet? Der Lohnsatz beträgt weiterhin 50 Geldeinheiten.

13.2.2 Wie lautet die hinreichende Bedingung, daß die berechneten Mengen tatsächlich ein Nutzenmaximum darstellen? Überprüfen Sie die Bedingung zweiter Ordnung anhand der vorliegenden Daten.

13.2.3 Zeigen Sie graphisch, wie sich eine Lohnsatzerhöhung auf die optimalen Mengen auswirken kann. Erläutern Sie dabei wie sich der Gesamteffekt aus Substitutions- und Niveaueffekt zusammensetzt.

Aufgabe 13.3:

Stellen Sie sich vor, Sie gründen ein Unternehmen, welches über das Internet Online–Unternehmensberatungen durchführt. Nach einer ausführlichen Planungsphase wird Ihnen klar, daß eine solche Firma lediglich einen Produktionsfaktor (nämlich Arbeit) benötigt, um eine solche Dienstleistung anbieten zu können. Andere Produktionsfaktoren sind nicht erforderlich da Sie eine komplette Rechneranlage besitzen und den Internet Zugang in Ihrer privaten Wohnung installiert haben. Allerdings fallen zwei Arten von Arbeit an, nämlich zum einen die Pflege und Wartung der Rechneranlage (v_1) und zum anderen die eigentliche Beratungstätigkeit (v_2). Für die Wartungstätigkeit benötigen Sie Mitarbeiter, die eine adäquate Informatikausbildung absolviert haben. Die Beratungstätigkeit kann von Wirtschaftswissenschaftlern durchgeführt werden. Sie ermitteln außerdem eine Produktionsfunktion, welche die Form $y = v_1^{0,5} \cdot v_2^{0,5}$ hat und somit konstante Skalenerträge aufweist. Da sie das erste Unternehmen dieser Art in Deutschland sind können Sie die Nachfragefunktion nicht einschätzen, Sie orientieren sich an bestehenden Preisen für eine standardisierte Offline–Beratung, die allgemein bei 30.000 DM liegen. Die branchenüblichen Löhne für Informatiker und Wirtschaftswissenschaftler werden vom Arbeitsmarkt vorgegeben. Sie sind auf $w_1 = 3.000$ bzw. $w_2 = 5.000$ DM fixiert.

13.3.1 Berechnen Sie das optimale Faktoreinsatzverhältnis von Informatikern und Wirtschaftswissenschaftlern unter der Annahme, daß Sie möglichst hohe Gewinne erzielen möchten.

13.3.2 Berechnen Sie weiterhin die gewinnmaximale Faktornachfrage für v_1 und v_2 bei einer Auftragslage von y Beratungen.

13.3.3 Wie stellt sich die Situation dar, wenn Sie anstatt der Gewinnmaximierung die Kostenminimierung verfolgen? Welches Faktoreinsatzverhältnis ergibt sich nun? Und welche Faktornachfragefunktionen lassen sich ableiten?

Aufgabe 13.4:

Nachdem Ihr Online–Beratungsunternehmen erfolgreich einige Zeit am Markt bestehen konnte, hat ihre Marktforschungsabteilung die Möglichkeit gehabt, sich besser über die Situation an Güter– und Faktormärkten zu informieren. Dies gibt Ihnen Gelegenheit, ein genaueres Modell zu entwickeln, welches Ihren Arbeitseinsatz determiniert. Die Lohnsätze sind nun nicht mehr fixiert, sondern können als Funktion der Faktoreinsatzmengen dargestellt werden. Diese Situation ergibt sich aus der Tatsache, daß bei Mehreinsatz an Arbeitskräften, z.B. durch Überstunden, diese mit Lohnzuschlägen entlohnt werden müssen, da sie nicht beliebig neue Mitarbeiter einstellen können. Wie stark diese Effekte sind, hängt natürlich von der Konkurrenzsituation auf den Arbeitsmärkten ab. Weiterhin führen Sie eine Nachfragefunktion ein, bei der der Preis in Abhängigkeit der produzierten Menge dargestellt wird. Es bleibt bei Ihrer Produktionsfunktion $y = v_1^{0,5} \cdot v_2^{0,5}$.

13.4.1 Erstellen Sie das oben angesprochene Modell, unter Einbeziehung der genannten Informationen über Güter– und Faktormärkte. Leiten Sie die notwendigen Bedingungen für ein Gewinnmaximum ab. Wie lassen sich die optimalen Faktoreinsatzmengen bestimmen?

13.4.2 Berechnen Sie das Verhältnis der optimalen Faktoreinsatzmengen. Inwiefern sind die Faktormengen von der Wettbewerbssitutaion abhängig?

Lösungen

Aufgabe 13.1:

13.1.1 Lothar M. steht vor dem Problem des optimalen Arbeitsangebots. Da er zwischen den beiden "Gütern" Leberknödel und Freizeit substituieren kann, läßt sich das Problem mit dem Konsum–Freizeit–Ansatz darstellen. Die Budgetrestriktion besagt, daß Lothar M. nur höchstens soviel Leberknödel konsumieren kann, wie er aus der Summe seines Einkommens, das sich aus dem Zinseinkommen und dem Arbeitseinkommen (Lohnsatz · Arbeitszeit) zusammensetzt, bezahlen kann:

$$20 \cdot x \leq 50 \cdot (T - F) + 40.$$

Der Verlauf der Budgetgeraden läßt sich über die beiden Extrempunkte (keine Freizeit, keine Arbeitszeit) bestimmen. Dementsprechend verläuft die Gerade mit der Steigung $\frac{dx}{dF} = -2,5$ durch die Punkte [0;62] und [20;2] im Freizeit–Leberknödel–Diagramm aus Abbildung 13.1.

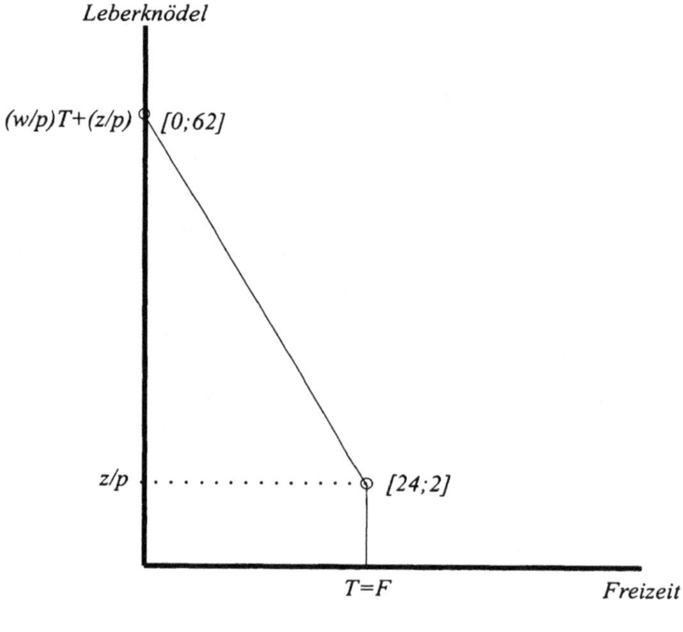

Abbildung 13.1: Freizeit–Leberknödel–Diagramm

Da Lothar zwei Leberknödel konsumieren kann, wenn er seine Arbeitskraft nicht anbietet, indem er lediglich sein Zinseinkommen dafür einsetzt, verläuft die Budgetgerade nicht bis zur Abszisse, sondern weist im Punkt [20; 2] einen Knick auf.

Der andere Extrempunkt ergibt sich im Schnittpunkt mit der Ordinate. Dieser Punkt bezeichnet das Realeinkommen, wenn keine Freizeit realisiert wird. Wenn man die Budgetrestriktion als eine Ungleichung interpretiert, kann jeder Punkt auf oder unterhalb der Budgetgeraden realisiert werden. Wird ein Punkt unterhalb der Geraden realisiert, so wird ein Teil des erzielten Einkommens nicht für den Konsum verausgabt.

13.1.2 Lothar M. maximiert seinen Nutzen $U = g(x, F)$ unter der Nebenbedingung der Budgetrestriktion. Da wir davon ausgehen, daß Lothar keine Randlösung präferiert, also sowohl eine positive Menge an Freizeit als auch eine positive Menge an Leberknödeln realisieren möchte, ergeben sich weiterhin die Nebenbedingungen $x > 0$ und $F > 0$. Es ergibt sich also folgende Langrangefunktion:

$$\max_{x,F,\lambda} L = g(x, F) + \lambda(20 \cdot x - 50 \cdot T + 50 \cdot F - 40).$$

Die notwendigen Bedingungen für ein Optimum lassen sich über die partiellen Ableitungen

$$\frac{\partial L}{\partial F} = g_F + 50 \cdot \lambda = 0,$$

$$\frac{\partial L}{\partial x} = g_x + 20 \cdot \lambda = 0$$

und

$$\frac{\partial L}{\partial \lambda} = 20 \cdot x - 50 \cdot T + 50 \cdot F - 40 = 0$$

bestimmen. Faßt man die partiellen Ableitungen der Lagrangefunktion nach Leberknödel und Freizeit zusammen, folgt daß die Grenzrate der Substitution (Verhältnis der partiellen Grenznutzen) dem realen Lohnsatz ($\frac{w}{p}$) entspricht:

$$\frac{g_F}{g_x} = GRS_F^x = \frac{50}{20} = 2,5.$$

Demnach lassen sich die nutzenoptimalen Mengen nur dann genau bestimmen, wenn auch die Nutzenfunktion näher spezifiziert ist.

13.1.3 Gegeben die Nutzenfunktion $U = x^{0,37} \cdot F^{0,25}$, berechnet sich die Grenzrate der Substitution aus dem Verhältnis der partiellen Ableitungen:

$$\frac{\partial U}{\partial x} = 0,37 \cdot x^{-0,63} \cdot F^{0,25}$$

und

$$\frac{\partial U}{\partial F} = 0,25 \cdot F^{-0,75} \cdot x^{0,37},$$

so daß folgender Zusammenhang entsteht:

$$\frac{g_F}{g_x} = GRS_F^x = \frac{0,25 \cdot x}{0,37 \cdot F} = 2,5.$$

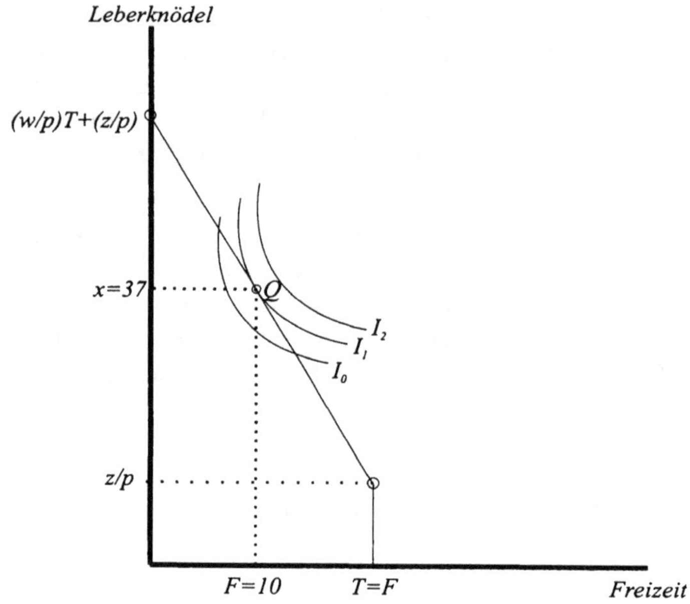

Abbildung 13.2: Nutzenmaximum

Um die nutzenoptimalen Mengen zu errechnen, muß die Grenzrate der Substitution nach x bzw. F umgestellt und das Ergebnis in $\frac{\partial L}{\partial \lambda}$ eingesetzt werden. Auf diese Weise entsteht die Freizeit–Leberknödelkombination:

$$20 \cdot \left[\frac{2{,}5 \cdot 0{,}37}{0{,}25} \cdot F\right] + 50 \cdot F = 1.240$$

$$F = 10$$

und

$$20 \cdot x + 50 \cdot 10 = 1.240$$

$$x = 37.$$

Lothar M. realisiert demnach also im Nutzenmaximum 10 Stunden Freizeit pro Tag und verzehrt dabei 37 Leberknödel. Anhand der Abbildung 13.2 ist zu erkennen, daß ein Nutzenmaximum genau dort erreicht wird, wo sich Budgetgerade und Indifferenzkurve (I_1) tangieren. Da die Grenzrate der Substitution als Absolutbetrag der Steigung der Indifferenzkurve definiert ist, muß im Optimum die Steigung der Indifferenzkurve der Steigung der Budgetgeraden entsprechen. Da $I_0 \prec I_1 \prec I_2$ gilt, also das Nutzenniveau vom Ursprung aus gesehen zunimmt, wird in Punkt Q das bei gegebener Budgetrestriktion und gegebener Nutzenfunktion höchste realisierbare Nutzenniveau gerade noch erreicht. Jeder andere Punkt auf einer Indifferenzkurve $I < I_1$ wäre also nicht optimal.

Aufgabe 13.2:

13.2.1 Ohne die Beachtung der Konsumentscheidung reduziert sich das Problem auf den Zusammenhang von Einkommen und Freizeit. Dargestellt werden kann dieses Problem mit dem sog. Einkommens–Freizeit–Ansatz. Die Einkommensrestriktion besagt, daß jede von Lothar angebotene Arbeitszeit ($A = T - F$) zum Lohnsatz $w = 50$ auch tatsächlich nachgefragt wird. Da er sein Zinseinkommen im Voraus für Leberknödel ausgibt, geht dieses nicht mehr in die Einkommensrestriktion ein. Somit ergibt sich also ein Einkommen (y), welches nur noch vom Arbeitseinkommen abhängig ist:

$$y = 50 \cdot (T - F).$$

Auch das Konsumgut "Leberknödel" geht nun nicht mehr in die Nutzenfunktion ein, dafür aber das erzielbare Einkommen. Auf diese Weise entsteht analog zum Konsum–Freizeit–Ansatz folgendes Optimierungsproblem:

$$\max_{y,F,\lambda} L = y^{0,1} \cdot F^{0,5} + \lambda \cdot [y - 50 \cdot (T - F)].$$

Durch Bildung der partiellen Ableitungen entstehen folgende Optimalbedingungen erster Ordnung:

$$\frac{\partial L}{\partial y} = 0,1 \cdot y^{-0,9} \cdot F^{0,5} + \lambda = 0,$$

$$\frac{\partial L}{\partial y} = 0,5 \cdot F^{-0,5} \cdot y^{0,1} - 50\lambda = 0$$

und

$$\frac{\partial L}{\partial \lambda} = y - 50 \cdot T + 50 \cdot F = 0.$$

Faßt man wiederum die ersten beiden partiellen Ableitungen zusammen, ergibt sich mit Hinzunahme der dritten Ableitung folgendes Gleichungssystem:

$$\frac{g_F}{g_y} = \frac{0,5 \cdot y}{0,1 \cdot F} = 50$$

und

$$y - 50 \cdot T + 50 \cdot F = 0.$$

Durch Auflösen dieses Gleichungssystem nach F und y, errechnet sich für Lothar ein Arbeitsangebot von 4 Stunden pro Tag ($F = 20$). Er erzielt dabei ein Einkommen von $y = 200$ Geldeinheiten pro Tag. Vergleicht man die beiden Entscheidungen zwischen Freizeit und Leberknödel bzw. Freizeit und Einkommen, so sinkt das Arbeitsangebot von Lothar von 14 auf 4 Stunden pro Tag. Das Ergebnis ist wenig überraschend, da die Freizeit relativ betrachtet viel stärker in die Nutzenfunktion eingeht als im vorherigen Fall.

13.2.2 Die hinreichende Bedingung ist dann erfüllt, wenn die Nutzenfunktion quasi-konkav verläuft. Dies ist aber dann der Fall, wenn die Determinante der geränderten Hesse-Matrix positiv ist. Die geränderte Hesse-Matrix ist definiert als Matrix der zweiten Ableitungen auf der Hauptdiagonale und den Kreuzableitungen als Nebendiagonalelemente. In diesem Falle ergibt sich also die folgende Matrix:

$$H = \begin{bmatrix} \frac{\partial^2 L}{\partial F^2} & \frac{\partial^2 L}{\partial F \partial y} & \frac{\partial^2 L}{\partial F \partial \lambda} \\ \frac{\partial^2 L}{\partial y \partial F} & \frac{\partial^2 L}{\partial y^2} & \frac{\partial^2 L}{\partial y \partial \lambda} \\ \frac{\partial^2 L}{\partial F^2 \partial \lambda} & \frac{\partial^2 L}{\partial y \partial \lambda} & \frac{\partial^2 L}{\partial \lambda^2} \end{bmatrix} = \begin{bmatrix} \frac{-0{,}25 \cdot y^{0,1}}{F^{1,5}} & \frac{0{,}05}{F^{0,5} \cdot y^{0,9}} & w \\ \frac{0{,}05}{F^{0,5} \cdot y^{0,9}} & \frac{-0{,}09 \cdot F^{0,5}}{y^{1,9}} & 1 \\ w & 1 & 0 \end{bmatrix}.$$

Die Determinante von H ist dann positiv, wenn U eine quasi-konkave Nutzenfunktion ist. Dies wiederum ist der Fall, wenn die Indifferenzkurven, also die Einkommens–Freizeit–Kombinationen, die ein bestimmtes konstantes Nutzenniveau repräsentieren (I_0, I_1, I_2), konvex verlaufen. Die Berechnung der Determinante kann beispielsweise über die Anwendung der Cramer-Regel erfolgen. In diesem Falle lautet sie:

$$|H| = 0,25 \cdot \frac{y^{0,1}}{F^{1,5}} + \frac{0,1w}{y^{0,9} \cdot F^{0,5}} + 0,09 \cdot \frac{w^2 \cdot F^{0,5}}{y^{1,9}} > 0.$$

Die Bedingungen zweiter Ordnung sind erfüllt, folglich liegt im betrachteten Fall ein Nutzenmaximum vor.

13.2.3 Eine Erhöhung des Lohnsatzes kann graphisch durch eine Drehung der Budgetgeraden im Punkt $T = F$ nach rechts abgebildet werden (vgl. Abbildung 13.3). Wurde zunächst der Punkt Q_0 als Tangentialpunkt von I_0 und der Budgetgeraden B_0 realisiert, bewirkt eine Lohnsatzerhöhung, daß ein ebenfalls höheres Nutzenniveau erreicht wird (Q_1). Die Strecke $\overline{Q_0Q_1}$ beschreibt somit den Gesamteffekt der Lohnsatzveränderung.

Um den Substitutionseffekt abzubilden wird die Einkommenserhöhung rückgängig gemacht, indem eine Parallele zur Budgetgeraden B_1 gezogen wird, die die Indifferenzkurve I_0 tangiert. Die Strecke zwischen den Punkten $\overline{Q_0Q_1^*}$ repräsentiert den Substitutionseffekt. Dieser beschreibt die Reaktion eines Wirtschaftssubjektes (in diesem Falle Lothar M.) auf eine Lohsatzsteigerung, wenn das ursprüngliche Nutzenniveau (I_0) beibehalten würde. Das Wirtschaftssubjekt substituiert somit Arbeit zu Lasten von Freizeit, der Substitutionseffekt ist für die Freizeit negativ. Läßt man nun wieder zu, daß ein höheres Nutzenniveau I_1 erreicht werden kann, wird der Punkt Q_1 realisiert. Die Strecke $\overline{Q_1^*Q_1}$ bestimmt somit den Niveaueffekt. Er ist in diesem Falle positiv was bedeutet, daß die Freizeit als superiores Gut angesehen wird. Insgesamt ist der Niveaueffekt in diesem Falle auch größer als der Substitutionseffekt, so daß sich ein positiver Gesamteffekt auf die Freizeit ergibt.

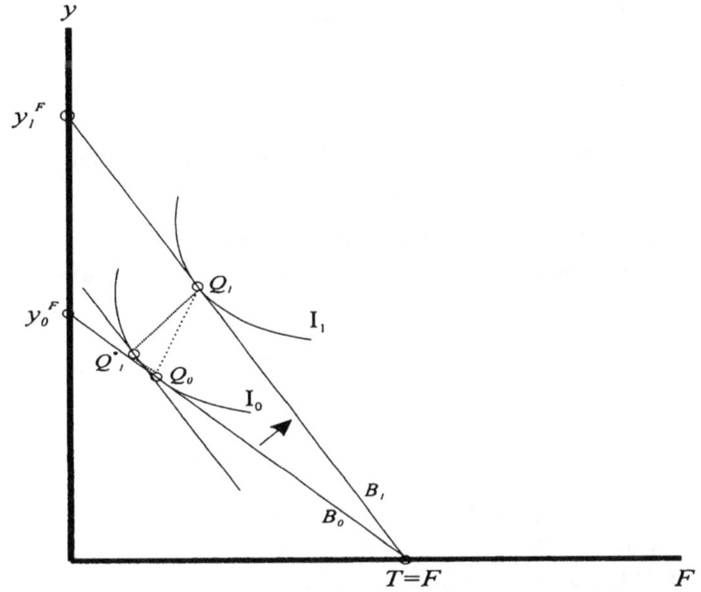

Abbildung 13.3: Effekte einer Lohsatzänderung

Aufgabe 13.3:

13.3.1 Da Ihnen die Nachfragesituation noch nicht bekannt ist, können Sie keine Aussagen über die Preiselastizität der Nachfrage treffen. Somit gehen Sie davon aus, daß die Produktionsfunktion ihr Outputniveau und Absatzniveau bestimmt. Weil Sie auch sonst keine Restriktionen (etwa bei der Lohnbildung am Arbeitsmarkt) beachten müssen und alle Daten gegeben sind, läßt sich unter der Annahme der Gewinnmaximierung folgende Zielfunktion aufstellen:

$$\max_{v_1,v_2} \Pi = 30.000 \cdot v_1^{0,5} \cdot v_2^{0,5} - 3.000 \cdot v_1 - 5.000 \cdot v_2,$$

bei der Erlöse und Kosten in Abhängigkeit der Produktionsfaktoren gegenüber gestellt werden. Über die Berechnung der partiellen Ableitungen lassen sich die Optimalbedingungen erster Ordnung herleiten:

$$\frac{\partial \Pi}{\partial v_1} = 15.000 \cdot v_1^{-0,5} \cdot v_2^{0,5} - 3.000 = 0$$

bzw.

$$\frac{\partial \Pi}{\partial v_1} = 15.000 \cdot v_1^{0,5} \cdot v_2^{-0,5} = 0.$$

Die Wertgrenzprodukte der Arbeit $p \cdot \frac{\partial y}{\partial v_1}, p \cdot \frac{\partial y}{\partial v_2}$ entsprechen also im Optimum den jeweiligen Lohnsätzen. Fügt man die beiden Ausdrücke zusammen, ergibt sich das folgende gewinnmaximale Faktoreinsatzverhältnis:

$$\frac{v_2}{v_1} = \frac{w_1}{w_2} = \frac{3}{5}.$$

Die technische Rate der Substitution, also das Verhältnis der Grenzprodukte muß dem Verhältnis der Faktorpreise entsprechen.

13.3.2 Um die optimale Faktornachfrage zu bestimmen, werden die partiellen Ableitungen der Lagrangefunktion mit v_1 bzw. v_2 multipliziert. Auf diese Weise ergeben sich die beiden Gleichungen:

$$15.000 \cdot v_1^{0,5} \cdot v_2^{0,5} = 3.000 \cdot v_1$$

und

$$15.000 \cdot v_1^{0,5} \cdot v_2^{0,5} = 5.000 \cdot v_1 = 0.$$

Ersetzt man nun $v_1^{0,5} \cdot v_2^{0,5}$ gemäß der Produktionsfunktion durch y, erhält man die Faktornachfragefunktionen $v_1^* = 5 \cdot y$ und $v_2^* = 3 \cdot y$. Auch hier zeigt sich wiederum das optimale Faktoreinsatzverhältnis von 5/3.

13.3.3 Wird nun anstelle der Gewinnmaximierung die Kostenminimierung gewählt, ergibt sich eine neue Zielfunktion, welche die im Mittelpunkt stehenden Kosten unter der Nebenbedingung der Produktionsfunktion minimiert:

$$\min_{v_1,v_2} L = 3.000 \cdot v_1 + 5.000 \cdot v_2 - \lambda \left(v_1^{0,5} \cdot v_2^{0,5} - y \right).$$

Nach bekannter Lagrange–Methode werden die Bedingungen erster Ordnung hergeleitet:

$$\frac{\partial L}{\partial v_1} = 3.000 - \lambda \cdot 0,5 \cdot v_1^{-0,5} \cdot v_2^{0,5} = 0,$$

$$\frac{\partial L}{\partial v_2} = 5.000 - \lambda \cdot 0,5 \cdot v_1^{0,5} \cdot v_2^{-0,5} = 0,$$

$$\frac{\partial L}{\partial \lambda} = y - v_1^{0,5} \cdot v_2^{0,5} = 0.$$

Nachdem $\frac{\partial L}{\partial v_1}$ und $\frac{\partial L}{\partial v_2}$ zusammengefaßt wurden, ergibt sich wiederum ein Faktoreinsatzverhältnis von:

$$\frac{v_2}{v_1} = \frac{w_1}{w_2}.$$

Unabhängig davon, ob also ein Gewinnmaximierungs– oder Kostenminimierungskalkül vorliegt, ergibt sich ein entsprechendes Faktoreinsatzverhältnis, bei dem die Produktionsfaktoren gemäß den umgekehrten relativen Preisen eingesetzt werden. Dies überrascht nicht sonderlich, da ceteris paribus ein ein maximaler Gewinn nur dann vorliegen kann, wenn die Kosten minimiert werden.

Die Faktornachfragefunktionen für jede Faktormenge lassen sich herleiten, indem die partiellen Ableitungen $\frac{\partial L}{\partial v_1}$ und $\frac{\partial L}{\partial v_2}$ mit v_1 und v_2 multipliziert werden und in $\frac{\partial L}{\partial \lambda}$ eingesetzt wurden. Nach einigen Umformungen ergeben sich die optimalen Faktornachfragefunktionen:

$$v_1^* = \frac{5.000^{0,5}}{3.000^{0,5}} \cdot y$$

und

$$v_2^* = \frac{3000^{0,5}}{5000^{0,5}} \cdot y.$$

Auch hier läßt sich wieder ceteris paribus ein konstantes Faktoreinsatzverhältnis von 5/3 feststellen.

Aufgabe 13.4:

13.4.1 Ohne genaue Kenntnis über die Struktur auf Güter– und Faktormärkten kann zunächst nur ein allgemeingültiges Modell erstellt werden, indem der Gewinn als Funktion des Umsatzes $p(y) \cdot y$ abzüglich der Kosten $w_i(v_i) \cdot v_i$ mit $i = 1,2$ unter der Nebenbedingung der Produktionstechnologie maximiert wird. Es folgt somit die Lagrangefunktion:

$$\max_{v_1,v_2,y} \Pi = p(y) \cdot y - w_1(v_1) - w_2(v_2) \cdot v_2 - \lambda \left(y - v_1^{0,5} \cdot v_2^{0,5}\right).$$

Bildet man die partiellen Ableitungen, lassen sich die notwendigen Bedingungen für ein Maximum bestimmen:

$$\frac{\partial \Pi}{\partial v_1} = -w_1 - \frac{\partial w_1}{\partial v_1} \cdot v_1 - \lambda \cdot 0,5 \cdot v_1^{-0,5} \cdot v_2^{0,5} = 0$$

$$\frac{\partial \Pi}{\partial v_1} = -w_2 - \frac{\partial w_2}{\partial v_2} \cdot v_2 - \lambda \cdot 0,5 \cdot v_1^{0,5} \cdot v_2^{-0,5} = 0$$

und

$$\frac{\partial \Pi}{\partial v_1} = \frac{\partial p}{\partial y} \cdot y + p - \lambda = 0.$$

Um die Gleichungen zu vereinfachen, werden die Ausdrücke $\frac{\partial w_1}{\partial v_1} \cdot v_1$, $\frac{\partial w_2}{\partial v_2} \cdot v_2$ und $\frac{\partial p}{\partial y} \cdot y$ mit eins in Form von $\frac{-w_1}{-w_1}$, $\frac{-w_2}{-w_2}$ und $\frac{-p}{-p}$ multipliziert. Auf diese Weise ergeben sich die notwendigen Bedingungen:

$$\lambda \cdot 0,5 \cdot \frac{v_2^{0,5}}{v_1^{0,5}} = w_1 \cdot (1 + \epsilon_{w_1,v_1})$$

$$\lambda \cdot 0,5 \cdot \frac{v_1^{0,5}}{v_2^{0,5}} = w_2 \cdot (1 + \epsilon_{w_2,v_2})$$

und

$$\lambda = p \cdot \left(1 - \frac{1}{\epsilon_{y,p}}\right),$$

wobei ϵ_{w_1,v_1}, ϵ_{w_2,v_2} und $\epsilon_{y,p}$ die Preiselastizitäten der Faktornachfrage und die Preiselastizitäten der Nachfrage bezeichnen. Setzt man nun die beiden ersten Gleichungen in die dritte ein ergibt sich folgender Zusammenhang für die gewinnmaximalen Einsatzmengen:

$$0,5 \cdot \frac{v_2^{0,5}}{v_1^{0,5}} = \frac{w_1}{p} \cdot \frac{1+\epsilon_{w_1,v_1}}{1-\frac{1}{\epsilon_{y,p}}}$$

und

$$0,5 \cdot \frac{v_1^{0,5}}{v_2^{0,5}} = \frac{w_2}{p} \cdot \frac{1+\epsilon_{w_2,v_2}}{1-\frac{1}{\epsilon_{y,p}}}.$$

13.4.2 Als Verhältnis der optimalen Faktoreinsatzmengen ergibt sich dementsprechend:

$$\frac{v2}{v1} = \frac{w_1 \cdot \left(1+\epsilon_{w,v_1}\right)}{w_2 \cdot (1+\epsilon_{w_2,v_2})},$$

es entspricht also dem umgekehrten Verhältnis der Löhne bereinigt um die Faktorpreiselastizitäten. Die Konkurrenzsituation auf dem Arbeitsmarkt bestimmt, welche Faktorkombinationen optimal im Sinne der Gewinnmaximierung sind. Bei vollständiger Konkurrenz sind die Elastizitäten $\epsilon_{w_1,v_1} = 0$ und $\epsilon_{w_2,v_2} = 0$. Das Verhältnis der Faktoreinsatzmengen entspricht nun wieder dem umgekehrten Verhältnis der Lohnsätze.

Kommentierte Literaturhinweise:

Das Buch von Dixit (1993) behandelt die Grundlagen der statischen und dynamischen Optimierung. Es bespricht im wesentlichen die im Grund- und Hauptstudium benötigten Verfahren. Franz (1996) stellt ein sehr umfassendes Buch zur Arbeitsmarktökonomik dar. Es umfaßt eine gute Darstellung der theoretische Konzepte und eine Zusammenfassung wichtiger empirischer Studien zu den einzelnen Kapiteln. Wegen der starken Überschneidungen von Arbeitsangebots- und Haushaltstheorie enthält dieses Buch hilfreiche Erläuterungen zum Einkommens-Freizeit- und KOnsum-Freizeit-Ansatz. Varian (1991) ist das grundlegende Werk zu mikroökonomischen Fragestellungen. Sowohl Haushaltstheorie als auch Produktionstheorie werden hier besprochen.

Dixit, A.K. (1993):
Optimization in Economic Theory. Oxford.

Franz. W. (1996):
Arbeitsmarktökonomik. 3. Auflage, Berlin.

Moritz, K.-H. (1993):
Mikroökonomische Theorie des Haushalts. München.

Varian, H. (1991):
Grundzüge der Mikroökonomik. 2. Auflage, München.

Teil III

Makroökonomik

Kapitel 14

Volkswirtschaftliche Gesamtrechnung

Dipl.-Vw. Thomas C. Menzel, Technische Universität Dresden
Dr. Michael Berlemann, Technische Universität Dresden

Aufgaben

Aufgabe 14.1:

Die Kreislaufanalyse ist eine klassifikatorische Theorie, die verschiedene Komponenten des Wirtschaftsprozesses nach bestimmten Gesichtspunkten zu Polen (Sektoren, Aggregaten) zusammenfaßt.

14.1.1 Worin liegt der Vorteil dieser funktionellen Aufgliederung der Volkswirtschaft?

14.1.2 Welche Nachteile sind mit der Bildung von Aggregaten verbunden?

Aufgabe 14.2:

Die Idee eines Kreislaufs im Wirtschaftsprozeß stammt von Francois Quesnay (1694-1774), Arzt der Madame de Pompadour und Hofarzt von Ludwig XV.

14.2.1 Stellen Sie das einfache Kreislaufmodell einer stationären Volkswirtschaft ohne staatliche Aktivität und außenwirtschaftliche Verflechtungen dar.

14.2.2 Wie hängen reale und monetäre Ströme miteinander zusammen?

14.2.3 Erläutern Sie das Kreislaufaxiom.

Aufgabe 14.3:

Während das volkswirtschaftliche Einkommen im Wirtschaftsleben oft schlicht als "das Sozialprodukt" bezeichnet wird, differenziert die Volkswirtschaftliche Gesamtrechnung (VGR) diesen Begriff in

14.3.1 Netto- und Bruttoprodukte,

14.3.2 Inlands- und Sozialprodukte,

14.3.3 Produkte zu Marktpreisen und Faktorkosten,

14.3.4 Nominal- und Realprodukte.

Erläutern Sie den konzeptionellen Unterschied des jeweiligen Begriffspaares.

Aufgabe 14.4:

Während das Volkseinkommen (=Nettosozialprodukt zu Faktorkosten (NSPF)) ein geeignetes Maß für die Güterversorgung der nationalen Bevölkerung darstellt, ist das Bruttosozialprodukt zu Marktpreisen (BSPM) der am häufigsten verwendete Indikator der wirtschaftlichen Leistungsfähigkeit einer Nation.

14.4.1 Aus welchen Einkommensgrößen setzt sich das Volkseinkommen zusammen?

14.4.2 Worin unterscheidet sich das Volkseinkommen vom BSPM?

Aufgabe 14.5:

Bis zu Anfang der 70er Jahre war das BSP die wichtigste Kennzahl zur Messung des Wohlstandes eines Landes. Seither hat sich ein deutlicher Bewußtseinswandel vollzogen.

14.5.1 Warum ist die alleinige Verbindung von BSP und Wohlstand bedenklich?

14.5.2 Nennen Sie die Komponenten, die den Wohlstand eines Landes mit bestimmen, aber in der Sozialproduktberechnung nicht berücksichtigt werden?

14.5.3 Nennen Sie die Güter, die bei der BSP-Berechnung berücksichtigt werden, die den Wohlstand eines Landes nicht erhöhen oder sogar senken!

Aufgabe 14.6: Der Staat kann durch sein Handeln aktiv in den Wirtschaftskreislauf eingreifen. Erörtern Sie diesen Sachverhalt mit Hilfe der nachstehenden Aufgaben.

14.6.1 Diskutieren Sie die Aktivitäten des Staates im Wirtschaftskreislauf. Verwenden Sie dabei die folgenden Begriffe: direkte Steuern, indirekte Steuern, öffentliche Ausgaben, Transferzahlungen, Subventionen, Staatsverschuldung.

14.6.2 Aus welchen Größen setzt sich das BSPM zusammen?

14.6.3 Erklären Sie, warum das NSPM im allgemeinen nicht mehr mit dem Volkseinkommen übereinstimmt.

14.6.4 Wie setzt sich das persönliche Einkommen der Haushalte zusammen? Warum entspricht es nicht dem tatsächlich verfügbaren Einkommen?

Aufgabe 14.7:

Der Unternehmenssektor einer Volkswirtschaft bestehe aus lediglich drei Großunternehmen, deren Produktionskonten in den Tabellen 14.1, 14.2 und 14.3 dargestellt sind. Dabei sind einige Daten allerdings noch unbekannt.

Produktionskonto U1

empfangene Vorleistungen von U2	?	Verkäufe von Halbfabrikaten an U2	190
empfangene Vorleistungen von U3	?	Verkäufe von Halbfabrikaten an U3	?
Abschreibungen	60	Verkäufe von Investitionsgütern an U2	400
indirekte Steuern	40	Verkäufe von Investitionsgütern an U3	300
Wertschöpfung	1.750	Verkäufe von Konsumgütern an Staat	480
		Verkäufe von Konsumgütern an Private	600

Tabelle 14.1: Produktionskonto von U1

Produktionskonto U2

empfangene Vorleistungen von U1	?	Verkäufe von Halbfabrikaten an U1	200
empfangene Vorleistungen von U3	220	Verkäufe von Halbfabrikaten an U3	?
Abschreibungen	100	Verkäufe von Investitionsgütern an U1	310
indirekte Steuern	180	Verkäufe von Investitionsgütern an U3	180
Wertschöpfung	?	Verkäufe von Konsumgütern an Staat	500
		Verkäufe von Konsumgütern an Private	510

Tabelle 14.2: Produktionskonto von U2

Produktionskonto U3

empfangene Vorleistungen von U1	?	Verkäufe von Halbfabrikaten an U1	160
empfangene Vorleistungen von U2	270	Verkäufe von Halbfabrikaten an U2	?
Abschreibungen	90	Verkäufe von Investitionsgütern an U1	300
indirekte Steuern	70	Verkäufe von Investitionsgütern an U1	600
Wertschöpfung	?	Verkäufe von Konsumgütern an Staat	220
		Verkäufe von Konsumgütern an Private	440

Tabelle 14.3: Produktionskonto von U3

14.7.1 Berechnen Sie die fehlenden Angaben und ergänzen Sie die Produktionskonten.

14.7.2 Ermitteln Sie die das konsolidierte Produktionskonto des Unternehmenssektors der betrachteten Volkswirtschaft.

Aufgabe 14.8:

14.8.1 Definieren Sie den Begriff einer Zahlungsbilanz.

14.8.2 Inwiefern ist die Bezeichnung der Zahlungsbilanz als „Bilanz" vor dem Hintergrund ihres Inhalts irreführend?

14.8.3 Erläutern Sie am Beispiel Deutschlands die Prinzipien, nach denen eine Zahlungsbilanz erstellt wird.

14.8.4 Erläutern sie den grundlegenden Aufbau der Zahlungsbilanz der Bundesrepublik Deutschland. Gehen Sie dabei auch auf die wichtigsten Teilbilanzen ein.

14.8.5 In vielen Ländern wird das Ziel einer „ausgeglichenen Zahlungsbilanz" verfolgt. Was wird üblicherweise unter einer solchen „ausgeglichenen Zahlungsbilanz" verstanden?

14.8.6 Erläutern Sie kurz, auf welche Art und Weise Buchungs- bzw. Erfassungsfehler in der Zahlungsbilanz aufgedeckt werden und wie mit diesem Problem umgeangen wird.

14.8.7 Geben Sie an, ob - und wenn ja wie - sie die folgenden Vorgänge in der Zahlungsbilanz verbuchen würden:

1. Michael Schumacher, der seinen Wohnsitz nach Zuffenhausen verlegt hat, kauft aus Verärgerung über seinen unzuverlässigen Ferrari einen Rover in Großbritannien und bekommt vom britischen Rover-Händler ein Zahlungsziel von 12 Monaten eingeräumt.

2. Die Prostituierte Lollo F. aus St. Pauli verwöhnt gegen Devisen den amerikanischen Ex-Politiker Billy C.

3. Die deutsche Niederlassung des amerikanischen Microsoft-Konzerns überzeugt das Bundeskartellamt von einer neu entwickelten Planungssoftware und verkauft ihm gegen Kredit 200 Versionen des Programms.

4. Das Bundeskabinett beschließt auf Anraten des Kanzlers, dem armen Entwicklungsland Kuwait Entwicklungshilfe zukommen zu lassen, um so die Pflege der dortigen Golfplätze sichern zu können. Hierzu überträgt die Regierung Kuwait ein Bankguthaben bei einer deutschen Bank.

5. Da das Kanzlergehalt hinten und vorne nicht reicht, nimmt der Kanzler einen Kredit beim Papst auf und laßt sich den Kredit in Bargeld in einem Aktenkoffer voller Lire überbringen. Die Verwendung des Geldes bleibt unklar.

6. Der beim FC Schalke 04 spielende Fußballprofi Marc Wilmots schickt seiner Oma in Belgien ein Monatsgehalt in bar (DM), um deren Lebensabend zu sichern.

Lösungen

Aufgabe 14.1:

14.1.1 In einer komplexen Volkswirtschaft mit Millionen Wirtschaftssubjekten läßt sich zwar prinzipiell jeder Tausch erfassen und in einem Kreislaufschema abbilden, die Daten wären allerdings nur mit riesigem Aufwand zu erhalten, und das Ergebnis hätte zudem einen recht geringen Erkenntniswert. Die funktionelle Aufgliederung der Volkswirtschaft in Aggregate erlaubt eine sehr viel einfachere und übersichtliche Darstellung und Erklärung der Grundmuster der ökonomischen Aktivitäten einer gesamten Volkswirtschaft.

14.1.2 Mit der Bildung von Aggregaten wird von den Eigenheiten unterschiedlicher Gütertransaktionen abstrahiert. Folge ist, daß auch die individuellen Charakteristika von Märkten und Marktteilnehmern verwischt werden - es gehen Informationen verloren. Deshalb ist die jeweilige Ausprägung des Kreislaufschemas eine Frage der Zweckmäßigkeit und durchaus unterschiedlich.

Aufgabe 14.2:

14.2.1 In Abbildung 14.1 ist das elementare Kreislaufschema graphisch dargestellt.

14.2.2 Unter der Voraussetzung wertgleichen Tausches ist dem Güterkreislauf ein Geldkreislauf entgegengerichtet: Zu jedem realem Strom gehört immer ein äquivalenter monetärer Strom. Reale Größen sind die Konsumgüterverkäufe der Unternehmen und die Faktorleistungen der Haushalte (bzw. die Einnahmen der Unternehmen aus dem Verkauf von Konsumgütern) und die Faktoreinkommen der Haushalte (bzw. die Ausgaben der Unternehmen für erhaltene Faktorleistungen).

14.2.3 Der wichtigste Satz der Kreislaufanalyse besagt: Für jeden Pol muß die Summe der hineinfließenden Ströme gleich der Summe der herausfließenden Ströme sein.

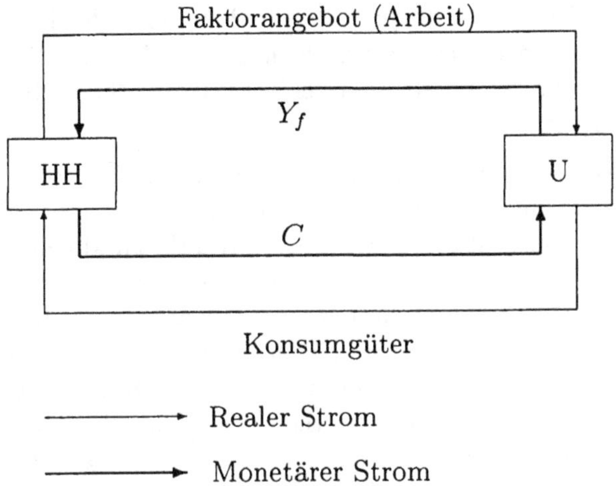

Abbildung 14.1: Kreislaufschema

Dieses Kreislaufaxiom gilt für Güter- wie Geldströme (warum?). Es hat die ökonomische Bedeutung, daß in der Kreislaufdarstellung nur wertäquivalente Tauschbeziehungen zwischen den Sektoren abgebildet werden. Gibt ein Pol Güter im Wert von zwei Geldeinheiten hin, so muß er notwendig denselben Wert von einem anderen Pol erhalten, so daß die Summe von Zuflüssen und Abflüssen gleich ist.

Aufgabe 14.3:

14.3.1 Netto- und Bruttoprodukte unterscheiden sich durch die Abschreibungen: Während Bruttoprodukte das gesamte Einkommen messen, erfassen Nettoprodukte nur denjenigen Teil, der für Erweiterungs (Netto-)investitionen oder Konsumzwecke zur Verfügung steht; der für Ersatzinvestitionen disponierte Teil der Produktion wird hingegen nicht erfaßt.

14.3.2 Das Begriffspaar Inlands- und Sozialprodukt trägt den außenwirtschaftlichen Beziehungen einer Volkswirtschaft Rechnung: Das Inlandsprodukt mißt das innerhalb der Staatsgrenzen unter Mitwirkung von Ausländern erwirtschaftete Einkommen (Inländerkonzept). Inländer werden dabei nicht nach ihrer Staatsangehörigkeit, sondern nach ihrem ersten Wohnsitz bzw. dem Sitz der Gesellschaft abgegrenzt. Produziert ein Ausländer innerhalb der bundesdeutschen Grenzen Güter, so ist deren Wert im Inlandsprodukt, nicht aber im Sozialprodukt enthalten. Umgekehrt zählt ein in Mexiko von einer deutschen Gesellschaft produziertes Gut zum Sozial-, aber nicht zum Inlandsprodukt.

14.3.3 Produkte zu Marktpreisen und Faktorkosten unterscheiden sich durch den Saldo von indirekten Steuern und Subventionen. Die Produkte zu Faktorkosten berechnen den Wert der Güterproduktion als Summe der im privatwirtschaftlichen Bereich entstandenen Kosten. Addiert man die indirekten Steuern hinzu und zieht die Subventionen ab, so erhält man den Marktwert der Güter, gemessen durch das Produkt zu Matrktpreisen.

14.3.4 Grundgedanke der Abgrenzung von Nominal- und Realprodukten ist, daß sich der Wertzuwachs eines Produktes in einen Preis- und einen Mengenzuwachs zerlegen läßt. Beispiel: Ist das Bruttosozialprodukt zu Marktpreisen gegenüber dem Vorjahr um fünf Prozent gestiegen, so kann dies bedeuten, daß die umgesetzten Mengen um fünf Prozent zunahmen; es kann aber auch bedeuten, daß (bei konstenten Mengen) die Preise um fünf Prozent stiegen; drittens mag es sich um eine Kombination beider Wirkungen handeln. Unter dem Aspekt der Güterversorgung ist allein die Mengenveränderung interessant; deshalb rechnet man aus dem Nominalprodukt (Produkt zu laufenden Preisen) die Preissteigerung mit Hilfe von Preisindices heraus und kommt dadurch zum Realprodukt (Produkt zu konstanten Preisen).

Aufgabe 14.4:

14.4.1 Das Volkseinkommen ist eine rechnerische Größe - ausgedrückt als Summe an Einkommen -, die den inländischen Produktionsfaktoren (genauer: den Besitzern der Faktoren) dafür bezahlt wird, daß sie bei der Erstellung von Gütern und Dienstleistungen im Sozialprodukt mitgewirkt haben: der Produktionsfaktor Arbeit erhält ein Lohn-, der Produktionsfaktor Boden ein Renten- (Pacht- bzw. Miet-) und der Produktionsfaktor Kapital ein Zinseinkommen. Als Rest ergibt sich der Unternehmergewinn.

14.4.2 Im Gegensatz zum BSPM enthält das Volkseinkommen weder Abschreibungen noch indirekte Steuern (minus Subventionen).

Aufgabe 14.5:

14.5.1 Wohlstand ist sinnvollerweise dreidimensional zu definieren:
Wohlstand ist die Gesamtheit

- der dem Konsum zugeführten Güter (1. Dimension)
- an ökonomischem und ökologischem Kapital (2. Dimension) sowie
- an sozialen, kulturellen, ethischen und ästhetischen Werten (3. Dimension),

die insgesamt das menschliche Wohlbefinden bestimmen.
Diese Definition zeigt bereits, daß das BSP als Einkommenskonzept (Stromgröße)

kein ausreichender Wohlstandsindikator sein kann, weil es nur mit der ersten Dimension des Wohlstandsbegriffes einen gemeinsamen Nenner hat. Besitzt das BSP wenigstens in dieser Hinsicht einen gewissen Aussagewert? Bei der Beantwortung dieser Frage müssen Sie unter anderem folgende Punkte berücksichtigen:

1. Die absolute Höhe des BSP ist wenig informativ. Auch wenn eine Relation hergestellt wird, z.B. BSP pro Kopf der Bevölkerung, bleibt die Verteilung des BSPs unberücksichtigt: man arbeitet mit Durchschnittszahlen, wobei die Mehrheit der Bevölkerung wesentlich schlechter gestellt sein kann, als diese Zahlen anzeigen.

2. Preissteigerungen erhöhen automatisch das nominale BSP. Ob durch solche Erhöhungen auch auch der Wohlstand steigt, hängt davon ab, welcher Teil der Preissteigerung auf Qualitätsverbesserung der Güter zurückzuführen und wie groß der Anteil der bloßen Inflation ist. Da die beiden Ursachen zumeist nicht voneinander getrennt werden können, bleibt oft nur der Vergleich realer Entwicklungen, d.h. die Preisniveauänderungen werden gänzlich herausgerechnet (vgl. Aufgabe 14.3.4).

3. Im BSP sind Abschreibungen enthalten, die lediglich abgenutzte Anlagen ersetzen sollen. Diese Abschreibungen erhöhen wohl kaum den Wohlstand. Sinnvolle Sozialgröße könnte also bestenfalls das reale Nettosozialprodukt (NSP) sein.

14.5.2 Bei der Berechnung des Sozialprodukts werden in erster Linie diejenigen Güter berücksichtigt, die über Märkte gehandelt werden und für die es Marktpreise gibt. Folgende wichtige Wohlstandskomponenten werden hingegen nicht erfaßt:

- Eigenleistungen der Haushaltungen, z.B. Hausfrauentätigkeit, Kindererziehung innerhalb der Familie, Wertschöpfungen der Heimwerker,
- freiwillige Nachbarschaftshilfe sowie ehrenamtliche Tätigkeit der Mitglieder von Kirchen und karitativen Einrichtungen,
- Wert der Freizeit,
- Schwarzarbeit ("Schattenwirtschaft"),
- umweltbezogene negative Auswirkungen des Wirtschaftswachstums, wie z.B. Schäden (bads) an Gesundheit, Baudenkmälern, Klima/Wetter und Raubbau an natürlichen und nichtregenerierbaren Ressourcen (Bodenschätze).

14.5.3 Güter im Sozialprodukt, die den Wohlstand nicht erhöhen oder sogar senken:

- Sog. antibads-Production: Beseitigungen von Umweltschäden als Folge des Wirtschaftswachstums, die - soweit kostenwirksam - das Sozialprodukt unter Wohlstandsaspekten überzeichnen. Hierher gehört auch die Produktion von Gütern, die das Entstehen solcher Umweltschäden von vornherein verhindern sollen.

- Güter, die unter Wohlstandsgesichtspunkten als außerordentlich schädlich zu bezeichnen sind (z.B. Drogen, gesetzwidriger Waffenhandel), die aber mit zunehmender Produktion das Sozialprodukt erhöhen.

- Umsatzsteigerungen aufgrund vorzeitiger "Alterungen" von Modeprodukten (Kleider, Automobile) und künstlich in ihrer Lebensdauer verkürzter Güter (Glühlampen). Generell werden Qualitätsveränderungen der im Sozialprodukt enthaltenen Güter nicht berücksichtigt, soweit sie im betreffenden Marktpreis keinen unmittelbaren Niederschlag finden oder durch die Preisbereinigung rechnerisch wieder eliminiert werden (vgl. 14.2.1).

- Wird ein vorher "freies Gut" zu einem marktbewerteten Gut (z.B. Baden in öffentlichen Bädern anstelle des Schwimmens in früher noch reinen, heute aber verschmutzten Seen und Flüssen; kostenpflichtige Parkplätze), so steigt dadurch das Sozialprodukt, ohne daß das mit einer Wohlstandssteigerung einhergehen muß.

Aufgabe 14.6:

14.6.1 Der Staat belastet sowohl Haushalte als auch Unternehmen mit direkten Steuern (z.B. Einkommen- oder Körperschaftsteuer), welche das Einkommen des Steuersubjektes unmittelbar mindern. Ferner erhebt der Staat von den Unternehmen indirekte Steuern (z.B. Mehrwert- oder spezielle Verbrauchersteuern), die nur mittelbar das Einkommen des Steuersubjektes mindern, da sie im Preis weitergereicht (überwälzt) werden können. Der Staat leistet Transferzahlungen an Haushalte, während die Unternehmen Subventionen erhalten. Schließlich tätigt der Staat öffentliche Ausgaben (Staatsausgaben). So vergibt er z.B. Straßenbauaufträge an private Unternehmen. Die Staatsausgaben müssen entweder durch Steuereinnahmen oder durch Staatsverschuldung finanziert werden.

14.6.2 Das Bruttosozialprodukt zu Marktpreisen (BSPM) einer geschlossenen Volkswirtschaft setzt sich unter Berücksichtigung staatlicher Aktivität aus dem Konsum, den Bruttoinvestitionen, den Staatsausgaben und den Staatskäufen zusammen.

14.6.3 Durch indirekte Steuern und Subventionen nimmt der Staat Einfluß auf die Preisgestaltung der Unternehmen. Die Marktpreise unterscheiden sich dann im allgemeinen von den Faktorkosten, was dazu führt, daß das Nettosozialprodukt zu

Marktpreisen (NSPM) nicht mehr mit dem Nettosozialprodukt zu Faktorkosten (NSPF) bzw. Volkseinkommen übereinstimmt.

14.6.4 Das persönliche Einkommen der Haushalte setzt sich aus Faktoreinkommen (bezogen vom Unternehmenssektor) und Transferleistungen (bezogen vom Staatssektor) zusammen. Da die Haushalte direkte Steuern an den Staat abzuführen haben, entspricht das persönliche Einkommen nicht dem tatsächlich verfügbaren Einkommen.

Aufgabe 14.7:

14.7.1 Die fehlenden Angaben lassen sich wie folgt ermitteln:

- Zunächst können die Produktionskonten um die Gegenbuchungen für Vorleistungen bzw. Verkäufe von Halbfabrikaten ergänzt werden. So hat Unternehmen 1 von Unternehmen 2 Vorleistungen in Höhe von 200 GE erworben und von Unternehmen 3 Halbfabrikate im Umfang von 160 GE eingekauft. Analog können wir für Unternehmen 2 den Einkauf von Vorleistungen im Umfang von 190 GE von Unternehmen 1 ergänzen. Außerdem können wir dem Produktionskonto von Unternehmen 3 entnehmen, daß es für 270 GE Halbfabrikate von Unternehmen 2 erworben hat. Schließlich hat Unternehmen 3 an Unternehmen 2 Halbfabrikate im Wert von 220 GE geliefert. Die Produktionskonten erhalten allerdings keine direkten Informationen über die Höhe der von Unternehmen 1 an Unternehmen 3 verkauften Halbfabrikate.

- Die Wertschöpfung eines Unternehmens ergibt sich hier als Residualgröße:

Summe der Verkäufe von Halbfabrikaten
\+ Summe der Verkäufe von Investitionsgütern
\+ Summe der Verkäufe von Konsumgütern
\- empfangene Vorleistungen
\- Abschreibungen
\- indirekte Steuern

= Wertschöpfung

- Mit Hilfe der Definition der Wertschöpfung können wir nun die Verkäufe von Halbfabrikaten von Unternehmen 1 an Unternehmen 3 (mit X bezeichnet) wie folgt berechnen:

$$\begin{aligned} 1.750 &= 190 + X + 400 + 300 + 480 + 600 - (200 + 160 + 60 + 40) \\ \Leftrightarrow X &= 240. \end{aligned}$$

- Schießlich verbleibt noch die Berechnung der Wertschöpfung der Unternehmen 2 und 3. Für Unternehmen 2 ergibt sich die Wertschöpfung:

$$200 + 270 + 310 + 180 + 500 + 510 - (190 + 220 + 100 + 180) = 1.280,$$

für Unternehmen 3 folgt die Wertschöpfung:

$$160 + 220 + 300 + 600 + 220 + 440 - (240 + 270 + 90 + 70) = 1.270.$$

14.7.2 Das konsolidierte Produktionskonto des Unternehmenssektors ergibt sich durch die folgenden Aggregationsschritte:

- Die gegenseitig gelieferten Vorleistungen in Form von Vorprodukten werden eliminiert. Die Summe der empfangenen Vorleistungen entspricht zwangsläufig der Summe der verkauften Halbfabrikate.

- Die Abschreibungen aller Unternehmen werden addiert:

$$\sum_{i=1}^{3} A_i = 60 + 100 + 90 = 250.$$

Die Summe der Abschreibungen entspricht dabei dem originären Ressourcenverbrauch des Unternehmenssektors.

- Die indirekten Steuern aller Unternehmen werden addiert:

$$\sum_{i=1}^{3} T_i^{ind.} = 40 + 180 + 70 = 290.$$

- Die Summe aller verkauften Investitionsgüter wird zur Größe „Bruttoinvestitionen" zusammengefaßt:

$$\sum_{i=1}^{3} I_i = 700 + 490 + 900 = 2.090.$$

- Die von den Unternehmen insgesamt an den Staat verkauften Güter werden ebenfalls aggregiert:

$$\sum_{i=1}^{3} G_i = 480 + 500 + 220 = 1.200.$$

- Die von den Unternehmen an Privathaushalte verkauften Güter werden zusammengefaßt:

$$\sum_{i=1}^{3} C_i = 600 + 510 + 440 = 1.550.$$

- Auch auf aggregierter Ebene stellt die Wertschöpfung die Residualgröße dar. Die aggregierte Wertschöpfung des Unternehmenssektors ergibt sich in unserem Beispiel als

$$W = 2.090 + 1.200 + 1.550 - (250 + 290) = 4.300.$$

Zur Kontrolle können wir noch einmal die Summe der Wertschöpfungen der einzelnen Unternehmen bilden:

$$W = 1.750 + 1.280 + 1.270 = 4.300.$$

Damit ist sicher gestellt, daß unsere Konsolidierungsrechnung konsistent ist.

Insgesamt ergibt sich damit das in Tabelle 14.4 dargestellte konsolidierte Produktionskonto des Unternehmenssektors.

Konsolidiertes Produktionskonto			
Abschreibungen	250	Bruttoinvestitionen	2.090
indirekte Steuern	290	Verkäufe an Staat	1.200
Wertschöpfung	4.300	Verkäufe an Private	1.550

Tabelle 14.4: Konsolidiertes Produktionskonto des Unternehmenssektors

Aufgabe 14.8:

14.8.1 Unter einer Zahlungsbilanz versteht man die systematische wertmäßige Aufzeichnung aller Transaktionen zwischen In- und Ausländern einschließlich der Änderungen der Kreditbeziehungen innerhalb einer bestimmten Periode (zumeist ein Jahr).

14.8.2 Die Bezeichnung als „Bilanz" ist insofern etwas irreführend als Bilanzen normalerweise nach dem Stichtagsprinzip aufgestellt werden und keine Strom- sondern Bestandsgrößen enthalten.

14.8.3 In der Bundesrepublik Deutschland wird die Zahlungsbilanz von der Deutschen Bundesbank nach den folgenden Prinzipien erstellt:

- Die Zahlungsbilanz wird nach dem Prinzip der „doppelten Buchhaltung" geführt, d.h. jede für die Zahlungsbilanz relevante Transaktion fällt eine Aktiv- (Credit) und eine Passivbuchung (Debet) an.
- Die Zahlungsbilanz wird nach dem sog. „Inländerkonzept" aufgestellt. Als Inländer gelten alle natürlichen Personen, Personenvereinigungen, privatrechtliche Körperschaften und Organisationen ohne Erwerbszweck, Unternehmen

einschließlich rechtlich unselbständiger Produktionsstätten und Zweigniederlassungen sowie allen öffentlichen Stellen des betreffenden Landes, die ihren Aufenthaltsort oder Sitz der Leitung innerhalb der Bundesrepublik Deutschland haben (Residenzprinzip). Von Bedeutung ist hingegen weder die Nationalität einer Erwerbsperson noch die Eigentumsverhältnisse eines Unternehmens, sondern das Land, innerhalb dessen ein Individuum oder Unternehmen vorrangig ökonomisch aktiv ist.

- Die Erstellung der Zahlungsbilanz erfolgt auf Basis der „realen" wirtschaftlichen Transaktionen. Somit ist der Transaktionszeitpunkt entscheidend für den Zeitpunkt der Verbuchung, nicht die Abwicklung der mit der Transaktion in Verbindung stehenden Zahlungen.
- Die Verbuchung in der Zahlungsbilanz erfolgt - soweit irgend möglich - nach dem Prinzip der Bruttoerfassung, d.h. gegenläufige Leistungs- und Zahlungsströme werden nicht miteinander saldiert.
- Die Zahlungsbilanz wird nach einem systematischen Standardschema, dem Zahlungsbilanzschema (vgl. hierzu Teilaufgabe 14.8.4), aufgestellt.

14.8.4 In Tabelle 14.5 ist die Zahlungsbilanz schematisch dargestellt. Sie besteht aus drei Teilbilanzen und einem Saldo für statistisch nicht aufgliederbare Transaktionen.

Die erste Teilbilanz, die Leistungsbilanz, besteht ihrerseits aus drei Unterbilanzen: der Handelsbilanz, der Dienstleistungsbilanz und der Übertragungsbilanz. Die Handelsbilanz enthält Warenausfuhren (Exporte) und Wareneinfuhren (Importe). Warenexporte werden auf der Aktivseite der Handelsbilanz gebucht, Importe dagegen auf der Passivseite. In der Dienstleistungsbilanz werden Diensleistungsexporte und Dienstleistungsimporte gebucht. Die Übertragungsbilanz (auch: Bilanz der unentgeltlichen Leistungen) dient als Sammelbecken für alle Transaktionen, die ohne wirtschaftliche Gegenleistung zwischen In- und Ausland stattfinden. Empfangene Übertragungen werden auf der Aktivseite, geleistete Übertragungen auf der Passivseite gebucht. Die Salden der drei Teilbilanzen werden oft auch insgesamt zum sog. „Leistungsbilanzsaldo" saldiert.

Die zweite Teilbilanz ist die Kapitalbilanz. In der Kapitalbilanz werden Kapitalimporte und Kapitalexporte verbucht. Als Kapitalimporte werden all jene Transaktionen bezeichnet, die zu einer Zunahme der Verbindlichkeiten gegenüber dem Ausland oder einer Abnahme der Forderungen an das Ausland führen. Kapitalimporte werden auf der Aktivseite der Kapitalbilanz verbucht. Kapitalexporte stellen hingegen eine Zunahme der Auslandsforderungen oder eine Abnahme der Auslandsverbindlichkeiten dar und werden auf der Passivseite der Kapitalbilanz verbucht.[1]

[1] Es sei noch einmal ausdrücklich darauf hingewiesen, daß in der Kapitalbilanz - anders als z.B. in der Handelsbilanz - (Kapital-)*Exporte* auf der Passivseite gebucht werden. Dies ist eine häufige Quelle von Buchungsfehlern.

Zahlungsbilanz

1. Leistungsbilanz

1.1 Handelsbilanz

Aktiva	*Passiva*
Güterexporte	Güterimporte

1.2 Dienstleistungsbilanz

Aktiva	*Passiva*
Dienstleistungsexporte	Dienstleistungsimporte

1.3 Übertragungsbilanz

Aktiva	*Passiva*
empfangene Übertragungen	geleistete Übertragungen

2. Kapitalbilanz

Aktiva	*Passiva*
Kapitalimporte	Kapitalexporte

3. Devisenbilanz (ZB)

Aktiva	*Passiva*
Devisenabfluß	Devisenzufluß

4. Saldo statistisch nicht aufgliederbarer Transaktionen (Restposten)

Aktiva	*Passiva*
evtl. Saldo	evtl. Saldo

Tabelle 14.5: Zahlungsbilanzschema

Die dritte Teilbilanz der Zahlungsbilanz ist die Devisenbilanz. Sie enthält insgesamt die Veränderung der Nettoauslandsaktiva der Deutschen Bundesbank. Eine Zunahme der Devisen- oder Goldreserven der Bundesbank wird auf der Passivseite der Devisenbilanz, eine Abnahme an Devisen oder Gold hingegen auf der Aktivseite verbucht.[2]

14.8.5 Formal ist das Ziel einer „ausgeglichenen Zahlungsbilanz" unsinnig, weil es stets erfüllt ist und somit kein sinnvolles Ziel darstellt. Da nach dem Prinzip der doppelten Buchhaltung jeder Aktivbuchung eine Passivbuchung gegenüber steht, muß die Zahlungsbilanz insgesamt zu jedem Zeitpunkt ausgeglichen sein. Wenn in der Praxis dennoch vom Ziel des Zahlungsbilanzausgleichs die Rede ist, so ist zumeist eine ausgeglichene Leistungsbilanz gemeint. Ziel ist also eigentlich eine stabile Nettoauslandsposition des betreffenden Landes.

14.8.6 Buchungs- und Erfassungsfehler in der Zahlungsbilanz werden dadurch aufgedeckt, daß die Veränderung der Devisen- und Goldreserven direkt beobachtbar ist. Stimmt die „theoretische" Veränderung dieser Position nicht mit der beobachteten Veränderung überein, so bildet sich ein positiver oder negativer Saldo, der dann in den „Restposten" (Saldo der statistisch nicht aufgliederbaren Transaktionen) eingestellt wird.

14.8.7 Die Vorgänge müssen wie folgt verbucht werden:

1. Zunächst einmal stellt der Autokauf einen Warenimport dar und muß deswegen auf der Passivseite der Handelsbilanz verbucht werden. Da die Auslandsverbindlichkeiten des Inlands durch den eingeräumten Kredit zunehmen, muß die Gegenbuchung in Form eines Kapitalimports auf der Aktivseite der Kapitalbilanz erfolgen.

2. Einerseits liegt hier ein Dienstleistungsexport vor. Legt Lollo die Devisen unter ihr Kopfkissen, so stellt dies einen Kapitalexport dar (die Devisen können als Anspruch auf ausländisches Sozialprodukt interpretiert werden - damit steigen die Auslandsforderungen des Inlands). Tauscht Lollo die Devisen später bei der Zentralbank (direkt oder indirekt über eine Geschäftsbank) in inländische Währung, so stellt dies einerseits einen Kapitalimport dar (Auslandsforderungen nehmen ab), andererseits muß eine Gegenbuchung auf der Passivseite der Devisenbilanz der Deutschen Bundesbank erfolgen.

3. Die Transaktion ist für die Zahlungsbilanz nicht relevant, da es sich annahmegemäß um eine Niederlassung von Microsoft in Deutschland handelt und diese somit zum Inland zählt. Die Besitzverhältnisse sind unbeachtlich.

[2] Es sei ausdrücklich darauf hingewiesen, daß es in der Devisenbilanz lediglich um Devisenreserven der Zentralbank geht. Devisen in den Händen der Privatwirtschaft werden nicht in der Devisenbilanz gebucht.

4. Die großzügige Initiative der Bundesregierung stellt einerseits eine geleistete Übertragung dar und muß somit auf der Passivseite der Übertragungsbilanz verbucht werden. Da Kuwait ein Bankguthaben eingeräumt wird, steigen die Auslandsverbindlichkeiten, so daß die Gegenbuchung einen Kapitalimport darstellt.

5. Einerseits stellt die Kreditaufnahme des Kanzlers einen Kapitalimport dar (Auslandsverbindlichkeiten nehmen zu), andererseits nehmen auch die Auslandsforderungen aus dem Devisenbesitz zu (Kapitalexport). Beide Buchungen müssen also innerhalb der Kapitalbilanz vorgenommen werden. Der unklare Verbleib des Koffers würde für die Zahlungsbilanz z.B dann eine Rolle spielen, wenn er an eine nicht-gebietsansässige Person zu Bestechungszwecken übergeben würde. Da dies jedoch völlig undenkbar zu sein scheint, wollen wir diesem Gedankengang hier nicht weiter folgen...

6. Diese Transaktion stellt einerseits eine geleistete Übertragung dar, andererseits einen Kapitalimport (Auslandsverbindlichkeiten nehmen zu). Die Nationalität von Wilmots spielt keine Rolle, da er aufgrund seiner Erwerbstätigkeit in der Fußballhauptstadt Deutschlands zum Inland zählt.

Kommentierte Literaturhinweise:

Ausführliche und vollständige Abhandlungen des volkswirtschaftlichen Rechnungswesens stellen die Lehrbücher von Brümmerhoff (1995) und Stobbe (1994) dar. Eine fundierte und leicht verständliche Darstellung liefert der Artikel von Wolff (1982). Eine komprimierte Zusammenfassung der wichtigsten Aspekte der volkswirtschaftlichen Gesamtrechnung findet sich in vielen Lehrbüchern der Makroökonomik, so z.B. in Wagner (1998).

Brümmerhoff, D. (1995):
Volkswirtschaftliche Gesamtrechnungen. 5. Auflage, München.

Stobbe, A. (1994):
Volkswirtschaftliches Rechnungswesen. 8. Auflage, Berlin u.a.

Wagner, A. (1998):
Makroökonomik. Stuttgart.

Wolff, R. (1982):
Zahlungsbilanz. II: Statistik. in: Handwörterbuch der Wirtschaftswissenschaften, Stuttgart u.a., S. 562-568.

Kapitel 15

Volkseinkommen und Beschäftigung

Dr. Michael Berlemann, Technische Universität Dresden

Aufgaben

Aufgabe 15.1:

Im einfachen Gütermarktmodell ohne Staat setzt sich die aggregierte Nachfrage aus der - zumindest teilweise - einkommensabhängigen Konsumnachfrage

$$C = C^a + C(Y)$$

und der exogenen Investitionsnachfrage I zusammen. Dabei bezeichnet C^a die autonome Konsumnachfrage und Y das Volkseinkommen. Weiterhin wird typischerweise angenommen, die Unternehmen böten immer gerade die Menge an Gütern an, die insgesamt nachgefragt werden.

15.1.1 Erläutern Sie, was unter der „marginalen Konsumquote" verstanden wird. In welchem Wertebereich wird sich die marginale Konsumquote typischerweise bewegen?

15.1.2 Wie hoch muß die marginale Konsumquote im obigen Modell sein, wenn das gleichgewichtige Volkseinkommen 500, die Investitionen 150 und der autonome Konsum 75 beträgt? Gehen Sie dabei davon aus, daß die marginale Konsumquote eine Konstante ist. Wie hoch ist dann die aggregierte Konsumnachfrage?

15.1.3 Formulieren Sie die aggregierte Sparfunktion der Volkswirtschaft. Was wird unter der „marginalen Sparquote" verstanden? Wie hoch muß die marginale Sparquote bei der Datenkonstellation aus Teilaufgabe 15.1.3 sein? Wie hoch ist dann die aggregierte volkswirtschaftliche Ersparnis?

15.1.4 Nehmen Sie nun an, die exogenen Investitionen nähmen zu. Zeigen Sie den Multiplikatoreffekt auf das aggregierte Einkommen anhand einer geeigneten Grafik. Erläutern Sie dabei auch den Primär- und den Sekundäreffekt der Zunahme der Investitionen.

15.1.5 Berechnen Sie den Multiplikatoreffekt eines Anstiegs der exogenen Investitionen auf das Volkseinkommen analytisch. Wie stark würde das Volkseinkommen wachsen, wenn die exogenen Investitionen um 100 Einheiten zunehmen würden?

15.1.6 Nehmen Sie an, die Wirtschaftssubjekte der betrachteten Volkswirtschaft kämen zu der Erkenntnis, daß eine höhere volkswirtschaftliche Ersparnis wünschenswert sei und es demgemäß angezeigt sei, einen höheren Teil des laufenden Einkommens zu sparen. Inwiefern halten Sie dies für sinnvoll?

Aufgabe 15.2:

Das einfache Gütermarktmodell aus Aufgabe 15.1 soll nun um die Staatstätigkeit erweitert werden. Der Staat frage am Gütermarkt Güter im exogen bestimmten Umfang G nach. Er finanziere dies allein durch ein exogen bestimmtes Steueraufkommen T. Außerdem leiste der Staat Transferzahlungen an Privathaushalte im exogen bestimmten Umfang Tr.

15.2.1 Formulieren Sie die sich unter der Berücksichtigung staatlicher Tätigkeit ergebende aggregierte Nachfragefunktion.

15.2.2 Berechnen Sie den Effekt einer Erhöhung der Staatsausgaben um dG auf das Volkseinkommen unter Vernachlässigung der Finanzierungsnotwendigkeit dieser Maßnahme.

15.2.3 Welcher Gesamteffekt ergibt sich, wenn die Erhöhung der Staatsausgaben durch eine entsprechende Steigerung des Steueraufkommens finanziert wird?

15.2.4 Wie hoch wäre der Gesamteffekt auf das Volkseinkommen, wenn der Staat die Transferzahlungen um dTr erhöhen würde und dies durch eine enstprechende Steuererhöhung finanzieren würde?

Aufgabe 15.3:

Anders als in Aufgabe 15.2 erhebe der Staat nun einkommensabhängige Steuern:

$$T = T(Y).$$

15.3.1 Zeichnen Sie in ein geeignetes Diagramm die folgenden drei aggregierten Nachfragefunktionen ein:

- ohne staatliche Aktivität,
- mit staatlicher Nachfrage,
- mit staatlicher Nachfrage und einkommensabhängigem Steueraufkommen.

15.3.2 Berechnen Sie den Effekt einer Erhöhung der Staatsnachfrage um dG auf das Volkseinkommen unter Vernachlässigung der Finanzierungsrestriktion dieser Maßnahme.

15.3.3 Welcher Effekt auf das Volkseinkommen ergäbe sich bei einer Erhöhung des marginalen Steuersatzes um dT_Y?

15.3.4 Wie groß wäre der Gesamteffekt einer Ausweitung der Staatsausgaben um dG auf das Volseinkommen, wenn diese Maßnahme mit einer Erhöhung des Steueraufkommens finanziert werden soll und bereits in der laufenden Periode ein Budgetausgleich erfolgen soll?

Aufgabe 15.4:

Im Rahmen des auf Hicks zurückgehenden IS-LM-Modells werden zwei der vier makroökonomischen Märkte simultan betrachtet: der Geld- und der Kapitalmarkt.

15.4.1 Wie lautet die Gleichgewichtsbedingung des Kapitalmarktes unter Berücksichtigung staatlicher Aktivität wenn das Steueraufkommen exogen bestimmt wird? Leiten Sie den Verlauf der IS-Kurve im Zins-Einkommens-Diagramm her.

15.4.2 Notieren Sie die Gleichgewichtsbedingung des Geldmarktes unter der Annahme eines exogen bestimmten nominalen Geldangebots M. Leiten Sie den Verlauf der LM-Kurve im Zins-Einkommens-Diagramm her.

15.4.3 Stellen Sie das simultane Gleichgewicht auf dem Geld- und dem Kapitalmarkt grafisch dar. Nehmen Sie an, aus einem exogenen Grund liege der Zins über seinem gleichgewichtigen Niveau. Erläutern Sie verbal den Anpassungsprozeß an das Gleichgewicht unter der Annahme, daß finanzielle Märkte schneller reagieren, als realwirtschaftliche.

15.4.4 Berechnen Sie die Effekte einer Erhöhung der Staatsausgaben um dG und einer Erhöhung des nominalen Geldangebots um dM auf das Volkseinkommen. Gehen Sie dabei von einem einkommesabhängigen Steueraufkommen aus. Welcher Effekt ist stärker?

Aufgabe 15.5:

Das Synthesemodell ist ein makroökonomisches Totalmodell. Es enthält sowohl klassisch-neoklassische als auch keynesianische Modellelemente.

15.5.1 Stellen Sie das totale Gleichgewicht im Rahmen des makroökonomischen Synthesemodells im Fünf-Quadranten-Schema grafisch dar. Erläutern Sie anhand der Grafik, welche Modellelemente aus welcher Theorie stammen.

15.5.2 Diskutieren Sie die Effizienz einer expansiven Geldpolitik im Rahmen des Synthesemodells anhand einer geeigneten grafischen Darstellung.

15.5.3 Zeigen Sie anhand einer Grafik, inwiefern die Problematik völlig starrer Nominallöhne dazu führen kann, daß aggregierte Angebots- und aggregierte Nachfragekurve keinen (eindeutigen) Schnittpunkt mehr aufweisen.

Lösungen

Aufgabe 15.1:

15.1.1 Die marginale Konsumquote C_Y gibt an, welcher Teil eines zusätzlichen Einkommens von den Wirtschaftssubjekten konsumiert wird. Formal ist die marginale Konsumquote nichts anderes als die Ableitung der Konsumfunktion nach dem Einkommen:

$$C_Y = \frac{\partial C}{\partial Y}.$$

Da nicht mehr als maximal der gesamte Einkommenszuwachs konsumiert werden kann und minimal bei wachsendem Einkommen überhaupt nicht mehr konsumiert wird, liegt die marginale Konsumquote zwischen null und eins:

$$0 \leq C_Y \leq 1.$$

In der Regel wird die Konsumquote allerdings weder null noch eins betragen, sondern einen Wert zwischen null und eins annehmen.

15.1.2 Die aggregierte Konsumfunktion der Volkswirtschaft läßt sich unter Verwendung der marginalen Konsumquote auch ausdrücken als:

$$C = C^a + C(Y) = C^a + C_Y \cdot Y.$$

Die aggregierte Nachfragefunktion lautet dann:

$$Y^d = C + I = C^a + C_Y \cdot Y + I.$$

Da sich das Güterangebot annahmegemäß der Güternachfrage anpaßt, lautet die Gleichgewichtsbedingung des Gütermarkts:

$$Y^g = C^a + C_Y \cdot Y^g + I.$$

Stellen wir nach der marginalen Konsumquote C_Y um, so folgt:

$$\begin{aligned} C_Y &= \frac{Y^g - I - C^a}{Y^g} \\ &= \frac{500 - 150 - 75}{500} \\ &= 0,55. \end{aligned}$$

15.1.3 Die zugehörige Sparfunktion hat die allgemeine Form:

$$S = S^a + S(Y),$$

wobei S^a die autonome Ersparnis angibt. Ist der autonome Konsum positiv, so muß die autonome Ersparnis negativ sein. Die marginale Sparquote S_Y ist die Ableitung der Sparfunktion nach dem Volkseinkommen:

$$S_Y = \frac{\partial S}{\partial Y}.$$

Die marginale Sparquote gibt an, welcher Teil eines zusätzlichen Einkommens gespart wird. Marginale Konsum- und marginale Sparquote müssen sich insgesamt zu eins addieren

$$C_Y + S_Y = 1,$$

da ein zusätzliches Einkommen von den privaten Haushalten nur entweder gespart oder konsumiert werden kann. Da die marginale Konsumquote zwischen null und eins liegt, muß auch die marginale Sparquote zwischen null und eins liegen:

$$0 \leq S_Y \leq 1.$$

Die marginale Sparquote beträgt demnach bei der vorgegebenen Datenkonstellation:

$$\begin{aligned} S_Y &= 1 - C_Y \\ &= 1 - 0,55 \\ &= 0,45. \end{aligned}$$

Um die gesamte volkswirtschaftliche Ersparnis berechnen zu können, müssen wir zunächst die autonome Ersparnis bestimmen. In unserer Volkswirtschaft kann das von den privaten Haushalten insgesamt erwirtschaftete, gleichgewichtige Einkommen Y^g entweder zu Konsumzwecken genutzt oder gespart werden. Es muß also gelten:

$$Y^g = C + S.$$

Gleichzeitig gilt aber auch, daß das Volkseinkommen sich aus Konsumgütern und Investitionsgütern zusammensetzt:

$$Y^g = C + I.$$

Dann aber müssen sich aggregierte Ersparnis und aggregierte Investitionen im Gleichgewicht gerade entsprechen:

$$\begin{aligned} S &= I \\ S^a + S_Y \cdot Y^g &= I \\ S^a + 0,45 \cdot 500 &= 150. \end{aligned}$$

Damit folgt für die autonome Ersparnis:

$$S^a = -75.$$

Die aggregierte Ersparnis ergibt sich dann als:

$$S = -75 + 0,45 \cdot 500 = 150.$$

15.1.4 In Abbildung 15.1 ist auf der Abszisse das aggregierte Güterangebot, auf der Ordinate die aggregierte Güternachfrage abgetragen. Für alle Punkte auf der 45-Grad-Linie liegt ein Gütermarktgleichgewicht vor.

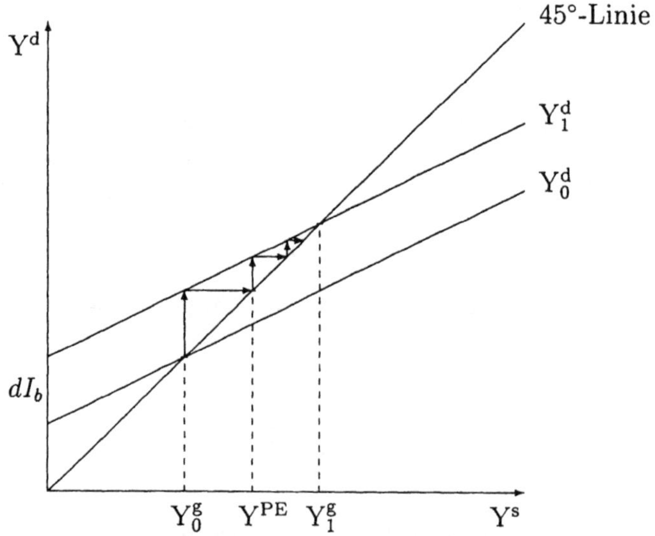

Abbildung 15.1: Multiplikatorprozeß

Die Kurve Y_0^d stellt die aggregierte Nachfragekurve vor dem Anstieg der exogenen Investitionen dar. Der Achsenabschnitt von Y_0^d ergibt sich aus der Addition der exogenen Investitions- und der autonomen Konsumnachfrage. Aufgrund der einkommensabhängigen Konsumnachfrage weist die Nachfragefunktion einen ansteigenden Verlauf auf. Die Steigung der Nachfragekurve wird durch die marginale Konsumquote determiniert und liegt demnach zwischen null und eins. Damit weist die aggregierte Nachfragefunktion in jedem Fall einen Schnittpunkt mit der 45-Grad-Kurve im positiven Einkommensbereich auf. Es ergibt sich in der Ausgangssituation das gleichgewichtige Einkommen Y_0^g.

Wenn nun die exogenen Investitionen zunehmen, so verschiebt sich die aggregierte Nachfragekurve gerade im Ausmaß dI parallel nach oben. Hierdurch ensteht auf dem Gütermarkt kurzfristig ein Nachfrageüberschuß. Dieser wird gem. den getroffenen Annahmen durch eine entsprechende Ausweitung der Produktion beseitigt. Damit nimmt das Einkommen zunächst auf Y^{PE} zu. Diesen Effekt bezeichnet man auch als den „Primäreffekt".

Durch den Anstieg der Produktion werden neue Einkommen generiert, die wiederum zu Konsum- und Sparzwecken verwendet werden können. Mit einem der marginalen Konsumquote entsprechendem Teil dieses zusätzlichen Einkommens werden wiederum Konsumgüter nachgefragt, so daß erneut eine Überschußnachfrage am Gütermarkt entsteht. Folge ist eine weitere Produktionsausweitung der Unternehmen. Auch dies induziert wieder zusätzliche Konsumnachfrage u.s.w. Aufgrund der Tatsache, daß immer nur ein Teil der zusätzlich geschaffenen Einkommen zu zusätzlicher Konsumnachfrage führt, findet der Multiplikatorprozeß bei dem Einkommen Y_1^g ein Ende. Die Differenz $Y_1^g - Y^{PE}$ wird auch als „Sekundäreffekt" bezeichnet.

15.1.5 Ausgangspunkt der Herleitung eines Multiplikators ist stets die Gleichgewichtsbedingung des betrachteten Marktes, hier also die des Gütermarktes:

$$Y^g = C^a + C(Y^g) + I. \tag{15.1}$$

Um die Änderung des Gleichgewichtseinkommens dY^g prognostizieren zu können, bilden wir nun das totale Differential von Gleichung 15.1 und erhalten:

$$dY^g = dC^a + \frac{\partial C}{\partial Y^g} \cdot dY^g + dI.$$

Der autonome Konsum bleibt unverändert ($dC^a = 0$). Der Term $\frac{\partial C}{\partial Y}$ ist nichts anderes als die marginale Konsumquote, so daß wir auch schreiben können:

$$dY^g = C_Y \cdot dY^g + dI.$$

Nach Division durch dY^g und Auflösen nach dY^g ergibt sich:

$$dY^g = \frac{1}{1 - C_Y} \cdot dI.$$

Da wir wissen, daß die marginale Konsumquote C_Y zwischen null und eins liegt, muß der Multiplikator in jedem Fall größer als eins sein. Damit können wir das

Ergebnis unserer grafischen Analyse aus der vorangegangenen Teilaufgabe nun auch analytisch untermauern. Eine Erhöhung der Investitionsnachfrage um $dI = 100$ führt bei einer marginalen Konsumquote von $C_Y = 0,55$ also zu einem Wachstum des Gleichgewichtseinkommens um

$$dY^g = \frac{1}{1-0,55} \cdot 100 \approx 222,22.$$

15.1.6 Wenn die Wirtschaftssubjekte einen höheren Teil ihres Einkommens sparen wollen, so ist dies gleichbedeutend mit einem Anstieg der marginalen Sparquote S_Y und einer Senkung der marginalen Konsumquote C_Y.

Wir wissen, daß im Gleichgewicht die volkswirtschaftliche Ersparnis gerade den Investionen entsprechen muß:

$$S = I.$$

Da die Investitionen in diesem Modell exogen bestimmt werden und sich annahmegemäß nicht verändern, muß die volkswirtschaftliche Ersparnis im Gleichgewicht ebenfalls unverändert bleiben. Dies ist bei nun höherer Sparquote nur bei einem niedrigeren Volkseinkommen der Fall. Das Volkseinkommen muß also sinken. Dieses auf den ersten Blick erstaunliche Ergebnis, daß das Sparvolumen insgesamt konstant bleibt, obwohl alle Individuen eigentlich mehr sparen wollen, nennt man auch das „Paradoxon der Sparsamkeit" (paradox of thrift).

Aufgabe 15.2:

15.2.1 Unter Berücksichtigung der Staatstätigkeit lautet die aggregierte Nachfragefunktion:

$$Y^d = C^a + C(Y - T + Tr) + I + G.$$

Der private Konsum hängt nun nicht mehr vom gesamten, sondern vom verfügbaren Volkseinkommen ab. Das verfügbare Volkseinkommen ergibt sich, wenn vom Volkseinkommen das Steueraufkommen subtrahiert und die Transferzahlungen des Staates hinzuaddiert werden.

15.2.2 Ausgangspunkt der Multiplikatoranalyse ist wieder die Gleichgewichtsbedingung für den Gütermarkt. Diese lautet nun:

$$Y^g = C^a + C(Y^g - T + Tr) + I + G.$$

Bilden wir nun das totale Differential dieser Gleichgewichtsbedingung, so erhalten wir:

$$dY^g = dC^a + \frac{\partial C}{\partial(Y^g - T + Tr)} \cdot d(Y^g - T + Tr) + dG + dI.$$

Da wir eine isolierte Variation von G betrachten, verändern sich die übrigen exogen vorgegebenen Variablen C^a, T, Tr und I sich nicht. Dann gilt:

$$dC^a = 0, \quad dT = 0, \quad dTr = 0 \text{ und } dI = 0.$$

Da der Ausdruck $\frac{\partial C}{\partial(Y^g - T + Tr)}$ nichts anderes als die marginale Konsumquote C_Y ist, können wir auch schreiben:

$$dY^g = C_Y \cdot dY^g + dG.$$

Lösen wir nach der Veränderung des Gleichgewichtseinkommens auf, so erhalten wir:

$$dY^g = \frac{1}{1 - C_Y} \cdot dG.$$

Wir stellen also fest, daß der Staatsausgabenmultiplikator genauso groß ausfällt wie derjenige, der sich im Modell ohne Staat für eine Variation der autonomen Investitionen ergeben hat. Da die Finanzierungsseite bisher nicht berücksichtigt wurde, ist dies auch nicht verwunderlich, ist die Staatsnachfrage G doch ebenfalls eine exogene Variable.

15.2.3 Zunächst soll der Effekt einer isolierten Erhöhung des Steueraufkommens hergeleitet werden. Dazu gehen wir wiederum von der Gleichgewichtsbedingung des Gütermarktes aus und bilden das totale Differential:

$$dY^g = dC^a + \frac{\partial C}{\partial(Y^g - T + Tr)} \cdot d(Y^g - T + Tr) + dG + dI.$$

Die autonomen Größen C^a, G, Tr und I^b ändern sich annahmegemäß hier nicht, weshalb wir deren Änderungsraten gleich null setzen können. Berücksichtigen wir außerdem wieder die Definition der marginalen Konsumquote, so können wir schreiben:

$$dY^g = C_Y \cdot d(Y^g - T).$$

Durch die folgenden Äquivalenzumformungen erhalten wir die gesuchte Multiplikatorformel:

$$\begin{aligned} dY^g &= C_Y \cdot dY^g - C_Y \cdot dT \\ \Leftrightarrow 1 &= C_Y - C_Y \cdot \frac{dT}{dY^g} \\ \Leftrightarrow \frac{dY^g}{dT} &= -\frac{C_Y}{1 - C_Y} \\ \Leftrightarrow dY^g &= -\frac{C_Y}{1 - C_Y} \cdot dT. \end{aligned}$$

Da die marginale Konsumquote zwischen null und eins liegt, muß der Multiplikatoreffekt einer Erhöhung des exogen geplanten Steueraufkommens also notwendigerweise negativ sein.

Nachdem wir nun die Wirkungen einer isolierten Erhöhung der Staatsausgaben sowie des exogenen Steueraufkommens kennen, können wir diese Überlegungen zusammenführen. Annahmegemäß soll der Staat seine Staatsausgabenerhöhung im Umfang dG mit einer betragsgleichen Steigerung des exogenen Steueraufkommens

dT finanzieren. Um den Gesamteffekt zu ermitteln, müssen wir die beiden Einzeleffekte addieren. Dabei ist auf das negative Vorzeichen des Steuermultiplikators zu achten. Der Gesamteffekt ergibt sich als

$$dY^g = \frac{1}{1-C_Y} \cdot dG - \frac{C_Y}{1-C_Y} \cdot dT.$$

Da aber annahmegemäß gilt, daß dG und dT übereinstimmen, können wir auch schreiben:

$$dY^g = \frac{1}{1-C_Y} \cdot dG - \frac{C_Y}{1-C_Y} \cdot dG = 1 \cdot dG.$$

Verbal ausgedrückt bedeutet dies, daß eine Steigerung der Staatsausgaben um dG, die durch eine Änderung des exogenen Steueraufkommens dT in gleicher Höhe finanziert wird, das Volkseinkommen um gerade die originäre Erhöhung der Staatsausgaben dG ansteigen läßt. Diese Beziehung, die in dieser Form nur im reinen Gütermarktmodell bei den oben getroffenen Annahmen gilt, nennt man auch „Haavelmo-Theorem".

15.2.4 Zunächst soll wieder der Multiplikatoreffekt einer isolierten Erhöhung der Transferzahlungen hergeleitet werden. Das totale Differential der Gleichgewichtsbedingung lautet:

$$dY^g = dC^a + \frac{\partial C}{\partial(Y^g - T + Tr)} \cdot d(Y^g - T + Tr) + dG + dI.$$

Es gilt:

$$dC^a = 0, dT = 0, dG = 0 \text{ und } dI = 0.$$

Unter Verwendung des Ausdrucks C_Y für die marginale Konsumquote können wir wie folgt vereinfachen:

$$\begin{aligned} dY^g &= C_Y \cdot dY^g + C_Y \cdot dTr \\ \Leftrightarrow dY^g &= \frac{C_Y}{1-C_Y} \cdot dTr. \end{aligned}$$

Wir sehen also, daß der Multiplikatoreffekt einer isolierten Erhöhung der Transferausgaben des Staates zwar einen positiven Effekt auf das gleichgewichtige Volkseinkommen Y^g ausübt,[1] dieser jedoch kleiner istals der einer isolierten Erhöhung der Staatsausgaben um den gleichen Betrag. Dies ist auch ohne weiteres schlüssig, wenn wir uns verdeutlichen, daß eine Erhöhung der Transferausgaben nicht direkt nachfragewirksam wird, sondern nur indirekt über die Erhöhung der privaten Kaufkraft und damit der privaten Nachfrage. Eine Erhöhung der Transferausgaben hat also lediglich einen Sekundäreffekt, keinen Primäreffekt.

[1] Der Term $\frac{C_Y}{1-C_Y}$ muß positiv sein, weil C_Y zwischen null und eins liegt.

Berücksichtigen wir nun die Finanzierungsseite, also die notwendige Steuererhöhung, so müssen wir wieder die beiden entsprechenden Multiplikatoren addieren um den Gesamteffekt zu erhalten. Wir erhalten so:

$$dY^g = \frac{C_Y}{1-C_Y} \cdot dTr - \frac{C_Y}{1-C_Y} \cdot dT.$$

Da das zusätzliche Steueraufkommen den zusätzlichen Transferausgaben entsprechen muß ($dT = dTr$) erhalten wir

$$\begin{aligned} dY^g &= \frac{C_Y - C_Y}{1-C_Y} \cdot dTr \\ \Leftrightarrow dY^g &= 0 \cdot dTr. \end{aligned}$$

Bei einer Steuerfinanzierung wird der Multiplikator einer Erhöhung der Transferausgaben also null. Eine entsprechende Politik der Regierung zur Erhöhung des Volkseinkommens wäre also völlig wirkungslos.

Aufgabe 15.3:

15.3.1 In Abbildung 15.2 sind die drei Nachfragefunktionen grafisch dargestellt.

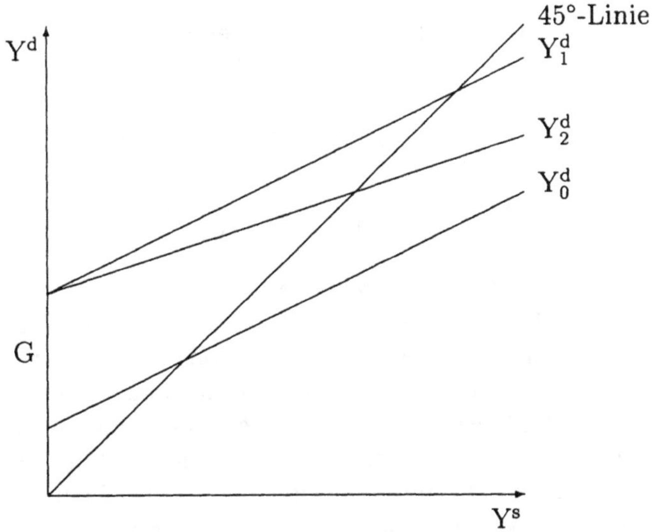

Abbildung 15.2: Exogenes und endogenes Steueraufkommen

Die Nachfragekurve Y_0^d stellt die aggregierte Nachfragekurve ohne staatliche Aktivität dar. Die aggregierte Nachfragekurve unter Berücksichtigung der Staatsnachfrage ist mit Y_1^d gekennzeichnet und verläuft um den Betrag G parallel oberhalb von Y_0^d. Werden schließlich die einkommensabhängigen Steuern berücksichtigt, so dreht sich die aggregierte Nachfragekurve nach unten in die Lage Y_2^d. Die Konsumnachfrage nimmt nun mit wachsendem Einkommen weniger stark zu, da das verfügbare Einkommen um die Steuerzahlungen vermindert ist. Dies drückt sich in einer geringeren Steigung der aggregierten Nachfragekurve aus.

15.3.2 Das totale Differential der Gleichgewichtsbedingung des Gütermarktes lautet nun:

$$dY^g = dC^a + \frac{\partial C}{\partial(Y^g - T(Y) + Tr)} \cdot d(Y^g - T(Y^g) + Tr) + dG + dI.$$

Variieren wir lediglich die Staatsausgaben, so gilt:

$$dC^a = 0, \quad dT = 0, \quad dTr = 0 \text{ und } dI = 0.$$

Ersetzen wir außerdem den Term $\frac{\partial C}{\partial(Y^g - T(Y^g) + Tr)}$ durch die marginale Konsumquote C_Y, so folgt:

$$\begin{aligned} dY^g &= C_Y \cdot d(Y^g - T(Y^g)) + dG \\ \Leftrightarrow 1 &= C_Y - C_Y \cdot \frac{\partial T(Y^g)}{\partial Y^g} + \frac{dG}{dY^g}. \end{aligned}$$

Der Ausdruck $\frac{\partial T(Y^g)}{\partial Y^g}$ ist aber nichts anderes als der marginale Steuersatz T_Y, so daß gilt:

$$\begin{aligned} 1 &= C_Y - C_Y \cdot T_Y + \frac{dG}{dY^g} \\ \Leftrightarrow dY^g &= \frac{1}{1 - C_Y \cdot (1 - T_Y)} \cdot dG. \end{aligned}$$

Der sich ergebende Multiplikator ist also kleiner als im Fall eines exogenen Steueraufkommens. Dies ist deshalb der Fall, weil der marginale Steuersatz T_Y zwischen null und eins liegen muß und der Nenner des Multiplikators dadurch größer wird, der Multiplikator insgesamt also kleiner. Allerdings muß angemerkt werden, daß die durch eine Ausweitung der Staatsausgaben entstehende Budgetlücke unter einem einkommensabhängigen Steueraufkommen auch geringer ausfällt als im Fall eines exogenen Steueraufkommens, da durch das steigende Volkseinkommen auch neue Steuereinnahmen induziert werden. Allerdings reichen diese zusätzlichen Steuereinnahmen in aller Regel nicht dazu aus, die Budgetlücke vollständig zu schließen.

15.3.3 Da es in dem hier behandelten Modell nur noch einkommensabhängige Steuern gibt, kann die Regierung nun auch nicht mehr einfach die Erhebung eines entsprechend größeren Steueraufkommens beschließen. Das steuerpolitische Instrument der Regierung ist hier der marginale Steuersatz T_Y. Nur über eine Variation des marginalen Steuersatzes kann das Steueraufkommen indirekt beeinflußt werden.

Wieder bilden wir das totale Differential der Gütermarkts-Gleichgewichtsbedingung und erhalten:

$$dY^g = dC^a + \frac{\partial C}{\partial(Y^g - T(Y) + Tr)} \cdot d(Y^g - T(Y^g) + Tr) + dG + dI.$$

Unter Berücksichtigung der marginalen Konsumquote C_Y und

$$dC^a, dTr, dI, dG = 0$$

ergibt sich:

$$dY^g = C_Y \cdot d(Y^g - T_Y \cdot Y^g).$$

Nach Anwendung der Produktregel erhalten wir:

$$dY^g = C_Y \cdot dY^g - C_Y \cdot dT_Y \cdot Y^g - C_Y \cdot T_Y \cdot dY^g.$$

Die Multiplikatorformel läßt sich nun wie folgt berechnen:

$$\begin{aligned} 1 &= C_Y - C_Y \cdot dT_Y \cdot \frac{Y^g}{dY^g} - C_Y \cdot T_Y \\ \Leftrightarrow dY^g &= -\frac{C_Y \cdot Y^g}{1 - C_Y \cdot (1 - T_Y)} \cdot dT_Y \end{aligned}$$

Am negativen Vorzeichen des Multplikators können wir nun sofort ablesen, daß eine Erhöhung des marginalen Steuersatzes einen negativen Effekt auf das Volkseinkommen ausübt.

15.3.4 Wenn ein sofortiger Budgetausgleich allein über zusätzliche Steuereinnahmen vorgenommen werden soll, können wir die beiden zuvor hergeleiteten Multiplikatoren für die isolierte Erhöhung der Staatsausgaben und die isolierte Erhöhung des Steuersatzes miteinander saldieren

$$dY^g = \frac{1}{1 - C_Y \cdot (1 - T_Y)} \cdot dG - \frac{C_Y \cdot Y^g}{1 - C_Y \cdot (1 - T_Y)} \cdot dT_Y. \tag{15.2}$$

Kurzfristig muß der Budgetausgleich nun allein über eine Erhöhung des Steuersatzes hergestellt werden, so daß wir schreiben können:

$$\begin{aligned} dT &= dT_Y \cdot Y^g \\ \Leftrightarrow dT_Y &= \frac{dT}{Y^g}. \end{aligned} \tag{15.3}$$

Setzen wir Gleichung 15.3 in Gleichung 15.2 ein, so erhalten wir:

$$dY^g = \frac{1}{1 - C_Y \cdot (1 - T_Y)} \cdot dG - \frac{C_Y \cdot Y^g}{1 - C_Y \cdot (1 - T_Y)} \cdot \frac{dT}{Y^g}.$$

Berücksichtigen wir außerdem die Bedingung für den Budgetausgleich $dG = dT$, so ergibt sich:

$$dY^g = \frac{1 - C_Y}{1 - C_Y \cdot (1 - T_Y)} \cdot dG.$$

Für den Multiplikator ergibt sich also hier ein Wert, der kleiner als eins ist. Somit kommen wir in der kurzen Frist zu einem anderen Multiplikator, als dies bei autonom geplantem Steueraufkommen der Fall war (hier galt noch $dY^g = dG$).

Aufgabe 15.4:

15.4.1 Die Kapitalmarktgleichgewichtsbedingung unter Berücksichtigung staatlicher Aktivität lautet:[2]

$$S(Y^g - T) + T = I(i) + G. \tag{15.4}$$

Wir nehmen einmal an, das exogene Steueraufkommen sei gerade so beschaffen, daß die gesamten Staatsausgaben durch das Steueraufkommen finanziert werden können. Es gilt dann:

$$T = G,$$

so daß sich die Gleichgewichtsbedingung für den Kapitalmarkt vereinfachen läßt zu:

$$I(i) = S(Y^g - T)$$

mit

$$\frac{\partial I}{\partial i} < 0$$

und

$$\frac{\partial S}{\partial Y} > 0.$$

Im einfachen Gütermarktmodell wurde das Kapitalmarktgleichgewicht stets durch die exogen vorgegebenen Investitionen determiniert; das Sparvolumen paßte sich durch eine entsprechende Variation des Volkseinkommens an. Dies ist hier nicht der Fall. Da das Investitionsvolumen von der Höhe des Zinses, das Sparvolumen seinerseits von der Höhe des Einkommens abhängt, gibt es nicht mehr nur ein einziges Einkommen, das den Kapitalmarkt in ein Gleichgewicht bringt. Vielmehr existiert zu jedem Zins ein zugehöriges Gleichgewichtseinkommen. Es liegt nun nahe, die jeweils gleichgewichtigen Zins-Einkommens-Kombinationen grafisch in einem Y/i-Diagramm darzustellen. Die hierbei entstehende Kurve nennt man IS-Kurve. Um uns den Verlauf der IS-Kurve zu verdeutlichen, betrachten wir Abbildung 15.3.

[2] Aus Vereinfachungsgründen wurden die Transferzahlungen des Staates direkt mit dem Steueraufkommen saldiert.

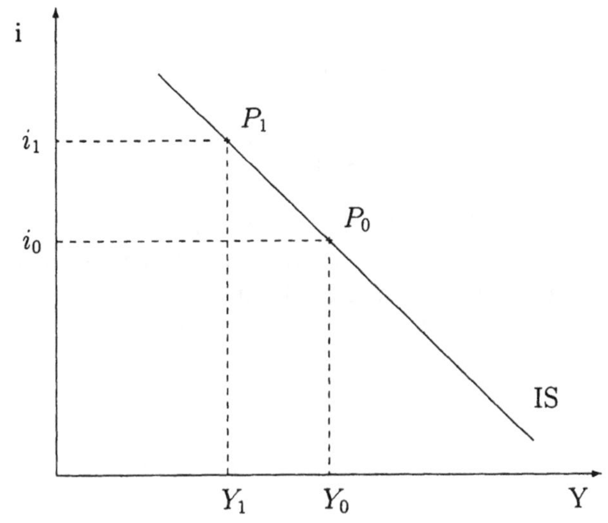

Abbildung 15.3: Die IS-Kurve als Gleichgewichtskurve des Kapitalmarktes

Greifen wir uns den auf der IS-Kurve liegenden Punkt P_0 heraus. Zu diesem Punkt gehört der Zins i_0 und das Einkommen Y_0. Da es sich um eine Kombination von Zins und Einkommen handeln soll, die den Kapitalmarkt in ein Gleichgewicht bringt, muß gelten:

$$I(i_0) = S(Y_0 - T).$$

Bei einem höheren Zins i_1 ist die Investitionsnachfrage geringer als beim Zins i_0. Damit wir auch hier ein Kapitalmarktgleichgewicht erreichen, muß das Sparvolumen abnehmen. Dies ist aber bei konstantem Steueraufkommen nur bei einem geringeren Einkommen Y_1 der Fall. Also nimmt das Gleichgewichtseinkommen bei steigenden Zinsen ab. Umgekehrt nimmt es bei fallenden Zinsen zu. Die IS-Kurve als Menge aller Zins-Einkommens-Kombinationen, die den Kapitalmarkt in ein Gleichgewicht bringen, muß deswegen im Y/i-Diagramm entsprechend Abbildung 15.3 einen fallenden Verlauf aufweisen. Die (negative) Steigung der IS-Kurve wird maßgeblich durch die Zinselastizität der Investitionsnachfrage bestimmt.

15.4.2 Auf dem Geldmarkt besteht ein Gleichgewicht, wenn Geldangebot M und Geldnachfrage L übereinstimmen. Gem. Aufgabentext nehmen wir an, das nominale Geldangebot sei exogen durch die Zentralbank vorgegeben. Nach der Keynesschen Liquiditätspräferenztheorie ist die Geldnachfrage positiv mit dem Einkommen und negativ mit dem Zins korreliert, so daß wir die Gleichgewichtsbedingung für den Geldmarkt wie folgt notieren können:

$$\frac{M}{P} = L(Y^g, i^g) \tag{15.5}$$

mit

$$\frac{\partial L}{\partial i} < 0$$

und

$$\frac{\partial L}{\partial Y} > 0.$$

Da das Preisniveau P im IS-LM-Modell konstant ist, können wir es auf Vereinfachungsgründen auf eins normieren und somit im folgenden vernachlässigen. Die LM-Kurve als Gleichgewichtslokus für den Geldmarkt im Y/i-Diagramm ist in Abbildung 15.4 grafisch dargestellt.

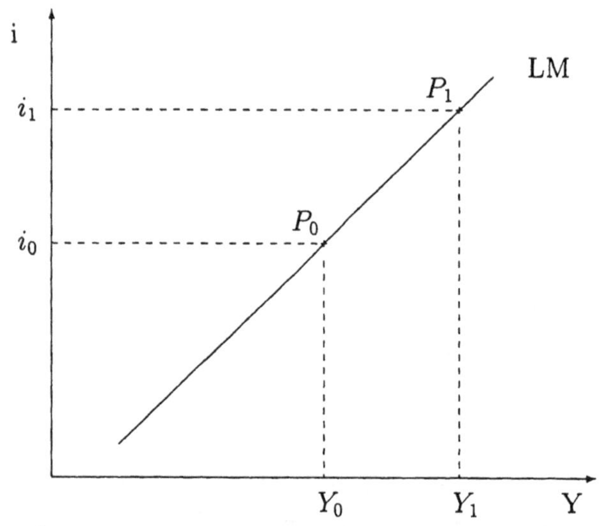

Abbildung 15.4: Die LM-Kurve als Gleichgewichtskurve des Geldmarktes

Bei einem konstanten Geldangebot kann der Geldmarkt nur dann in ein Gleichgewicht gelangen, wenn sich die Geldnachfrage entsprechend anpaßt. Die Geldnachfrage wächst mit steigendem Einkommen und mit sinkendem Zins. Ausgehend von der durch Punkt P_0 symbolisierten gleichgewichtigen Zins-Einkommens-Kombination (i_0, Y_0) wollen wir nun den Verlauf der LM-Kurve herleiten. Bei dem höheren Zins i_1 sinkt die Geldnachfrage. Da sich aber das Geldangebot eben nicht ändert, da es ja exogen bestimmt wird und hier nicht variiert wird, darf sich die Geldnachfrage insgesamt ebenfalls nicht ändern, wenn wir auch bei dem höheren Zins i_1 ein Geldmarktgleichgewicht erreichen wollen. Dies ist aber nur dann der Fall, wenn das Einkommen auf Y_1 steigt und die Geldnachfrage somit insgesamt unverändert bleibt. Steigende Zinsen erfordern also steigende Einkommen, um ein Geldmarktgleichgewicht zu gewährleisten. Also muß die LM-Kurve im Y/i-Diagramm einen steigenden Verlauf aufweisen.

15.4.3 Wir können nun die IS- und die LM-Kurve in dem gleichen Y/i-Diagramm entsprechend Abbildung 15.5 darstellen. Der Schnittpunkt der IS- und der LM-Kurve zeigt uns diejenige Zins-Einkommens-Kombination an, die sowohl den Kapital- als auch den Geldmarkt simultan in ein Gleichgewicht bringt. Wie wir sehen, ist dies nur bei einer einzigen Zins-Einkommens-Kombination (i_0, Y_0) der Fall. Während für den Geldmarkt und den Kapitalmarkt für sich genommen noch unendlich viele Zins-Einkommens-Kombinationen existierten, die diese jeweils in ein Gleichgewicht brachten, existiert also nur ein einziges simultanes Gleichgewicht auf Geld- und Kapitalmarkt.

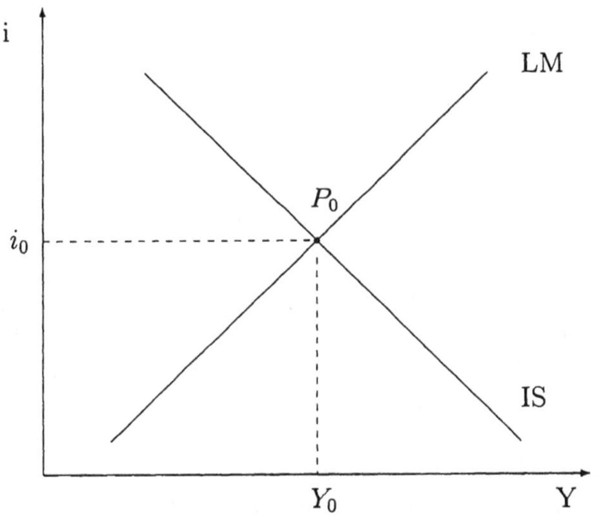

Abbildung 15.5: Simultanes Gleichgewicht auf Geld- und Kapitalmarkt

Die bloße Existenz eines solchen simultanen Gleichgewichts bedeutet nun aber noch nicht, daß dieses in der Realität auch erreicht wird. Um dies beurteilen zu können, müßte an dieser Stelle eigentlich eine dynamische Analyse vorgenommen werden, worauf wir hier verzichten wollen. Stattdessen werden wir auf einige Plausibilitätsüberlegungen zurückgreifen.

Betrachten wir Abbildung 15.6 und nehmen an, die momentane Situation würde durch den Punkt P_1 charakterisiert. Der Punkt P_1 liegt weder auf der IS- noch auf der LM-Kurve. Wir wissen also, daß sich momentan weder der Kapital- noch der Geldmarkt in einem Gleichgewicht befindet. Betrachten wir zunächst nur die Anpassungsprozesse auf dem Geldmarkt. Der Zins i_1 ist, gemessen am zugehörigen Einkommen Y_1 zu hoch, um den Geldmarkt in ein Gleichgewicht zu bringen. Mit anderen Worten: Die Opportunitätskosten der Geldhaltung sind so hoch, daß die Wirtschaftssubjekte versuchen werden, ihre Kassenhaltung zu verringern, indem sie

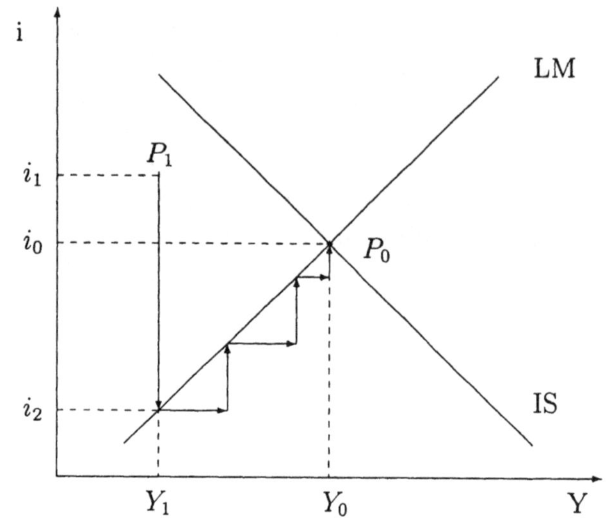

Abbildung 15.6: Möglicher Anpassungsprozeß an das simultane Gleichgewicht

Wertpapiere erwerben.[3] Bei einer steigenden Wertpapiernachfrage und konstantem Angebot an Wertpapieren, werden die Preise der Wertpapiere, also deren Kurse, steigen. Dies ist aber gleichbedeutend mit einer Senkung der Effektivverzinsung. Es ist also eine Zinssenkungstendenz durch die Anpassungsprozesse auf dem Geldmarkt zu erwarten.

Auf dem Kaptialmarkt besteht eine Überschußnachfrage, da der Zins i_1 so niedrig ist, daß die geplanten Investitionen die geplante Ersparnis $S(Y_1 - T)$ übersteigen.[4] Wenn aber die Investitionsnachfrage überhöht ist, so besteht auch auf dem Gütermarkt eine Überschußnachfrage, worauf die Unternehmen mit einer Angebotsausweitung reagieren werden.[5] Hierdurch steigt das Einkommen Y und induziert gemäß der marginalen Sparneigung zusätzliches Kapitalangebot, wodurch das Kapitalmarktungleichgewicht tendenziell verringert wird. Auch dieser Prozeß setzt sich fort, bis der Kapitalmarkt im Gleichgewicht ist.

Die beiden Anpassungsprozesse haben wir der Einfachheit halber gedanklich getrennt. In der Realität laufen jedoch beide zur gleichen Zeit ab. Wie nun der genaue Anpassungsprozeß hin zum simultanen Gleichgewicht abläuft hängt davon ab, mit welcher relativen Geschwindigkeit die beiden Anpassungsprozesse vollzogen werden. In diesem Zusammenhang wird häufig die Erwartung geäußert, die An-

[3] Gesamtwirtschaftlich ist ein solches Vorhaben natürlich von vorneherein zum Scheitern verurteilt, weil bei jedem Kaufakt letztlich nur die Besitzer von Bargeld und Wertpapieren wechseln, die Geldmenge und das Wertpapiervolumen sich hierdurch aber nicht ändern.

[4] Wir wollen an dieser Stelle wieder vereinfachend unterstellen, die Staatsausgaben entsprächen gerade dem Steueraufkommen.

[5] Im Rahmen des IS-LM-Modells wird typischerweise unterstellt, die Unternehmen besäßen unbegrenzte Produktionskapazitäten.

passungseffekte auf dem Geldmarkt verliefen wesentlich schneller als die auf dem Kapital- bzw. Gütermarkt, was damit begründet wird, daß im letzteren Fall erst Produktionsanpassungen stattfinden müßten und diese Zeit benötigten. Dieses Argument leuchtet grundsätzlich ein. Zum Teil wird sogar unterstellt, der Geldmarkt reagiere so schnell, daß zunächst nur eine Zinsanpassung stattfindet und erst dann nach und nach eine Produktionskorrektur. Die Folgen einer solchen Annahme sind ebenfalls in Abbildung 15.6 dargestellt.

Ausgehend vom Zins i_1 sinkt der Zins in Folge der Anpassungsbewegungen auf dem Geldmarkt auf i_2. Da dieser, nur vorübergehend resultierende Zins noch niedriger als der simultane Gleichgewichtszins i_0 ist, spricht man auch von einem Zins-Undershooting-Effekt. Erst danach wächst das Einkommen und der Zins steigt dabei jeweils in entsprechend kleinen Schritten wieder an. Es sei noch einmal darauf hingewiesen, daß dies nur eine denkbare Alternative des Anpassungsprozesses hin zum simultanen Gleichgewicht ist, der in dieser Form auf der Annahme des sehr schnell reagierenden Geldmarkts und des träge reagierenden Kapital- bzw. Gütermarkts beruht.

15.4.4 Beginnen wollen wir mit der Analyse einer isolierten Erhöhung der Staatsausgaben. Ausgangspunkt unserer Analyse bilden nun die beiden Gleichgewichtsbedingungen für den Geld- und den Gütermarkt:

$$Y^g = C^a + C(Y^g - T(Y^g)) + I^a + I(i^g) + G$$

bzw.

$$M = L(Y^g, i^g).$$

Wir bilden nun von beiden Gleichgewichtsbedingungen jeweils das totale Differential, wobei wir den autonomen Konsum und die autonomen Investitionen konstant halten, und erhalten:

$$dY^g = \frac{\partial C}{\partial(Y - T(Y))} \cdot d(Y^g - T_Y \cdot Y^g) + \frac{dI}{di} \cdot dI^g + dG$$

bzw.

$$dM = \frac{\partial L}{\partial Y} \cdot dY^g + \frac{\partial L}{\partial i} \cdot di^g.$$

Unter Verwendung der marginalen Konsumquote bzw. den jeweiligen Elastizitäten

$$L_i = \frac{\partial L}{\partial i}$$

bzw.

$$L_Y = \frac{\partial L}{\partial Y}$$

kann man auch schreiben:

$$dY^g = C_Y \cdot d(Y^g - T_Y \cdot Y^g) + I_i \cdot dI^g + dG$$

bzw.

$$dM = L_Y \cdot dY^g + L_i \cdot di^g.$$

Löst man das totale Differential des Geldmarkts nach di^g auf und bedenkt, daß sich das Geldangebot M sich nicht ändert (d.h. $dM = 0$), so erhält man:

$$di^g = -\frac{L_Y \cdot dY^g}{L_i}.$$

Setzen wir diesen Ausdruck in das totale Differential des Gütermarkts ein, so ergibt sich:

$$\begin{aligned} dY^g &= C_Y \cdot d(Y^g - T_Y \cdot Y^g) - I_i \cdot \frac{L_Y \cdot dY^g}{L_i} + dG \\ \Leftrightarrow dY^g &= \frac{1}{1 - C_Y \cdot (1 - T_Y) + \frac{L_Y \cdot I_i}{L_i}} \cdot dG. \end{aligned}$$

Zur Herleitung des Effektes einer isolierten Erhöhung der Geldmenge gehen wir wiederum von den Gleichgewichtsbedingungen des Geld- und des Gütermarktes aus. Bei der Bildung der totalen Differentiale berücksichtigen wir nun, daß sich die Staatsausgaben und der autonome Konsum nicht verändern und erhalten unter Verwendung der marginalen Konsumquote bzw. den jeweiligen Elastizitäten:

$$dY^g = C_Y \cdot d(Y^g - T_Y \cdot Y^g) + I_i \cdot di^g$$

bzw.

$$dM = L_Y \cdot dY^g + L_i \cdot di^g.$$

Stellt man das totale Differential des Geldmarkts nach di^g um, so ergibt sich:

$$di^g = \frac{dM - L_Y \cdot dY^g}{L_i}.$$

Setzt man diesen Term wieder in das totale Differential des Gütermarkts ein, so ergibt sich:

$$\begin{aligned} dY^g &= C_Y \cdot dY^g - C_Y \cdot T_Y \cdot dY^g + I_i \cdot \frac{dM - L_Y \cdot dY^g}{L_i} \\ \Leftrightarrow dY^g &= \frac{\frac{I_i}{L_i}}{1 - C_Y \cdot (1 - T_Y) + \frac{I_i}{L_i} \cdot L_Y} \cdot dM. \end{aligned}$$

Wir wollen diesen Multplikator nun mit dem zuvor hergeleiteten einer Ausweitung der Staatsausgaben vergleichen. Die Nenner der beiden Multiplikatoren stimmen überein, so daß es bei der Beurteilung der relativen Stärke der Effekte allein auf die Zähler der Multiplikatoren ankommt. Da die Zinselastizität der Investitionsnachfrage genauso wie die der Geldnachfrage negativ ist, ergibt sich in jedem Fall ein positiver Multiplikatoreffekt einer isolierten Ausweitung der Geldmenge. Ob dieser Effekt stärker ist als der einer isolierten Ausweitung der Staatsausgaben hängt davon ab, ob die Zinselastizität der Investitionsnachfrage größer ist als die der Geldnachfrage (stärkerer Effekt der isolierten Geldmengenausweitung) oder kleiner (stärkerer Effekt der isolierten Staatsnachfrageausweitung). Sind die beiden Elastizitäten gleich groß, so entsprechen sich auch die Multiplikatoren.

Aufgabe 15.5:

15.5.1 Das Synthesemodell verdankt seine Bezeichnung der Tatsache, daß es eine Kombination von klassisch-neoklassichen und keynesianischen Modellelementen enthält. In Abbildung 15.7 ist das Synthesemodell grafisch dargestellt.

Die Angebotsseite der Volkswirtschaft entstammt der klassisch-neoklassischen Theorie. In Quadrant I ist der Arbeitsmarkt abgebildet, also Arbeitsangebot (N^s) und Arbeitsnachfrage (N^d) in Abhängigkeit vom Reallohn. Im Schnittpunkt der beiden Kurven liegt das Arbeitsmarktgleichgewicht mit dem zugehörigen Reallohn $\left(\frac{w}{P}\right)^g$ und der Beschäftigung N^g. Quadrant II enthält eine neoklassische Produktionsfunktion.[6] Da die gleichgewichtige Beschäftigung auf dem Arbeitsmarkt bestimmt wird, können wir über die Produktionsfunktion auch das aggregierte Güterangebot herleiten, welches aufgrund der in der Klassik/Neoklassik unterstelllten vollkommenen Lohnflexibilität völlig preisunelastisch verläuft.[7] Die Güterangebotsfunktion Y^s ist im Quadranten III eingezeichnet, der den Gütermarkt abbildet.

Die Nachfrageseite der Volkswirtschaft wird durch keynesianische Annahmen geprägt. In Quadrant V ist das simultane Gleichgewicht auf dem Geld- und dem Kapitalmarkt durch das IS-LM-Modell dargestellt. Mit Hilfe der IS- und der LM-Kurve kann der gleichgewichtige Zins i^g und das gleichgewichtige Einkommen bestimmt werden. Weiterhin läßt sich aus dem IS-LM-Diagramm die Kurve der aggregierten Güternachfrage Y^d herleiten (durch Gleiten der LM-Kurve für alternative Preisniveaus entlang der IS-Kurve). Wir erhalten den typisch fallenden Verlauf der aggregierten Nachfragekurve. Damit ist der Gütermarkt in Quadrant III vollständig beschrieben. Der Schnittpunkt von Y^s und Y^d-Kurve bestimmt das gleichgewichtige Preisniveau P^g.

Schließlich können wir aus Quadrant IV ablesen, wie hoch der gleichgewichtige Nominallohn w^g ist. Die in diesem Quadranten eingezeichnete Funktion hat die Form

$$w = \left(\frac{w}{P}\right) \cdot P.$$

Sie gibt an, welche Kombinationen aus Reallohn und Preisniveau jeweils zur Realisierung des gleichen Nominallohnes führen. Alle Punkte auf der sich ergebenden

[6]Eine neoklassische Produktionsfunktion weist zwar stets positive, aber abnehmende Grenzerträge auf.

[7]Aufgrund von Über- und Unterbietungsprozessen stellt sich am Arbeitsmarkt immer wieder der gleichgewichtige Reallohn ein.

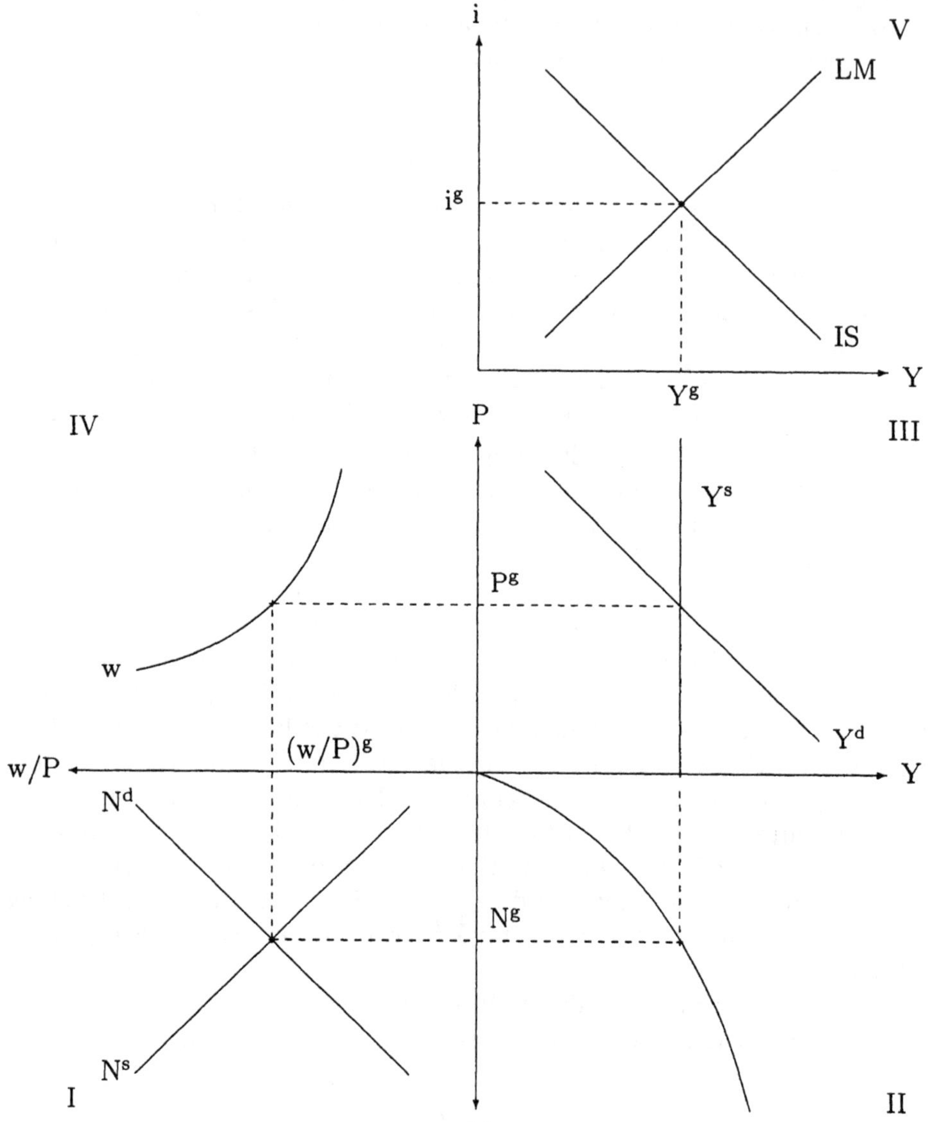

Abbildung 15.7: Das Synthesemodell

Hyperbel stellen also ein und denselben Nominallohn dar. Je weiter die entsprechende Hyperbel vom Koordinatenursprung entfernt liegt, desto höher ist der Nominallohn, den die Hyperbel repräsentiert.

Die in Abbildung 15.7 dargestellte Situation stellt also ein simultanes Gleichgewicht auf allen Märkten im Totalmodell dar.

15.5.2 In Abbildung 15.8 ist die Ausgangssituation eines simultanen Gleichgewichts auf allen Märkten mit dem Index ,,0" gekennzeichnet.

Wird nun die nominale Geldmenge erhöht, so führt dies zunächst einmal zu einem Ungleichgewicht auf dem Geldmarkt. Die Wirtschaftssubjekte werden versuchen, die nun überschüssige Realkasse durch eine Umschichtung in festverzinsliche Wertpapiere abzubauen. Hierdurch steigt die Nachfrage nach festverzinslichen Wertpapieren. Bei unverändertem Angebot schlägt sich dies in steigenden Wertpapierkursen bei gleichzeitig sinkender Effektivverzinsung nieder. Der effektive Marktzins sinkt somit auf i_1. Durch die sinkenden Zinsen wird zusätzliche Investitionsnachfrage induziert, so daß die Gesamtnachfrage steigt. Die aggregierte Angebotskurve verschiebt sich nach rechts in die Lage Y_1^d . Hierdurch entsteht ein Nachfrageüberhang am Gütermarkt, der aber aufgrund der senkrechten Angebotskurve lediglich zu einem Anstieg des Preisniveaus auf P_1 führt.

Ein steigendes Preisniveau bewirkt wiederum zwei Effekte. Erstens nimmt der Reallohn kurzfristig ab, so daß ein Ungleichgewicht am Arbeitsmarkt hervorgerufen wird. Dieses ist allerdings allenfalls von kurzem Bestand, weil die Arbeitgeber, um ihre gestiegene Arbeitsnachfrage zu befriedigen, höhere Nominallöhne bieten werden (w_1), so daß sich der ursprüngliche Reallohn wieder einstellen wird. Zweitens bewirkt ein steigendes Preisniveau aber auch einen Rückgang der realen Geldmenge, so daß sich die LM-Kurve wieder in ihre ursprüngliche Lage zurückverschiebt.

Im Ergebnis bewirkt expansive Geldpolitik also lediglich einen Anstieg des Preisniveaus und des Nominallohns. Alle realen Größen kehren auf ihr ursprüngliches Niveau zurück. Somit ergibt sich ein ähnliches Ergebnis wie im klassisch-neoklassischen Modell.

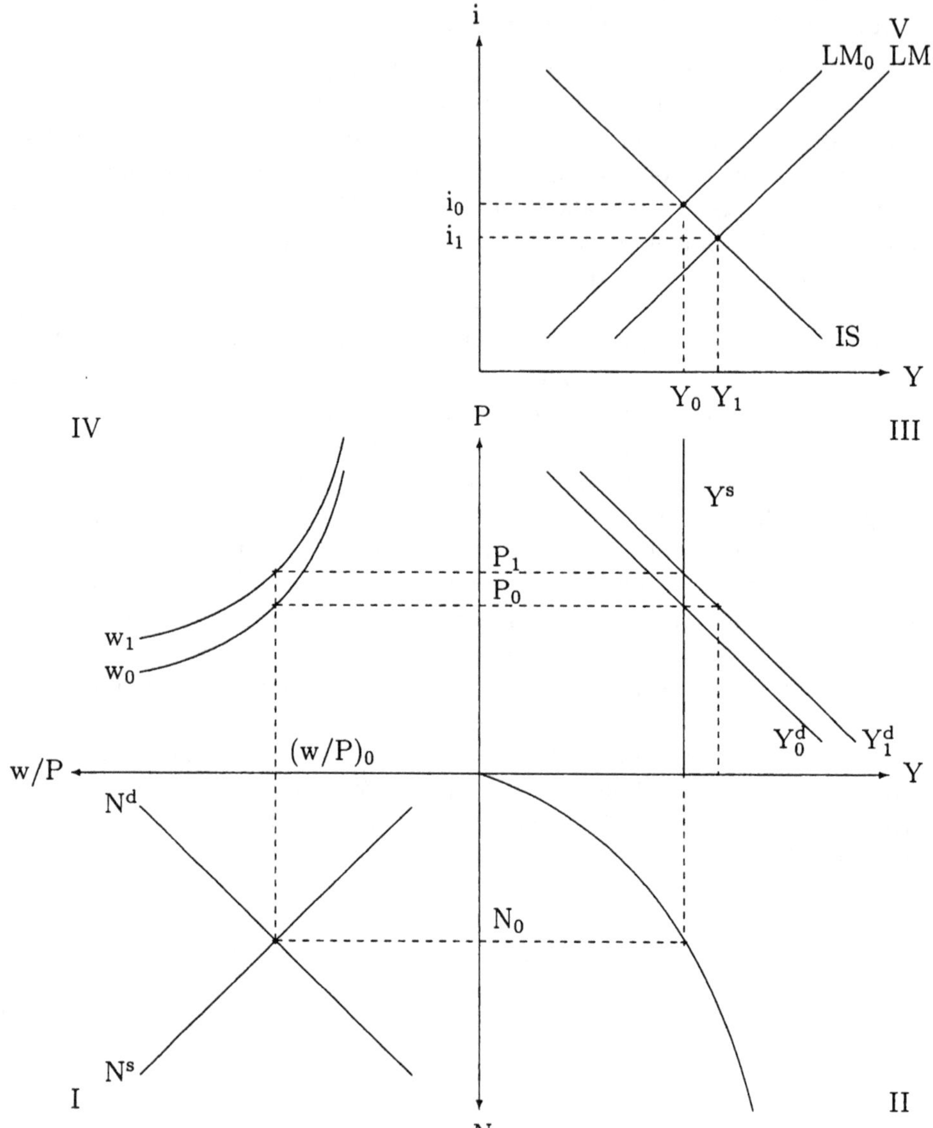

Abbildung 15.8: Expansive Geldpolitik im Synthesemodell

15.5.3 Das Synthesemodell bei Lohnstarrheit ist in Abbildung 15.9 grafisch dargestellt. Bei völliger Nominallohnstarrheit gibt es nur noch ein Preisniveau (nämlich P_0), das zu einer Realisierung des gleichgewichtigen Reallohns auf dem Arbeitsmarkt führt.

Ist das Preisniveau niedriger, liegt also z.B. P_1, übersteigt der Reallohn sein gleichgewichtiges Niveau. Zwar würden zu diesem Reallohn die Haushalte sogar mehr als die gleichgewichtige Menge an Arbeit anbieten. Aufgrund des hohen Reallohns fragen die Unternehmen jedoch nur weniger als die gleichgewichtige Menge an Arbeit nach. Die „kürzere" Marktseite (also die Arbeitsnachfrage der Unternehmen), setzt sich in diesem Fall durch. Die Beschäftigung fällt auf das Niveau N_1 zurück. Bei dieser Beschäftigung wird lediglich die Menge $Y_1 < Y_0$ angeboten. Demnach geht das aggregierte Angebot mit einem unter P_0 sinkendem Preisniveau zurück.

Wächst das Preisniveau dagegen über P_0 hinaus (z.B. auf P_2), so bedeutet dies einen Rückgang des Reallohns. Nun erhöhen zwar die Unternehmen ihre Arbeitsnachfrage, das Arbeitsangebot der Haushalte jedoch geht zurück. Diesmal ist das Arbeitsangebot der Haushalte die kürzere Marktseite und folglich geht die Beschäftigung auf N_2 zurück. Das zugehörige aggregierte Angebot fällt mit Y_2 ebenfalls geringer aus als Y_0. Mit einem über P_0 hinaus wachsendem Preisniveau geht das aggregierte Angebot also ebenfalls zurück.

Damit ergibt sich unter völlig starren Löhnen insgesamt die eigentümliche, einem gekippten „V" ähnelnde aggregierte Angebotsfunktion Y^s.

Wie in Abbildung 15.9 dargestellt kann nun der Fall auftreten, daß aggregierte Angebots- und aggregierte Nachfragekurve keinen Schnittpunkt mehr aufweisen.

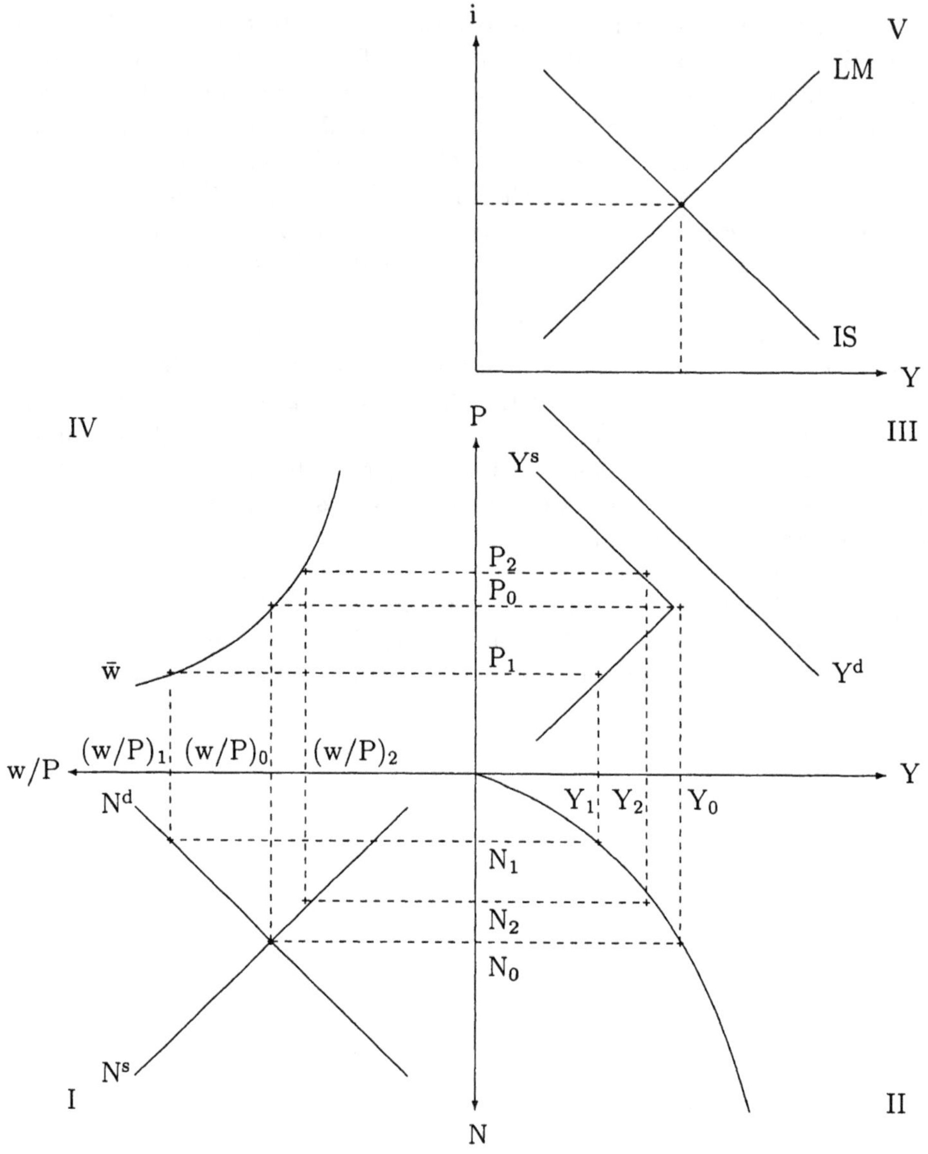

Abbildung 15.9: Das Synthesemodell bei völlig starren Nominallöhnen

Kommentierte Literaturhinweise:

Es gibt inzwischen eine derartige Vielzahl an Lehrbüchern zur Makroökonomik, daß prinzipiell jedem Interessierten nur empfohlen werden kann, einige Stunden in einer Fachbibliothek zu verbringen und sich selbst einen Überblick zu verschaffen. Zudem enthält beinahe jedes Lehrbuch zur allgemeinen Volkswirtschaftslehre zumindest Teilgebiete der Makroökonomik.

Aus Sicht des Verfassers ragen jedoch einige Lehrtexte deutlich heraus, so daß sie besondere Erwähnung verdienen. Für den Anfänger ist zunächst einmal der Klassiker von Felderer/Homburg (1994) zu empfehlen. Das Buch bietet einen leicht verständlichen und dennoch recht umfassenden Überblick über die makroökonomische Theorie. Empfehlenswert ist weiterhin das grundlegende Lehrbuch von Mankiw (1997). Wer einen strafferen Überblick sucht, kann auf den einführenden Artikel von Siebke und Thieme (1999) zurückgreifen.

Dem bereits mit den Grundlagen der Makroökonomik vertrautem Leser kann die Lektüre des Werks von Leslie (1993) empfohlen werden. Hier werden insbesondere aktuelle Entwicklungen innerhalb der Makroökonomik vorgestellt und diskutiert.

Schließlich soll noch auf ein etwas aus dem Rahmen fallendes Werk von Snowdon, Vane und Wynarczyk (1994) hingewiesen werden. Die Autoren stellen in ihrem Buch die verschiedenen Denkschulen der Makroökonomik ausführlich vor. Besonderer Wert wird hier auf die Vermittlung der ideologischen Grundposition der einzelnen Schulen gelegt. Zudem enthält das Werk Interviews mit auf dem Gebiet der Makroökonomik führenden Forschern.

Felderer, B./Homburg, S. (1999):
Makroökonomik und Neue Makroökonomik. 7. Auflage, Berlin u.a.

Leslie, D. (1993):
Advanced Macroeconomics. Beyond IS/LM. London u.a.

Mankiw, G. (1997):
Makroökonomik. 3. Auflage, Stuttgart.

Siebke, J./Thieme, H.-J. (1999):
Einkommen, Beschäftigung, Preisniveau. In: Bender, D./Berg, H./Cassel. D. (Hrsg.), Vahlens Kompendium der Wirtschaftstheorie und Wirtschaftspolitik, 7. Auflage, Band 1, München, S. 95-186.

Snowdon, B./Vane, H.R./Wynarczyk, P. (1994):
A Modern Guide to Macroeconomics. An Introduction to Competing Schools of Thought. Cheltenham.

Kapitel 16

Geld- und Transmissionstheorie

Dipl.-Vw. Guido Henkel, Otto von Guericke-Universität Magdeburg

Aufgaben

Aufgabe 16.1:

In der Entwicklungs- und Erfolgsgeschichte moderner, stark arbeitsteilig organisierter und inzwischen global verflochtener Volkswirtschaften spielt Geld eine wichtige Rolle. Als notwendige Vorbedingung nationalökonomischer Prosperität hat sich ein funktionierendes Geldwesen herausgestellt.

16.1.1 Skizzieren Sie die prinzipiellen Mechanismen der trivialen, sich aus gegebenen Anfangsbeständen speisenden (Natural-) Tauschwirtschaft. Zeigen Sie für den n-Güter-Fall, wie die Einführung einer allgemeinen Recheneinheit die Anzahl der möglichen Tauschrelationen und insofern auch die Informationskosten, senkt. Angenommen, die Zahl der verschiedenen Güter in einer Ökonomie erhöhte sich von n auf $n+1$. Weisen Sie nach, daß die Anzahl relativer Preise doppelt so schnell wächst wie die der absoluten Preise.

16.1.2 Als generelles Zahlungsmittel löst Geld das Problem der „doppelten Koinzidenz". Erläutern Sie die Vorteilhaftigkeit seiner Verwendung vor dem Hintergrund des folgenden Szenarios: Sie besitzen Gut 1, wollen Gut 2. Ich habe Gut 3, möchte Gut 1. Ein Dritter verfügt über Gut 2, würde aber gern gegen Gut 3 tauschen.

16.1.3 Inwiefern ist Geld in der Lage, Werte über die Zeit zu bewahren?

Aufgabe 16.2:

16.2.1 Bestimmen Sie aus folgenden Angaben die arithmetische Obergrenze eines im „mechanistischen Prozeß multiplikativer Geldschöpfung" realisierbaren Geldvolumens $M3$:

- Bargeld $C = 100$,
- Sichteinlagen $D = 300$,
- Termineinlagen $T = 300$,
- Spareinlagen $S = 400$,
- Geldbasis $B = 400$.

Legen Sie Ihren Berechnungen zwei zusätzliche Annahmen zu Grunde:

- Auf die verschiedenen Einlagen finde ein einheitlicher Mindestreservesatz von 10% Anwendung;
- das Halten freiwilliger Überschußreserven lohne sich nicht.

Bestimmen Sie außerdem den Wert des Geldschöpfungsmultiplikators

- im gegebenen Szenario;
- bei Aufhebung jeglicher Mindestreserveverpflichtung.

16.2.2 Die (Neo-) Quantitätstheorie postuliert bekanntlich den kausalen Durchgriff der Geldmengen- auf die Preisniveauentwicklung. Gesetzt den Fall, eine Zentralbank könne M (indirekt) steuern.[1] Um wieviel Prozent wird sie M auszuweiten suchen, sofern sie:

1. von einer stagnierenden (Vollbeschäftigungs-) Wirtschaft ausgeht,
2. einen Anstieg der Einkommenskreislaufgeschwindigkeit von 3% erwartet,
3. ein Inflationsziel von 2% p.a. verfolgt?

16.2.3 Bei Vorliegen asymmetrischer Information am Kreditmarkt können Rationierungsphänomene auftreten. Die über den Kreditkanal verlaufende, vom monetären in den realen Sektor führende Wirkungskette geldpolitischer Impulse droht hier abzureißen. Zeigen Sie anhand des Stiglitz/Weiss-Modells, inwiefern „adverse Selektion" z.B. dafür verantwortlich sein kann, daß der bankoptimale Rationierungszins unterhalb des (kredit-) markträumenden Gleichgewichtszinssatzes liegt. Verdeutlichen Sie die Effekte an frei gewählten Zahlenbeispielen.

[1] Von etwaigen „time lags" werde abstrahiert.

Aufgabe 16.3:

16.3.1 Neben einer im wesentlichen einkommensbestimmten Transaktions- bzw. Vorsichtskassenhaltung kennt die keynesianische Liquiditätspräferenztheorie eine „spekulative" Geldhaltung. Nehmen Sie den folgenden Fall zweier konkreter Anlagealternativen zum Anlaß, das Spekulationsmotiv zu beschreiben:

1. Kauf eines festverzinslichen Wertpapiers mit unendlicher Laufzeit. Der auf den Nennwert ($NW = 100$) gezahlte Festzins i möge 10% betragen, die aktuelle Marktrendite r_0 sei 8%. Für das Ende des (einperiodigen) Anlagezeitraums werde eine Rendite r_1 von 7,5% bzw. 8,5% erwartet.

2. Unverzinste Spekulationskassenhaltung.

Prüfen Sie, bei welcher Renditeerwartung der Anleger den Alternativen gegenüber indifferent wäre. Welche Momentanrendite läge vor, wäre er im 7,5%-Szenario unentschieden?

16.3.2 Abweichend von der in 16.3.1 unterstellten Besonderheit sicherer, einwertiger Erwartungen geht man im Kontext einer portfoliotheoretischen Bestimmung der Geldnachfrage regelmäßig davon aus, daß ein Wirtschaftssubjekt an verschiedene Zukunftsrenditen (gleichzeitig) glaubt. Jeder für möglich gehaltenen Ausprägung des Merkmals r_i wird es eine bestimmte, echt positive Wahrscheinlichkeit zuordnen. Wie oben gelte:

$$NW = 100, \quad i = 10\%, \quad r_0 = 8\%.$$

Von einem risikoneutralen Anleger sei aber nun bekannt, er erwarte $r_{1a} = 8,5\%$ mit einer 50%igen Wahrscheinlichkeit, keine Kursveränderung ($r_{1b} = 8,0\%$) mit 25%iger Wahrscheinlichkeit. Welchen Wert muß eine etwaige dritte, ebenfalls entscheidungsrelevante Zukunftsrendite r_{1c} gehabt haben, wenn die Entscheidung zugunsten der spekulativen Geldhaltung ausgefallen ist?

16.3.3 Inwieweit macht es einen Unterschied, den unter 16.3.2 entwickelten Kalkül einem Investor zuzuschreiben, der risikoavers agiert? Welche Entscheidung hätte der risikoneutrale, welche der risikoscheue Anleger getroffen, wäre $r_{1c} = 7\%$? Gehen Sie für letzteren von folgender, vom Renditeerwartungswert μ und der Standardabweichung σ abhängigen Nutzenfunktion aus:

$$U = 10 \cdot \mu - 100 \cdot \sigma^2.$$

Aufgabe 16.4:

16.4.1 Weil die Keynesianer im a llgemeinen skeptisch sind, was den Transmissionserfolg (expansiver) geldpolitischer Interventionen anbelangt, werden sie bisweilen als „Fiskalisten" bezeichnet. Die makrotheoretischen Szenarien der „Investitions-" und „Liquiditätsfalle" geben diesem Zweifel komprimierten Ausdruck. Analysieren

Sie die Varianten algebraisch. Bedienen Sie sich dazu eines einfachen (Fixpreis-) IS/LM-Modells. Was behindert, was begünstigt hier den „Keynes-Effekt"?

16.4.2 Das der keynesianischen Lehre ureigene Interventionsinteresse ist im (neo-) klassischen Totalmodell viel schwächer ausgeprägt, fehlt dort zum Teil völlig. Ein bezüglich der Eingriffsnotwendigkeit bestehender Dissens widerspricht dem Konsens aber nicht, den die zwei Schulen in der Ansicht finden, daß es um die Wirksamkeit einer Geldmengenoffensive schlecht bestellt sein könnte. Warum bleiben monetäre Impulse auch in der (neo-) klassisch organisierten Makro-Welt realwirtschaftlich folgenlos? Veranschaulichen Sie die Wirkungskette grafisch.

Lösungen

Aufgabe 16.1

16.1.1 Ein Gut ist, was Wert hat. Ökonomischen Wert hat ein Gut aus der Sicht eines einzelnen Wirtschaftssubjekts, wenn es ein Bedürfnis befriedigt, also Nutzen stiftet. Solch subjektivem Gebrauchswert steht ein intersubjektiv bedingter Tauschwert gegenüber: der jeweilige Preis des Gutes. Damit ein Tausch zustande kommt, müssen diverse Bedingungen erfüllt sein. Eine zentrale Voraussetzung lautet: Alle Akteure erwarten, sich durch den Tausch besser zu stellen, d.h. ihrem Handlungsziel (Bedürfnisbefriedigung, Sättigung) näher zu kommen als sie ihm vor dieser Transaktion waren. Im einfachsten Fall sind zwei Personen und zwei Güter auf ebensovielen Märkten involviert. Wer tauscht ist also Anbieter und Nachfrager zugleich. Es gilt:

- Der subjektive Nutzen(zuwachs), den man mit einem netto-, zusätzlich zur Anfangsausstattung nachgefragten Gut verbindet, markiert die absolute Obergrenze dessen, was jemand zu zahlen bereit sein wird. Je niedriger der vereinbarte Tauschwert, desto höher die (Käufer-) Rente, der darauf beruhende Vorteil, ein geringeres Entgelt entrichten zu müssen, als es der Zahlungsbereitschaft entspricht.

- Der für ein offeriertes Gut verlangte Preis liegt niemals unterhalb des Wertes, dessen es bedarf, den durch die Herausgabe erlittenen Nutzenverlust zu kompensieren. Man will ja zumindest erlösen, was einem das Verkaufsobjekt selber wert ist.

Der Tausch soll aber vorerst ohne Geld, ohne ein als Tauschmittel fungierendes Geld-Gut vonstatten gehen, also in (nicht-monetären) Naturalien erfolgen. Hier werden auch nicht einfach Güter, sondern Gütermengen, in einem bestimmten Verhältnis getauscht. Der Tauschwert $x_{1,2}$ gibt bspw. an, wieviel von Gut 1 für eine Einheit von Gut 2 hergegeben werden muß. Verallgemeinert gilt: $x_{i,j}$ = Menge von Gut i, die für eine Einheit von Gut j am Markt geboten und gefordert wird; relativer, in Mengeneinheiten des i-ten ausgedrückter (Gleichgewichts-) Preis des j-ten Gutes.

Gut	1	2	...	n
1	$x_{1,1} = 1$	$x_{2,1}$	$x_{..,1}$	$x_{n,1}$
2	$x_{1,2}$	1	$x_{..,2}$	$x_{n,2}$
...	$x_{1,...}$	$x_{2,...}$	1	$x_{n,...}$
n	$x_{1,n}$	$x_{2,n}$	$x_{...,n}$	$x_{n,n} = 1$

Tabelle 16.1: Relative Preise

Tabelle 16.1 macht deutlich: Gegen sich selbst getauscht, hätte jedes der n Güter den auf der Hauptdiagonalen eingetragenen Preis:

$$1 = x_{1,1} = x_{2,2} = ... = x_{n,n}.$$

Von den insgesamt $n \cdot n$ denkbaren Tauschrelationen sind demnach nur $n \cdot (n-1)$ relevant. Bei näherer Ansicht ergibt sich zudem, daß etwa auch $x_{1,2}$ gegenüber $x_{2,1}$, $x_{1,3}$ gegenüber $x_{3,1}$ usw. keine zusätzlichen, empirisch gehaltvollen Informationen liefert. Wer bspw. weiß, daß für eine Einheit von Gut 1 fünf Einheiten von Gut 2 getauscht werden ($x_{2,1} = 5$), der kennt auch den in Gut-1-Einheiten ausgedrückten Tauschwert von Gut 2 ($x_{1,2} = \frac{1}{5}$). Generell gilt also:

$$x_{i,j} = \frac{1}{x_{j,i}}.$$

Kurzum: Wer über die Einträge der oberen Dreiecksmatrix informiert ist, kann sich die der unteren erschließen - und umgekehrt. Die Anzahl der in Erfahrung zu bringenden Tauschrelationen halbiert sich demnach auf

$$\frac{n \cdot (n-1)}{2}.$$

Bei nur zehn verschiedenen Gütern muß man dann immerhin noch 45, bei $n = 100$ bereits 4.950, bei $n = 1.000$ sogar 499.500 Tauschrelationen kennen, um vollständig informiert zu sein.

Noch komplizierter lägen die Dinge, gäbe es nicht schon die öffentlich bekannten Gleichgewichts-Preise, müßte sich vielmehr jedermann bei jedermann danach erkundigen, zu welchen individuellen Raten ein etwaiger Tausch in Frage komme. Aus $x_{i,j}$ würde $x_{i,j,k}$:= Menge von Gut i, für die das Wirtschaftssubjekt k eine Mengeneinheit von Gut j hergibt. Anstatt einer einzigen Gleichgewichtsmatrix würden jetzt ebensoviele Tabellen kursieren, wie es Akteure gibt. Daß dies eine Vervielfachung der benötigten Informationen zur Folge hätte, liegt auf der Hand. Halten wir also fest: Gäbe es keine Gleichgewichtspreise, wäre das Einsparungspotential an Informationskosten besonders hoch.

Die Einführung von Geld als Recheneinheit löst ein ökonomisches Problem. Sie deckt einen Bedarf an Transparenz, gewährleistet Vergleichbarkeit, knappheitsgerechte Arbitrage, erleichtert den Überblick über das filigrane, fortwährend rejustierte Wertgefüge einer Wirtschaft. Grundsätzlich ist denkbar, daß ein Rechen- und ein Zahlungsmittel unabhängig voneinander koexistieren, in Guinee z.B. gezählt, in Pfund jedoch gezahlt wird. Reservieren wir den Ausdruck „Geld" für das Zahlungsmittel, haben die n Güter nun n absolute Geld-, in Einheiten des Zahlungsmittels ausgedrückte Preise. Noch einmal soviele abstrakte Preise kämen hinzu, gäbe es ein zusätzliches Rechenmittel - und, nicht zu vergessen, einen Umrechnungskurs von Guinees in Pfund.

Für die ursprüngliche Akzeptanz des Geldes war wahrscheinlich unabdingbar, ihm einen kultisch-religiösen oder auch alltäglichen Gebrauchswert beizumessen. Es schafft das nötige Vertrauen, sich auf „höhere Werte" berufen, sich etwa im göttlichen Glanze des Goldes legitimieren zu können. Die nicht-monetäre Nützlichkeit des Geld-Gutes Salz, von Rindern usw. reduziert das Risiko, den daraus entstehenden Schaden, auf einem (vermeintlichen) Zahlungsmittel sitzenzubleiben. Wird es anderswo nicht angenommen, taugt es immer noch zum eigenen Gebrauch bzw. (Natural-) Tausch. Verständigt man sich also auf ein solches Numéraire, macht also z.B. das n-te Gut zum Zählgut mit (Eigen-) Preis $p_{n,n} = 1$, gibt es in dieser Geldwirtschaft $n - 1$ absolute, in Einheiten des Zählguts ausgewiesene Geldpreise:

$$p_{n,1}, p_{n,2}, \dots, p_{n,n-1}.$$

In unserer 1.000-Güter-Wirtschaft - das ist nicht sehr viel mehr, als bspw. ein gut bestückter Kühlschrank, und jedenfalls beträchtlich weniger, als etwa eine schlecht sortierte Buchhandlung vorrätig hält - schrumpft die Menge der Informationen um einen Faktor 500, von fast einer halben Million (s.o.) auf nurmehr 999 Preise. Bei realistischeren, dem Spezialisierungs- und Differenzierungsgrad moderner Volkswirtschaften angemesseneren Zahlen wird der Vorteil einer Recheneinheit umso deutlicher. Bei Annahme einer Million verschiedener Waren vertausendfacht sich auch besagter Faktor. 499.999.500.000, fast einer halben Billion relativen Preisen stehen dann 999.999 absolute Preise gegenüber, fünfhunderttausendmal weniger. Oder anders herum: Die von der Zahl der Güter abhängige Menge relativer Preise wächst doppelt so stark wie die Menge absoluter. Denn auf ein zusätzliches, $n + 1$-stes Gut kommt auch ein zusätzlicher absoluter Preis. Bezogen auf die Zahl der zuvor existierenden absoluten Preise bei n Gütern ergibt sich eine diskrete

Veränderungsrate von:

$$\frac{1}{n-1}.$$

Was die relativen Preise angeht, so ist es wieder möglich, eine Einheit dieses zusätzlichen Gutes in jeweilige Mengen der n anderen zu tauschen:

$$x_{1,n+1}, x_{2,n+1}, \dots, x_{n,n+1}.$$

Teilt man die n neuen relativen Preise durch die Zahl der alten:

$$\frac{n}{\frac{n\cdot(n-1)}{2}},$$

so erhält man einen proportionalen Anstieg von

$$\frac{2}{n-1}; \text{ q.e.d.}$$

16.1.2 Die beschriebene Lage scheint klar, ein Handlungsbedarf evident: Keiner ist mit dem zufrieden, was er hat; jeder begehrt, worüber ein anderer verfügt. Tausch könnte die Situation verbessern. Doch dabei gibt es Komplikationen. Sie z.B. haben zwar, was ich haben möchte: Gut 1, mein Angebot vermag nur nicht zu überzeugen. Gut 3 ist nicht ihr Ding und soll es auch nicht werden. Der Dritte besitzt genau das, was sie wünschen: Gut 2, doch nach Gut 1 steht ihm gar nicht der Sinn. Gut 3 will er haben, bekommt es nur nicht, weil ich sein Gut 2 verschmähe. Eine verfahrene Situation. Zu einem direkten Tausch kommt es nie. Bestenfalls eine einfache, nie jedoch doppelte Koinzidenz des Bedarfs liegt hier vor.

Ein indirekter Dreieckstausch sollte da Abhilfe schaffen: Ich gehe zum Dritten, bekomme dort für mein Gut 3 Gut 2. Mit letzterem geht es zu ihnen, wo ich nun doch noch, unter Inkaufnahme des kleinen Umwegs, an Gut 1 gelange. Somit wäre wohl allen geholfen - aber nicht allen im gleichen Maße! Es verursacht nämlich nicht alleine Kosten, die Initiative zu ergreifen, zwei- statt bloß einmal zu tauschen, es ist außerdem riskant. Sie und der Dritte erhalten sofort, was sie wollen, ich dagegen akzeptiere zwischenzeitlich, woran mir gar nicht gelegen ist (Gut 2), und vertraue dabei darauf, daß sie ihre Meinung, d.h. Präferenzen und Tauschkonditionen nicht ändern, die Güter nicht verderben, nicht verlorengehen usw. Die Reputation aufzubauen, ein verläßlicher Partner zu sein, brächte uns der Lösung dieser Anfangsproblematik näher. Aber wer investiert in den Ruf oder Leumund, d.h. in ein (öffentliches) Gut, das den Investor mit Kosten belastet, dann aber allen zugute kommt?

An dieser Stelle kommt das Geld als universelles Zahlungs- und Tauschmittel ins Spiel. Es werden nicht länger Güter gegen Güter, sondern Güter gegen Geld getauscht. Genauer betrachtet gilt aber: Auch Geld wird (von Verkäufern) nachgefragt und (von potenziellen Käufern) vorrätig gehalten, weil und solange es den Marktteilnehmern Nutzen stiftet. Ex definitione ist also auch Geld ein Gut. Wird es als Zahlungsmittel angenommen, reicht nun bereits einfache Koinzidenz, das oben beschriebene Risiko zu mindern und auf mehrere Schultern zu verteilen.

Der darin bestimmte Erfolg des Geldes, als Zahlungsmittel Verwendung zu finden, ist von der Eigenschaft nicht unabhängig, Kaufkraft temporär speichern zu können. Dies vorausgesetzt entfaltet das Geld seine Wirkung, setzt nicht allein den Dreieckstausch in Gang, sondern bringt auch - was eine Produktionswirtschaft betrifft - die Arbeitsteilung insgesamt voran. Die Effizienzverluste der autarken, auf Selbstversorgung abstellenden Wirtschaft können hier vermieden, Spezialisierungsvorteile genutzt werden. Brotlos bleibt die Kunst des Brauers oder die des Geigenbauers, wenn der Bäcker abstinent, Mitglied im MV Ufftata, dort allerdings Trompeter ist.

16.1.3 Wo die Redewendung suggeriert, Kasse mache stark, ist zwischen nominaler Kaufkraft einerseits und realer Kaufkraft andererseits zu unterscheiden. Ob als Münz- oder Papier-, als Bar- oder Giralgeld, Geld ist das Nominalwertbewahrungsmittel par excellence. Unabhängig von seiner physischen Erscheinung besitzt es einen stabilen Nennwert. Wertpapierkurse schwanken, Gold- und Güterpreise steigen oder fallen, ein Euro ist auch morgen noch ein Euro (von Währungsschnitten abgesehen). Sein realer Tauschwert dagegen bestimmt sich auf den Gütermärkten. Ein Euro mag dann ungefähr 2l Milch, 1l Super, 60 Minuten Parken wert sein. Von einem ganz speziellen, nach dem persönlichen Konsumprofil zusammengesetzen Güterkorb könnte man sich für den einen Euro - bei gegebenen Preisen der Güter des Korbes - eine gewisse (Teil-) Menge leisten, im Moment jedenfalls. Denn ob man morgen fürs gleiche Geld die gleiche Menge bekommt, hängt von der Preisniveauentwicklung ab. Der Nutzen aus der Verwendung von Geld ist somit ebenfalls nicht ohne jedes Risiko zu haben, birgt aber auch die Chance, von künftigen Preissenkungen zu profitieren. Steigt der (gewichtete Durchschnitts-) Preis des relevanten Warenkorbs, wird der Euro an Wert verlieren. Sinkt der Preis, wird er real gewinnen, somit seinem Eigentümer einen Deflationsgewinn bescheren. Je stärker die inflationären Tendenzen, desto gravierender der Wertverfall. Die Neigung wird sinken, Liquidität zu halten. Dagegen steigt der Anreiz, geplante Käufe vorzuziehen. Schlecht beraten ist in diesem Fall, wer sein Vermögen in Geld anlegt, statt in Sachwerte zu flüchten.

Derlei Ausweichreaktionen lassen ahnen, wie der Verlust realen Tauschwerts den Gebrauchswert des Geldes unterminiert, Rechen- und Zahlungsmittelfunktionen bisweilen völlig suspendieren kann. Aus Zeiten mit teils massiver Geldentwertung wissen wir um die Dramatik entsprechender Vorgänge. Mit der Halbwertzeit realer Kaufkraft sinkt nun einmal die Bereitschaft, Geld zu halten (respektive anzunehmen). Das System erodiert und kollabiert mitunter. Die reine Tauschwirtschaft („barter economy") kehrt zurück. Doch eine spontane Ordnung, z.B. das Entstehen einer Zigarettenwährung zeigt, daß da noch Restvertrauen, ein latenter Geldbedarf besteht.

Aufgabe 16.2

16.2.1 Die im Status-quo-ante umlaufende Geldmenge beträgt:

$$M3 = C + D + T + S = 100 + 300 + 300 + 400 = 1.100,$$

umfaßt also neben Zentralbankgeld C auch Einlagenbestände:

$$E = D + T + S = 1.000.$$

Von der Verwendungsseite her gesehen erhält man die Geldbasis als Summe aus Bargeld, Mindest- und Überschußreserven:

$$B = C + MR + \ddot{U}R = 400.$$

Bei einem Bargeldumlauf von $C = 100$ sowie einer angenommenen Mindestreserveverpflichtung von momentan ebenfalls 100 ($r^{min} \cdot E = 0,1 \cdot 1.000 = 100$) folgt:

$$\begin{aligned} 400 &= 100 + 100 + \ddot{U}R \\ \Leftrightarrow \ddot{U}R &= 200. \end{aligned}$$

In den noch frei verfügbaren, nicht schon in MR oder C gebundenen Zentralbankgeldbeständen liegt die Basis für eine weitere monetäre Expansion, die sich solange fortsetzen kann, bis auch die zunächst disponiblen 200 $\ddot{U}R$ in C bzw. MR abgeflossen sind. Eine hinreichende Nachfrage seitens der Nicht-Banken und die (keineswegs selbstverständliche) Bereitschaft der Kreditinstitute vorausgesetzt, weitere Kredite auszugeben, errechnet sich das gesuchte Maximum in wenigen Schritten:

$$M3 = (c + 1) \cdot E,$$

mit

$$c = \frac{C}{E} = 0,1.$$

Wegen $\ddot{U}R = 0$ gilt weiterhin:

$$\begin{aligned} B &= (c + r^{min}) \cdot E \\ \Leftrightarrow \quad \frac{B}{(c + r^{min})} &= E. \end{aligned}$$

Nach Einsetzen folgt:

$$M3 = \frac{(c + 1) \cdot B}{(c + r^{min})} = 1,1 \cdot \frac{400}{0,2} = 2.200.$$

Als Verhältnis von Geldmenge und Geldbasis erhält man den Geldschöpfungsmultiplikator:

$$m = \frac{M3}{B} = \frac{(c + 1)}{(c + r^{min})} = \frac{1,1}{0,2} = 5,5.$$

Für $r^{min} = 0$, d.h. bei Verzicht auf die Mindestreserveverpflichtung gilt $m = 11$.

16.2.2 Die Quantitätsgleichung lautet:

$$M \cdot V = P \cdot Y^*$$
$$\Leftrightarrow \; M = P \cdot \frac{Y^*}{V}.$$

Dabei bezeichnet M die nominale Geldmenge, V die Einkommenskreislaufgeschwindigkeit des Geldes, P das Preisniveau und Y^* das (Vollbeschäftigungs-) Realeinkommen. In dynamischer Hinsicht, d.h. bei Betrachtung der Wachstumsraten ergibt sich:

$$m = p + y^* - v.$$

Werden die in der Aufgabenstellung vorgegebenen Werte eingesetzt, so folgt:

$$m = 2\% + 0\% - 3\% = -1\%.$$

Der geldpolitisch angezeigte Instrumenteneinsatz wäre demnach kontraktiv. (Neo-) Quantitätstheoretischer Maßgabe zufolge müßte die Zentralbank die nominale Geldmenge M um 1% verringern.

16.2.3 Stellt ein Investor einen Kreditantrag, ist er in aller Regel über das, wofür er die Mittel einzusetzen gedenkt, umfassender und besser informiert als seine Bank. Dies gilt sowohl in Bezug auf die technische Realisierung als auch auf die Marktchancen seines Projekts. Persönliche Stärken und Schwächen, speziell seine Risikoneigung, die Absicht z.B., anderswo weitere Schulden zu machen, sieht man ihm bis auf weiteres genauso wenig an wie dem Projekt das Potential, in Zukunft Gewinne abzuwerfen. Dies gibt nun zu folgenden Annahmen Anlaß:

1. Es existiert ein gepoolter, mit „guten" und „schlechten" Schuldnern besetzter Kreditmarkt sowie eine Bank, die nie ganz sicher weiß, welche Bonität ein Kreditnehmer aufweist (unvollständige Information).

2. Es liegt ein Wissensvorsprung der Kreditnehmer bezüglich ihrer eigenen Kreditwürdigkeit vor (asymmetrische Information).

Dies hat Konsequenzen, was die orthodox-walrasianische Vorstellung angeht, gleichgewichtsadäquate Preis- bzw. Zinsbewegungen sorgten für stete Markträumung. Übersteigt z.B. bei einem Zinssatz $r < r^{wal}$ die Kreditnachfrage K^d das Kreditangebot K^s, so muß es für Banken nicht unbedingt vorteilhaft sein, nach K^s_{wal} zu handeln, also mit Zinserhöhungen so lange zu reagieren, bis ein Kreditmarktgleichgewicht hergestellt ist.

Angenommen nämlich, mit steigenden Zinsen sinke zugleich die (Durchschnitts-) Wahrscheinlichkeit $p(r)$, mit der vergebene Kredite K rückgezahlt, Zins- und Tilgungsleistungen vereinbarungsgemäß erbracht werden $\left(\frac{\partial p}{\partial r} < 0\right)$. Vorausgesetzt werde weiterhin, der tendenziell ertragssteigernde Effekt anziehender Zinsen werde durch Verluste überkompensiert, die der zinsinduzierte Kreditausfall nach sich zieht. In diesem Fall ist eine Zinsanhebung nicht im Interesse der Bank. Eine risikobegrenzende, man sagt auch „risikonormierende" Kreditrationierung verspricht hier mehr Gewinn.

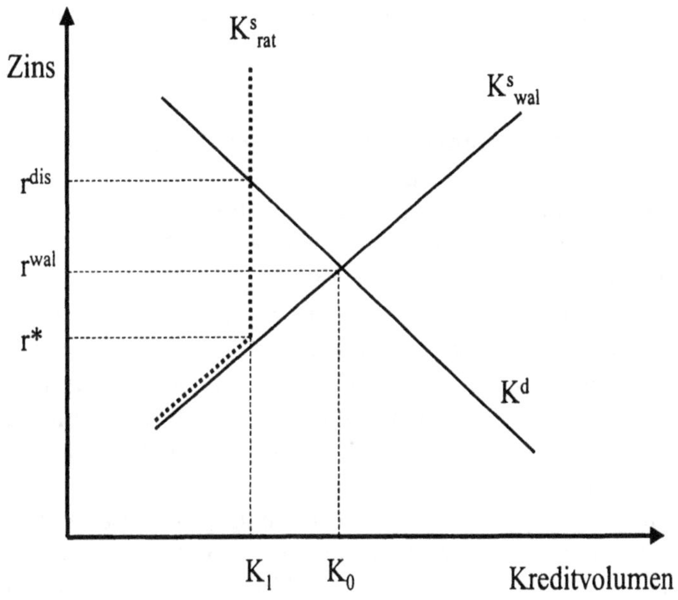

Abbildung 16.1: Der rationierte Kreditmarkt

Der (Brutto-) Ertrag des Kreditengagements ergibt sich als:

$$E = p(r) \cdot (1 + r) \cdot K.$$

Die Maximierungsbedingung (1. Ordnung) lautet dann:

$$\frac{\partial E}{\partial r} = 0.$$

Damit muß (unter Verwendung der Produktregel) gelten:

$$\begin{aligned}
\frac{\partial p}{\partial r} \cdot (1 + r) \cdot K + K \cdot p(r) &= 0 \\
\Leftrightarrow \frac{\partial p}{\partial r} \cdot (1 + r) &= -p(r) \\
\Leftrightarrow \frac{\partial p}{\partial r} \cdot \frac{1}{p(r)} &= \frac{-1}{(1 + r)} \\
\Leftrightarrow \frac{\partial p}{\partial r} \cdot \frac{r}{p(r)} &= \frac{-r}{(1 + r)}.
\end{aligned}$$

Definieren wir ε als die Zinselastizität der Rückzahlungswahrscheinlichkeit

$$\varepsilon = \frac{\partial p}{\partial r} \cdot \frac{r}{p} < 0,$$

so können wir den ertragsmaximalen und damit bankoptimalen Zins ausdrücken als

$$r^* = -\frac{\varepsilon}{1+\varepsilon}.$$

Für ein gegebenes ε gibt es demnach genau einen optimalen, den oben dargestellten Trade-off optimierenden Zins. Dieser ist positiv bei $-1 < \epsilon < 0$.

Soweit die Berechnung aus Sicht einer einzelnen Bank, einer Bank übrigens, deren Refinanzierungskosten ausgeblendet bleiben. Vgl. dagegen Abbildung 16.1, wo der Gesamtmarkt und auch die Kosten (qua Angebotskurve) berücksichtigt wurden. Unterstellt war darüber hinaus, ihre Zinspolitik hätte ausschließlich Wirkung auf p, nicht aber auf K. Das bei ihr nachgefragte Kreditvolumen war insofern exogen. Unter Vernachlässigung des durch $p(r)$ gegebenen Zusammenhangs wäre Ertragsmaximierung trivial: Da K zinsunelastisch ist, wird ein unendlich hoher Zins verlangt. Im oben gerechneten, die Endogenität der Rückzahlungswahrscheinlichkeit miteinzubeziehenden Fall kommt es anders: Nur für $\epsilon \rightarrow -1$ folgte $r^* \rightarrow \infty$. Für alle anderen (sinnvollen, $r^* > 0$ generierenden) ϵ-Werte erhält man $r^* < \infty$, unter Umständen eben $r^* < r^{wal}$. Nicht nur aber, daß r^* niedriger als der markträumende Zinssatz ausfallen könnte; auch im Vergleich zu r^{dis} als dem Zins, zu dem das (aggregierte) Rationierungsvolumen K_1 preisdiskriminierend an Schuldner mit Zahlungsbereitschaft $r \geq r^{dis}$ zugeteilt würde, lohnt sich die Zinserhöhung nicht.

Offen bleibt allerdings, ob und wie sich der Zusammenhang $r \uparrow \rightarrow p \downarrow$ begründen läßt. Wieso sollten sich Kreditausfälle häufen, warum die Anteile „fauler" Kredite in Bankenportfolios steigen, sobald man die Zinsen anhebt? Eine Antwort lautet: adverse Selektion. Dann sind es gerade die guten, die (überdurchschnittlich) solventen Schuldner, die mit steigenden Zinsen den Markt verlassen. Damit jedoch steigt das durchschnittliche Risiko jener Kredite, die weiter im Markt verbleiben. Die Schuldnerqualität ist demzufolge endogen, wird von den Banken selbst bestimmt. Erliegen sie nun der Versuchung, die im Falle eines Nachfrageüberhangs bestehende Marktmacht auszunutzen, wird sich dies nachteilig auswirken. Denn die K^d-Kurve ist inhomogen, also nach der Regel besetzt, daß eine höhere Zahlungsbereitschaft eine wachsende Bereitschaft impliziert, höhere Risiken einzugehen. Um die höheren Zinsen zahlen zu können werden höhere Risiken akzeptiert. Selbst unter der Voraussetzung, Chancen und Risiken finanzierter Projekte stiegen stets proportional, rechnet sich die Sache für die Banken nicht. Anders als die Chancen des Schuldners, der am Erfolg des Unternehmens prinzipiell uneingeschränkt partizipiert, sind die Chancen der Bank begrenzt. Mit mehr als Tilgung und Verzinsung kann die Bank nicht rechnen.

In einem viel beachteten Artikel aus dem Jahre 1981 haben Stiglitz/Weiss diese Situation in etwa wie folgt modelliert:

- Kreditgeber und -nehmer sind risikoneutral.
- Je ein Schuldner plant genau ein Projekt $i = A, B, ...$, also eine realwirtschaftliche, mit dem (einheitlichen) Kreditvolumen K, zum (Einheits-) Zins r zu finanzierende Investition.
- Alle Projekte besitzen - was den riskanten Projektrückfluß R_i anbelangt - identische Erwartungswerte.
- Das jeweilige Projektrisiko - im weiteren, negative und positive Abweichungen vom erwarteten Mittel umfassenden Sinne - ist allerdings verschieden, zudem zwar dem Schuldner, nicht aber der Bank bekannt. Je größer der Wert eines Streuungsparameters σ_i, desto riskanter Projekt i, desto größer also die Wahrscheinlichkeitsmasse an den Rändern der Dichtefunktion $f_i(R_i, \sigma_i)$.

Für die Bruttoerträge E_i der Bank auf der einen, für die Gewinne G_i des Schuldners auf der anderen Seite ergibt sich in Abhängigkeit vom Projekterfolg R_i die in Abbildung 16.2 dargestellte Beziehung.

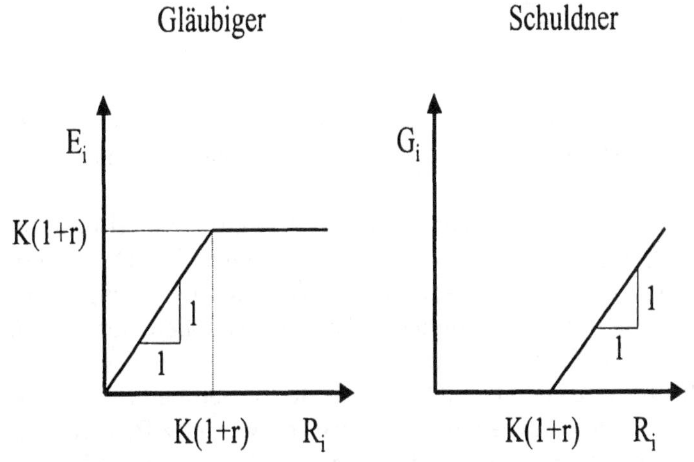

Abbildung 16.2: Chance-Risiko-Verteilung am Kreditmarkt

Jeder echt positive Rückfluß fließt zunächst in die Bedienung des Kredits, erhöht E_i im gleichen Umfang. Für alle $R_i > K \cdot (1 + r)$ profitiert die Bank allerdings nicht mehr mit; ihr Ertrag ist nach oben beschränkt. Der Schuldner dagegen macht Nullgewinne, bis seine Schulden abgetragen sind. Was aber über $K \cdot (1 + r)$ hinaus erwirtschaftet wird, stellt vollständig Gewinn dar. Wann immer demnach ein Projekt riskanter ist als ein zweites, wann immer etwa $\sigma_B > \sigma_A$, wird der erwartete Gewinn aus Projekt B nie kleiner sein als der aus A. Bezogen auf R haben alle Projekte den gleichen Erwartungswert. Im Hinblick auf G gilt gleichwohl: Je breiter die

Streuung in R, umso höher der antizipierte Gewinn. Denn steigen die Wahrscheinlichkeiten extremer Realisationen des Merkmals R, so tut sich, salopp formuliert, unten nicht viel; ob hoch oder niedrig gewichtet - R, und somit auch G, werden nie kleiner als Null. Oben aber, bei den hohen, a priori unbegrenzten Rückflußwerten schlagen die gestiegenen, gespreizteren Wahrscheinlichkeiten durch.

Gesetzt den Fall nun, ein Projekt A, sofern es zu 9,9% finanziert werden könnte, wäre in diesem Fall das „kritische", Marginalgewinne in Aussicht stellende Grenzprojekt. Im Status quo ante sei aber der Marktzins bei 10%, A folglich submarginal, nicht rentabel. Das riskantere B allerdings soll selbst dann noch, aus den soeben erörterten Gründen Gewinne versprechen. Generell gilt für alle jetzt gewinnversprechenden Projekte j: $\sigma_j > \sigma_A$. Angenommen desweiteren, außer B genügten noch die Projekte C und D besagtem Kriterium. Somit sei j = B, C, D und $\sigma_D > \sigma_C > \sigma_B$. Dem entspricht im diskreten, mit spezifischen Rückzahlungswahrscheinlichkeiten operierenden Ansatz $p_B > p_C > p_D$. Der aus diesen Kreditengagements zu erwartende Ertrag EE_j einer Bank möge nunmehr - bei vorausgesetztem $r = 0,1$ sowie $K = 100$, $p_B = 0,9 > p_C = 0,75 > p_D = 0,5$ - die folgenden Werte annehmen:

$$\begin{aligned} EE_B &= p_B \cdot (1+r) \cdot K = 99, \\ EE_C &= 82,5, \\ EE_D &= 55. \end{aligned}$$

Insgesamt ergibt sich damit: $\Sigma EE_j = 236,5$. Die Bank, an höheren (Gesamt-) Erträgen interessiert, reizt es jetzt sicher, einen höheren Zins durchzusetzen. Was wird passieren?

Ein paar Zinsschritte lang geht die Rechnung auf (vgl. Abbildung 16.3): Zinsen und Erträge steigen, bis das Niveau ΣEE_j^{max} erreicht ist. Bei r_1 jedoch bricht der Ertrag plötzlich ein, fällt - im abgebildeten (Sonder-) Fall zumindest - weit unter sein früheres Level. Erneut anziehende Zinsen erreichen das alte Maximum, die anfänglichen 236, 5 nicht mal mehr.

Woher rühren die Diskontinuitäten? An den jeweiligen Sprungstellen springt je ein Investor ab. Nach minimalem Überschreiten von r_1 z.B. würde B zum submarginalen Projekt. Die Summe der bei einem Zins $> r_1$ anfallenden, sich entlang des dünnen Pfeils entwickelnden Erträge scheint verlockend, ist jedoch hypothetisch. Für die Gesamterträge etwa bei $r_2 = 0,25$ extrapolierte man allzu naiv:

$$\begin{aligned} & EE_B + EE_C + EE_D \\ = & [0,9 \cdot (1+0,25) \cdot 100] + [0,75 \cdot (1+0,25) \cdot 100] + [0,5 \cdot (1+0,25) \cdot 100] \\ = & 268,75. \end{aligned}$$

Jenseits von r_1 gilt: $EE_B = 0$ - das Kreditgeschäft zu B kommt gar nicht erst zustande. Das richtige Ergebnis lautet vielmehr: 156, 25. Bei sukzessiv steigenden Zinsen ziehen sich die Investoren - einer nach dem anderen, in der Reihenfolge ihrer Bonität - vom Kreditmarkt zurück.

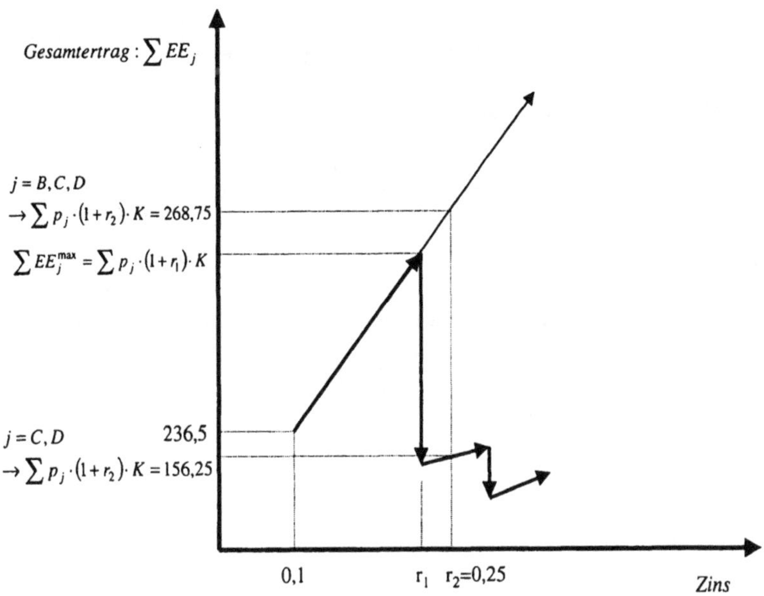

Abbildung 16.3: Der Zins-Ertrag-Zusammenhang

Es bleibt noch zu bemerken, daß ΣEE_j^{max} lediglich ein lokales Maximum ist. Wer etwa in Erwägung zieht, den Zins von 10% auf 9,9% zu senken, nimmt A mit ins Boot. Für ein p_A von bspw. 95% ergeben sich die Kreditertäge:

$$\begin{aligned} EE_A + EE_B + EE_C + EE_D &= [0,95(1+0,099)100] + [0,9(1+0,099)100] \\ &\quad +[0,75(1+0,099)100] + [0,5(1+0,099)100] \\ &= 340,717. \end{aligned}$$

Aufgabe 16.3

16.3.1 Um hier an Lösung 16.1.3 anzuknüpfen: Geld gilt als Nominalwertbewahrungsmittel. Spekulativ ist die Geldhaltung, wenn man jene Kursverluste zu vermeiden trachtet, die beim Halten eines Wertpapiers in spekulativer Erwartung steigender Zinsen entstehen. Da der inverse Zusammenhang von Marktkurs und Rendite eines Bonds von entscheidender Bedeutung ist, soll er kurz hergeleitet werden. Der Kurs zum Zeitpunkt $t = 0$ ergibt sich als mit (Kalkulations-) Rendite r diskontierter Gegenwartswert zukünftiger Zinserträge z:

$$KW_0 = \left[\frac{z}{1+r}\right] + \left[\frac{z}{(1+r)^2}\right] + ... + \left[\frac{z}{(1+r)^t}\right] + \left[\frac{KW_t}{(1+r)^t}\right]$$

$$\Leftrightarrow \quad KW_0 \cdot (1+r) = z + \left[\frac{z}{(1+r)}\right] + ... + \left[\frac{z}{(1+r)^{t-1}}\right] + \left[\frac{KW_t}{(1+r)^{t-1}}\right].$$

$KW_0 \cdot (1+r)$ abzüglich KW_0 ergibt:

$$KW_0 \cdot r = z - \left[\frac{z}{(1+r)^t}\right] + \left[\frac{KW_t}{(1+r)^{t-1}}\right] - \left[\frac{KW_t}{(1+r)^t}\right].$$

Für $t \to \infty$ gilt:

$$\begin{aligned} KW_0 \cdot r &= z \\ \Leftrightarrow KW_0 &= \frac{z}{r}, \; q.e.d. \end{aligned}$$

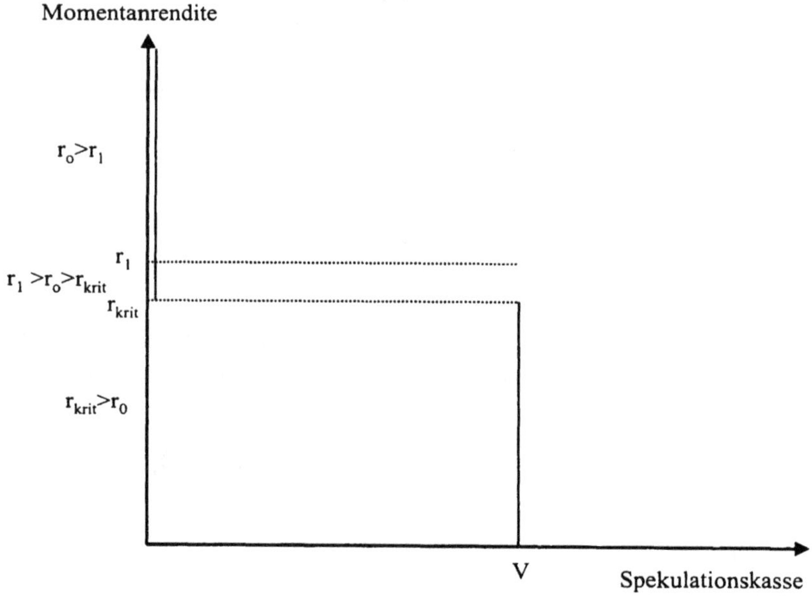

Abbildung 16.4: Spekulationskassenhaltung

Was bedeutet dies für das Anlagekalkül? Nehmen wir zunächst einmal an, der zu betrachtende Investor besäße eine subjektive, auf das Ende der (einen) Anlageperiode gerichtete Kurs- bzw. Renditeerwartung r_1. Es ist dann das besondere Verhältnis von heute gegebener Rendite r_0 auf der einen und der erwarteten zukünftigen Rendite r_1 auf der anderen Seite, was ihn zum Optimisten/Pessimisten macht und die fragliche Entscheidung leitet: Mit Aussicht auf sinkende Zinsen ($r_0 > r_1$) fällt sie ihm nicht schwer. Zu garantierten Festzinserträgen kommen auch noch Kursgewinne. Etwas komplizierter wird die Sache, wenn von Kursverlusten auszugehen ist ($r_1 > r_0$). Solange letztere die Zinszahlung nicht übersteigen ($r_1 > r_0 > r_{krit}$), bleibt das Wertpapier erste Wahl. Indifferent wird der Anleger beim „kritischen" Marktzins $r_0 = r_{krit}$. In dieser Konstellation entsprechen prophezeite Kursverluste genau den Zinserträgen. Ist er aber skeptischer, rechnet mit noch stärkeren Verlusten ($r_{krit} > r_0$), wird die Kassenhaltung plötzlich attraktiv. Für ein disponierbares Vermögen V ergibt sich die in Abbildung 16.4 dargestellte Situation.

Nun aber zum konkreten numerischen Fall: Eine 10%ige Verzinsung des Nennwerts ergibt das sichere $z = 10$. Dem sind nun die erwarteten Kursverluste gegenüberzustellen:

$$KV = KW_0 - KW_1.$$

Bei gegebenem $r_0 = 0,08$ folgt für den aktuellen Marktwert des Papiers:

$$KW_0 = \frac{10}{0,08} = 125.$$

Bei einer für das Ende des Anlagehorizontes erwarteten Rendite von 7,5% muß nicht groß gerechnet werden. Die Zinsen sinken, die Kurse steigen, KV wird negativ, das Halten von Kasse ist dann nicht angezeigt. Für $r_1 = 0,085$ liegen die Dinge zunächst einmal anders:

$$KW_1 = \frac{10}{0,085} \approx 117,65 \Rightarrow KV \approx (125 - 117,65) = 7,35.$$

Weil jedoch die Kursverluste durch die Zinsgewinne mehr als aufgewogen werden, lohnt sich die Wertpapierhaltung trotzdem. Die Spekulationskasse bleibt leer.

Bei welcher Renditeerwartung ist der Anleger indifferent? Grundsätzlich bei $KV = z$. Also:

$$\begin{aligned} 125 - \frac{10}{r_1} &= 10 \\ \Leftrightarrow r_1 &\approx 0,087. \end{aligned}$$

Welche Momentanrendite läge vor, wäre er im 7,5%-Szenario unentschieden? Indifferenz läge wiederum vor, wenn $KV = z$ gilt. Die gesuchte Rendite beträgt diesmal:

$$\begin{aligned} \frac{10}{r_0} - \frac{10}{0,075} &= 10 \\ \Leftrightarrow r_0 &\approx 0,0698. \end{aligned}$$

16.3.2 Gesucht wird r_{1c}, die dritte Renditeerwartung. Laut Aufgabenstellung hat sich der Anleger für die Geldhaltung entschieden, d.h.: $KV > z = 10$. Von den im einzelnen befürchteten Kursverlusten wissen wir:

$$KV = KW_0 - KW_1 = 125 - KW_1.$$

Als Kurs am Tag der Fälligkeit erwartet der Anleger

$$\frac{10}{0,085} \approx 117,65$$
$$\Rightarrow KV_a \approx 7,35$$

mit 50%iger Wahrscheinlichkeit. Da er mit 25%iger Wahrscheinlichkeit an unveränderte Kurse ($KV_b = 0 \Rightarrow r_{1b} = 8\%$) glaubt, bleiben ihm nochmals 25% für die dritte als möglich erachtete Zukunftsrendite respektive den Zukunftskurs. Für den zugehörigen Kursverlust KV_{1c} gilt

$$KV_{1c} = 125 - \frac{10}{r_{1c}}.$$

Insgesamt, über alle ins Kalkül gezogenen Realisationen von r_1 betrachtet, ergibt sich der erwartete Kursverlust nunmehr als gewichtetes arithmetisches Mittel:

$$[0,5 \cdot 7,35] + [0,25 \cdot 0] + \left[0,25 \cdot \left(125 - \frac{10}{r_{1c}}\right)\right] .$$

Für ein Gesamt-KV > 10 erhält man daraus:

$$r_{1c} > 10,03\% \qquad \left(\Rightarrow KV_c = \left[125 - \frac{10}{0,1003}\right] \approx 25,23\right).$$

Lag demnach seine dritte, mit der subjektiven Ex-ante-Wahrscheinlichkeit 0,25 eintretende Renditeerwartung oberhalb von 10,03%, so war seine Entscheidung zur Spekulationskassenhaltung im obigen Sinne begründet. Bei $r_{1c} \approx 10,03\%$ wäre er gerade indifferent, wäre die auf das disponierbare Vermögen $V = 100$ bezogene Rendite der Liquiditätsalternative (per definitionem: $R_L = \frac{0}{100} = 0\%$) exakt so hoch gewesen wie die des Wertpapierengagements:

$$\begin{aligned} R_W &\approx \frac{0,5 \cdot (10 - 7,35) + 0,25 \cdot (10 - 0) + 0,25 \cdot (10 - 25,23)}{KW_0} \\ &\approx \frac{1,33 + 2,5 - 3,81}{100} \\ &\approx 0\%. \end{aligned}$$

16.3.3 Anders als der risikoneutrale, auf den Erwartungswert fixierte Investor ist der risikoscheue auch darauf bedacht, Streuungen möglicher Renditen zu vermeiden. Dies wünscht er nicht um jeden, aber um einen gewissen, den Grad seiner Risikoabneigung messenden Preis. Die beiden involvierten Güter - Anlagesicherheit auf der einen, Anlageertrag auf der anderen Seite - sind für ihn Substitute. Der durch ein (marginal) höheres Risiko erlittene Nutzenverlust muß durch den Nutzenzuwachs exakt aufgewogen werden, den eine höhere Rendite ihm beschert. Der μ-σ-Ansatz bringt diesen Trade-off auf den Punkt, ordnet jeder Kombination der beiden ersten Momente einer Wahrscheinlichkeitsverteilung denkbarer (Gesamt-) Portfoliorenditen, also je einem Mittel- bzw. Erwartungswert μ und einer Standardabweichung σ genau einen Nutzenwert zu: $U = F(\mu, \sigma)$. Typischerweise gilt:

$$\frac{\partial U}{\partial \mu} > 0,$$

bei unterstellter Risikoaversion:

$$\frac{\partial U}{\partial \sigma} < 0.$$

Die entsprechend konvexen Isonutzen- bzw. Indifferenzkurven sind in Abbildung 16.5 grafisch dargestellt.

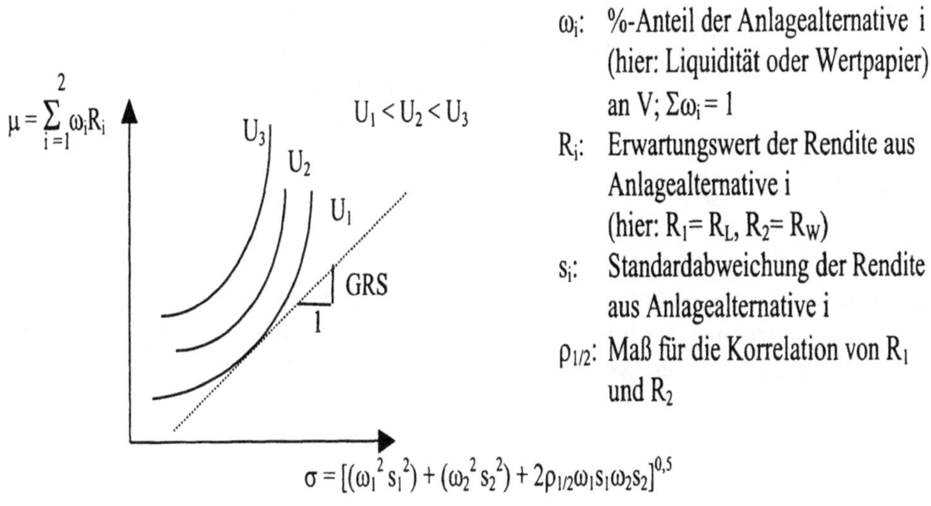

Abbildung 16.5: Indifferenzkurven unter Risikoaversion

Zur Frage: Hat sich nun, wie unter 16.3.2 kalkuliert, ein risikoneutraler Investor für die Geldhaltung entschieden, wird es ein risikoscheuer erst recht tun. In beiden Kriterien schneidet die Liquidität besser ab: In puncto Ertrag ist $R_L = 0$ attraktiv, sofern für $r_{1c} > 10,03\%$ ein negatives R_W droht. Im Hinblick auf das Risiko ist Geld sowieso unschlagbar: $s_1 = s_L = 0$. Die sich bei $\omega_1 = \omega_L = 1$ und $\omega_2 = \omega_W = 0$ ergebende Randlösung lautet:

$$\mu^* = R_1 = R_L = 0, \; \sigma^* = s_1 = s_L = 0.$$

Der linke Teil von Abbildung 16.6 gibt dieses Ergebnis wieder.

Ist demgegenüber $r_{1c} = 7\%$, gilt es neu zu überlegen. R_W beträgt nunmehr:

$$\frac{1,33 + 2,5 + 0,25 \cdot (10 - (125 - \frac{10}{0,07}))}{100} \approx 10,79\% > R_L.$$

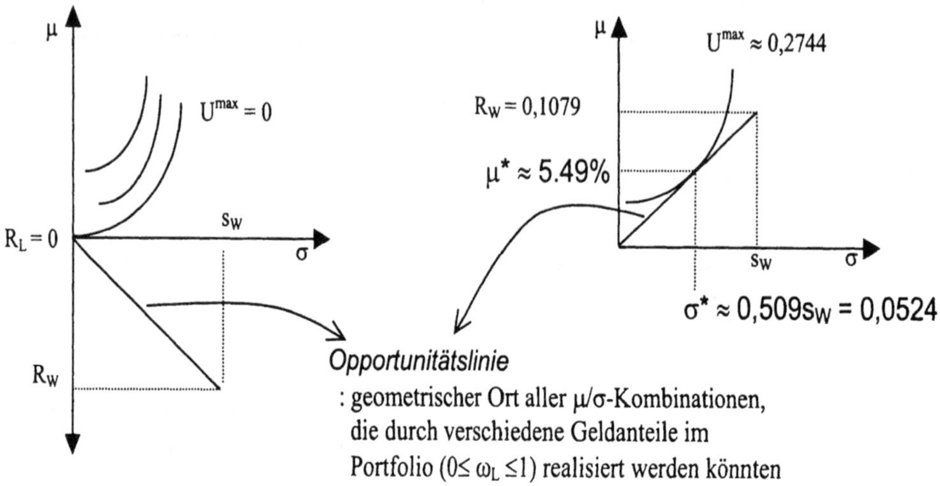

Abbildung 16.6: Die Kalukül̈e eines risikoaversen Wirtschaftssubjekts

Ist folglich die Wertpapierhaltung vorzuziehen? Bei Risikoneutralität ist dies der Fall. Bei Risikoaversion allerdings kann selbst eine 100%ige Beimischung von Geld nicht a priori ausgeschlossen werden. Welche Erträge sind zu erwarten? Allgemein gilt:

$$\mu = \omega_L \cdot R_L + \omega_W \cdot R_W$$

und wegen $R_L = 0$:

$$\mu = \omega_W \cdot R_W. \tag{16.1}$$

Welches Risiko liegt vor? Allgemein gilt:

$$\sigma = [(\omega_L^2 \cdot s_L^2) + (\omega_W^2 \cdot s_W^2) + 2 \cdot \rho_{\frac{L}{W}} \cdot \omega_L \cdot s_L \cdot \omega_W \cdot s_W]^{0,5}.$$

Für $s_L = 0$ (Geldhaltung ist risikolos) sowie $\rho_{\frac{L}{W}} = 0$ (R_L und R_W sind unkorreliert) folgt:

$$\sigma = \omega_W \cdot s_W \tag{16.2}$$

$$\Leftrightarrow \omega_W = \frac{\sigma}{s_W}. \tag{16.3}$$

Einsetzen von 16.3 in 16.1 ergibt für $R_W = 10,79\%$:

$$\mu = 0,1079 \cdot \frac{\sigma}{s_W}.$$

Die Steigung der Opportunitätslinie (bzw. die Grenzrate der Transformation (GRT)) beträgt:

$$\frac{\partial \mu}{\partial \sigma} = \frac{0,1079}{s_W}. \tag{16.4}$$

Bezogen auf den rechten Teil von Abbildung 16.6 gilt: U^{max} ist dort erreicht, wo sich Indifferenzkurve und Opportunitätslinie tangieren. Die optimalen Portfolianteile sind ω_L^* und ω_W^*. Die Steigung der Indifferenzkurve (d.h. die GRS) erhält man über das totale Differential:

$$\begin{aligned} dU &= \left(\frac{\partial U}{\partial \mu}\right) \cdot d\mu + \left(\frac{\partial U}{\partial \sigma}\right) \cdot d\sigma \\ &= 10 \cdot d\mu - 200 \cdot \sigma \cdot d\sigma \\ &= 0 \end{aligned}$$

$$\Leftrightarrow \frac{\partial \mu}{\partial \sigma} = \frac{200 \cdot \sigma}{10}. \tag{16.5}$$

Gleichsetzen von 16.4 und 16.5 (GRT = GRS) ergibt

$$\frac{0,1079}{s_W} = \frac{200 \cdot \sigma}{10}.$$

Unter Berücksichtigung von Gleichung 16.2 folgt:

$$\frac{0,1079}{s_W} = \frac{200 \cdot \omega_W \cdot s_W}{10}.$$

Aufgelöst erhält man:

$$\omega_W = \frac{1,079}{200 \cdot s_W^2}. \tag{16.6}$$

Um ω_W^* zu ermitteln, benötigt man nun noch s_W^2, die Varianz der Wertpapierrendite. Erwartet wird:

$$R_W = 0,5 \cdot R_a + 0,25 \cdot R_b + 0,25 \cdot R_c = 10,79\%$$

mit:

$$\begin{aligned} R_a &= \frac{10 - KV_a}{100} = \frac{10 - 7,35}{100} = 2,65\%, \\ R_b &= \frac{10 - KV_b}{100} = \frac{10 - 0}{100} = 10\% \\ R_c &= \frac{10 - KV_c}{100} = \frac{10 - (125 - \frac{10}{0,07})}{100} = 27,86\%. \end{aligned}$$

Die gesuchte (Stichproben-) Varianz[2] ergibt sich somit nach:

$$\begin{aligned} s_W^2 &= 0,5 \cdot (2,65\% - 10,79\%)^2 + 0,25 \cdot (10\% - 10,79\%)^2 \\ &\quad +0,25 \cdot (27,86\% - 10,79)^2 \\ &\approx 0,0033 + 0 + 0,0073 \\ &= 0,0106. \end{aligned}$$

Eingesetzt in Gleichung 16.6 folgt:

$$\begin{aligned} \omega_W^* &= \frac{1,079}{(200 \cdot 0,0106)} \approx 50,9\% \\ \Rightarrow \omega_L^* &= (1 - \omega_W^*) \approx 49,1\%. \end{aligned}$$

Einsetzen von ω_W^* in Gleichung 16.1 ergibt die Portfoliorendite:

$$\mu^* = 50,9\% \cdot 10,79\% \approx 5,49\%$$

Einsetzen von ω_W^* in Gleichung 16.2 ermöglicht die Berechnung des Portfoliorisikos:

$$\sigma^* = 50,9\% \cdot (0,0106)^{0,5} \approx 0,0524.$$

Aufgabe 16.4

16.4.1 Die Gleichgewichtsbedingung für den Kapitalmarkt (implizite IS-Funktion) lautet:

$$S(Y) - I(r) - G = 0, \quad \text{mit} \quad \frac{dS}{dY} > 0, \ \frac{dI}{dr} < 0.$$

Die Gleichgewichtsbedingung für den Geldmarkt (implizite LM-Funktion) lautet:

$$L(Y, r) - \frac{M}{P} = 0, \quad \text{mit} \quad \frac{dL}{dY} > 0, \ \frac{dL}{dr} < 0.$$

Einkommen (Y) und Zins (r) sind endogen, M und G exogene Politikvariablen. P ist annahmegemäß konstant. Die Wirkung einer Geldmengenerhöhung auf das Realeinkommen (und somit, über produktionsfunktionale Zusammenhänge, auf die

[2] Die Varianz ist definiert als mittlere quadratische Abweichung der (Zufalls-) Variablenwerte R_x (hier: $x = a, b, c$) vom Erwartungswert R_W : $s_W^2 = VAR(R_W) = E((R_x - R_W)^2)$.

Beschäftigung) läßt sich wie folgt berechnen:[3]

$$\frac{dY}{dM} = -\frac{\begin{vmatrix} 0 & -(dI/dr) \\ -(1/P) & (dL/dr) \end{vmatrix}}{\begin{vmatrix} (dS/dY) & -(dI/dr) \\ +(dL/dY) & (dL/dr) \end{vmatrix}}$$
$$= -\frac{-(1/P) \cdot (dI/dr)}{(dS/dY) \cdot (dL/dr) + (dL/dY) \cdot (dI/dr)}$$
$$= -\frac{-(1/P)}{(dS/dY) \cdot \frac{(dL/dr)}{(dI/dr)} + (dL/dY)}.$$

Bei „normalen" Vorzeichen ist dieser Ausdruck positiv. Falls eine Investitionsfalle vorliegt, gilt:

$$\frac{dY}{dM} = 0 \quad \text{wegen} \quad \frac{dI}{dr} = 0.$$

Tritt eine Liquiditätsfalle auf, so folgt:

$$\frac{dY}{dM} \neq 0 \quad \text{wegen} \quad \frac{dL}{dr} \to \infty.$$

Bei den üblichen Vorzeichen sieht man sofort: der (positive) Einkommenseffekt einer Geldmengenexpansion wird umso stärker ausfallen, je kleiner der Term

$$\frac{(dL/dr)}{(dI/dr)}$$

ausfällt, je zinsunelastischer die Geldnachfrage und je zinselastischer die Investitionsnachfrage also reagiert. Als Transmissionsmechanismus fungiert dabei der dreistufige Keynes-Effekt:

$$M \uparrow \to r \downarrow \to I \uparrow \to Y \uparrow \ .$$

Via Geldpolitik erhöhte Kassenbestände werden - sofern sie nicht in der Liquiditätsfalle verschwinden, der „kritische" Zins des (bezogen auf die individuelle Kurserwartung) optimistischsten Wirtschaftssubjekts nicht erreicht ist - zum Wertpapierkauf verwandt. Ein Kursanstieg und eine Zinssenkung folgen. Auf Stufe zwei führt dies zu einer Ausweitung der Investitionstätigkeit - falls diese wirklich zinsabhängig ist.

[3] Gemäß dem Satz über implizite Funktionen gilt für das Vektorfeld $F(x, c) = 0$:

$$\frac{dx_i}{dc_j} = \frac{-D^i Jac_x(F)}{DJac_x(F)}$$

mit D^i: i-te-Spalte von D durch $\frac{\partial F}{\partial c_j}$ ersetzt; hier: $i = 1, 2$, $j = 1, 2$, $x = Y, r$, $c = G, M$.

Der Liquiditäts- und Investitionsfalle entkommen, durch Multiplikator- und Akzeleratoreffekte womöglich verstärkt, bewirkt nun die gestiegene, auf freie Kapazitäten stoßende Nachfrage den erhofften Sozialproduktsschub.

16.4.2 Das (neo-) klassische Makro- ist ein Vollbeschäftigungsmodell. Die für die lange Frist gedachte Gültigkeit des Sayschen Gesetzes avisiert geräumte Gütermärkte, suggeriert das Ausbleiben von persistenten Absatzkrisen, die nicht über adäquate Preisnachlässe heilbar wären. Doch: Wie lang ist der „long run", wie ausdauernd muß man sein, den Selbstheilungskräften des Marktes zu vertrauen?

Bekanntlich vertreten die Keynesianer eine eher interventionistische Position. Dennoch ist der aufgeklärte Keynesianismus nicht blind für die Probleme, die mit den Eingriffen verbunden sind - nicht auf dem fiskal-, schon gar nicht auf dem geldpolitischen Auge (vgl. hierzu Aufgabe 16.4.1). Auf anderen Wegen gelangt man mitunter zum gleichen Ergebnis: der allenfalls bedingten Wirksamkeit von (expansiven) monetären Reizen. Was dabei bei den Keynesianern der Keynes-Effekt, ist bei den (Neo-) Klassikern der Cambridge-Effekt. Das neoklassische Makro-Modell ist in Abbildung 16.7 grafisch dargestellt.

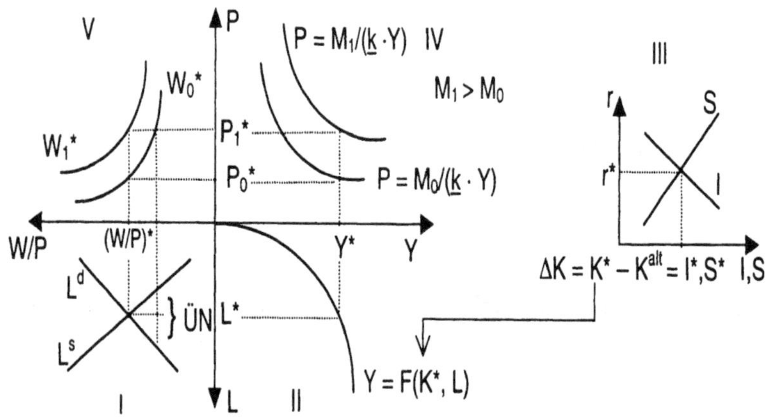

Abbildung 16.7: Neoklassisches Makro-Modell

Feld I illustriert den (neo-) klassischen Arbeitsmarkt, L^s die Lösung des Arbeit-Freizeit-Problems der Haushalte, L^d das Grenzproduktivitätskalkül der Unternehmen. Die gleichgewichtige Arbeitsmenge beträgt L^* (Vollbeschäftigung), der gleichgewichtige Reallohn lautet $(W/P)^*$. Kombiniert mit einem auf dem Kapitalmarkt (Feld III) bestimmten optimalen Kapitalstock K^* produziert L^* - gegeben die durch F beschriebene Produktionstechnologie, siehe Feld II - den gleichgewichtigen Output Y^*. Eine dazu passende Güternachfrage muß nicht eigens hergeleitet werden;

das Saysche Gesetz garantiert den nötigen Absatz. Einen konstanten Kassenhaltungskoeffizienten $\underline{k}$ und eine exogene Geldmenge M_0 vorausgesetzt, erhält man P_0^* über die Cambridge-Gleichung

$$M = \underline{k} \cdot P \cdot Y$$

in Feld IV. Für ein $M^s = M_0$ und eine aus dem Transaktionsmotiv entwickelte Geldnachfrage

$$M^d = \underline{k} \cdot P \cdot Y^*$$

errechnet sich das Preisniveau im Geldmarkt-Gleichgewicht nach:

$$P_0^* = \frac{M_0}{(\underline{k} \cdot Y^*)}.$$

Die schließlich in Feld V abgetragenen Hyperbeln (Nominallohnisoqanten) sind konvex und einheitselastisch, d.h. daß unter jedem Punkt ein und derselben Kurve ein Rechteck gleichen Flächeninhalts liegt:

$$\frac{W}{P} \cdot P = W.$$

Der Nominallohn beträgt im Gleichgewicht:

$$\left(\frac{W}{P}\right)^* \cdot P_0^* = W_0^*.$$

Im Falle einer Geldmengenexpansion geschieht nun folgendes: Eine Erhöhung von M_0 auf M_1 stört das bestehende Gleichgewicht auf dem Geldmarkt. Im Resultat bedeutet dies, daß das Geldangebot die Geldnachfrage übersteigt ($M^s > M^d$). Die mit „Friedmans Helikopter", unter Verwendung geldpolitisch geeigneter Instrumentarien unters Volk gebrachte zusätzliche Kasse ist dort im wahrsten Sinne überflüssig. Um die überschüssigen Kassenbestände abzubauen, fragen die Individuen mehr Güter nach. Allerdings stößt die steigende Nachfrage auf ein starres (Vollbeschäftigungs-) Angebot Y^*. Der den Nachfrageanstieg bewirkende Cambridge- oder Realkassen-Effekt impliziert, daß die Güternachfrage direkt auf Bestandsveränderungen reagiert, die die Leute in ihren Realkassen vorfinden. Der keynesianische Umweg über den Wertpapiermarkt, über sinkende Zinsen usw. entfällt. Führt nun also ein Anschwellen der realen Kassen - in einem ersten Schritt von $\frac{M_0}{P_0^*}$ auf $\frac{M_1}{P_0^*}$ (grafisch: Nordost-Verschiebung der Quantitätskurve in Feld IV) - zu einer Überschußnachfrage am Gütermarkt, wird sie allein nominal befriedigt, qua höherer Preise abgeschöpft, bis die ungewünschte Kassenhaltung ganz verschwunden und bei $\frac{M_1}{P_1^*} (= \frac{M_0}{P_0^*})$ angelangt ist. Eine Verdopplung von M bspw. hat zur Verdopplung der Preise geführt. Zum neuen, gestiegenen Preisniveau liegt aber doch noch ein Ungleichgewicht vor - und zwar auf dem Arbeitsmarkt (vgl. ÜN in Feld I):

$$L^d\left(\frac{W_0^*}{P_1^*}\right) > L^s\left(\frac{W_0^*}{P_1^*}\right).$$

Wie reagieren nun die Unternehmen auf den Arbeitskräftemangel? Die (Neo-) Klassiker gehen davon aus, daß sich die Unternehmen in den Geldlöhnen überbieten werden. Bei W_1^*, nach einer angemessenen Nordwest-Verschiebung der bisherigen Nominallohnisoquante, kommt die Wirtschaft in ein neues Gleichgewicht. Der ursprüngliche Reallohn hat sich erneut eingestellt:

$$\frac{W_0^*}{P_0^*} = \frac{W_1^*}{P_1^*} = \left(\frac{W}{P}\right)^* .$$

Wenn sich der „monetäre Nebel" lüftet, der durch die Geldmengenexpansion verursacht wurde, sind alle realen Größen wieder auf ihrem Ausgangsniveau. Preis- und Lohnflexibilität, dem Leitbild „vollständiger Konkurrenz" gemäße Marktstrukturen, uneingeschränkt rationale Akteure etc. - dies sind die Bedingungen, unter denen die These der Dichotomie oder Neutralität gilt, Manipulationen in der Geld- die Güterwirtschaft nicht (nachhaltig) tangieren.

Die Konsequenz aus diesen Überlegungen lautet: Da die Zentralbank es letztendlich nicht vermag, die Beschäftigung nachhaltig zu beeinflussen, sollte sie es gar nicht erst versuchen. Nicht Zuckerbrot und Peitsche, eine ruhige Hand sei zudem gefragt, die Wirtschaft mit Geld zu versorgen. Eine inhärent stabile Ökonomie könne man erstens nur kurzfristig, zweitens auch bloß aus dem Gleichgewicht bringen, das sie bereits erreicht oder doch fest im Visier habe.

Kommentierte Literaturhinweise

Zum Einstieg in die Theorie der Geldfunktionen kann Helmedag (1995) empfohlen werden. Ausführlich informieren die unter dem Stichwort „Geldtheorie" und „Geldpolitik" gesammelten Beiträge im Handwörterbuch der Wirtschaftswissenschaft (1988). Wer den Scharfsinn eines Klassikers der Geldlehre bewundern möchte, greife zu Menger (1970).

Die Theorie des Geldangebots wird in einschlägigen Lehrbüchern ausführlichst behandelt. Nicht zuletzt zur Mechanik multipler Geldschöpfung schreibt Issing (1998). Den „state of the art" der Theorie der Kreditrationierung dokumentieren Jaffee/Stiglitz (1990) oder Gischer (1999).

Auch die Theorie der Geldnachfrage ist Stoff gängiger Lehrbücher. Zur Spekulationskassenhaltung, speziell auch zur Portfoliotheorie vgl. Jarchow (1998).

Das keynesianische IS/LM- sowie das Totalmodell der (Neo-) Klassik entwickeln Felderer/Homburg (1999). Wirtschaftspolitischen Aspekten wird hier ein eigener Teil gewidmet. In die benötigte Mathematik führt ein entsprechender Anhang ein.

v. Albers, W./Born, K. E. u.a. (Hrsg.,1988):
Handwörterbuch der Wirtschaftswissenschaften. Stuttgart u.a., insbes. S. 355 ff.

Felderer, B./Homburg, S. (1999):
Makroökonomik und Neue Makroökonomik. 7. Auflage, Berlin u.a.

Gischer, H. (1999):
Finanzmarkt: Ungleichgewichtsmodell. In: Redaktion der Zeitschrift für das gesamte Kreditwesen und J. E. Cramer u.a. (Hrsg.), Knapps Enzyklopädisches Lexikon des Geld-, Banken- und Börsenwesens, Frankfurt, S. 667-672.

Helmedag, F. (1995):
Geldfunktionen. In: Das Wirtschaftsstudium (WISU), Heft 8/9, S. 711-717.

Issing, O. (1998):
Einführung in die Geldtheorie. 11. Auflage, München, S. 55-95.

Jaffee, D./Stiglitz, J. (1990):
Credit Rationing. In: B. Friedman/F. Hahn (Eds.), Handbook of Monetary Economics, Vol. 2, Amsterdam, S. 837-888.

Jarchow, H.-J. (1998):
Theorie und Politik des Geldes I, 10. Auflage, Göttingen, S. 40-69.

Menger, C. (1970):
Gesammelte Werke. In: F. A. v. Hayek (Hrsg.), Schriften über Geld und Währungspolitik, Bd. 4, 2. Auflage, Tübingen.

Kapitel 17

Inflation

PD Dr. Martin Leschke, Westfälische Wilhelms-Universität Münster

Aufgaben

Aufgabe 17.1:
Die Ziele „Preisniveaustabilität" und „Vollbeschäftigung" scheinen in einem Konflikt zu stehen. Die Ökonomik kann einem Wertestreit nur entgehen, wenn sie begründen kann, daß Preisniveastabilität im langfristigen Interesse der Bürger ist. Auf diese Weise wird aus dem Wert „Preisniveaustabilität" ein Mittel, dessen Bedeutung sich ausschließlich über seinen Nutzen und seine Kosten für die Gesellschaftsmitglieder bestimmt.

17.1.1 Erläutern Sie den durch Inflation entstehenden gesellschaftlichen Nutzen. Gehen Sie dabei insbesondere auf die Phillipskurvendiskussion ein.

17.1.2 Welche gesellschaftlichen Kosten treten bei Inflation auf? Unterscheiden Sie zwischen antizipierter und nicht antizipierter Inflation.

Aufgabe 17.2:
Es ist heute unbestritten, daß Inflation mittelfristig ein monetäres Phänomen ist. Trotzdem lösen politische Agenten ihr Stabilitätsversprechen nicht immer ein, sondern versuchen stattdessen, die Gutgläubigkeit der Bürger-Prinzipalen für kurzfristige Zwecke auszunutzen. Die Ökonomen sprechen diesbezüglich von dem Problem der Zeitinkonsistenz.

17.2.1 Leiten Sie anhand der kurz- und langfristigen Quantitätsgleichung die Preislücke ab, und erläutern Sie kurz den Zusammenhang zur Inflation.

17.2.2 Wie zeigt sich das Problem der Zeitinkonsistenz bei der Wahl der optimalen Inflationspolitik im einperiodigen Spiel?

17.2.3 Wie zeigt sich das Problem im Spiel ohne bekannte letzte Perode?

17.2.4 Welche Lösungen werden zur Entschärfung der Zeitinkonsistenzproblematik in der Geldpolitik vorgeschlagen?

Lösungen

Aufgabe 17.1:

17.1.1 Ausgangspunkt jener Theorien, in denen Inflation und folglich auch eine Inflationspolitik befürwortet werden, bildet die empirische Analyse von Alban W. Phillips, die im Jahre 1958 unter dem Titel „The Relation between Unemployment and the Rate of Change of Money Wage Rates in the United Kingdom, 1861-1957" erschien. Phillips' Untersuchung zeigt eine auffallend stabile negative Beziehung zwischen der Veränderungsrate des Nominallohns und der Arbeitslosenquote insbesondere für die Zeiträume 1861 bis 1913 und 1948 bis 1957. Seine geschätzte Funktion lautet:

$$\hat{W} = 9,6 \cdot U^{-1,39} - 0,9$$

mit $\hat{W}$ als der Nominallohnveränderung in Prozent und U als der Arbeitslosenquote. Phillips erklärt diese Beziehung folgendermaßen: Ein Arbeitskräftemangel in einem konjunkturellen Boom bewirkt einen Wettbewerb der Unternehmer um Arbeitskräfte, der zu Lohnsteigerungen führt. Umgekehrt verhält es sich in rezessiven Phasen. Der Wettbewerb um Arbeitsplätze bewirkt ein Sinken der Nominallöhne (bzw. zumindest eine Verringerung deren Zunahme).

Im Jahre 1960 erfährt die Phillips-Kurve durch Samuelson und Solow eine Modifikation. Die Lohnsteigerungsrate wird durch die Inflationsrate ersetzt. Die modifizierte Phillipskurve drückt somit einen scheinbar unüberbrückbaren Trade off zwischen Arbeitslosigkeit und Preisniveaustabilität aus. Folglich sprechen bereits Samuelson und Solow von einem „menu of choice" und suggerieren damit, daß die Wirtschaftspolitik zwischen verschiedenen Inflations-Arbeitslosigkeits-Kombinationen wählen könne. Dies löst die sogenannte Phillipskurven-Diskussion aus, auf die im folgenden eingegangen wird.

Samuelson und Solow (1960) leiten den modifizierten Phillipskurven-Zusammenhang unter der Prämisse statischer Erwartungen ab. Der Nutzen der Inflation hängt unmittelbar mit der Annahme statischer Erwartungen zusammen. Es wird unterstellt, daß die Arbeitnehmer die Inflationsrate (π) als exogen ansehen. Es gilt hier: $\pi^e = \pi_0$, wobei π_0 eine bestimmte gegebene Inflationsrate darstellt. Damit hängt das Arbeitsangebot N^s faktisch vom Nominallohn (W/π_0) ab. Veränderungen des Reallohns aufgrund von Veränderungen der tatsächlichen Inflationsrate werden nicht wahrgenommen, weil die Inflationserwartungen statisch sind. Gleichzeitig wird unterstellt, daß die Arbeitsnachfrage N^d vom Reallohn (W/π) und damit von der tatsächlichen Inflationsrate abhängt. Die Arbeitgeber unterliegen im Gegensatz zu den Arbeitnehmern keiner Geldillusion. Bei steigender Inflationsrate wird nun bei unverändertem Nominallohn der Reallohn sinken. Als Folge steigen die Gewinne, die Produktion, die Beschäftigung und das Sozialprodukt. Vereinfacht ausgedrückt gilt somit für die Unterbeschäftigung U und das Sozialprodukt Y:

$$U = f\left((\pi - \pi_0), ...\right)$$

mit

$$\frac{\partial U}{\partial(\pi - \pi_0)} < 0,$$

und

$$Y = g\left((\pi - \pi_0), ...\right)$$

mit

$$\frac{\partial Y}{\partial(\pi - \pi_0)} > 0.$$

Der Arbeitsmarkt und der Gütermarkt reagieren gleichgerichtet, da sie über die Produktionsfunktion miteinander verbunden sind. Bei statischen Erwartungen verursacht Inflation einen Produktions- und Beschäftigungseffekt. Diese Argumentation und damit die positiven Wirkungen der Inflation können der keynesianischen Denkschule zugeordnet werden.

Die Annahme statischer Erwartungen ist stark kritisiert und schließlich von Friedman und Phelps durch die Annahme adaptiver Erwartungen ersetzt worden. Diese Erwartungsbildungshypothese läßt sich durch folgende Gleichung beschreiben:

$$\pi_t^e = \pi_{t-1}^e + \alpha \cdot (\pi_{t-1} - \pi_{t-1}^e)$$

mit

$$0 < \alpha \leq 1.$$

Der Parameter α drückt hierbei aus, in welchem Ausmaß die Wirtschaftssubjekte ihren Erwartungsfehler der Vorperiode korrigieren. Adaptive Erwartungen bewirken, daß der Phillipskurven-Effekt nur kurzfristig auftreten kann. Die gesamtwirtschaftliche Arbeitsnachfrage wird nur solange ausgedehnt, wie die Nominallohnsteigerungen aufgrund von Erwartungsfehlern geringer als die Inflationsrate sind. Dies ist jedoch nur kurzfristig der Fall. Allmählich werden die Nominallöhne an das gestiegene Preisniveau angepaßt, so daß Produktion und Beschäftigung wieder auf ihre Ursprungsniveaus U^* bzw. Y^* zurückfallen. Friedman und Phelps schließen daraus, daß der Phillipskurven-Zusammenhang nur kurzfristig bestehen kann. Die langfristige Phillipskurve U^* und die langfristige Angebotskurve Y^* sind unabhängig von der Inflationsrate. Friedman bezeichnet U^* daher als natürliche Unterbeschäftigung und Y^* als natürlichen Output. Die folgenden Gleichungen zeigen die Funktionen für das gesamtwirtschaftliche Angebot Y und für die Unterbeschäftigung U:

$$U = U^* + b \cdot (\pi - \pi_0)$$

mit

$$\frac{\partial U}{\partial(\pi - \pi_0)} < 0,$$

und

$$Y = Y^* + a(\pi - \pi_0)$$

mit

$$\frac{\partial Y}{\partial(\pi - \pi_0)} > 0.$$

Permanente Effekte auf die Beschäftigung und den Output sind nur möglich, wenn die Inflation in zunehmendem Maße ausgedehnt werden (sogenanntes Akzelerationstheorem); denn die hier unterstellten adaptiven Erwartungen „hinken" immer hinterher. Diese Argumentation ist der Denkschule des Monetarismus zuzuordnen. Da Monetaristen eine permanent steigende Inflation (aufgrund nicht näher dargelegter unerwünschter Effekte) jedoch als Übel ansehen, lehnen sie eine Inflationspolitik zur Bekämpfung von Unterbeschäftigung ab.

Ebenso wie die Annahme statischer Erwartungen ist auch die Hypothese der adaptiven Erwartungen kritisiert worden. Registrieren die Wirtschaftssubjekte, daß bestimmte Gründe für Inflation verantwortlich sind, so werden sie bei einer Veränderung dieser Determinanten auch mit einer entsprechenden Änderung der Inflationsrate rechnen. Die Individuen bilden ihre Erwartungen theoriegeleitet, d.h. rational. Wird eine bestimmte Theorie allgemein als gültig angesehen, so kann nach Muth die Hypothese der rationalen Erwartungsbildung durch die Gleichung $\pi^e = E[\pi]$ ausgedrückt werden. Diese Inflationserwartung stellt nichts anderes dar als den Erwartungswert basierend auf den verfügbaren Informationen. Das Konzept der rationalen Erwartungen wird insbesondere von Lucas innerhalb der Ökonomik verbreitet. Bezogen auf die bisherigen Ausführungen zur Phillipskurve führt die Annahme rationaler Erwartungen zu einem Verschwinden systematischer Erwartungsfehler. Die erwartete entspricht der tatsächlichen Inflationsrate. Lediglich unerwartete Überraschungen können kurzfristig eine Diskrepanz zwischen dem Erwartungswert und der tatsächlichen Inflation verursachen. Ein positiver Effekt auf den Output und die Beschäftigung ist mithin nur noch durch eine unerwartete „Überraschungsinflation" möglich. Solche Effekte können kurzfristig auftreten, wenn Steigerungen des Preisniveaus fälschlicherweise für relative Preissteigerungen gehalten werden, die den Anbieter zur Ausweitung der Produktion veranlassen. Auf erwartete Preisniveauerhöhungen wird hingegen unmittelbar mit Lohnerhöhungen reagiert, so daß reale Effekte ausbleiben. Diese Argumentation ist der Neuklassik zuzuordnen. Genau wie die Monetaristen lehnen die Neuklassiker eine Inflationspolitik zur Stimulierung von Wachstum und Beschäftigung ab, denn es lassen sich allenfalls kurzfristige reale Effekte erzielen.

Die neuklassische Theorie rationaler Erwartungen wird u.a. von Neo-Keynesianern (z.B. Taylor, Ball, Mankiw) kritisiert, weil sie eine Kostendeterminante außer acht läßt, die seit Ronald Coase' Aufsatz „The Nature of the Firm" aus dem Jahre 1937 zunehmend in der Ökonomik Beachtung findet: die Transaktionskosten. Darunter werden alle Kosten zur Anbahnung, Abwicklung und Überwachung von Verträgen gefaßt (z.B. Informationskosten, Kontrollkosten, Kosten zur Absicherung von Risiken). Diese Kosten stellen in der Realität nicht selten relevante Restriktionen dar. Im Zusammenhang mit der hier behandelten Phillipskurven-Problematik können sie für Lohnrigiditäten verantwortlich sein. Denn unter Transaktionskostengesichtspunkten kann es rational sein, Verträge über Löhne für mehrere Perioden abzuschließen oder Löhne erst zu ändern, wenn bestimmte Kostenkategorien gewisse Schwellenwerte überschreiten. Das hat zur Folge, daß es im Zuge der Inflation zu einer positiven Wirkung auf die Beschäftigung und das Sozialprodukt kommt, weil die Löhne nicht entsprechend mitziehen. Damit stellt die Neue Keynesianische Makroökonomik eine Neuformulierung der Samuelson-Solow-Phillipskurve dar. Die Ad-hoc-Annahme der statischen Erwartungen wird durch eine transaktionskostenorientierte Mikrofundierung von Lohnrigiditäten ersetzt.

Der Nutzen der Inflation auf der Basis des Phillipskurveneffekts ergibt sich durch inflationsinduzierte Reallohnsenkungen. Neben diesem Effekt finden sich weitere Argumente zugunsten einer Inflationspolitik in der Literatur. Dies ist zum einen der „grease effect" und zum anderen die Gläubiger-Schuldner-Hypothese. Der Begriff „grease effect" hebt die produktive Funktion von Inflation auf die volkswirtschaftliche Entwicklung hervor. Inflation ist das „Schmieröl" der Wirtschaft, weil durch sie bei Nominallohnstarrheiten Reallohnsenkungen durchsetzbar sind, und zwar nicht nur das Lohnniveau, sondern vor allem die Lohnstruktur betreffend. Erst durch Inflation ergibt sich bei Nominallohnstarrheiten nach unten die Möglichkeit, daß sich Reallöhne zwischen verschiedenen Branchen unterschiedlich entwickeln. Bei der Gläubiger-Schuldner-Hypothese schlägt das Weginflationieren der Realschuld der Schuldner-Unternehmen positiv durch. Real investierende Unternehmen gewinnen, nicht real investierende Banken und Haushalte verlieren. Insgesamt steigen dadurch die Investitionen, der gesamtwirtschaftliche Output und die Beschäftigung. Diese Argumentation gilt jedoch nur für den Erstrundeneffekt einer Überraschungsinflation. In der Folgezeit ist nämlich mit Risikoaufschlägen auf die Sollzinsen durch die Banken zu rechnen.

17.1.2 Selbst bei vollständig antizipierter Inflation treten Kosten der Inflation auf. Da auf Geld - hier verstanden als staatlich emittiertes Zahlungsmittel in der Volkswirtschaft - kein Zins entrichtet wird, steigen die Opportunitätskosten der Geldhaltung bei zunehmender Inflation. Inflation läßt ceteris paribus die Nachfrage nach Zahlungsmitteln zurückgehen. Damit fehlt bei geringerer Kassenhaltung die Liquidität, schnell auf relative Preisänderungen reagieren zu können. Es treten Kosten suboptimaler Geldhaltung auf. Gleichzeitig erfolgt eine viel schnellere Anlage von Überschusskasse in kurzlaufenden verzinsten Assets. Die Bankenbesuche nehmen zu, man spricht daher auch von den „Schuhlederkosten". Die Kosten für die Auszeichnung von Preisen nehmen bei steigender Inflation zu, da häufiger eine Neuauszeichnung zu erfolgen hat. Diese Kosten werden als „menu costs" bezeichnet. Bei sehr hohen Inflationsraten wird es für die Individuen letztlich vorteilhaft sein, Geld als Tauschmittel zugunsten eines anderen Mediums aufzugeben (Stichwort: Zigarettenwährung). Ein solcher Wechsel ist mit Kosten verbunden. Diese Kosten der Inflation entstehen also selbst in einer indexierten Ökonomie. Bei moderater Inflation werden sic im allgemeinen jedoch als gering erachtet.

Geht man in einem zweiten Schritt davon aus, daß der Staat die privaten Einkommen auf Nominalbasis besteuert, so ergeben sich bei einem progressiven Steuertarif weitere Kosten der Inflation. Die individuelle Steuerlast wird mit höheren Inflationsraten (ceteris paribus) ansteigen (sogenannte „kalte Progression"). Es findet eine Umverteilung von den Privaten zum Staatssektor statt. Diese wird genau dann von den Bürgern als unerwünscht empfunden werden, wenn deren Bedürfnisbefriedigung durch die staatliche Mittelverwendung nicht im gleichen Maße erfolgt, und davon ist auszugehen. Ein weiterer Effekt ergibt sich bei Nominalbesteuerung der Vermögens- bzw. Zinseinkommen, und dies auch schon bei einem konstanten Steuersatz auf Kapitalerträge: Durch die Nominalbesteuerung erhebt der Staat eine Art Inflationssteuer auf Kapitalerträge, die die effektive Rendite bei steigender Inflation schmälert. Versuchen die Privaten dieser Inflationssteuer auszuweichen, so entstehen Portfolioanpassungen, die ihrerseits Vermögensumbewertungen auslösen und abermals Anpassungsreaktionen nach sich ziehen. Damit werden volkswirtschaftliche Ressourcen gebunden, die ebenfalls Kosten der Inflation darstellen.

Eine häufig genannte unerwünschte Wirkung von Inflation ist der Distributionseffekt von den Armen zu den Reichen. Dieser beruht auf der Vorstellung, daß diejenigen Gruppen, für die es aus Transaktionskostengründen nicht lohnend ist, inflationsbedingten Realwertverlusten auszuweichen, diskriminiert - d.h. von den Kosten der Inflation überproportional getroffen - werden. Es handelt sich hierbei um Bürger mit einem relativ geringen Einkommen, die i.d.R. auch nicht über große Ersparnisse verfügen. Wird für „Kleinsparer" der Zins nicht entsprechend der Inflationsrate erhöht, während reichere Bürger der Inflation erfolgreich ausweichen oder sogar inflationsbedingte Gewinne erzielen, so können zwei Arten von volkswirtschaftlichen Kosten entstehen: Die unmittelbare negative Wirkung von Inflation liegt in der Diskriminierung bestimmter Gruppen in der Bevölkerung. Die mittelbare Wirkung besteht darin, daß sich die Inflationsverlierer gegen die Diskriminierungen auflehnen. Es kommt zu sozialen Unruhen, das Kollektivgut „sozialer Frieden" erodiert. Erfolgen schließlich Anpassungen, so entstehen auch dadurch Kosten.

Obschon ein positiver Zusammenhang zwischen der Höhe der Inflationsrate und deren nicht antizipierbarer Volatilität theoretisch nicht zwingend ist, ist dieses Phänomen empirisch regelmäßig zu beobachten. Als Folgewirkung ergibt sich bei höheren Preisniveausteigerungsraten eine größere Erwartungsunsicherheit bezüglich der zukünftigen Inflationsrate. Inflation kann nicht mehr vollständig antizipiert werden. Dies hat Auswirkungen auf das individuelle Entscheidungsverhalten und damit auf die Faktor- und Güterallokation. Zum einen wird die Funktionsfähigkeit der relativen Preise eingeschränkt. Da eine von den Individuen unterschiedlich erwartete Inflationsrate zu verschiedenen Preisaufschlägen führt, verlieren die relativen Preise ihre zentrale Steuerungsfunktion. Die verzerrten Preise spiegeln dann nicht mehr relative Knappheiten wider. Im Unternehmenssektor wird dadurch die Einschätzung sowohl der zukünftigen Absatzchancen (Kalkulation von Preisen und Mengen) als auch der weiteren Lohn- und Kostenentwicklung erschwert. Das wirkt sich vor allem negativ auf (längerfristige) Investitionsentscheidungen aus. Zum anderen wird die Fristigkeit von Verträgen, insbesondere von Kreditverträgen tangiert. Angesichts großer nicht antizipierbarer Schwankungen der Inflationsrate werden Kreditinstitute immer weniger bereit sein, langfristige Kredite zu festen Konditionen zu vergeben. Eine mittel- und langfristige Kreditvergabe erfolgt (mit entsprechendem Risikoaufschlag) allenfalls noch an Kreditnehmer mit erstklassiger Bonität. Alle anderen Kreditnachfrager erhalten entweder nur kurzfristige Kreditverträge oder Verträge mit Zinsanpassungsklauseln. Das wiederum erhöht die Erwartungsunsicherheit der Unternehmen hinsichtlich der künftigen Höhe der Fremdkapitalkosten und beeinflusst auf diese Weise insbesondere die Investitionsentscheidungen negativ.

Von diesen Ex-ante-Wirkungen nicht antizipierter Inflation sind Ex-post-Wirkungen zu unterscheiden. Diese bestehen in unerwünschten Lenkungswirkungen sowie in unerwarteten und unerwünschten staatlichen Maßnahmen zur Inflationsbekämpfung. Nicht erwünschte Lenkungswirkungen ergeben sich dadurch, daß nicht antizipierte Inflation grundsätzlich bestimmte Aktiva stärker entwertet (z.B. Geld und Bonds) als andere (z.B. Immobilien). Als Folge kann es zu inflationsbedingten Investitionen kommen, die volkswirtschaftlich nicht optimal sind. So könnte beispielsweise eine erhöhte Bautätigkeit erfolgen (Flucht ins Betongold). Treten hohe Inflationsraten auf, die weite Teile der Bevölkerung als unerwünscht ansehen, so werden staatliche Maßnahmen zu Reduzierung der Inflation wahrscheinlich. Sind Art, Umfang und Zeitpunkt denkbarer Reaktion der Geld- und Finanzpolitik nicht bekannt, so werden potentielle Investoren die weitere Entwicklung der Inflationsrate nicht prognostizieren können. Es kommt dann zu negativen Wirkungen auf die Investitionsentscheidungen der Unternehmen, weil Unsicherheit entsteht. Aber auch wenn die Investoren die Anti-Inflationspolitik des Staates relativ gut antizipieren können, ist ein negativer Einfluß auf ihre Investitionsentscheidungen möglich. Erwartete Realzinserhöhungen durch eine restriktive Geldpolitik und sich verschlechternde Absatzmöglichkeiten angesichts einer künftig restriktiven staatlichen Finanzpolitik lassen insbesondere Erweiterungsinvestitionen riskanter werden. Für den Unternehmer sinken die Chancen, eine höhere Menge zu entsprechenden Preisen absetzen zu können. Damit erhöht sich das Gewinnrisiko. Darüber hinaus ist es ungewiß, ob der Tarifpartner gewillt ist, Erwartungen sinkender Inflationsraten bei Nominallohnverhandlungen zu berücksichtigen. Dies alles wirkt sich hemmend auf die Entwicklung der Realkapitalbildung aus. Es handelt sich um Kosten der Disinflation(spolitik), die bei unerwünscht hohen Inflationsraten auftreten. Verstärkt werden diese Inflationswirkungen, wenn die Wirtschaftssubjekte erwarten, daß die öffentliche Hand marktinkonforme Maßnahmen zur Bekämpfung der Inflation ergreifen wird. Zu nennen sind in diesem Zusammenhang direkte Markteingriffe in Form von Preis-, Lohn-, Miet- oder Zinsstopps, die den Preismechanismus ganz oder in Teilen außer Kraft setzen. Solch ein kurzfristig ausgerichtetes Handeln des Staates, das nur an einigen Symptomen, nicht jedoch an den Ursachen der Inflation ansetzt, dämpft insbesondere die Investitionsbereitschaft, führt zu Kapitalflucht und senkt schließlich den Wachstumspfad.

Aufgabe 17.2:

17.2.1 Die Preislücke läßt sich am einfachsten über die Quantitätsgleichung erklären. Diese auf Irving Fisher zurückgehende Gleichung läßt sich folgendermaßen ausdrücken:

$$m + v = y + p$$

mit m als Geldmenge, v der Einkommenskreislaufgeschwindigkeit, y dem realen Bruttoinlandsprodukt und p als dem Preisniveau (alles in logarithmierten Variablen). Die Quantitätsgleichung lässt sich nun auch für die langfristigen logaritmierten Größen, v^* (Trend der Einkommenskreislaufgeschwindigkeit), y^* (Trend des realen BIPs bzw. Produktionspotentials) und p^* (langfristig angestrebtes Preisniveau bzw. Preisnorm) schreiben:

$$m + v^* = y^* + p^*.$$

Daraus folgt unmittelbar:

$$(p^* - p) = (y - y^*) + (v^* - v).$$

Ersetzt man nun noch die Einkommenskreislaufgeschwindigkeiten v und v^* durch die kurz- und langfristige Kassenhaltung k bzw. k^*, so erhält man:

$$(p^* - p) = (y - y^*) + (k - k^*).$$

Die Differenz $(p^* - p)$ wird auch als „Preislücke" bezeichnet. Sie besteht aus dem Auslastungsgrad $(y - y^*)$ und dem Liquiditätsgrad $(k - k^*)$. Diese Beziehung läßt sich auch umformen zu:

$$(p^* - p) = m + v^* - y^* - p.$$

In dieser Version stellt die Preislücke die noch nicht durch Preise oder Mengen (Potentiale) abgebaute Geldmenge in der Volkswirtschaft dar. Es ist der reale Geldmengenüberhang, der zukünftig inflationswirksam sein wird. Eine größer werdende Preislücke zeigt mithin einen steigenden Inflationsdruck für die Zukunft an. Die Preislücke stellt nun tatsächlich einen validen Inflationsindikator dar, sofern das verwendete Geldmengenaggregataggregat m eine stabile Langfristbeziehung zum Bruttoinlandsprodukt aufweist. Dies war für Deutschland bei M3 der Fall und scheint auch in Europa für die weite Geldmenge M3 zu gelten. Mit Hilfe der Preislücken auf M3-Basis läßt sich die Inflation in Deutschland und Europa gut erklären und prognostizieren. Empirische Schätzungen mit der Preislücke geben einen starken Anhaltspunkt dafür, daß Inflation ein monetäres Phänomen ist, eine These die unter anderem von Milton Friedman verbreitet wurde und wird.

17.2.2 Die Problematik der Zeitinkonsistenz tritt immer dann auf, wenn ein Akteur ein bestimmtes Verhalten ankündigt, aber nach der Ankündigung keinen Anreiz mehr hat, sich an seine Ankündigung zu halten. Bezogen auf die Geldpolitik bedeutet das: Eine Zentralbank kündigt eine Stabilitätspolitik an, kaum haben jedoch die Privaten ihre Erwartungen gebildet, wird sie ihr Stabilitätsversprechen brechen und eine Inflationspolitik betreiben, die unmittelbar den realen Output und die Beschäftigung erhöht. Das daraus resultierende Dilemma läßt sich in Anlehnung an die Arbeiten von Barro und Gordon folgendermaßen als Einperiodenspiel modellieren. Zielfunktion der Zentralbank ist eine soziale Kostenfunktion K, die als Kostenargumente die Inflation und Abweichungen zwischen dem erwünschten Output y^w und dem realisierten Output y (Outputlücke als Differenz der logaritmierten Werte) enthält:

$$K = a \cdot \pi^2 + (y^w - y)^2.$$

Die Kosten der Inflation und der Outputlücke steigen quadratisch an. Auch für die Privaten gilt diese soziale Kostenfunktion. Die Privaten haben neben diesen Kosten Zusatzkosten zu tragen, wenn Erwartungsfehler der Form $\pi \neq \pi^e$ eintreten. Diese Zusatzkosten spielen für sie eine weitaus bedeutendere Rolle als die sozialen Kosten. Weiterhin gelten „normale" Nachfrage- (AD) und Angebotsfunktionen (AS):

$$\begin{aligned} AD: \quad & y = b \cdot (\Delta m - \pi), \\ AS: \quad & y = y * + c \cdot (\pi - \pi^e), \end{aligned}$$

wobei y^* der natürliche Output ist. Die Nachfrage steht in direkter Beziehung zur realen Geldmenge, Angebotsveränderungen entstehen durch unerwartete Änderungen der Inflationsrate, weil der Reallohn sinkt. Es sei weiterhin unterstellt, daß die Zentralbank die Inflationsrate perfekt über Geldmengenexpansionen steuern kann. Die sozialen Kosten sowie die Angebots- Nachfrage- und Kostenfunktionen sind in Abbildung 17.1 illustriert. Im Punkt y^w sind die sozialen Kosten am geringsten, sie sind null. Allerdings ist dieser Punkt nicht realisierbar, denn der natürliche Output beträgt y^*. Ausgangspunkt der Betrachtung ist daher Punkt A. Hier herrscht keine Inflation, aber der Output ist unerwünscht gering. Die sozialen Kosten seien hier K_A. Durch eine überraschende Inflation, die von den Privaten nicht antizipiert wird, könnte die Zentralbank Punkt B bzw. die Kosten K_B realisieren. Dieser Punkt ist der optimale Punkt, wenn die Inflationserwartungen $\pi^e = 0$ sind, d.h. die Angebotsfunktion AS_0 gilt. Hier tangiert die Isokostenelipse K_B die AS-Funktion und auch die durch die Geldmengenexpansion verschobene Nachfragefunktion AD_1 verläuft durch diesen Punkt. Die sozialen Kosten K_B sind geringer als K_A.

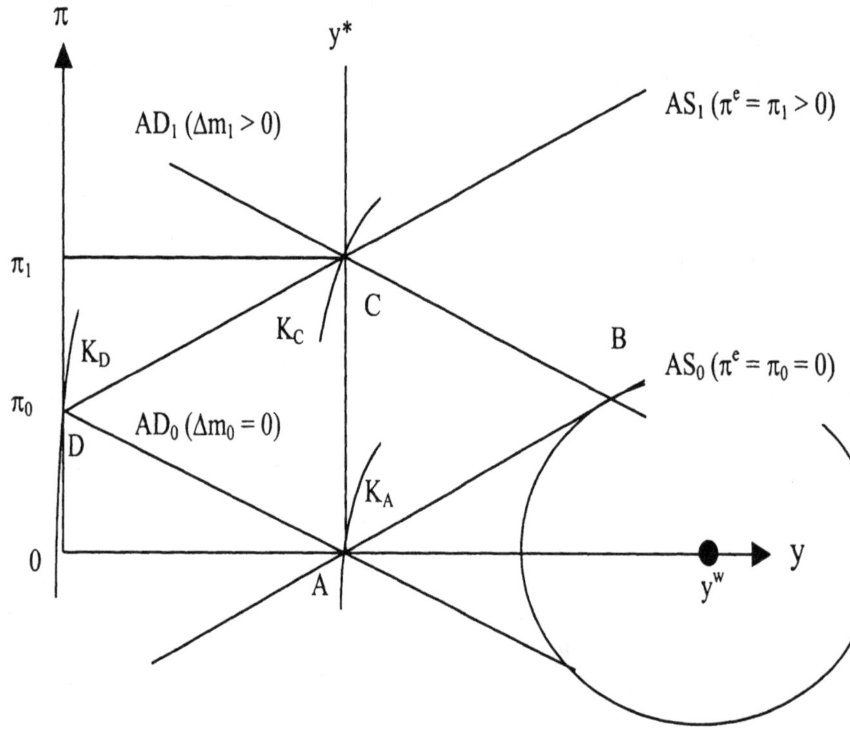

Abbildung 17.1: Grafische Darstellung des Zeitinkonsistentzproblems

Erwarten die Privaten allerdings eine Inflation(spolitik), so verschiebt sich die Angebotsfunktion nach oben. Punkt C markiert eine gleichgewichtige Situation, in der sich die lang- und kurzfristige Angebotsfunktion und die Nachfragefunktion schneiden. Die sozialen Kosten seien an dieser Stelle mit K_C bezeichnet, sie liegen über K_A. Eine besonders ungünstige Situation ergibt sich in Punkt D. Hier wird eine Inflation(spolitik) erwartet, die nicht eintritt. Die Zentralbank betreibt gegen die Erwartungen eine Stabilitätspolitik mit der Folge einer gewissen Inflation und eines geringen Outputs (hier $y = 0$). Die sozialen Kosten K_D sind hier am höchsten.

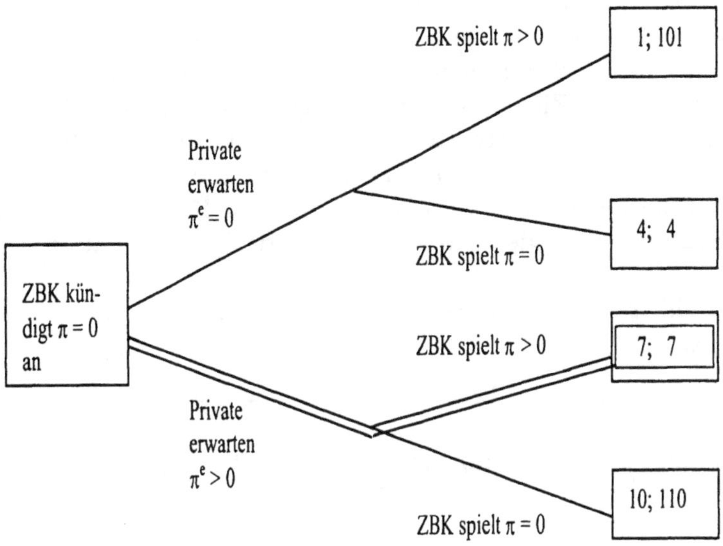

Abbildung 17.2: Entscheidungsbaum

Um das Gleichgewicht des Spiels zu bestimmen, müssen wir die möglichen Konstellationen in einen Entscheidungsbaum eintragen (vgl. Abbildung 17.2). Zu Beginn der Periode kündigt die Zentralbank eine Stabilitätspolitik $\pi = 0$ an. Dann bilden sich die Privaten ihre Erwartungen ($\pi^e = 0$ oder $\pi^e > 0$), auf deren Basis Verträge abgeschlossen werden. Danach entscheidet sich die Zentralbank, ob sie sich an ihre Ankündigung hält ($\pi = 0$) oder nicht ($\pi > 0$). Als Payoffs ergeben sich je nach Konstellation die angesprochenen sozialen Kosten, denen folgende Zahlen zugeordnet werden:

$$\begin{aligned} K_D &= 10; \\ K_C &= 7; \\ K_A &= 4; \\ K_B &= 1. \end{aligned}$$

Für die Privaten spielt es jedoch eine dominierende Rolle, ob sie Erwartungsfehler machen oder nicht. Für sie gelten zusätzlich zu den sozialen Kosten private Kosten K_P, die 100 sein sollen, wenn $\pi \neq \pi^e$ ist. Der Entscheidungsbaum zeigt noch einmal die Alternativen und die Outcomes. Das Spiel löst sich nun „von hinten nach vorne". Erwarten die Privaten gemäß der Ankündigung der Zentralbank $\pi^e = 0$, so ist es für die Zentralbank vorteilhaft $\pi > 0$ zu spielen; denn dies ermöglicht vergleichsweise geringe soziale Kosten ($K_B = 1 < K_A = 4$).

Erwarten die Privaten hingegen entgegen der Ankündigung der Zentralbank $\pi^e > 0$, so ist es für die Zentralbank vorteilhaft $\pi > 0$ zu spielen; denn dies ermöglicht vergleichsweise geringe soziale Kosten ($K_C = 7 < K_D = 10$). Für die Zentralbank ist es mithin immer vorteilhaft $\pi > 0$ zu spielen. Das wissen nun auch die Privaten, deren Ziel es ist, Erwartungsfehler und damit Zusatzkosten zu vermeiden. Die Privaten erwarten also $\pi^e > 0$, und die Zentralbank spielt auch $\pi > 0$. Das Gleichgewicht ist in dem Entscheidungsbaum doppelt umrahmt. Es ist gegenüber der Situation $\pi = 0 = \pi^e$ paretoinferior. Die Konstellation eines (Quasi-) Gefangenendilemmas verhindert, daß die beidseitig beste Situation (4;4) erreicht wird.

Analytisch läßt sich dieser Inflations- und Kosten-Bias ermitteln, indem man die sozialen Kosten

$$K = a \cdot \pi^2 + (y^w - (y^* + c \cdot (\pi - \pi^e)))^2$$

nach π ableitet und die Lösung für den Fall $\pi^e = \pi^{opt} > 0$ (Punkt C) bestimmt. Es ergibt sich:

$$\begin{aligned} \pi_C &= \frac{c}{a} \cdot (y^w - y^*), \\ K_C &= \frac{c^2 + a}{a} \cdot (y^w - y^*)^2. \end{aligned}$$

Im Fall $\pi^e = \pi^{opt} = 0$ (Punkt A) ergibt sich hingegen:

$$\begin{aligned} \pi_A &= 0, \\ K_A &= (y^w - y^*)^2. \end{aligned}$$

Daraus folgt, daß nicht nur die Inflationsrate in Punkt C höher ist als in Punkt A, sondern auch die sozialen Kosten sind höher, und zwar um

$$\frac{c^2}{a} \cdot (y^w - y^*)^2.$$

17.2.3 Die Annahme eines unendlichen Zeithorizonts bedeutet, daß es keine letzte Periode gibt. Theoretisch können dann alle möglichen Lösungen des oben dargestellten Spiels in einer betrachteten Periode eintreten. Wichtige Größen, die das Ergebnis bestimmen, sind der Abzinsungsfaktor zukünftiger sozialer Kosten und die Bestrafung der Zentralbank in Form des Vertrauensentzugs durch die Privaten (Trigger-Strategie). Bezeichnet man die Abzinsungsrate mit $(1 + r)$, so belaufen sich die sozialen Kosten auf

$$K = K_{t=0} + \frac{K_{t=1}}{(1+r)^1} + \frac{K_{t=2}}{(1+r)^2} + \ldots + \frac{K_{t=n}}{(1+r)^n}.$$

Auf der Basis dieser Kostenfunktion lassen sich folgende Richtungsaussagen formulieren: Je größer der Abzinsungsfaktor ist, desto unwahrscheinlicher ist - ceteris paribus - eine kontinuierliche Stabilitätspolitik der Zentralbank. Die Zentralbank verfällt der Zeitinkonsistenzproblematik des Einperiodenspiels. Je stärker der Vertrauensentzug durch die Privaten bei einem Verstoß gegen die angekündigte Stabilitätspolitik ausfällt, desto niedriger sind - ceteris paribus - die Opportunitätskosten einer kontinuierlichen Stabilitätspolitik für die Zentralbank.

Würde sich die Zentralbank in der Periode $t = 0$ für eine Überraschungsinflation gegen die Erwartungen $\pi^e = 0$ entscheiden, so würde sie die sozialen Kosten in dieser Periode um $K_A - K_B$ senken. Würden daraufhin in allen Folgeperioden die Privaten $\pi^e > 0$ erwarten, so wären die zusätzlichen Kosten gegenüber der dauerhaften Stabilitätslösung $K_C - K_A$ in jeder Periode diskontiert auf die Periode $t = 0$. Es würde mithin für die gesamten Zusatzkosten ΔK gelten:

$$\Delta K = (K_B - K_A) + \frac{(K_C - K_A)}{r}.$$

Bei $\Delta K < 0$ würde sich die Zentralbank tatsächlich für die Überraschungsinflation entscheiden. Das wäre der Fall für

$$r > \frac{K_C - K_A}{K_A - K_B}.$$

Auch dieses Beispiel illustriert, daß keine eindeutige Lösung existiert. Bei einem unendlichen Zeithorizont, d.h. einem Spiel ohne bekannte letzte Periode, ist die dauerhafte Stabilitätspolitik eine mögliche Lösung, aber kein zwingendes Ergebnis.

17.2.4 Zur Lösung des Zeitinkonsistenzproblems in der Geldpolitik existieren mehrere Lösungsvorschläge, von denen drei sehr bekannt sind:

a) die verfassungsmäßige Verankerung von Sanktionen für den Fall einer Inflationspolitik,

b) die Ernennung eines konservativen Zentralbankpräsidenten oder

c) die in der Realität oft praktizierte Lösung der Unabhängigkeit der Zentralbank.

Um Vorschlag (a) durchführen zu können, müssen eine normative Inflationsrate (z.B. 1 % sowie Sanktionen für die geldpolitisch Verantwortlichen bei Über- und Unterschreitung dieser Inflationsrate definiert werden. Sanktionen können z.B. in Form von Gehaltskürzungen oder letztlich sogar in Form der Entlassung des Zentralbankkomitees verfassungsmäßig festgelegt werden. Tritt der Instabilitätsfall ein, muß die Regierung oder das Parlament die Sanktionen gegen die Zentralbank einleiten. Die Androhung der Sanktion verändert nun die Zielfunktion der Zentralbank. Die sozialen Kosten sind nicht mehr die alleinige Entscheidungsgrundlage, es treten zusätzliche Kosten für die Verletzung der Stabilitätsankündigung hinzu. Sind diese Zusatzkosten hoch genug, d.h. sind sie höher als die Differenz $(K_A - K_B)$, wird die Zentralbank sich an ihr Stabilitätsversprechen halten.

Ein zumeist übersehenes Problem ist diesbezüglich die Glaubwürdigkeit der Verhängung der Sanktion(skosten). Die Regierung und die Parlamentarier unterliegen der Wiederwahlrestriktion und haben somit den Anreiz, vor Wahlen eine gute wirtschaftliche Performance zu liefern. Gerade dieser Anreiz macht eine Sanktionierung der Zentralbank bei Verletzung der Stabilitätspolitik unglaubwürdig! Die Politiker sind oft die treibende Kraft, um eine Politik gegen angekündigte Stabilitätsversprechen durchzusetzen, und zwar insbesondere dann, wenn Probleme wie die Bekämpfung hoher Arbeitslosigkeit auf der Tagesordnung stehen. Eine glaubwürdige Sanktionsandrohung kann also nicht durch die Politiker, sondern nur durch die Bürger-Prinzipale selbst erfolgen. Das bedeutet allerdings, daß Popularklagen einzelner Bürger gegen diskretionäre Geldpolitik zugelassen werden müßten.

Vorschlag (b), der die Ernennung eines unabhängigen Zentralbankpräsidenten vorsieht, verändert die Gewichte der sozialen Kostenfunktion. Die Kosten der Inflation gewichtet der Konservative annahmegemäß weitaus höher als Outputziele. Theoretisch wird so die Zeitinkonsistenzproblematik entschärft. Der Nachteil dieser Lösung ist jedoch, daß sie an Präferenzen und nicht, wie es eigentlich ökonomische Tradition ist, an Restriktionen ansetzt. Der konservative Zentralbankpräsident mag zwar eine überdurchschnittliche Präferenz für niedrige, stabile Inflationsraten besitzen. Aber wird er sich auch dem Druck der Regierung widersetzen können? Sieht sich ein konservativer Zentralbankpräsident massivem Druck der Regierung und der Bevölkerung ausgesetzt, hat er letztlich die Wahl, entweder von seiner Position abzuweichen oder von seinem Amt zurückzutreten, um einer Entlassung vorzubeugen. Das Problem der Zeitinkonsistenz lässt sich auf diese Weise nicht ohne weiteres lösen; denn durch Druck von außen wird dem konservativen Präsidenten die ursprüngliche Zielfunktion aufgezwungen.

Vorschlag (c) sieht die Unabhängigkeit der Zentralbank von der Tagespolitik vor. Unabhängigkeit bedeutet, daß die Politik auf die Instrumente, das Gehalt und die konkreten Zielvorstellungen der Zentralbank keinen direkten Einfluß ausüben kann. Die Regierung kann das Zentralbankverhalten lediglich kritisieren (z.B. über die Medien). Die Unabhängigkeit bewirkt nun, daß der Zeithorizont der Zentralbank ausgedehnt wird. Besetzt man darüber hinaus das geldpolitische Entscheidungsgremium revolvierend, entsteht ein unendlich langer Zeithorizont, es gibt keine letzte Periode. Theoretisch können dann alle möglichen Lösungen des oben dargestellten Spiels in einer betrachteten Periode eintreten. Wichtige Größen, die das Ergebnis bestimmen, sind der Abzinsungsfaktor zukünftiger sozialer Kosten und die Bestrafung der Zentralbank in Form des Vertrauensentzugs durch die Privaten. Eine dauerhafte Stabilitätspolitik ist aber keinesfalls sichergestellt. Mit zunehmender Outputschwäche und Arbeitslosigkeit steigt der Druck auf die Zentralbank von Seiten der Politik und damit der Abzinsungsfaktor. Die Gegenwartsperiode gewinnt gegenüber zukünftigen Perioden an Bedeutung. Es kann dann entgegen der Stabilitätsankündigung zu einer expansiven Geldpolitik kommen, die einen einmaligen positiven Output- und Beschäftigungseffekt nach sich zieht. Dieser Gewinn wird dann zukünftig durch die Kosten der Inflation und einer Outputreduzierung im

Falle der Rückkehr zur Stabilitätspolitik „aufgefressen".

Zusätzlich zur Unabhängigkeit kommt in der Praxis daher der Kommunikation zwischen der Zentralbank und den Privaten wie auch der Regierung eine entscheidende Bedeutung zu, um eine Stabilitätskultur zu erhalten. Wenn in einem Land die Mehrheit der Bevölkerung und die Regierung der kurzfristig ausgerichteten Phillippskurventheorie vertrauen, wird es für eine Zentralbank auf Dauer unmöglich sein, gegen die vorherrschende Überzeugung eine stabilitätsorientierte Politik zu verfolgen - auch wenn sich die Mitglieder der Notenbank der langfristig negativen Auswirkungen steigender Inflationsraten bewußt sind. Der Druck auf die Zentralbank, Zinssenkungen einzuleiten, wird letztlich so stark werden, daß dies den Planungshorizont der Ratsmitglieder verkürzt. Der Diskontierungsfaktor sinkt also. Eine Politik des leichten Geldes ist die Folge. Keine noch so unabhängige Zentralbank wird sich auf Dauer gegen eine gefestigte Mehrheitsmeinung durchsetzen können. Sie kann allerdings durch Kommunikation und eine transparente nachvollziehbare Politik dazu beitragen, daß sich „stabilitätsfeindliche" Theorien, deren Umsetzung langfristig zu hohen Wohlfahrtseinbußen führt, nicht durchsetzen. Erfolgreiche Zentralbanken sind daher bestrebt, (a) auf die Kosten hoher bzw. steigender Inflation aufmerksam zu machen, (b) ihre geldpolitische Konzeption transparent zu machen, (c) Inflations- und/oder Geldmengenziele zu verkünden, (d) Zielverfehlungen zu erklären und (e) auch die Rahmenregeln der Geldpolitik, zu denen auch das finanzpolitische Handeln des Staates zählt, stets kritisch zu überprüfen.

Kommentierte Literaturhinweise:

Eine umfassende Einführung zur Geldtheorie und Geldpolitik liefert Borchert (1997). Ein fundierter Überblick zur Theorie der Geldpolitik findet sich in Bofinger/Reischle/Schächter (1996). Eine Einführung in die spieltheoretischen Grundlagen geldpolitischer Entscheidungen gibt Illing (1997). Eine empirische Überprüfung grundlegender Hypothesen zur Geld- bzw. Inflationspolitik liefert Leschke (1999). Theoretische Grundlagen zum Inflationsproblem sind enthalten in Ströbele (1994).

Borchert, M. (1997):
Geld und Kredit. München-Wien.

Bofinger, P./Reischle, J./Schächter, A. (1996):
Geldpolitik. München.

Illing, G. (1997):
Theorie der Geldpolitik. Berlin u.a.

Leschke, M. (1999):
Geldmengenpolitik in Deutschland und Europa. Wiesbaden.

Ströbele, Wolfgang (1994):
Inflation. 3. Aufl., München-Wien.

Kapitel 18

Zins- und Zinsstruktur

Dipl.-Math. Thomas Kähler, Technische Universität Dresden

Aufgaben

Aufgabe 18.1:

Die zeitliche Zinsstruktur (term structure of interest rates) ist definiert als die zu einem bestimmten Zeitpunkt geltende Ordnung der Effektivverzinsungen für Schuldverschreibungen, die sich bei gleichen Ausstattungsmerkmalen nur hinsichtlich der Laufzeit unterscheiden. Zur Darstellung der Zinsstruktur werden i.d.R. Schuldtitel der öffentlichen Hand gewählt, da diese homogen (z.B. hinsichtlich des Ratings) sind, eine große Anzahl von Beobachtungswerten aufweisen und die gesamte Fälligkeitsskala abdecken.

Zum Zeitpunkt $t = 0$ sei die Zinsstruktur durch Renditen p.a. von Schuldtiteln mit einer Laufzeit von n Jahren ($n = 1, \ldots, 5$) wie folgt bestimmt:

Zinsstruktur					
Laufzeit in Jahren	1	2	3	4	5
Rendite p.a.	0,03	0,06	0,08	0,09	0,10

Berechnen Sie aus Sicht der Erwartungstheoretiker die erwarteten 1-jährigen Renditen der zukünftigen Zeitpunkte $t = 1, \ldots, 4$.

Aufgabe 18.2:

Betrachten Sie einen Consol (ewige Anleihe), d.h. einen Schuldtitel der öffentlichen Hand mit einer Laufzeit $\tau \to \infty$, einem Rückzahlungskurs $F = 0$ und einem konstanten 1-jährigen Coupon C (hier $C = 1$). Zum Zeitpunkt $t = 0$ bilden die Wirtschaftssubjekte Erwartungen über die zukünftigen Kurswerte P_t und P_{t+1} des Consols und zwar $\mathrm{E}P_t = 20$ und $\mathrm{E}P_{t+1} = 20{,}2$ (E = Erwartungsoperator), wobei die Periode $[t, t+1]$ einem Jahr entspricht.

18.2.1 Berechnen Sie die erwartete Rendite p.a. des Consols, falls dieses zum Zeitpunkt t bzw. $t+1$ erworben wird.

18.2.2 Ermitteln Sie die erwartete Effektivverzinsung in der Periode $[t, t+1]$ (holding-period-yield).

18.2.3 Bestimmen Sie die Liquiditätsprämie θ_t, die aus einer Übernachfrage am Markt für langfristige Kredite herrührt, wenn die erwartete 1-jährige Rendite in der Periode $[t, t+1]$ bei 5% liegt.

Aufgabe 18.3:

Betrachten Sie eine Nullcoupon-Anleihe (zero-coupon bond), d.h. einen Schuldtitel ohne Zinszahlung und einem festgelegten Rückzahlungskurs F.

Ermitteln Sie die Rendite einer solchen Nullcoupon-Anleihe mit einer Laufzeit $\tau = 10$ Jahren, einem Kaufkurs $P = 0{,}8$ und einem Rückzahlungskurs $F = 1$.

Aufgabe 18.4:

Zustandsbedingte Wertpapiere (contingent claims) k $(1 \leq k \leq K)$ mit zum Zeitpunkt $t = 0$ bekannten Kursen $q = (q_k)_{1,\ldots,k,\ldots,K}$ (in Geldeinheiten) sind Wertpapiere, deren Kurse bzw. Auszahlungen zum zukünftigen Zeitpunkt $t = 1$ von S Zuständen s $(1 \leq s \leq S)$ der Ökonomie abhängen. Die zukünftigen Auszahlungen eines zustandsbedingten Wertpapiers k werden durch den Vektor $V^k = \left(V_s^k\right)_{1 \leq s \leq S}$ repräsentiert. Die zukünftigen Auszahlungen aller zustandsbedingten Wertpapiere werden entsprechend durch eine $(S \times K)$-Matrix

$$V = \left(V^1 | \ldots | V^k | \ldots | V^K\right) = \left(V_s^k\right)_{\substack{1 \leq s \leq S \\ 1 \leq k \leq K}}$$

(Wertpapiersystem) charakterisiert.

Die Auszahlungsstruktur eines Wertpapiersystems mit $K = S = 3$ und der zugehörige Preisvektor q seien zum Zeitpunkt $t = 1$ wie folgt charakterisiert:

$$V = \left(V^1 \,|\, V^2 \,|\, V^3\right) = \begin{pmatrix} 2 & 2 & 0 \\ 3 & 4 & 1 \\ 1 & 2 & 4 \end{pmatrix},$$

$$q^T = \begin{pmatrix} 2,3 & 3 & 1 \end{pmatrix}.$$

18.4.1 Ermitteln Sie die Preise $\lambda = (\lambda_s)_{s=1,2,3}$ (Arrow-Debreu-Preise, contingent money) der reinen Wertpapiere (pure securities). Ein reines Wertpapier E_s zahlt nur bei Eintritt des Zustandes s eine Geldeinheit aus, während bei Eintritt der übrigen Zustände keine Auszahlung erfolgt, d.h.

$$E_1 = \begin{pmatrix} 1 \\ 0 \\ 0 \end{pmatrix}, \quad E_2 = \begin{pmatrix} 0 \\ 1 \\ 0 \end{pmatrix} \quad \text{und} \quad E_3 = \begin{pmatrix} 0 \\ 0 \\ 1 \end{pmatrix}.$$

18.4.2 Wie hoch ist die Rendite des festverzinslichen Wertpapiers V^*, das unabhängig vom Eintritt eines Zustandes eine risikolose Auszahlung garantiert?

18.4.3 Ermitteln Sie die Eintrittswahrscheinlichkeiten der drei Zustände.

18.4.4 Eine Bank bietet ein zustandsbedingtes Wertpapier mit der Auszahlungsstruktur $V^4 = (10 \;\; 6 \;\; 7)^T$ zum Kurs $q_4^A = 6,4$ an. Ist das Wertpapier fair bewertet, wenn auch die Wertpapiere des Wertpapiersystems V am Markt gekauft oder leerverkauft werden können?

Aufgabe 18.5:

Im Keynesianischen IS-LM-Modell werden die Gleichgewichtswerte vom realen Volkseinkommen Y^r und Marktzinssatz i durch die beiden Gleichgewichtsbedingungen für den Kapitalmarkt

$$F_1(G, M, p, Y^r, i) = S(Y^r) - I(i) - G = 0$$

und den Geldmarkt

$$F_2(G, M, p, Y^r, i) = L(Y^r, i) - \frac{M}{p} = 0$$

gegeben, wobei $S(Y^r)$ die aus der Makroökonomik bekannte einkommensabhängige Sparfunktion, $I(i)$ die zinsabhängige Investitionsfunktion und $L(Y^r, i)$ die aus der

Liquiditätspräferenztheorie bekannte einkommens- und zinsabhängige Geldnachfragefunktion bezeichnet. Die Werte für die exogenen Variablen G (Staatsausgaben), M (nominale Geldmenge) und p (Preisniveau) sind fest vorgegeben. Y^r und i werden als endogene Variablen bezeichnet, da sie durch die beiden Gleichgewichtsbedingungen implizit bestimmt werden.

Welchen Einfluß hat bei komparativ statischer Betrachtung eine Preisniveauerhöhung dp auf den Zins i und das reale Volkseinkommen Y^r?

Lösungen

Aufgabe 18.1:

Die Rendite $i_0(n)$ eines Schuldtitels mit n-jähriger Laufzeit zum Zeitpunkt $t = 0$ kann mit Hilfe des Durchschnitts der Rendite aller in seine Laufzeit fallenden Schuldtitel mit 1-jähriger Laufzeit $i_t(1)$ $(t = 0, \ldots, n-1)$ approximiert werden. Während die Rendite $i_0(1)$ zum Zeitpunkt $t = 0$ bekannt ist, können zum Zeitpunkt $t = 0$ über die 1-jährigen Renditen der zukünftigen Zeitpunkte $t = 1, \ldots, n-1$ nur Erwartungen $\mathrm{E}i_t(1)$ gebildet werden (E = Erwartungsoperator). Da die Erwartungstheorie von vollkommener Voraussicht ausgeht, fallen die Erwartungen mit den zukünftigen Renditen zusammen, d.h. $\mathrm{E}i_t(1) = i_t(1)$ für alle t. Die Lösung der Aufgabe kann entweder exakt oder approximativ angegeben werden. Zunächst gilt formal:

$$\big(1 + i_0(n)\big)^n = \prod_{t=0}^{n-1} \big(1 + i_t(1)\big) \tag{18.1}$$

oder

$$i_0(n) = \sqrt[n]{\prod_{t=0}^{n-1} \big(1 + i_1(1)\big)} - 1.$$

Logarithmieren von 18.1 ergibt:

$$n \cdot \ln\big(1 + i_0(n)\big) = \sum_{t=0}^{n-1} \ln\big(1 + i_t(1)\big). \tag{18.2}$$

Da für kleine Werte i approximativ $\ln(1 + i) \approx i$ gilt, folgt aus 18.2:

$$n \cdot i_0(n) \approx \sum_{t=0}^{n-i} i_t(1) \quad \text{oder} \quad i_0(n) \approx \frac{\sum_{t=0}^{n-1} i_t(1)}{n}. \tag{18.3}$$

Exakte Lösung (nicht-logarithmiert)					
Zeitpunkt	0	1	2	3	4
Rendite	0,03000	0,09087	0,12114	0,12056	0,14093

Approximative Lösung (logarithmiert)					
Zeitpunkt	0	1	2	3	4
Rendite	0,03	0,09	0,12	0,12	0,14

Tabelle 18.1: Renditen

Auflösen der Gleichungen 18.1 bzw. 18.3 nach $i_{n-1}(1)$ ergibt:

$$i_{n-1}(1) = \frac{\left(1 + i_0(n)\right)^n}{\prod\limits_{t=0}^{n-2}\left(1 + i_t(1)\right)} - 1 \quad \text{bzw.} \quad i_{n-1}(1) \approx n \cdot i_0(n) - \sum_{t=0}^{n-2} i_t(1). \tag{18.4}$$

Tabelle 18.1 gibt die Lösungen aus 18.4 an.

Aufgabe 18.2:

18.2.1 Allgemein geht die Rendite p.a. i einer festverzinslichen Anleihe aus der folgenden Gleichung hervor:

$$P = \frac{C}{1+i} + \frac{C}{(1+i)^2} + \ldots + \frac{C}{(1+i)^\tau} + \frac{F}{(1+i)^\tau}. \tag{18.5}$$

Wird gemäß der Definition eines Consols die Laufzeit $\tau \to \infty$ und der Rückzahlungskurs $F = 0$ gesetzt, folgt aus Gleichung 18.5 analog:

$$P = C \cdot \left(\sum_{\tau=0}^{\infty} \frac{1}{(1+i)^\tau} - 1\right) = C \cdot \left(\frac{1}{1 - \frac{1}{(1+i)}} - 1\right), \tag{18.6}$$

wobei im Gegensatz zu 18.5 die Summe mit dem Wert $\frac{1}{(1+i)^0} = 1$ beginnt. Die zweite Beziehung in 18.6 entspricht der Summenformel der geometrischen Reihe. Die Rendite p.a. eines Consols mit 1-jährigem Coupon $C = 1$ nimmt dann den Wert

$$i = \frac{1}{P} \tag{18.7}$$

an. Aus der Beziehung 18.7 folgt schließlich:

$$\begin{aligned} \mathrm{E}i_t &= \frac{1}{\mathrm{E}P_t} &= \frac{1}{20} &= 0,05, \\ \mathrm{E}i_{t+1} &= \frac{1}{\mathrm{E}P_{t+1}} &= \frac{1}{20,2} &= 0,04950\ldots\,. \end{aligned} \tag{18.8}$$

18.2.2 Die erwartete Effektivverzinsung des Consols in der Periode $[t, t+1]$ entspricht seiner Rendite p.a. zum Zeitpunkt t, $\frac{1}{\mathrm{E}P_t}$, zuzüglich der erwarteten diskreten Wachstumsrate seines Kaufkurses, $\frac{\mathrm{E}P_{t+1}-\mathrm{E}P_t}{\mathrm{E}P_t}$:

$$H_t = \frac{1 + \mathrm{E}P_{t+1} - \mathrm{E}P_t}{\mathrm{E}P_t} = \frac{1 + 20,2 - 20}{20} = \frac{1,2}{20} = 0,06. \tag{18.9}$$

18.2.3 Die Liquiditätsprämie ergibt sich aus 18.9 und $\mathrm{E}i_t(1) = 0,05$:

$$\theta_t = H_t - \mathrm{E}i_t(1) = 0,06 - 0,05 = 0,01. \tag{18.10}$$

Aufgabe 18.3:

Unter der Bedingung, daß eine Nullcoupon-Anleihe keine Zinsen zahlt, folgt aus Gleichung 18.5:

$$P = \frac{F}{(1+i)^\tau} \quad \text{oder} \quad i = \left(\frac{F}{P}\right)^{\frac{1}{\tau}} - 1. \tag{18.11}$$

Aufgrund der Approximation $\ln(1+i) \approx i$ resultiert aus Gleichung 18.11:

$$i \approx -\frac{\ln(P) - \ln(F)}{\tau} \quad \text{oder mit } F = 1: \quad i \approx -\frac{\ln(P)}{\tau}. \tag{18.12}$$

Die Rendite der Nullcoupon-Anleihe mit Rückzahlungskurs $F = 1$ beträgt somit exakt:

$$i = \left(\frac{1}{0,8}\right)^{\frac{1}{10}} - 1 = 0,02256\ldots$$

und approximativ:

$$i \approx -\frac{\ln(0,8)}{10} = 0,02231\ldots.$$

Aufgabe 18.4:

18.4.1 Jedes zustandsbedingte Wertpapier ist eine Linearkombination der reinen Wertpapiere. Beispielsweise gilt

$$V^1 = 2 \cdot E_1 + 3 \cdot E_2 + E_3$$

und somit auch

$$q_1 = 2 \cdot \lambda_1 + 3 \cdot \lambda_2 + \lambda_3.$$

Insgesamt ist das Gleichungssystem $V^T \cdot \lambda = q$ zu lösen:

$$\begin{pmatrix} 2 & 3 & 1 \\ 2 & 4 & 2 \\ 0 & 1 & 4 \end{pmatrix} \begin{pmatrix} \lambda_1 \\ \lambda_2 \\ \lambda_3 \end{pmatrix} = \begin{pmatrix} 2,3 \\ 3 \\ 1 \end{pmatrix}. \tag{18.13}$$

Zur Bestimmung der Arrow-Debreu-Preise λ aus dem Gleichungssystem 18.13 wird der Gauß-Algorithmus durchgeführt. Subtraktion der 1. Gleichung aus 18.13 von der 2. Gleichung ergibt zunächst das Gleichungssystem:

$$\begin{pmatrix} 2 & 3 & 1 \\ 0 & 1 & 1 \\ 0 & 1 & 4 \end{pmatrix} \begin{pmatrix} \lambda_1 \\ \lambda_2 \\ \lambda_3 \end{pmatrix} = \begin{pmatrix} 2,3 \\ 0,7 \\ 1 \end{pmatrix}. \tag{18.14}$$

Da in der 1. Spalte 3. Zeile der Matrix V^T schon der Wert Null steht, bleibt in diesem Schritt die 3. Gleichung aus 18.13 unberührt. Im 2. Schritt wird die 3. Gleichung aus 18.14 mit der 2. Gleichung subtrahiert. Es ergibt sich schließlich das Gleichungssystem 18.15 mit der gewünschten Dreiecksgestalt:

$$\begin{pmatrix} 2 & 3 & 1 \\ 0 & 1 & 1 \\ 0 & 0 & 3 \end{pmatrix} \begin{pmatrix} \lambda_1 \\ \lambda_2 \\ \lambda_3 \end{pmatrix} = \begin{pmatrix} 2,3 \\ 0,7 \\ 0,3 \end{pmatrix}. \tag{18.15}$$

Aus 18.15 ergeben sich Arrow-Debreu-Preise:

$$\lambda = \begin{pmatrix} \frac{2,3-3\lambda_2-\lambda_3}{2} \\ 0,7-\lambda_3 \\ \frac{0,3}{3} \end{pmatrix} = \begin{pmatrix} 0,2 \\ 0,6 \\ 0,1 \end{pmatrix}. \tag{18.16}$$

18.4.2 Ein festverzinsliches Wertpapier V^* läßt sich linear aus den reinen Wertpapieren kombinieren: $V^* = E_1 + E_2 + E_3$. Der Kurs von V^* wird durch die Summe der Arrow-Debreu-Preise bestimmt: $q* = \lambda_1 + \lambda_2 + \lambda_3 = 0,9$. Der Anleger würde unabhängig vom Eintreffen eines Zustandes einen risikolosen Gewinn in Höhe von $1 - q* = 0,1$ erzielen. Die Rendite des festverzinslichen Wertpapieres r^* berechnet sich wie folgt: $r^* = \frac{1}{q*} - 1 = \frac{1}{0,9} - 1 = 0,1111\ldots$.

18.4.3 Der Wert $\frac{\lambda_s}{\lambda_1+\lambda_2+\lambda_3}$ $(1 \leq s \leq 3)$ wird als subjektive Wahrscheinlichkeit für das Eintreffen von Zustand s interpretiert. Unter Beachtung von 18.16 ergeben sich:

$$\frac{\lambda_1}{0,9} = \frac{0,2}{0,9} = 0,2222\ldots,$$

$$\frac{\lambda_2}{0,9} = \frac{0,6}{0,9} = 0,6666\ldots$$

und

$$\frac{\lambda_3}{0,9} = \frac{0,1}{0,9} = 0,1111\ldots,$$

deren Summe 1 ergibt.

18.4.4 Das zustandsbedingte Wertpapier V^4 läßt sich aus den reinen Wertpapieren linear kombinieren: $V^4 = 10 \cdot E_1 + 6 \cdot E_2 + 7 \cdot E_3$. Die reinen Wertpapiere wiederum können durch ein Portfolio repräsentiert werden, das durch Kauf und Leerverkauf der Wertpapiere des Wertpapiersystems V zusammengestellt wird. Mit Hilfe der Arrow-Debreu-Preise wird dann der faire Kurs von V^4 ermitteln:

$$q_4 = 10 \cdot 0,2 + 6 \cdot 0,6 + 7 \cdot 0,1 = 6,3 < 6,4 = q_4^A.$$

Die Bank bietet das Wertpapier V^4 zu teuer an.

Aufgabe 18.5:

Ausgehend von einer exogenen Störung werden im Gegensatz zu dynamischen Anpassungsprozessen in der komparativen Statik nur ein altes und neues Gleichgewicht in einer genügend kleinen Zeitperiode betrachtet (klein genug, daß sich der Anpassungsprozeß vollziehen kann, und lang genug, daß Änderungen entscheidender Bestandsgrößen vernachlässigt werden können).

In dieser Aufgabe wird die Wirkung einer Preisniveauerhöhung dp ($p_1 \nearrow p_2$) auf ein IS-LM-Gleichgewicht (Y_1^{r*}, i_1^*) untersucht, wobei die Differentialquotienten $\frac{dY^r}{dp}$ und $\frac{di}{dp}$ zu ermitteln sind. Im neuen IS-LM-Gleichgewicht (Y_2^{r*}, i_2^*) müssen die Bedingungen $F_1 = 0$ und $F_2 = 0$ ebenfalls erfüllt sein, d.h. $dF_1 = 0$ und $dF_2 = 0$. Die Abbildung (s.u.) veranschaulicht die Situation.

Analytisch kann das Problem mit Hilfe der totalen Differentiale dF_1 und dF_2 von F_1 und F_2 gelöst werden. Das totale Differential $dF_j(p, Y^r, i)$ $(j = 1,2)$ gibt einen Näherungswert für den Funktionszuwachs $F_j(p + dp, Y^r + dY^r, i + di) - F_j(p, Y^r, i)$ an, wobei in dieser Aufgabe G und M als Konstante angenommen werden und $dF_j = 0$ gilt. Dabei wird – graphisch – die Kurve von F_j durch eine 3-dimensionale Tangentialebene ersetzt, die F_j im Punkt (p_1, Y_1^{r*}, i_1^*) schneidet. Je kleiner dp ist, umso genauer wird der exakte Punkt (p_2, Y_2^{r*}, i_2^*) approximiert. Ist beispielsweise F_j eine lineare Funktion, dann gibt das totale Differential den Funktionszuwachs genau an.

Die totalen Differentiale von F_1 und F_2,

$$\left\{\begin{array}{l} \dfrac{\partial F_1}{\partial p} \cdot dp + \dfrac{\partial F_1}{\partial Y^r} \cdot dY^r + \dfrac{\partial F_1}{\partial i} \cdot di = dF_1 = 0 \\ \dfrac{\partial F_2}{\partial p} \cdot dp + \dfrac{\partial F_2}{\partial Y^r} \cdot dY^r + \dfrac{\partial F_2}{\partial i} \cdot di = dF_2 = 0 \end{array}\right\}$$
$$\iff \left\{\begin{array}{l} \dfrac{\partial F_1}{\partial p} = -\left(\dfrac{\partial F_1}{\partial Y^r} \cdot \dfrac{dY^r}{dp} + \dfrac{\partial F_1}{\partial i} \cdot \dfrac{di}{dp}\right) \\ \dfrac{\partial F_2}{\partial p} = -\left(\dfrac{\partial F_2}{\partial Y^r} \cdot \dfrac{dY^r}{dp} + \dfrac{\partial F_2}{\partial i} \cdot \dfrac{di}{dp}\right) \end{array}\right\}, \tag{18.17}$$

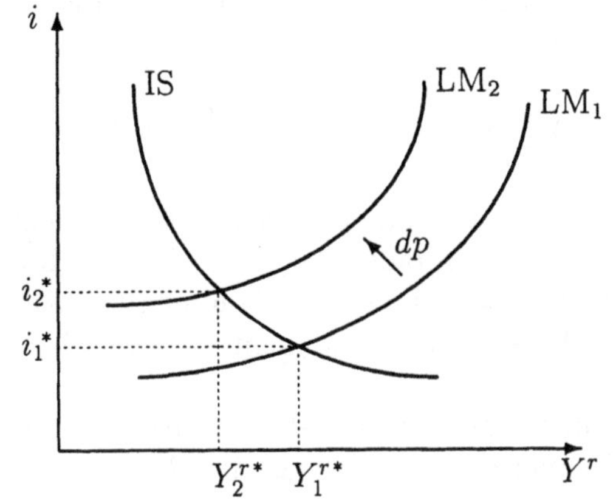

Abbildung 18.1: Wirksamkeit einer Preisniveauerhöhung im IS-LM-Modell

verdeutlichen, daß eine Preisniveauerhöhung dp Ungleichgewichte in Höhe von $\frac{\partial F_1}{\partial p} \cdot dp$ auf dem Kapitalmarkt und $\frac{\partial F_2}{\partial p} \cdot dp$ auf dem Geldmarkt bewirkt. Auf dem Kapitalmarkt stehen dem Ungleichgewicht entgegengerichtete Anpassungen von Y^r mit der Auswirkung $\frac{\partial F_1}{\partial Y^r} \cdot dY^r$ und von i mit der Auswirkung $\frac{\partial F_1}{\partial i} \cdot di$ gegenüber. Analog wird das Ungleichgewicht auf dem Geldmarkt durch entgegengerichtete Anpassungen von Y^r mit der Auswirkung $\frac{\partial F_2}{\partial Y^r} \cdot dY^r$ und von i mit der Auswirkung $\frac{\partial F_2}{\partial i} \cdot di$ egalisiert. Das Ergebnis ist ein neues IS-LM-Gleichgewicht (Y_2^{r*}, i_2^*).

Aufgrund der Gleichgewichtsbedingungen (s.o.) ergibt sich aus 18.17:

$$\left\{ \begin{aligned} 0 &= -\left(\frac{dS}{dY^r} \cdot \frac{dY^r}{dp} - \frac{dI}{di} \cdot \frac{di}{dp}\right) \\ \frac{M}{p^2} &= -\left(\frac{\partial L}{\partial Y^r} \cdot \frac{dY^r}{dp} + \frac{\partial L}{\partial i} \cdot \frac{di}{dp}\right) \end{aligned} \right\}. \tag{18.18}$$

Die beiden Differentialquotienten $\frac{dY^r}{dp}$ und $\frac{di}{dp}$ resultieren aus dem linearen Gleichungssystem 18.18:

$$\begin{aligned} \frac{dY^r}{dp} &= -\frac{M}{p^2} \cdot \frac{\frac{dI}{di}}{\frac{dS}{dY^r} \cdot \frac{\partial L}{\partial i} + \frac{dI}{di} \cdot \frac{\partial L}{\partial Y^r}}, \\ \frac{di}{dp} &= -\frac{M}{p^2} \cdot \frac{\frac{dS}{dY^r}}{\frac{dS}{dY^r} \cdot \frac{\partial L}{\partial i} + \frac{dI}{di} \cdot \frac{\partial L}{\partial Y^r}}. \end{aligned} \tag{18.19}$$

Gemäß Keynesianischer Theorie sind die Zusammenhänge von realem Volkseinkommen Y^r und Ersparnis S bzw. Geldnachfrage L entweder positiv oder ohne

Auswirkung sowie die Zusammenhänge von Zinssätzen i und Investitionen I bzw. Geldnachfrage L entweder negativ oder ohne Auswirkung, d.h. die Vorzeichen der partiellen Ableitungen ergeben sich formal wie folgt:

$$\frac{dS}{dY^r}(Y^r) \geq 0, \quad \frac{\partial L}{\partial Y^r}(Y^r, i) \geq 0, \quad \frac{dI}{di}(i) \leq 0, \quad \frac{\partial L}{\partial i}(Y^r, i) \leq 0. \qquad (18.20)$$

I.d.R. sind die Ungleichheitszeichen echt positiv oder negativ. Die Gleichheitszeichen beschreiben mögliche theoretische Extremfälle, wie beispielsweise die Investitionsfalle, $\frac{dI}{di}(i) = 0$, bei der die Investitionsnachfrage vollkommen unelastisch ist, oder die Liquiditätsfalle, $\frac{\partial L}{\partial i}(Y^r, i) = 0$, bei der die Geldnachfrage unendlich zinselastisch ist.

Unter der Annahme, daß immer nur eine partielle Ableitung in 18.20 den Wert Null annehmen kann, ist der Nenner der Beziehungen in 18.19 negativ:

$$\frac{dS}{dY^r} \cdot \frac{\partial L}{\partial i} + \frac{dI}{di} \cdot \frac{\partial L}{\partial Y^r} < 0.$$

Insgesamt folgt aus 18.19 und 18.20, daß eine Preisniveauerhöhung einen negativen oder keinen Einfluß auf Y^r und einen positiven oder keinen Einfluß auf i hat, d.h.

$$\frac{dY^r}{dp} \leq 0 \quad \text{und} \quad \frac{di}{dp} \geq 0. \qquad (18.21)$$

Kommentierte Literaturhinweise:

Karmann (2000) stellt grundlegende mathematische Begriffe und Methoden zusammen, die zum festen Bestandteil wirtschaftswissenschaftlicher Analysen gehören, und motiviert diese durch ökonomische Fragestellungen. Weitere Beispiele zu den Themen „zustandsbedingte Wertpapiere", „IS-LM-Modell" und „Wachstumsraten" werden dort gegeben.

Felderer/Homburg (1999) beschreiben detailliert das keynesianische IS-LM-Modell. Die beiden Bücher von Mishkin (1992,1995) geben einen Überblick über Finanztitel, die vorwiegend am US-Markt gehandelt werden. Verschiedene Typen von Finanztiteln werden außerdem in Sandmann (1999) ausführlich beschrieben. Daneben werden hier auch Zinsstrukturmodelle behandelt. Kath (1972) stellt die verschiedenen Ansätze der Zinsstrukturtheorie übersichtlich dar.

Felderer, B./Homburg, St. (1999):
Makroökonomik und neue Makroökonomik. 7. Aufl., Berlin u.a.

Karmann, A. (2000):
Mathematik für Wirtschaftswissenschaftler: problemorientierte Einführung. Unter Mitarbeit von Thomas Kähler, 4. Aufl., München.

Kath, D. (1972):
Die verschiedenen Ansätze der Zinsstrukturtheorie. In: Kredit und Kapital 5, S. 28-71.

Mishkin, F.S. (1992):
The Economics of Money, Banking, and Financial Markets. 3rd Edition, New York.

Mishkin, F.S. (1995):
Financial Markets, Institutions, and Money. New York.

Sandmann, K. (1999):
Einführung in die Stochastik der Finanzmärkte. Berlin.

Kapitel 19

Konjunkturtheorie

Dr. Michael Berlemann, Technische Universität Dresden

Aufgaben

Aufgabe 19.1:

Wir betrachten eine geschlossene Volkswirtschaft, deren Güterangebot durch eine Lucas-Angebotsfunktion des Typs

$$y_t^s = \gamma \cdot (p_t - p_t^e) \tag{19.1}$$

gekennzeichnet sei, wobei y^s das Güterangebot, p das Preisniveau, p^e das erwartete Preisniveau, t einen Zeitindex und γ eine positive Konstante darstellt. Alle Variablen seien als natürliche Logarithmen der Abweichung von ihren Trendwerten definiert. Die Güternachfrage bilde sich entsprechend der Gleichung

$$y_t^d = \delta \cdot (m_t - p_t) + \epsilon_t. \tag{19.2}$$

Dabei bezeichnet y^d die Güternachfrage, m das reale Geldangebot und δ eine positive Konstante. Schließlich stelle ϵ einen seriell unkorrelierten Schock mit Erwartungswert null ($E[\epsilon_t] = 0$) und endlicher, aber konstanter Varianz σ_ϵ^2 dar. Die Preise seien völlig flexibel.

19.1.1 Nehmen Sie an, die privaten Wirtschaftssubjekte bildeten adaptive Preiserwartungen gem. der Gleichung

$$p_t^e = p_{t-1}^e + \phi \cdot (p_{t-1} - p_{t-1^e}) \tag{19.3}$$

mit $0 \leq \phi \leq 1$. Die Zentralbank betreibe eine stetige Geldpolitik. Wie würden sich die Preise, ausgehend vom Niveau p_0, in der betrachteten Volkswirtschaft entwickeln, wenn keinerlei Schocks auftreten würden?

19.1.2 Wie würde sich der aggregierte Output in diesem Fall langfristig entwickeln?

19.1.3 Welchen Einfluß hätte ein einmaliger, expansiver geldpolitischer Impuls auf die Entwicklung der Preise und des aggregierten Outputs?

19.1.4 Gehen Sie im Folgenden von rationaler Erwartungsbildung der privaten Wirtschaftssubjekte bzgl. des Preisniveaus aus. Überprüfen Sie, inwiefern die Zentralbank in diesem Fall durch expansive Geldpolitik den aggregierten Output beeinflussen kann.

Aufgabe 19.2:

Im Rahmen des monetaristischen Konjunkturmodells von Laidler wird der Auslastungsgrad einer Volkswirtschaft durch die Gleichung

$$a_t = y_t - y_t^* \tag{19.4}$$

beschrieben, wobei y den aggregierten Output, y^* das Vollbeschäftigungseinkommen und t einen Zeitindex darstellt. Die Veränderung des Geldangebots Δm_t ist exogen gegeben, die Veränderung der Geldnachfrage Δl_t hängt von der Änderungsrate des Realeinkommens Δy_t und der des Preisniveaus Δp_t ab:

$$\Delta l_t = \psi \cdot \Delta y_t + \Delta p_t. \tag{19.5}$$

Dabei sei ψ eine positive Konstante. Die Verbindung zwischen realer und monetärer Sphäre wird durch die Phillipskurvenbeziehung

$$\Delta p_t = \theta \cdot y_t + \Delta p_{t-1}^e \tag{19.6}$$

hergestellt, wobei auch θ eine positive Konstante ist. Weiterhin geht Laidler von adaptiver Preiserwartungsbildung der privaten Wirtschaftssubjekte gem.

$$\Delta p_t^e = \tau \cdot \Delta p_t + (1 - \tau) \cdot \Delta p_{t-1}^e \tag{19.7}$$

mit

$$0 < \tau < 1$$

aus.

19.2.1 Bestimmen Sie den Zeitpfad für die Änderung des Preisniveaus im Laidler-Modell.

19.2.2 Wie würde sich der Auslastungsgrad der Volkswirtschaft im Zeitablauf entwickeln?

19.2.3 Nehmen Sie an, das reale Vollbeschäftigungseinkommen und das Geldangebot würden im Zeitablauf konstant zunehmen. Bestimmen Sie für diesen Fall die gleichgewichtige Änderungsrate des Preisniveaus und den gleichgewichtigen Auslastungsgrad.

19.2.4 Untersuchen Sie, ob das Gleichgewicht aus Teilaufgabe 19.2.3 für die Parameterkonstellation

$$\begin{aligned} \psi &= 1,8 \\ \tau &= 0,6 \\ \theta &= 0,2 \end{aligned}$$

stabil ist. Was kann über den Anpassungsprozeß zum Gleichgewicht ausgesagt werden?

Aufgabe 19.3:

Nehmen Sie an, eine Volkswirtschaft werde durch die folgende Lucas-Angebotsfunktion beschrieben

$$y_t = w_{p_t} - w^e_{p_t}, \tag{19.8}$$

wobei y den aggregierten Output, w_p die Inflationsrate und w^e_p die von den Arbeitnehmervertretungen erwartete Inflationsrate bezeichnet (das natürliche Outputniveau wurde auf null normiert).

Die Regierung sei einerseits daran interessiert, die Inflationsrate auf das optimale Niveau w^*_p zu fixieren, andererseits den Output über sein natürliches Niveau hinaus zu steigern ($y^* > 0$). Dies kommt in der folgenden intertemporalen Verlustfunktion der Regierung zum Ausdruck:

$$V_t^{Reg} = \sum_{\tau=t}^{T} \left(\frac{1}{1+R}\right)^{\tau-t} \cdot \left(\frac{1}{2} \cdot \alpha \cdot (w_{p_\tau} - w^*_p)^2 + \frac{1}{2} \cdot \beta \cdot (y_\tau - y^*)^2\right). \tag{19.9}$$

Dabei bezeichnet V den Verlust der Regierung, α und β die Gewichtungsfaktoren für die Ziele der Preisniveaustabilität bzw. einer Steigerung des aggregierten Outputs, R einen Diskontfaktor, T den Zeithorizont des Interaktionsproblems und τ einen Laufindex. Die Verlustfunktion der Regierung sei auch als soziale Verlustfunktion zu interpretieren.[1] Weiterhin sei angenommen, die Regierung könne die Inflationsrate direkt und perfekt steuern.

Die Arbeitnehmervertretungen verfolgen dagegen das einzige Ziel, die tatsächliche Inflationsrate möglichst gut zu antizipieren, was sich durch die intertemporale Verlustfunktion

$$V_t^{AV} = \sum_{\tau=t}^{T} \left(\left(\frac{1}{1+R}\right)^{\tau-t} \cdot (w_{p_\tau} - w^e_{p_\tau})^2\right) \tag{19.10}$$

[1]Dies läßt sich über die Gültigkeit des Medianwählertheorems begründen.

formalisieren läßt.

In jeder Periode müssen sich die Arbeitnehmervertretungen zunächst auf eine Inflationserwartung festlegen. Daran anschließend determiniert die Regierung die tatsächliche Inflationsrate.

19.3.1 Berechnen Sie die Nash-gleichgewichtige Strategiekombination der beiden Akteure für den Fall, daß die Interaktionssituation nur einmal stattfindet. Untersuchen Sie, ob die sich ergebende Nash-Lösung Pareto-effizient ist.

19.3.2 Zeigen Sie analytisch, welchen Einfluß das Auftreten von stochastischen Produktivitätsschocks ϵ_t auf die Höhe der Nash-gleichgewichtigen Inflationsrate hat. Die Lucas-Angebotsfunktion lautet in diesem Fall:

$$y_t = w_{p_t} - w^e_{p_t} + \epsilon_t. \tag{19.11}$$

19.3.3 Nehmen Sie nun an, die Interaktionssituation wiederhole sich endlich oft. Diskutieren Sie, inwiefern sich diese Verlängerung des Zeithorizonts auf die Nash-Lösung auswirkt.

19.3.4 Als Lösungsansatz des Zeitinkonsistenzproblems im Bereich der Geldpolitik wird in der Literatur der Ansatz anreizkompatibler Kontrakte zwischen der Regierung und einem unabhängigen Zentralbanker diskutiert. Berechnen Sie den optimalen, anreizkompatiblen, in Bezug auf die Inflationsrate linearen Kontrakt, der gerade dazu führt, daß der inflationäre Bias im deterministischen Fall beseitigt wird. Gehen Sie dabei davon aus, daß der Zentralbankpräsident die gleiche Zielfunktion wie die Regierung aufweist.

Aufgabe 19.4:

Wir erweitern nun die Betrachtung aus Aufgabe 19.3 um den Aspekt politischer Wahlen und nehmen hierzu an, zwei Parteien (A, B) konkurrierten um die Regierungsmacht. Die beiden Parteien unterscheiden sich prinzipiell nicht in den Zielen, die sie verfolgen, sondern lediglich in der Gewichtung dieser Ziele. Die Verlustfunktion der Partei A laute

$$\begin{aligned} V_t^A &= \sum_{\tau=t}^{T} \left(\frac{1}{1+R}\right)^{\tau-t} \\ &\quad \cdot \left(\frac{1}{2} \cdot \alpha_A \cdot (w_{p_t} - w_p^*)^2 + \frac{1}{2} \cdot \beta_A \cdot (y_t - y^*)^2\right) \end{aligned} \tag{19.12}$$

wohingegen die Partei B die Verlustfunktion

$$\begin{aligned} V_t^B &= \sum_{\tau=t}^{T} \left(\frac{1}{1+R}\right)^{\tau-t} \\ &\quad \cdot \left(\frac{1}{2} \cdot \alpha_B \cdot (w_{p_t} - w_p^*)^2 + \frac{1}{2} \cdot \beta_B \cdot (y_t - y^*)^2\right), \end{aligned} \tag{19.13}$$

aufweise. Dabei gelte:

$$\alpha_A < \alpha_B, \qquad \beta_A > \beta_B.$$

Es sind nun zwei Arten von Perioden zu unterscheiden: die Wahlperioden und die Perioden, in denen keine Wahlen stattfinden. Der Handlungsablauf ist der folgende: in einer Wahlperiode t legen sich zunächst die Arbeitnehmervertretungen auf eine Inflationserwartung fest. Daran anschließend finden politische Wahlen statt, die Partei A mit der exogenen und allen Beteiligten bekannten Wahrscheinlichkeit h gewinnt. Die neue (oder alte) Regierung determiniert dann die tatsächliche Inflationsrate. In der folgenden Nicht-Wahlperiode $t+1$ ist der Handlungsablauf der gleiche, abgesehen davon, daß keine Wahlen stattfinden.

Als grundlegende Modellgleichung gelte die Lucas-Angebotsfunktion ohne stochastische Produktivitätsschocks aus Gleichung 19.8. Für die Arbeitnehmervertretungen ist weiterhin Gleichung 19.10 zugrunde zu legen.

19.4.1 Welche Inflationsraten würden beide Parteien bei der Parameterkonstellation

$$\begin{aligned} \alpha_A &= 4, \\ \alpha_B &= 8 \\ \beta_A &= 6, \\ \beta_B &= 3 \\ Y^* &= 10 \\ w_P^* &= 2 \end{aligned}$$

in einer Wahlperiode erzeugen?

19.4.2 Welche Inflationsraten würden die beiden Parteien bei der obigen Parameterkonstellation in einer Nicht-Wahlperiode erzeugen?

19.4.3 Nehmen Sie an, die A-Partei würde in Periode t die Wahl gewinnen. Wie hoch wäre in diesem Fall der Erwartungsfehler der Arbeitnehmervertretungen in Periode t?

19.4.4 Wie hoch würde der Erwartungsfehler ausfallen, wenn der Wahlsieg der A-Partei bereits im voraus bekannt gewesen wäre?

19.4.5 Beschreiben Sie verbal, wie sich in dem beschriebenen Modell die Inflationsrate entwickeln wird. Welche Implikationen hat das Modell für die Entwicklung des aggregierten Outputs und der Arbeitslosenquote? Stellen Sie die Entwicklung der Inflationsrate und der Arbeitslosenquote in Abhängigkeit von der gewählten Regierung grafisch dar.

Lösungen

Aufgabe 19.1:

19.1.1 Aufgrund der vorausgesetzten Preisflexibilität können wir davon ausgehen, daß sich ein Gütermarkt-Gleichgewicht einstellt

$$y_t^s = y_t^d. \tag{19.14}$$

Setzen wir nun die Gleichungen 19.1 und 19.2 in Gleichung 19.14 ein und lösen nach dem aktuellen Preisniveau auf, so ergibt sich

$$p_t = \frac{\gamma}{\gamma+\delta} \cdot p_t^e + \frac{\delta}{\gamma+\delta} \cdot m_t + \frac{1}{\gamma+\delta} \cdot \epsilon_t. \tag{19.15}$$

Damit gilt aber auch

$$p_{t-1} = \frac{\gamma}{\gamma+\delta} \cdot p_{t-1}^e + \frac{\delta}{\gamma+\delta} \cdot m_{t-1} + \frac{1}{\gamma+\delta} \cdot \epsilon_{t-1}. \tag{19.16}$$

Die Wirtschaftssubjekte bilden adaptive Erwartungen gem. Gleichung 19.3, so daß wir auch schreiben können

$$\begin{aligned} p_t &= \frac{\gamma}{\gamma+\delta} \cdot \left(p_{t-1}^e + \phi \cdot \left(p_{t-1} - p_{t-1}^e\right)\right) + \frac{\delta}{\gamma+\delta} \cdot m_t \\ &\quad + \frac{1}{\gamma+\delta} \cdot \epsilon_t. \end{aligned} \tag{19.17}$$

Multiplizieren wir nun Gleichung 19.16 mit $\phi - 1$, addieren das Ergebnis zu Gleichung 19.17 und lösen wiederum nach p_t auf, so folgt

$$\begin{aligned} p_t &= (\phi-1) \cdot \frac{\gamma}{\gamma+\delta} \cdot p_{t-1}^e + \frac{\gamma}{\gamma+\delta} \cdot p_{t-1}^e - \frac{\gamma}{\gamma+\delta} \cdot \phi \cdot p_{t-1}^e \\ &\quad + (\phi-1) \cdot \frac{\delta}{\gamma+\delta} \cdot m_{t-1} + \frac{\delta}{\gamma+\delta} \cdot m_t \\ &\quad + (\phi-1) \cdot \frac{1}{\gamma+\delta} \cdot \epsilon_{t-1} + \frac{1}{\gamma+\delta} \cdot \epsilon_t \\ &\quad + \frac{\gamma}{\gamma+\delta} \cdot \phi \cdot p_{t-1} - (\phi-1) \cdot p_{t-1}. \end{aligned} \tag{19.18}$$

Gleichung 19.18 läßt sich unter Berücksichtigung von

$$(\phi-1) \cdot \frac{\gamma}{\gamma+\delta} \cdot p_{t-1}^e + \frac{\gamma}{\gamma+\delta} \cdot p_{t-1}^e - \frac{\gamma}{\gamma+\delta} \cdot \phi \cdot p_{t-1}^e = 0$$

vereinfachen zu

$$p_t = \left(1 - \frac{\delta}{\gamma + \delta} \cdot \phi\right) \cdot p_{t-1} + \frac{\delta}{\gamma + \delta} \cdot (m_t - (1 - \phi) \cdot m_{t-1}) + \frac{1}{\gamma + \delta} \cdot (\epsilon_t - (1 - \phi) \cdot \epsilon_{t-1}). \tag{19.19}$$

Da seitens der Zentralbank eine stetige Geldpolitik verfolgt wird ($m_t = 0$ für alle t) und annahmegemäß keine stochastischen Schocks auftreten sollen, wird Gleichung 19.19 zu einer homogenen Differenzengleichung erster Ordnung:

$$p_t = \left(1 - \frac{\delta}{\gamma + \delta} \cdot \phi\right) \cdot p_{t-1}.$$

Die Lösung dieser Differenzengleichung ergibt sich als

$$p_t = \left(1 - \frac{\delta}{\gamma + \delta} \cdot \phi\right)^t \cdot p_0,$$

wobei p_0 den Startwert des Preisniveaus darstellt. Wegen

$$0 < 1 - \frac{\delta}{\gamma + \delta} \cdot \phi < 1$$

gilt

$$\lim_{t \to \infty} p_t = 0, \tag{19.20}$$

d.h. die Preise werden, unabhängig vom jeweiligen Startwert p_0, im Zeitablauf auf ihren jeweiligen Trendwert zurückfallen.

19.1.2 Die langfristige Entwicklung des Güterangebots läßt sich über die Güterangebotsfunktion aus Gleichung 19.2 bestimmen. Unter Berücksichtigung von $m_t = 0$ und $\epsilon_t = 0$ für alle t und $\lim_{t \to \infty} p_t = 0$ folgt, daß auch der aggregierte Output langfristig auf seinen Trendwert

$$\lim_{t \to \infty} y_t = 0 \tag{19.21}$$

zurückfällt.

19.1.3 Läßt die Zentralbank die Geldmenge in der Periode t_0 mit einer anderen als der Trendrate wachsen, so hat dies gemäß Gleichung 19.2 einen Einfluß auf die aggregierte Nachfrage. So steigt die aggregierte Nachfrage z.B. bei einem übermäßigen Geldangebotsanstieg. Wie aus Gleichung 19.17 abgelesen werden kann, erzeugt dies einen Anstieg der Preise, der über den Trend hinausgeht. Dies wiederum erzeugt einen Preisniveau-Erwartungsfehler der privaten Wirtschaftssubjekte, der gem. der aggregierten Angebotsfunktion aus Gleichung 19.1 einen Anstieg des aggregierten Angebots induziert.

Mittelfristig werden aber sowohl die Preise (gem. Gleichung 19.20) als auch der Output (gem Gleichung 19.21) wieder auf seinen Trendwert zurückfallen. Durch eine permanente Ausweitung der Geldmenge wäre allerdings eine dauerhafte Steigerung des aggregierten Outputs möglich.

19.1.4 Unter rationaler Erwartungsbildung gilt, daß die Erwartungen gerade dem mathematischen Erwartungswert entsprechen

$$p_t^e = E[p_t].$$

Bilden wir den Erwartungswert von Gleichung 19.15, so erhalten wir

$$E[p_t] = E\left[\frac{\gamma}{\gamma+\delta} \cdot p_t^e + \frac{\delta}{\gamma+\delta} \cdot m_t + \frac{1}{\gamma+\delta} \cdot \epsilon_t\right]. \tag{19.22}$$

Lösen wir nach $E[p_t]$ auf und berücksichtigen dabei $E[E[p_t]] = E[p_t]$ und $E[\epsilon_t] = 0$, so erhalten wir für den Erwartungswert der Trendabweichung der Preise

$$E[p_t] = E[m_t]. \tag{19.23}$$

Somit erwarten die privaten Wirtschaftssubjekte, daß sich die Preise im gleichen Verhältnis wie die Geldmenge verändern. Setzen wir nun Gleichung 19.15 für die Preisabweichungen und Gleichung 19.23 für das erwartete Preisniveau in Gleichung 19.1 ein, so kann der aggregierte Output berechnet werden als

$$\begin{aligned} y_t &= \gamma \cdot \left(\frac{\gamma}{\gamma+\delta} \cdot E[m_t] + \frac{\delta}{\gamma+\delta} \cdot m_t + \frac{1}{\gamma+\delta} \cdot \epsilon_t - E[m_t]\right) \\ &= \frac{\gamma \cdot \delta}{\gamma+\delta} \cdot (m_t - E[m_t]) + \frac{\gamma}{\gamma+\delta} \cdot \epsilon_t. \end{aligned}$$

Eine systematische Beeinflussung des aggregierten Outputs ist unter rationaler Erwartungsbildung offenbar nicht mehr möglich, weil die hierzu notwendigen Geldmengenvariationen von den privaten Wirtschaftssubjekten vorausgesehen und antizipiert würden.

Aufgabe 19.2:

19.2.1 Zur Berechnung der Veränderung der Wachstumsrate des Preisniveaus benötigen wir lediglich die Gleichungen 19.6 und 19.7. Zunächst wird Gleichung 19.6 um eine Periode verzögert und mit dem Faktor $(1-\tau)$ multipliziert. Wir erhalten dann

$$(1-\tau) \cdot \Delta p_{t-1} = (1-\tau) \cdot \theta \cdot a_{t-1} + (1-\tau) \cdot \Delta p_{t-2}^e. \tag{19.24}$$

Einsetzen von Gleichung 19.7 in Gleichung 19.6 ergibt

$$\Delta p_t = \theta \cdot a_t + \tau \cdot \Delta p_{t-1} + (1-\tau) \cdot \Delta p_{t-2}^e. \tag{19.25}$$

Subtrahieren wir nun Gleichung 19.25 von Gleichung 19.24, so folgt

$$\begin{aligned}(1-\tau)\cdot\Delta p_{t-1}-\Delta p_t &= (1-\tau)\cdot\theta\cdot a_{t-1}-\theta\cdot a_t-\tau\cdot\Delta p_{t-1}\\ &\quad +(1-\tau)\cdot\Delta p^e_{t-2}-(1-\tau)\cdot\Delta p^e_{t-2}\\ \Leftrightarrow \Delta p_{t-1}-\Delta p_t &= \tau\cdot\Delta p_{t-1}-\tau\cdot\Delta p_{t-1}\\ &\quad +(1-\tau)\cdot\theta\cdot a_{t-1}-\theta\cdot a_t.\end{aligned}$$

Wir nehmen weiterhin die folgenden Äquivalenzumformungen vor:

$$\begin{aligned}\Delta p_t-\Delta p_{t-1} &= \theta\cdot a_t-(1-\tau)\cdot\theta\cdot a_{t-1}\\ &= \theta\cdot a_t+\tau\cdot\theta\cdot a_{t-1}-\theta\cdot a_{t-1}\\ &= \theta\cdot(a_t-a_{t-1})+\tau\cdot\theta\cdot a_{t-1}.\end{aligned}$$

Unter Berücksichtigung von $\Delta a_t = a_t - a_{t-1}$ können wir die Veränderung der Inflationsrate bestimmen als

$$\Delta p_t-\Delta p_{t-1}=\theta\cdot\Delta a_t+\tau\cdot\theta\cdot a_{t-1}. \tag{19.26}$$

Die Änderung der Inflationsrate hängt also positiv vom Niveau und der Änderungsrate des Auslastungsgrades ab.

19.2.2 Ausgangspunkt der Analyse ist die Gleichgewichtsbedingung des Geldmarktes

$$\Delta m_t=\Delta l_t.$$

Setzen wir für die Geldnachfrage Gleichung 19.5 ein, so folgt

$$\Delta m_t=\psi\cdot\Delta y_t+\Delta p_t,$$

bzw. unter Berücksichtigung von $\Delta y_t=\Delta a_t+\Delta y_t^*$

$$\Delta m_t=\psi\cdot\Delta a_t+\psi\cdot\Delta y_t^*+\Delta p_t. \tag{19.27}$$

Setzen wir nun für Δp_t Gleichung 19.26 ein, so folgt für die Veränderung des Geldangebots

$$\Delta m_t=\psi\cdot\Delta a_t+\psi\cdot\Delta y_t^*+\theta\cdot\Delta a_t+\tau\cdot\theta\cdot a_{t-1}+\Delta p_{t-1}. \tag{19.28}$$

Verzögerung von Gleichung 19.27 um eine Periode ergibt

$$\Delta m_{t-1}=\psi\cdot\Delta a_{t-1}+\psi\cdot\Delta y_{t-1}^*+\Delta p_{t-1},$$

so daß sich die Preisänderung der Vorperiode ausdrücken läßt als

$$\Delta p_{t-1}=\Delta m_{t-1}-\psi\cdot\Delta a_{t-1}-\psi\cdot\Delta y_{t-1}^*. \tag{19.29}$$

Nun kann Gleichung 19.29 für Δp_{t-1} in Gleichung 19.28 eingesetzt werden:

$$\begin{aligned}
\Delta m_t &= \psi \cdot \Delta a_t + \psi \cdot \Delta y_t^* + \theta \cdot \Delta a_t + \tau \cdot \theta \cdot a_{t-1} \\
&\quad + \Delta m_{t-1} - \psi \cdot \Delta a_{t-1} - \psi \cdot \Delta y_{t-1}^* \\
\Leftrightarrow \psi \cdot \Delta a_t + \theta \cdot \Delta a_t &= \Delta m_t - \Delta m_{t-1} + \psi \cdot \Delta y_{t-1}^* - \psi \cdot \Delta y_t^* \\
&\quad + \psi \cdot \Delta a_{t-1} - \tau \cdot \theta \cdot a_{t-1} \\
\Leftrightarrow \Delta a_t &= \frac{\Delta m_t - \Delta m_{t-1}}{\psi + \theta} + \frac{\psi \cdot \Delta y_{t-1}^*}{\psi + \theta} \\
&\quad - \frac{\psi \cdot \Delta y_t^*}{\psi + \theta} + \frac{\psi}{\psi + \theta} \cdot \Delta a_{t-1} - \frac{\tau \cdot \theta}{\psi + \theta} \cdot a_{t-1} \\
\Leftrightarrow \Delta a_t &= \frac{\Delta m_t - \Delta m_{t-1}}{\psi + \theta} - \frac{\psi \cdot (\Delta y_t^* - \Delta y_{t-1}^*)}{\psi + \theta} \\
&\quad + \frac{\psi}{\psi + \theta} \cdot \Delta a_{t-1} - \frac{\tau \cdot \theta}{\psi + \theta} \cdot a_{t-1} \\
\Leftrightarrow a_t - a_{t-1} &= \frac{\Delta m_t - \Delta m_{t-1}}{\psi + \theta} - \frac{\psi \cdot (\Delta y_t^* - \Delta y_{t-1}^*)}{\psi + \theta} \\
&\quad \frac{\psi \cdot (a_{t-1} - a_{t-2})}{\psi + \theta} - \frac{\tau \cdot \theta}{\psi + \theta} \cdot a_{t-1} \\
\Leftrightarrow a_t &= \frac{\Delta m_t - \Delta m_{t-1}}{\psi + \theta} - \frac{\psi \cdot (\Delta y_t^* - \Delta y_{t-1}^*)}{\psi + \theta} \\
&\quad + \left(1 + \frac{\psi}{\psi + \theta} - \frac{\tau \cdot \theta}{\psi + \theta}\right) \cdot a_{t-1} \\
&\quad - \frac{\psi}{\psi + \theta} \cdot a_{t-2}.
\end{aligned}$$

Damit hängt der gegenwärtige Auslastungsgrad der Volkswirtschaft von der Veränderung der Wachstumsrate der Geldmenge, der Veränderungsrate der Wachstumsrate des realen Vollbeschäftigungseinkommens und den Auslastungsgraden der beiden Vorperioden ab.

19.2.3 In diesem Fall vereinfacht sich der Ausdruck für den Auslastungsgrad zu einer homogenen Differenzengleichung zweiter Ordnung

$$a_t = \left(1 + \frac{\psi}{\psi + \theta} - \frac{\tau \cdot \theta}{\psi + \theta}\right) \cdot a_{t-1} - \frac{\psi}{\psi + \theta} \cdot a_{t-2}. \tag{19.30}$$

Im langfristigen Gleichgewicht muß gelten:

$$a_t = a_{t-1} = a_{t-2} = \ldots$$

Somit erhalten wir

$$a_t = \left(1 + \frac{\psi}{\psi + \theta} - \frac{\tau \cdot \theta}{\psi + \theta}\right) \cdot a_t - \frac{\psi}{\psi + \theta} \cdot a_t$$

$$\Leftrightarrow 0 = a_t + \frac{\psi}{\psi+\theta} \cdot a_t - \frac{\tau \cdot \theta}{\psi+\theta} \cdot a_t - a_t - \frac{\psi}{\psi+\theta} \cdot a_t$$

$$\Leftrightarrow 0 = \frac{\tau \cdot \theta}{\psi+\theta} \cdot a_t. \tag{19.31}$$

Diese Bedingung ist offensichtlich nur für $a_t = 0$ erfüllt, so daß der aggregierte Output hier gerade dem Vollbeschäftigungsoutput entspricht.

Aus Gleichung 19.26 kann unter Berücksichtigung von $\Delta a_t = 0$ und $a_{t-1} = 0$ gefolgert werden, daß die Höhe der Inflationsrate in diesem Fall im Zeitablauf ebenfalls konstant sein muß. Wegen $\Delta a_t = a_t - a_{t-1} = 0$ können wir die absolute Höhe der Inflationsrate über Gleichung 19.27 bestimmen als

$$\Delta p_t = \Delta m_t - \psi \cdot \Delta y_t^*.$$

Damit ergibt sich die Inflationsrate hier als Differenz der Wachstumsrate der Geldmenge und der des Vollbeschäftigungseinkommens.

19.2.4 Nach den Schur-Kriterien ist das Gleichgewicht dann stabil, wenn gilt:

$$1 + \frac{\psi}{\psi+\theta} > -\left(1 - \frac{\tau \cdot \theta - \psi}{\psi+\theta}\right) \tag{19.32}$$

$$1 + \frac{\psi}{\psi+\theta} > 1 - \frac{\tau \cdot \theta - \psi}{\psi+\theta} \tag{19.33}$$

$$\frac{\psi}{\psi+\theta} < 1. \tag{19.34}$$

Die Bedingung aus Ungleichung 19.32 ist wegen

$$1,9 > -1,36$$

ebenso erfüllt wie die aus Ungleichung 19.33

$$1,9 > 1,36$$

und Ungleichung 19.34

$$0,9 < 1.$$

Somit ist das Gleichgewicht stabil.

Der Anpassungsprozeß an das stabile Gleichgewicht kann entweder monoton oder über Schwankungen erfolgen. Schwankungen treten auf, wenn gilt:

$$\left(-\left(1 - \frac{\tau \cdot \theta - \psi}{\psi+\theta}\right)\right)^2 < 4 \cdot \frac{\psi}{\psi+\theta}.$$

Bei der vorgegebenen Parameterkonstellation ergeben sich wegen

$$1,8496 < 3,6$$

tatsächlich Schwingungen.

Aufgabe 19.3:

19.3.1 Als Nash-Gleichgewicht bezeichnet man eine Strategiekombination, für die gilt, daß simultan für jeden Spieler die Wahl einer anderen Strategie, gegeben die jeweiligen Strategien der übrigen Spieler, keine Senkung des individuellen Verlusts möglich ist. Bezogen auf das hier vorliegende Problem liegt ein Nash-Gleichgewicht dann vor, wenn die Arbeitnehmervertretungen durch die Antizipation einer anderen als der gewählten Inflationserwartung, gegeben die von der Regierung gewählte Inflationsrate, ihren Verlust nicht weiter senken kann und umgekehrt auch die Regierung durch die Wahl einer anderen Inflationsrate, gegeben die Inflationserwartung der Arbeitnehmervertretungen, ihren Verlust nicht mehr mindern kann. Es handelt sich dann um ein Paar wechselseitig bester Strategien.

Zur Herleitung der Nash-gleichgewichtigen Lösung setzen wir zunächst die Modellgleichung 19.8 in die intertemporale Verlustfunktion der Regierung aus Gleichung 19.9 durch Substitution für y_t ein. Leiten wir nun nach der Inflationsrate w_{p_t} ab und setzen die Ableitung null, so erhalten wir die notwendige Minimierungsbedingung

$$\begin{aligned}\frac{\partial V_t^{Reg}}{\partial w_{P_t}} &= \alpha \cdot (w_{P_t} - w_P^*) + \beta \cdot (w_{P_t} - w_{P_t}^e - Y^*) = 0 \\ \Rightarrow \quad w_{p_t} &= \frac{\alpha \cdot w_P^* + \beta \cdot (w_{P_t}^e + Y^*)}{\alpha + \beta}. \end{aligned} \tag{19.35}$$

Gemäß der Verlustfunktion der Arbeitnehmervertretungen aus Gleichung 19.10 sind diese daran interessiert, Erwartungsfehler möglichst zu vermeiden. Die Minimierungsbedingung für den Verlust der Arbeitnehmervertretungen ergibt sich als

$$\begin{aligned}\frac{\partial V_t^{Reg}}{\partial w_{p_t}^e} &= -2 \cdot (w_{p_t} - w_{p_t}^e) = 0 \\ \Rightarrow \quad w_{p_t}^e &= w_{p_t},\end{aligned}$$

so daß die Arbeitnehmervertretungen ihren Verlust gerade dann maximieren, wenn sie die tatsächliche Inflationsrate korrekt erwarten. Sie bilden also rationale Erwartungen

$$w_{p_t}^e = E[w_{p_t}]. \tag{19.36}$$

Bilden wir demgemäß den mathematischen Erwartungswert von Gleichung 19.35 und berücksichtigen dabei $E[w_{p_t}^e] = w_{p_t}^e$, so können wir die erwartete Inflationsrate berechnen als

$$w_{p_t}^e = E[w_{p_t}] = w_p^* + \frac{\beta}{\alpha} \cdot y^*. \tag{19.37}$$

Setzen wir nun die von den Arbeitnehmern erwartete Inflationsrate in Gleichung 19.35 ein, so folgt für die Nash-gleichgewichtige Inflationsrate

$$w_{p_t} = w_p^* + \frac{\beta}{\alpha} \cdot y^*. \tag{19.38}$$

Die durch die Gleichungen 19.37 und 19.38 beschriebene Nash-Lösung wäre nicht Pareto-effizient, wenn unter Realisierung einer anderen Strategiekombination eine der beiden Parteien einen geringeren Verlust realisieren könnte, ohne daß die andere hierdurch einen höheren Verlust erleiden würde. Dabei ist zu beachten, daß die Nebenbedingung rationaler Erwartungsbildung bei einer solchen Lösung eingehalten werden muß, da die Lösung ansonsten nicht realisierbar wäre. Zur Herleitung der besten unter der Nebenbedingung rationaler Erwartungsbildung erreichbaren Lösung, der sog. „Second-Best-Lösung", wählen wir den folgenden Lagrange-Optimierungsansatz (mit λ als Lagrange-Parameter):

$$\min_{w_P, w_P^e} V_t^{Reg} = L_t^{Reg} + \frac{1}{1+R} \cdot V_{t+1}^{Reg} + \lambda \cdot (E[w_{P_t}] - w_{P_t}^e).$$

Wir tun also so, als ob ein wohlwollender staatlicher Planer gleichzeitig die Inflationsrate und die Inflationserwartungen determinieren könnte. Für die notwendigen Minimierungsbedingungen ergibt sich dann

$$\frac{\partial V_t^{Reg}}{\partial w_{P_t}} = \bar{\alpha} \cdot (w_{P_t} - w_P^*) + \bar{\beta} \cdot (w_{P_t} - w_{P_t}^e - Y^*) + \lambda = 0 \tag{19.39}$$

bzw.

$$\frac{\partial V_t^{Reg}}{\partial w_{P_t}^e} = -\bar{\beta} \cdot (w_{P_t} - w_{P_t}^e - Y^*) - \lambda = 0. \tag{19.40}$$

Aus der Addition der Gleichungen 19.39 und 19.40 folgt:

$$\bar{\alpha} \cdot (w_{P_t} - w_P^*) = 0,$$

so daß der wohlwollende Planer gerade die sozial optimale Inflationsrate w_P^* implementieren würde.

$$w_{P_t} = w_P^*. \tag{19.41}$$

Aufgrund der Nebenbedingung rationaler Erwartungsbildung der Arbeitnehmervertretungen gilt weiterhin

$$w_{P_t}^e = E[w_{P_t}] = w_P^*. \tag{19.42}$$

Wenn wir nun beurteilen wollen, welche der beiden Lösungen (Nash-Gleichgewicht oder Second-Best-Lösung) wünschenswerter ist, so muß der in beiden Fällen resultierende soziale Verlust berechnet werden. Zur Berechnung des im Nash-Gleichgewicht eintretenden sozialen Verlusts setzen wir die Nash-gleichgewichtige Inflationsrate 19.38 und die Nash-gleichgewichtigen Inflationserwartungen 19.37 in die Verlustfunktion der Regierung ein und erhalten den einperiodigen Verlust:

$$L_t^{Nash} = \frac{1}{2} \cdot \frac{\beta^2}{\alpha} \cdot Y^{*^2} + \frac{1}{2} \cdot \beta \cdot Y^{*^2}.$$

Unter Berücksichtigung der Second-Best-Lösung aus den Gleichungen 19.41 und 19.42 erhalten wir dagegen den geringeren einperiodigen Verlust:

$$L_t^{SB} = \frac{1}{2} \cdot \beta \cdot Y^{*^2}.$$

Die Differenz zwischen den beiden Verlusten

$$L_t^{Nash} - L_t^{SB} = \frac{1}{2} \cdot \frac{\beta^2}{\alpha} \cdot Y^{*^2}$$

entspricht gerade dem durch den Inflationsbias entstehenden sozialen Verlust. Da der Verlust der Arbeitnehmervertretungen sowohl im Nash-Gleichgewicht als auch in der Second-Best-Lösung null beträgt, stellt die Nash-Lösung somit keine Pareto-optimale Situation dar. Durch den Übergang zur Second-Best-Lösung könnte nämlich ein Pareto-superiorer Zustand erreicht werden.

19.3.2 Zur Berechnung des Nash-Gleichgewichts bei Auftreten stochastischer Störungen wird zunächst die Modellgleichung 19.11 in die intertemporale Verlustfunktion der Regierung eingesetzt. Die Minimierungsbedingung bzgl. der Inflationsrate für gegebene Inflationserwartungen lautet dann

$$\frac{\partial V_t^{Reg}}{\partial w_{P_t}} = \bar{\alpha} \cdot (w_{P_t} - w_P^*) + \bar{\beta} \cdot (w_{P_t} - w_{P_t}^e + \epsilon_t - Y^*) = 0. \tag{19.43}$$

Stellen wir nach der Inflationsrate um, so ergibt sich

$$w_{P_t} = \frac{\bar{\alpha}}{\bar{\alpha} + \bar{\beta}} \cdot w_P^* + \frac{\bar{\beta}}{\bar{\alpha} + \bar{\beta}} \cdot (w_{P_t}^e - \epsilon_t + Y^*). \tag{19.44}$$

Bilden wir nun den Erwartungswert von Gleichung 19.44, so erhalten wir

$$E[w_{P_t}] = w_P^* + \frac{\bar{\beta}}{\bar{\alpha}} \cdot Y^*.$$

Aufgrund der rationalen Erwartungsbildung der Arbeitnehmervertretungen gilt dann auch

$$w_{P_t}^e = E[w_{P_t}] = w_P^* + \frac{\bar{\beta}}{\bar{\alpha}} \cdot Y^*. \tag{19.45}$$

In Unkenntnis der konkreten Ausprägung des stochastischen Schocks erwarten die Arbeitnehmervertretungen also die gleiche Inflationsrate wie im deterministischen Fall. Die Nash-gleichgewichtige Inflationsrate läßt sich nun durch Einsetzen von Gleichung 19.45 in Gleichung 19.44 berechnen

$$w_{P_t} = w_P^* - \frac{\bar{\beta}}{\bar{\alpha} + \bar{\beta}} \cdot \epsilon_t + \frac{\bar{\beta}}{\bar{\alpha}} \cdot Y^*. \tag{19.46}$$

Die konkrete Ausprägung der Nash-gleichgewichtigen Inflationsrate hängt also nun negativ von der Höhe des stochastischen Schocks ab. Bei einem negativen (positiven) Angebotsschock wird die Regierung eine niedrigere (höhere) Inflationsrate als im deterministischen Fall erzeugen.

19.3.3 Eine endliche Zahl von Wiederholungen des Interaktionsproblems hat keinen Einfluß auf die Nash-Lösung; in jeder Periode wird die gleiche Inflationsrate erzeugt und erwartet, wie im Fall eines einperiodigen Zeithorizonts. Dies läßt sich mit Hilfe des Konzepts der Rückwärtsinduktion belegen.

In der letzten Periode ergibt sich die gleiche Anreizsituation wie im einperiodigen Fall, so daß in der letzten Periode auf jeden Fall ein Inflationsbias entsteht. Dies ist sowohl den Arbeitnehmervertretungen als auch der Regierung bekannt. Dann aber lohnt es sich in der vorletzten Periode für die Regierung auch nicht, durch den Verzicht auf die Erzeugung von Inflation Reputation aufzubauen, um den Arbeitnehmervertretungen so zu signalisieren, daß sie an einer kooperativen Lösung interessiert ist. Ein solches Signal wäre nicht glaubwürdig, da es eine Verpflichtung zu irrationalem Verhalten beinhalten und zudem für die Regierung Kosten verursachen würde. Also erzeugt die Regierung auch in der vorletzten Periode eine exzessive Inflationsrate, was wiederum von den Arbeitnehmervertretungen antizipiert wird. Die gleiche Situation ergibt sich nun aber auch in der vorletzten Periode und in allen Perioden zuvor, so daß in jeder Periode eine exzessive, aber vollständig antizipierte Inflation resultiert.

19.3.4 Die Idee der Kontraktlösung besteht darin, die Verlustfunktion der Zentralbank (bzw. des Zentralbankpräsidenten) durch einen Kontrakt so zu verändern, daß dieser keinen Anreiz mehr hat, einen inflationären Bias zu erzeugen. Dies kann durch eine an die Höhe der tatsächlich realisierten Inflationsrate anknüpfende Strafzahlung erreicht werden.

Bezeichnen wir die performance-abhängige Strafzahlung mit ϕ, so lautet die einperiodige Verlustfunktion des Zentralbankpräsidenten

$$L_t^{ZB} = \frac{1}{2} \cdot \alpha \cdot (w_{P_t} - w_P^*)^2 + \frac{1}{2} \cdot \beta \cdot (Y_t - Y^*)^2 + \phi \cdot w_{P_t}.$$

Nach Einsetzen der Modellgleichung 19.11 und Optimierung über die Inflationsrate bei gegebenen Erwartungen der Arbeitnehmervertretungen folgt:

$$w_{P_t} = \frac{\alpha}{\alpha + \beta} \cdot w_P^* + \frac{\beta}{\alpha + \beta} \cdot (w_{P_t}^e + Y^*) - \frac{\phi}{\alpha + \beta}.$$

Für die erwartete Inflationsrate ergibt sich dann

$$E[w_{P_t}] = w_P^* + \frac{\beta}{\alpha} \cdot Y^* - \frac{1}{\alpha} \cdot \phi.$$

Damit läßt sich die Nash-gleichgewichtige Inflationsrate berechnen als

$$w_{P_t} = w_P^* + \frac{\beta}{\alpha} \cdot Y^* - \frac{1}{\alpha} \cdot \phi. \tag{19.47}$$

Das Ziel des Abschlusses des Kontrakts ist es, durch die Strafzahlung gerade die mit der Second-Best-Lösung vereinbare Inflationsrate zu induzieren. Die hierzu anzusetzende Strafzahlung läßt sich durch Gleichsetzen von Gleichung 19.47 mit Gleichung 19.41 und Auflösen nach der Strafzahlung kalkulieren:

$$\frac{\beta}{\alpha} \cdot Y^* - \frac{1}{\alpha} \cdot \phi = 0$$

$$\Leftrightarrow \quad \phi = \beta \cdot Y^*.$$

Der optimale Kontrakt impliziert hier also eine Strafzahlung, die linear von der Höhe der realisierten Inflationsrate abhängt.

Aufgabe 19.4:

19.4.1 Um die für die vorgegebene Parameterkonstellation resultierende Lösung berechnen zu können, muß zunächst das Nash-Gleichgewicht des Spiels hergeleitet werden. Hierzu sind die Verlustfunktionen der A- bzw. der B-Partei nach der Inflationsrate abzuleiten und null zu setzen. Nach Umstellen nach der Inflationsrate folgt:

$$w_{P_t}^A = \frac{\alpha_A \cdot w_P^* + \beta_A \cdot (w_{P_t}^e + Y^*)}{\alpha_A + \beta_A}, \tag{19.48}$$

$$w_{P_t}^B = \frac{\alpha_B \cdot w_P^* + \beta_B \cdot (w_{P_t}^e + Y^*)}{\alpha_B + \beta_B}. \tag{19.49}$$

Die erwartete Inflationsrate ergibt sich als die Summe der mit den Wahlwahrscheinlichkeiten gewichteten Inflationsraten der A- bzw. der B-Partei:

$$w_{P_t}^e = h \cdot w_{P_t}^A + (1-h) \cdot w_{P_t}^B. \tag{19.50}$$

Unter Verwendung von Gleichung 19.50 lassen sich die unter den beiden Parteien resultierenden Inflationsraten ausdrücken als

$$\begin{aligned} w_{P_t}^A &= \frac{\alpha_A \cdot w_P^* + \beta_A \cdot (h \cdot w_{P_t}^B + (1-h) \cdot w_{P_t}^A + Y^*)}{\alpha_A + \beta_A} \\ \Leftrightarrow w_{P_t}^A &= \frac{\alpha_A \cdot w_P^* + \beta_A \cdot Y^*}{\alpha_A + h \cdot \beta_A} + \frac{\beta_A \cdot h}{\alpha_A + h \cdot \beta_A} \cdot w_{P_t}^B, \end{aligned} \tag{19.51}$$

bzw.

$$\begin{aligned} w_{P_t}^B &= \frac{\alpha_B \cdot w_P^* + \beta_B \cdot (h \cdot w_{P_t}^B + (1-h) \cdot w_{P_t}^A + Y^*)}{\alpha_B + \beta_B} \\ \Leftrightarrow w_{P_t}^B &= \frac{\alpha_B \cdot w_P^* + \beta_B \cdot Y^*}{\alpha_B + (1-h) \cdot \beta_B} + \frac{\beta_B \cdot (1-h)}{\alpha_B + (1-h) \cdot \beta_B} \cdot w_{P_t}^A. \end{aligned} \tag{19.52}$$

Einsetzen von Gleichung 19.52 in Gleichung 19.51 ermöglicht die Berechnung der unter der A-Partei realisierten Inflationsrate

$$\begin{aligned} w_{P_t}^A &= \frac{(\alpha_A \cdot w_P^* + \beta_A \cdot Y^*) \cdot (\alpha_B + \beta_B \cdot (1-h))}{\alpha_A \cdot \alpha_B + \alpha_A \cdot \beta_B \cdot (1-h) + h \cdot \beta_A \cdot \alpha_B} \\ &+ \frac{(\beta_A \cdot h) \cdot (\alpha_B \cdot w_P^* + \beta_B \cdot Y^*)}{\alpha_A \cdot \alpha_B + \alpha_A \cdot \beta_B \cdot (1-h) + h \cdot \beta_A \cdot \alpha_B}. \end{aligned} \tag{19.53}$$

Analog ergibt sich für die unter der B-Partei resultierende Inflationsrate:

$$\begin{aligned} w_{P_t}^B &= \frac{(\alpha_B \cdot w_P^* + \beta_B \cdot Y^*) \cdot (\alpha_A + \beta_A \cdot h)}{\alpha_B \cdot \alpha_A + \alpha_B \cdot \beta_A \cdot h + (1-h) \cdot \beta_B \cdot \alpha_A} \\ &+ \frac{\beta_B \cdot (1-h) \cdot (\alpha_A \cdot w_P^* + \beta_A \cdot Y^*)}{\alpha_B \cdot \alpha_A + \alpha_B \cdot \beta_A \cdot h + (1-h) \cdot \beta_B \cdot \alpha_A}. \end{aligned} \tag{19.54}$$

Unter Berücksichtigung der vorgegebenen Parameterwerte können wir nun die konkreten Inflationsraten wie folgt berechnen:

$$w_{P_t}^A = 14,52$$

bzw.

$$w_{P_t}^B = 6,84.$$

Die A-Partei würde also eine deutlich höhere Inflationsrate erzeugen als die B-Partei.

19.4.2 Da den Arbeitnehmervertretungen in den Nicht-Wahlperioden nun bekannt ist, welche Partei die Regierung stellt, können die Inflationsraten für die Nicht-Wahlperioden über die Nash-gleichgewichtige Lösung des einperiodigen Spiels aus Gleichung 19.38 berechnet werden. Wir erhalten somit

$$\begin{aligned} w_{P_t}^A &= 2 + \frac{6}{4} \cdot 10 = 17, \\ w_{P_t}^B &= 2 + \frac{3}{8} \cdot 10 = 5,75. \end{aligned}$$

19.4.3 Die von den Arbeitnehmervertretungen erwartete Inflationsrate kann gem. den Gleichungen 19.50, 19.55 und 19.55 berechnet werden:

$$w_{P_t}^e = E[w_{P_t}] = 0,5 \cdot 14,52 + 0,5 \cdot 6,84 = 10,68.$$

Subtrahieren wir von der erwarteten Inflationsrate die tatsächlich unter der A-Partei realisierte Inflationsrate aus Gleichung 19.55, so folgt für den Erwartungsfehler

$$w_{P_t}^e - w_{P_t}^A = -3,84.$$

Die tatsächliche Inflationsrate würde also unterschätzt.

19.4.4 In diesem Fall würden die Arbeitnehmervertretungen gar keinen Erwartungsfehler begehen, da sie dann korrekt die Inflationsrate aus Gleichung 19.55 erwarten würden und diese auch realisiert würde.

19.4.5 Wie in den vorangegangenen Teilaufgaben bereits berechnet wurde, würde die A-Partei sowohl in den Wahl- als auch in den Nicht-Wahlperioden eine höhere Inflationsrate als die B-Partei realisieren.

Immer dann, wenn der Wahlausgang ex-ante unsicher ist, entsteht in der Wahlperiode zwangsläufig ein Erwartungsfehler der Arbeitnehmervertretungen bzgl. der realisierten Inflationsrate. Gewinnt die A-Partei die Wahl, so unterschätzen die Arbeitnehmervertretungen die tatsächliche Inflationsrate, und gem. der Lucas-Angebotsfunktion aus Gleichung 19.8 wächst der aggregierte Output über sein natürliches Niveau. Umgekehrt wird die Inflationsrate von den Arbeitnehmervertretungen überschätzt, wenn die B-Partei die Wahl gewinnt. Dies würde in der Wahlperiode zu einem sinkenden aggregierten Output führen. Schon in der ersten Periode nach der Wahl würde der Output aber auf sein natürliches Niveau zurückkehren, da nun keine Erwartungsfehler bzgl. der Inflationsrate mehr auftreten.

Bei Gültigkeit des sog. „Okunschen Gesetzes", nach dem die Arbeitslosenquote unter ihr natürliches Niveau fällt, wenn der aggregierte Output über sein natürliches Niveau steigt (und umgekehrt), würde die Arbeitslosenquote nach einem Wahlsieg der A-Partei (B-Partei) sinken (steigen). Allerdings wäre auch dies nur ein transitorischer Effekt.

Kommentierte Literaturhinweise:

Umfassende und empfehlenswerte Lehrbücher zur Konjunkturtheorie stammen von Heubes (1991) und Maußner (1993). Einen hervorragenden Überblick über die verschiedenen konjunkturtheorien vermittelt der Aufsatz von Kromphardt (1989). Die politökonomischen Konjunkturtheorien werden ausführlich in Berlemann (1999) behandelt. Die formalen Grundlagen der in weiten Teilen sehr mathematisch orientierten Konjunkturtheorie können z.B. mit Hilfe des Lehrbuches von Karmann (2000) erarbeitet werden.

Berlemann, M. (1999):
Politökonomische Theorien der Inflation und der Konjunktur. Eine theoretische und empirische Analyse unter besonderer Berücksichtigung des Zeitinkonsistenzproblems. Marburg.

Heubes, J. (1991):
Konjunktur und Wachstum. München.

Karmann, A. (2000):
Mathematik für Wirtschaftswissenschaftler. 4. Auflage, München.

Kromphardt, J. (1989):
Konjunkturtheorie heute: Ein Überblick. In: Zeitschrift für Wirtschafts- und Sozialwissenschaften (ZWS) 109, S. 173-231.

Maußner, A. (1993):
Konjunkturtheorie. Berlin u.a.

Kapitel 20

Wachstumstheorie

Dr. habil. Michael Graff, Technische Universität Dresden

Aufgaben

Aufgabe 20.1:

20.1.1 Erläutern und präzisieren Sie die Begriffe „wirtschaftliches Wachstum", „Konjunktur" und „wirtschaftliche Entwicklung" und grenzen Sie diese von einander ab.

20.1.2 Erläutern Sie das in der Wachstumstheorie verwendete Gleichgewichtskonzept.

20.1.3 Erläutern Sie die Zusammenhänge und Wirkungsbeziehungen zwischen den Größen Volkseinkommen (Y), Konsum (C), Ersparnis (S), Brutto- und Nettoinvestition (I^{br}, I^n), Abschreibung (δK), Kapital (K) und Arbeit (L) im Rahmen einsektoraler Wachstumsmodelle.

20.1.4 Grenzen Sie „nachfrageorientierte" und „angebotsorientierte Wachstumstheorie" sowie „traditionelle neoklassische" und „Neue (endogene) Wachstumstheorie" von einander ab.

20.1.5 Diskutieren Sie den methodischen Ansatz der Wachstumstheorie. Gehen Sie dabei darauf ein, welche Einsichten dieser Ansatz ermöglicht und welche Grenzen er setzt.

Aufgabe 20.2:
Zeigen Sie, wie sich die Wachstumsrate im Rahmen postkeynesianischer Wachstumsmodelle bestimmen läßt. Diskutieren Sie dabei die Gemeinsamkeiten und Unterschiede der Ansätze von Harrod und Domar. Überprüfen Sie die Stabilität der Wachstumsgleichgewichte.

Aufgabe 20.3:
Leiten Sie das Wachstumsgleichgewicht im traditionellen neoklassischen Wachstumsmodell (Solow-Modell) her. Die zugrundegelegte Produktionsfunktion sei dabei vom Typ

$$Y_t = K_t^\alpha \cdot (A_t \cdot L_t)^{1-\alpha},$$

wobei Y das Volkseinkommen, K den Produktionsfaktor Sachkapital, L den Produktionsfaktor Arbeit und A einen Effizienzparameter bezeichnen mögen. Von welchen Größen hängt in diesem Modell die Wachstumsrate des Pro-Kopf-Einkommens ab? Diskutieren Sie Ihr Ergebnis in bezug auf die Abhängigkeit der säkularen Wachstumsrate von der gesamtwirtschaftlichen Sparquote.

Aufgabe 20.4:
Auf welche Weise wird die Wachstumsrate in den Modellen der Neuen Wachstumstheorie endogenisiert? Diskutieren Sie dabei den AK-Produktionsfunktions-, den Lucas- und den Romer-Ansatz.

Aufgabe 20.5:
Zeigen Sie, daß und auf welche Weise unter Zugrundelegung der Produktionsfunktion

$$Y = K^\alpha \cdot (A \cdot L)^{1-\alpha}$$

mit exogenem Bevölkerungswachstum n und exogenem technischen Fortschritt g die Wachstumsrate des Pro-Kopf-Einkommens nicht nur vom aktuellen Einkommensniveau abhängt, sondern auch von den Determinanten des landesspezifischen Gleichgewichtswachstumspfades. Welche Schlußfolgerungen sind dabei hinsichtlich der Frage der internationalen Wachstumskonvergenz möglich?

Lösungen

Aufgabe 20.1:

20.1.1 Unter wirtschaftlichem Wachstum wird in der ökonomischen Wachstumstheorie die Veränderung der Volkseinkommens Y im Zeitablauf verstanden. Dabei bezeichnet extensives Wachstum die Veränderung des absoluten Volkseinkommens, gemessen anhand der diskreten Rate $\frac{Y_t - Y_{t-1}}{Y_{t-1}}$ bzw. der stetigen Rate $\frac{d(\ln Y)}{dt}$, während intensives Wachstum auf das Pro-Kopf-Einkommen abzielt. Von zyklischen Schwankungen wird hierbei abgesehen; Gegenstand der Wachstumstheorie ist somit der (hypothetische) Verlauf des Volks- bzw. Pro-Kopf-Einkommens unter Abstraktion von zyklischen Bewegungen, wogegen unter Konjunktur ebendiese Schwankungen um den langfristigen Wachstumspfad verstanden werden. Wirtschaftliche Entwicklung umfaßt im Unterschied zum Wachstum nicht nur die langfristige Veränderungen von Volks- oder Pro-Kopf-Einkommen, sondern berücksichtigt auch Verteilungsaspekte (Einkommensverteilung sowie möglichst breite Versorgung mit Bildung, Gesundheitsdienstleistungen und sanitären Einrichtungen). Entwicklung schließt demnach soziale Wohlfahrtsaspekte ein, während Wachstum aus einer eingeschränkten ökonomischen Perspektive gemessen wird.

20.1.2 Das in der Wachstumstheorie verwendete Gleichgewichtskonzept ist dynamisch und verlangt Konstanz der Wachstumsraten aller im Modell abgebildeten volkswirtschaftlichen Größen. Während zyklische Phänomene i.A. als Gegenstand der Konjunkturtheorie aufgefaßt werden, implizieren zunehmende bzw. abnehmende Wachstumsraten, daß die betrachteten Aggregate sich im Zeitablauf gegen Unendlich bzw. gegen Null entwickeln (d.h., das System „explodiert" oder „implodiert"), was keine ökonomisch sinnvollen Modellergebnisse sind. Beachte, daß auch eine Wachstumsrate von Null dem Gleichgewichtskonzept entspricht, so daß die Analyse statischer Systeme (bzw. stationärer Wirtschaften) als Spezialfall in der Wachstumstheorie enthalten ist.

20.1.3 Produziert wird ein homogenes Gut Y, welches entweder konsumiert oder gespart und investiert werden kann. Eine explizite Verhaltensannahme (Sparfunktion) gibt die Anteile des Volkseinkommens an, die in C fließen bzw. zurückgestellt werden (S). Die Sparfunktion kann dabei keynesianisch (linear im Einkommen) oder haushaltsnutzenmaximierend modelliert werden. Das fundamentale makroökonomische Gleichgewicht ist in jeder Periode gegeben, so daß $S = I$. Investitionen erhöhen den Bestand des reproduzierbaren Produktionsfaktors K, und Abschreibungen vermindern ihn, so daß

$$K_t = K_{t-1} + I^{br} - \delta K = K_{t-1} + I^n.$$

Daneben gibt es einen Produktionsfaktor L, der mit exogen vorgegebener Rate n wächst. Schließlich beschreibt die Produktionsfunktion $f(K, L)$, welches Outputvolumen Y aus der Kombination der zum jeweiligen Zeitpunkt gegebenen Produktionsfaktoren K und L im Produktionsprozeß resultiert.

20.1.4 Die nachfrageorientierte Wachstumstheorie umfaßt postkeynesianische Ansätze, welche die Bedingungen störungsfreien Wachstums unter Zugrundelegen des Keynesschen Investitionsmultiplikators analysieren. „Störungsfrei" heißt dabei, daß der Einkommenseffekt der Investitionen im dynamischen Gleichgewicht zu entsprechenden Kapazitätsausweitungen führt, ohne daß sich der Auslastungsgrad der Produktionsfaktoren verändert. Die angebotsorientierte Wachstumstheorie stellt dagegen eine technisch substitutive Produktionsfunktion in den Mittelpunkt der Betrachtung, bei der die Produktionsfaktoren in jedem Verhältnis eingesetzt werden können, so daß sich das Problem der Auslastung nicht stellt. Darüber hinaus wird von der Möglichkeit eines gesamtwirtschaftlichen Überschußangebots (einer Überschußnachfrage) abgesehen; von Bedeutung sind hier also nur die Wachstums- bzw. Akkumulationsraten der Produktionsfaktoren und der durch ihre Verwendung realisierte Output.

Die „traditionelle neoklassische" Wachstumstheorie kommt aufgrund der Ertagsgesetzlichkeit des (bzw. der) akkumulierbaren Produktionsfaktoren zu dem Ergebnis, daß die säkulare Wachstumsrate allein durch die Entwicklung des (bzw. der) übrigen - im Modell exogen wachsenden - Produktionsfaktoren bestimmt wird. Privatwirtschaftliche oder soziale Entscheidungen über die Akkumulationsrate der modellendogen produzierten Produktionsfaktoren haben demnach keinen dauerhaften Einfluß auf die Wachstumsrate des Systems. Demgegenüber hat die „Neue Wachstumstheorie" Modelle zum Gegenstand, bei denen Akkumulationsentscheidungen die langfristige Wachstumsrate beeinflussen können.

20.1.5 Der methodischen Ansatz der Wachstumstheorie ist modelltheoretisch und untersucht die Bedingungen und Eigenschaften langfristiger Wachstumsgleichgewichte. Dieser Ansatz ermöglicht, zu untersuchen ob unter gegebenen Annahmen ein dynamisches Gleichgewicht existiert, ob dieses Gleichgewicht eindeutig ist (oder es z.B. Wachstumsfallen gibt) und ob das Gleichgewicht stabil ist. Für ein gegebenes Gleichgewicht lassen sich dann die Wachstumsraten der modellierten Aggregate sowie der aus ihnen bestimmbaren Verhältnisgrößen (z.B. Wachstumsrate des Pro-Kopf-Einkommens, Kapitalkoeffizient und Lohn- bzw. Profitquote) bestimmen.

Die Grenzen dieses Ansatzes bestehen darin, daß aus modelltheoretischen Analysen nicht auf empirische Tatbestände geschlossen werden kann; die Brauchbarkeit der modelltheoretischen Analyse erschließt sich vielmehr erst bei der Konfrontation mit empirischen Beobachtungen. Eine Besonderheit der ökonomischen Wachstumstheorie besteht hierbei darin, daß die modellierten Zusammenhänge sich im wesentlichen auf säkulare Wachstumsgleichgewichte beziehen, für die empirische Entsprechungen zu identifizieren äußerst problematisch ist. Der empirische Gehalt (die Falsifizierbarkeit) vieler Wachstumsmodelle ist daher als vergleichsweise gering einzuschätzen, und wirtschaftspolitische Empfehlungen laufen in Gefahr, nur das zu replizieren, was dem Modell als Annahme zugrunde gelegt wurde, so daß hier große Vorsicht angebracht ist.

Aufgabe 20.2:

Gegeben ist die Sparquote s mit $S = s \cdot Y$ und $S = dK = I$. Angenommen wird, daß der Keynessche Investitionsmultiplikator gilt, so daß

$$\frac{\partial Y}{\partial I} = \frac{1}{s};$$

der Einkommenseffekt der Investitionen ergibt sich somit als

$$\partial Y = \frac{\partial I}{s}.$$

Domar nimmt an, der marginale Kapitalkoeffizient $\frac{\partial K}{\partial Y} = v$ sei konstant. Der Kapazitätseffekt der Investitionen ergibt sich mithin als $\partial Y = \frac{\partial K}{v} = \frac{I}{v}$. Jeder Zuwachs an Kapital erhöht auf der Angebotsseite bei Vollauslastung des Kapitalstocks die Produktion im festen Verhältnis $\frac{1}{v}$.

Um gleichbleibende Kapitalauslastung zu gewährleisten, müssen Einkommenseffekt und Kapazitätseffekt der Investitionen gleich sein (Gleichgewichtsbedingung), so daß $\partial Y = \frac{\partial I}{s} = \frac{1}{v}$.
Als Lösung folgt:

$$\begin{aligned} & \frac{\partial I}{s} = \frac{1}{v} \\ \Leftrightarrow \quad & \frac{\partial I}{I} \equiv w_I = w_K = \frac{s}{v} \equiv w^*. \end{aligned}$$

Die Gleichheit der Wachstumsraten von I und K folgt aus der Bedingung eines säkularen Wachstumsgleichgewichts, die Gleichheit der Wachstumsraten von K und Y folgt aus der Annahme eines konstanten marginalen Kapitalkoeffizienten. Alternativ läßt sich argumentieren, daß

$$w_I = w_S = s \cdot \frac{\partial Y}{S} = \frac{S}{Y} \cdot \frac{\partial Y}{S} = \frac{\partial Y}{Y} = w_Y.$$

Das Verhältnis $\frac{s}{v}$ heißt „befriedigende Wachstumsrate".

Harrod nimmt an, die Unternehmer wünschten, den Kapitalkoeffizienten konstant zu halten (Akzeleratorfunktion $I = \gamma \cdot \partial Y$). Da

$$\gamma = \frac{I}{\partial Y} = \frac{\partial K}{\partial Y},$$

ergibt sich auch hier ein konstanter marginaler Kapitalkoeffizient.

Der Unterschied zwischen dem Ansatz von Domar und dem von Harrod besteht mithin in der ökonomischen Argumentation: Domar nimmt einen konstanten marginalen Kapitalkoeffizienten einfach an (wofür z.B. eine technisch limitationale Produktionsfunktion oder eine fehlende Reagibilität des Faktorpreisverhältnisses von K und L verantwortlich gemacht werden können), wogegen Harrod von einer Verhaltensannahme ausgeht (unternehmerisches Gleichgewicht).

Zur Stabilität des Gleichgewichts läßt sich folgendes sagen: Die Wachstumsrate bei Vollauslastung des Kapitalstocks ist $\frac{s}{v}$. Gleichzeitig wächst der Produktionsfaktor Arbeit mit exogen gegebener („natürlicher") Rate n. Wenn aber annahmegemäß keine Substitution zwischen K und A erfolgt (limitationale Produktionsfunktion oder keine Substitution aus anderen Gründen), dann gilt als Gleichgewichtsbedingung

$$w_K = \frac{s}{v} = n,$$

denn sonst bleibt einer der Faktoren unterbeschäftigt. Da aber n, s und v vorgegebene und konstante Parameter sind, ist es unwahrscheinlich, daß $\frac{s}{v} = n$ („befriedigende" gleich „natürliche Wachstumsrate"). Das Gleichgewicht ist mithin prekär, es stellt sich allenfalls zufällig ein. Das Modell ist in dieser Form überdeterminiert, für ein Gleichgewicht fehlt ein Freiheitsgrad.

Im Ansatz von Harrod führt das angestrebte unternehmerische Gleichgewicht darüber hinaus aufgrund der Verhaltensannahme $I = \gamma \cdot \partial Y$ zur Instabilität eines (zufällig) erreichten Gleichgewichts (Wachstum auf Messers Schneide). Wenn die tatsächliche Wachstumsrate $w < w^*$, dann ist auch w_Y geringer als antizipiert, und die Unternehmer vermindern - dem Akzelerator folgend - ihre Investitionen, woraus sich über den Einkommenseffekt eine weitere Verminderung der Wachstumsrate ergibt. (Für $w > w^*$ folgt entsprechend eine ständig zunehmende Wachstumsrate.)

Aufgabe 20.3:

Im traditionellen Solow-Wachstumsmodell ist Kapital der einzige reproduzierbare Faktor. Dessen Veränderung im Zeitablauf entspricht der Nettoinvestition. Die Zunahme des volkswirtschaftlichen Kapitalstocks ist also gleich der Ersparnis abzüglich der Abschreibungen:

$$\frac{dK}{dt} = s \cdot Y - \delta K,$$

wobei t die Zeit, s die Sparquote und δ die Abschreibungsrate des Produktionsfaktors Kapital bezeichnen. Der Faktor Arbeit wächst annahmegemäß mit exogen gegebener Rate n und der Effizienzfaktor A mit der ebenfalls exogenen Rate des arbeitsvermehrenden technischen Fortschritts g. Die zeitliche Entwicklung des Faktors Arbeit und die des arbeitsvermehrenden Effizienzfaktors folgen demnach:

$$L_t = L_0 \cdot e^{n \cdot t}$$

und

$$A_t = A_0 \cdot e^{g \cdot t}.$$

Der Faktor effektive Arbeit wächst damit mit der exogen vorgegebenen Rate $n+g$.

Die im traditionellen Wachstumsmodell angenommene Produktionstechnologie entspricht einer Produktionsfunktion mit abnehmenden Erträgen bei partieller Faktorvariation. Im Falle der Cobb-Douglas-Produktionsfunktion mit konstanten Skalenerträgen in bezug auf die Produktionsfaktoren Kapital und effektive Arbeit erhält man:

$$Y_t = K_t^\alpha \cdot (A_t \cdot L_t)^{1-\alpha}.$$

Aus der Wachstumskomponentenzerlegung ergibt sich danach für die Wachstumsrate des Pro-Kopf-Einkommens:

$$w_{\frac{Y}{L}} = w_A + \alpha \cdot w_{\frac{K}{A \cdot L}}.$$

Die Wachstumsrate des Pro-Kopf-Einkommens ist damit einerseits abhängig von w_A und damit von der exogenen gegebenen, unveränderlichen Rate des arbeitsvermehrenden technischen Fortschritts n und andererseits von der Wachstumsrate der Kapitalintensität pro Einheit effektiver Arbeit $w_{\frac{K}{A \cdot L}}$. Daraus ist ersichtlich, daß in diesem Modell nur ein dauerhaftes Wachstum der Kapitalintensität pro Einheit effektiver Arbeit zu einer Erhöhung der Wachstumsrate des Pro-Kopf-Einkommens führen kann.

Die folgenden Überlegungen gehen daher zweckmäßigerweise von Größen pro Einheit effektiver Arbeit aus. Diese seien durch kleingeschriebene Symbole bezeichnet, so daß $y \equiv \frac{Y}{A \cdot L}$ dem Einkommen und $k \equiv \frac{K}{A \cdot L}$ der Kapitalintensität pro Einheit effektiver Arbeit entsprechen. Die Produktionsfunktion lautet dann:

$$y = k^\alpha$$

bzw.

$$\frac{Y}{L} = A \cdot k^\alpha.$$

Die zeitliche Entwicklung von k ist bestimmt durch die von K, A und L, und folgt

$$\frac{dk}{dt} = s \cdot y - (n + g + \delta) \cdot k = s \cdot k^\alpha - (n + g + \delta) \cdot k$$

$$\Leftrightarrow \quad w_k = \frac{\frac{dk}{dt}}{k} = s \cdot k^{\alpha - 1} - (n + g + \delta).$$

Ein wesentliches Ergebnis dieses Modells ist, daß Versuche, durch eine Erhöhung der Sparquote von einem gegebenen auf ein höheres Niveau zu einem dauerhaften Wachstum der Kapitalintensität k zu gelangen, so daß $w_{\frac{K}{A \cdot L}}$ beständig positiv ist - was die Voraussetzung für ein die exogen gegebene Rate n übersteigendes säkulares Wachstum des Pro-Kopf-Einkommens darstellt -, scheitern müssen (im folgenden wird ohne Verlust an Allgemeinheit nur der Fall einer einmaligen Erhöhung der Sparquote untersucht, da eine unbegrenzt wiederholte Erhöhung bzw. ein dauerhaftes Wachstum der Sparquote wegen $s \leq 1$ nicht möglich ist).

Wenn bei gegebener Kapitalintensität die Sparquote angehoben wird, führt das - da $w_{A \cdot L}$ eine gegebene Konstante ist - dazu, daß $w_K > w_{A \cdot L}$, so daß k zunächst wächst und w_k vorübergehend positiv wird, so daß auch $w_{A \cdot L}$ wächst: Es folgt für die Wachstumsrate von K:

$$w_K = \frac{s}{\frac{K}{Y}} - \delta.$$

Bei einer annahmegemäß konstanten Wachstumsrate der effektiven Arbeit $A \cdot L$ in Höhe von $n+g$ ist aber ersichtlich, daß bei einer Erhöhung der Sparquote $w_K > w_{A \cdot L}$ nur so lange gilt, wie keine Erhöhung des Kapitalkoeffizienten $\frac{K}{Y}$ stattfindet.

Abnehmende Grenzerträge in bezug auf den Faktor Kapital ($\alpha < 1$) führen aber schließlich dazu, daß das Wachstum der Kapitalintensität zum Stillstand kommen muß und die Wachstumsrate von $\frac{Y}{L}$ wieder den Wert n annimmt. Dies läßt sich zeigen, indem man die Produktionsfunktion logarithmiert und nach der Zeit ableitet, so daß:

$$w_Y = \alpha \cdot w_K + (1 - \alpha) \cdot w_A + (1 - \alpha) \cdot w_L.$$

Da $\frac{\partial w_Y}{\partial w_K} = \alpha$, ergibt Ableiten nach s:

$$\frac{\partial w_Y}{\partial s} = \frac{\frac{\partial w_Y}{\partial w_K}}{\frac{\partial w_K}{\partial s}} = \alpha \cdot \frac{\partial w_K}{\partial s}.$$

Bei $\alpha < 1$ gilt:

$$\frac{\partial w_Y}{\partial s} < \frac{\partial w_K}{\partial s}.$$

Eine Erhöhung der Sparquote führt demnach zunächst dazu, daß $w_Y < w_K$, so daß der Kapitalkoeffizient zu steigen beginnt. Wenn aber $w_Y < w_K$, muß der Anstieg von $\frac{K}{Y}$ so lange anhalten, bis die durch die Erhöhung von s erhöhte Wachstumsrate des Kapitalstocks wieder auf das Gleichgewichtsniveau zurückfällt, denn der Anstieg des Kapitalkoeffizienten und damit auch die Verlangsamung von w_K setzt sich so lange fort, bis $w_Y = w_K$. Bei $w_Y = w_K$ folgt aber aus der Wachstumskomponentenzerlegung der Produktionsfunktion $w_K = w_Y = w_{A \cdot L}$, so daß im Gleichgewicht sowohl der Kapitalstock als auch der Faktor effektive Arbeit, als auch das Volkseinkommen mit der gleichen säkularen Rate $n + g$ wachsen. Bei $\alpha < 1$ gilt dabei, daß jede Erhöhung der Wachstumsrate des reproduzierbaren Faktors Kapital über die des exogen wachsenden Faktors effektive Arbeit hinaus dazu führt, daß der mit exogen bestimmter Rate wachsende Faktor effektive Arbeit relativ knapper wird, der gestiegene Kapitaleinsatz somit zu sinkenden Grenzerträgen führt, so daß sich schließlich auch für das Sachkapital und das Volkseinkommen wieder die langfristig unveränderliche Wachstumsrate $n + g$ einstellen muß. Auf dem Gleichgewichtswachstumspfad ist also $w_k = 0$. Damit folgt:

$$s \cdot k^{\alpha - 1} = n + g + \delta.$$

Durch Auflösen nach k ergibt sich daraus, daß die Kapitalintensität im Gleichgewicht (k^*) folgenden Wert annimmt:

$$k^* = \left(\frac{s}{n+g+\delta}\right)^{\frac{1}{1-\alpha}}.$$

Einsetzen von k^* in die Produktionsfunktion zeigt, daß das gleichgewichtige Pro-Kopf-Einkommen bestimmt ist durch

$$\left(\frac{Y}{L}\right)^* = A \cdot (k^*)^\alpha = A \cdot (\frac{s}{n+g+\delta})^{\frac{1}{1-\alpha}}.$$

Daraus ist ersichtlich, daß das Niveau des Pro-Kopf-Einkommens auf dem Gleichgewichtswachstumspfad positiv mit der Sparquote korreliert ist. Die säkulare Wachstumsrate des Pro-Kopf-Einkommens ist dagegen wegen $w_k^* = 0$ ausschließlich durch die Rate des exogenen technischen Fortschritts bestimmt:

$$w_{\frac{Y}{L}} = w_A + \alpha \cdot w_k^* = w_A + 0 = n.$$

Verantwortlich für dieses Ergebnis ist, daß der reproduzierbare Produktionsfaktor im Gleichgewicht mit der gleichen Rate wachsen muß wie der exogen wachsende Faktor effektive Arbeit, so daß die Kapitalintensität k konstant bleibt.

Anstrengungen, durch erhöhtes Sparen die Wachstumsrate des Pro-Kopf-Einkommens zu beeinflussen, können bei abnehmender Grenzproduktivität in bezug auf die akkumulierbaren Produktionsfaktoren nur zu einer vorübergehenden Erhöhung der gegebenen Rate des Pro-Kopf-Einkommenswachstums führen, wonach diese bei dauerhafter Erhöhung des Kapitalkoeffizienten und der Kapitalintensität auf ihr vorgegebenes Niveau n zurückfallen muß. Das säkulare Wachstum des Pro-Kopf-Einkommens ist demnach gleich der Rate des wie „Manna vom Himmel fallenden" technischen Fortschritts.

Dieses theoretisch und entwicklungspolitisch wenig befriedigende Ergebnis der traditionellen Wachstumstheorie ist der Hauptkritikpunkt der Vertreter endogener Wachstumsmodelle.

Aufgabe 20.4:

Wachstumsmodelle mit endogenem Wachstum zeichnen sich - im Unterschied zum traditionellen Wachstumsmodell - dadurch aus, daß sie die säkulare Wachstumsrate als Resultat ökonomischer Entscheidungen und Aktivitäten modellieren.

Im traditionellen Wachstumsmodell mit abnehmenden Grenzerträgen in bezug auf den reproduzierbaren Produktionsfaktor Kapital ist dies nicht möglich; die langfristige Wachstumsrate ist durch den Wert $n + g$ exogen vorgegeben. Dieses Ergebnis läßt sich verallgemeinern, indem unter K nicht nur Sachkapital, sondern die Summe aller reproduzierbaren Produktionsfaktoren, z. B. neben Sachkapital auch Human- und FuE-Kapital, verstanden wird. Im einfachsten Fall beschreibt dann die sogenannte „AK-Produktionsfunktion" eine Produktionstechnologie, in der nichtreproduzierbare Produktionsfaktoren überhaupt keine Rolle spielen, so daß

$$Y = A \cdot K^{\alpha},$$

wobei A eine unveränderliche Konstante darstellt. Es ist ersichtlich, daß in diesem Fall dauerhaftes Wachstum nur dann möglich ist, wenn $\alpha \geq 1$, da andernfalls das Ertragsgesetz wieder zu abnehmenden Kapitalgrenzerträgen und damit, wie schon im Solow-Modell, zu einem steigenden Kapitalkoeffizienten führen muß. Eine gegebene Sparquote legt bei $\alpha < 1$ das Niveau von Y fest, und eine Anhebung der Sparquote führt nur zu einem vorübergehenden Wachstumsimpuls hin zu einem erhöhten Niveau.

Modelle, welche in der AK-Form geschrieben eine Produktionselastizität in bezug auf die reproduzierbaren Produktionsfaktoren von $\alpha < 1$ aufweisen, können demnach kein dauerhaftes Wachstum begründen. Die einfachste Variante von Modellen mit dauerhaftem Wachstum bilden daher Modelle mit einer Skalenelastizität von Eins, so daß

$$Y = A \cdot K.$$

Wenn von der realitätsfernen Annahme einer AK-Produktionsfunktion abgesehen wird - der Produktionsfaktor Arbeit ist mit Sicherheit ein relevanter Produktionsinput -, können zur Modellierung dauerhaften und endogenen beeinflußbaren Wachstums auch Produktionsfunktionen mit konstanten oder zunehmenden Skalenerträgen in bezug auf die Produktionsfaktoren Kapital (im weitesten Sinne) und Arbeit angenommen werden. Endogenes Wachstum ergibt sich dann z. B. bei $\alpha = 1$ und $\beta > 0$ im Falle einer Cobb-Douglas-Produktionsfunktion mit steigenden Skalenerträgen in bezug auf K und L

$$Y = A \cdot K \cdot L^{\beta}.$$

Obige Produktionsfunktion berücksichtigt somit zwar den Produktionsfaktor Arbeit, ist aber aufgrund steigender Skalenerträge nicht mit einem Konkurrenzgleichgewicht vereinbar.

Andauerndes endogen bestimmtes Wirtschaftswachstum kann aber auch durch relevantere Wachstumsmodelle erklärt werden. Eine Möglichkeit (Romer-Modell) besteht darin, für die einzelne Firma konstante Skalenerträge in bezug auf die herkömmlichen Produktionsfaktoren Kapital und Arbeit, anzunehmen, so daß diese Modelle mit einem Konkurrenzgleichgewicht vereinbar sind, dabei jedoch positive externe Effekte zu unterstellen, so daß sich gesamtwirtschaftlich steigende Erträge ergeben. In dieser Gruppe von Modellen beruht endogenes Wachstum also auf externen Effekten. Die Produktionsfunktion für die einzelne Firma f ist dabei vom Typ:

$$Y_f = A \cdot K_f^{\alpha} \cdot L_f^{1-\alpha} \cdot C^{\gamma},$$

wobei Y und L wie im Solow-Modell definiert sind, A eine Konstante ist, K neben Sachkapital auch firmenspezifisches Human- und FuE-Kapital beinhalten kann, und C einen aus Externalitäten resultierenden Faktor bezeichnen möge, der eine Funktion der Einzelkapitale K_f aller Firmen ist, so daß gilt:

$$C = f\left(\sum_{f=1}^{F} K_f\right)$$

mit

$$f' > 0,$$

wobei F die Anzahl der Firmen bezeichnet. Für die einzelne Firma ist C gegeben. Die Produktionsfunktion hat für jede Firma f in bezug auf L und K eine Skalenelastizität von Eins und ist daher mit einem Konkurrenzgleichgewicht vereinbar. Die aggregierte, gesamtwirtschaftliche Produktionsfunktion weist jedoch steigende Skalenerträge auf, denn:

$$Y = \sum_{f=1}^{F} A \cdot K_f^{\alpha} \cdot L_f^{1-\alpha} \cdot C^{\gamma} = A \cdot K^{\alpha} \cdot L^{1-\alpha} \cdot C^{\gamma}.$$

Eine intuitive Begründung für diesen Ansatz liegt in der begrenzten Geltung des Ausschlußprinzips bei Innovationen, da Geheimhaltung oder Patentierung nur einen unvollkommenen Schutz gewähren können, und technisches Wissen daher zumindest teilweise den Charakter eines öffentlichen Gutes hat, welches als Faktor C potentiell allen Firmen zur Verfügung steht. Eine Verdoppelung des Ausstoßes ist nach dieser Vorstellung bereits mit einer Verdoppelung der Produktionsinputs mit ausschließlich privatem Charakter, d. h. bei konstantem C, zu erreichen. Die gesamtwirtschaftliche Produktionsfunktion unter Einschluß des aus Externalitäten resultierenden Faktors C muß daher steigende Erträge aufweisen.

In der zweiten Gruppe von Modellen (Lucas-Ansatz) beruht endogenes Wachstum auf der unbegrenzten Akkumulation eines speziellen Faktors T, das heißt, es wird eine spezifische Produktionstechnologie für einen bestimmten reproduzierbaren Produktionsfaktor angenommen. Für Konsumgüter und herkömmliche Produktionsgüter wird dabei eine traditionelle Produktionstechnologie mit bei partieller Faktorvariation abnehmenden Grenzerträgen unterstellt; für die Erstellung eines bestimmten reproduzierbaren Produktionsfaktors (technisches Wissen oder hochspezialisiertes Humankapital) wird dagegen davon ausgegangen, daß die erstellbare Menge eine lineare Funktion des bereits erreichten Bestands ist, so daß in diesem speziellen Fall das Ertragsgesetz nicht gilt. Damit ist auch für die gesamtwirtschaftliche Produktionsfunktion das Ertragsgesetz außer Kraft gesetzt; die Akkumulation eines solchen Produktionsfaktors kann so zum Träger säkularen endogenen Wachstums werden. Die Endogenisierung des Wachstums geschieht hier über Investitionen in die Faktoren Humankapital oder technisches Wissen. (Auch hierfür gibt es eine intuitive Begründung: ein Ingenieur kann heutzutage auf ein erheblich umfangreicheres und verfeinertes Wissen zurückgreifen als ein Ingenieur vor 100 Jahren und ist daher im inventiven Prozeß als effektiver anzusehen. Erfindungen sind um so leichter, je mehr bereits erfunden ist. Die Wachstumsrate des technischen Fortschritts ist damit nicht mehr exogen gegeben, sondern eine Funktion der mit zunehmendem technischen Wissen immer schneller vor sich gehenden Akkumulation von FuE- oder Humankapital.)

Entscheidend für die Möglichkeit endogenen Wachstums ist dabei, daß die Produktion des Faktors T im Zeitverlauf keine abnehmenden Erträge aufweist. Die typische Formulierung für die Akkumulation des endogenen Wachstumsfaktors lautet daher in dieser Gruppe von Modellen:

$$\frac{dT}{dt} = f(s_T) \cdot T$$
$$\Leftrightarrow w_T = f(s_T)$$

mit

$$f' > 0, \;\; f'' < 0,$$

wobei s_T den Anteil des Volkseinkommens bezeichnet, der für die Akkumulation von T zur Verfügung gestellt wird. Wäre dagegen

$$\frac{dT}{dt} = f(s_T) \cdot T^{\xi}$$

mit $\xi < 1$, so daß die Akkumulation von T abnehmenden Grenzerträgen unterliegen würde, dann müßte w_T bei einer Erhöhung von s_T wegen

$$w_T = f(s_T) \cdot T^{\xi - 1}$$

mit steigendem T schließlich gegen Null gehen, so daß - wie im Solow-Modell in bezug auf eine Erhöhung der Sparquote s - die Wachstumsrate des Volkseinkommens durch eine Erhöhung von s_T nicht dauerhaft angehoben werden könnte.

Die Modelle der Neuen Wachstumstheorie sind demnach so beschaffen, daß Produktivitätsfortschritte nicht mehr als exogen gegeben angenommen werden, sondern auf die Vermehrung eines oder mehrerer Produktionsfaktoren zurückgeführt werden, sei es als Nebenprodukt anderer ökonomischer Aktivitäten (Externalitäten), sei es aufgrund zielgerichteter Anstrengungen zur Erweiterung des produktionsrelevanten Wissens, etwa durch Forschung und Entwicklung oder die Akkumulation hochspezialisierten Humankapitals. Die gesamtwirtschaftliche Produktionsfunktion muß dabei in bezug auf Kapital im weitesten Sinne, d.h. in bezug auf die reproduzierbaren Produktionsfaktoren, mindestens konstante Skalenerträge aufweisen.

Aufgabe 20.5:

In der Nähe des Gleichgewichtswachstumspfades läßt sich die sogenannte Konvergenzgleichung herleiten. Dazu wird ein Ausdruck der Wachstumsrate w_k in

Abhängigkeit von k gesucht. Da $\ln k$ eine streng monotone Funktion ist, kann w_k auch als Funktion von $\ln k$ geschrieben werden:

$$w_k = f(\ln k).$$

Durch lineare Taylor-Approximation von $w_k = f(\ln k)$ um den Gleichgewichtswert k^* ergibt sich

$$w_k = w_k^* + \frac{\partial w_k}{\partial \ln k} \cdot (\ln k - \ln k^*) + R,$$

wobei der Rest R in der Nähe von k^* gegen Null geht.
Allgemein gilt:

$$x^y = e^{y \cdot \ln x}.$$

Da

$$s \cdot k^{\alpha-1} = s \cdot e^{(\alpha-1)\cdot \ln k}$$

und - wie in Aufgabe 20.3 gezeigt -

$$w_k = s \cdot k^{\alpha-1} - (n + g + \delta),$$

lautet die Ableitung von w_k nach $\ln k$

$$\frac{\partial w_k}{\partial \ln k} = (\alpha - 1) \cdot s \cdot k^{\alpha-1}.$$

Auf dem Gleichgewichtswachstumspfad gilt $w_k = w_k^* = 0$. Dies ist gleichbedeutend mit $s \cdot k^{\alpha-1} = n+g+\delta$. Daraus folgt in der Nähe des Gleichgewichtswachstumspfades bei $R = 0$

$$w_k = (\alpha - 1) \cdot (n + g + \delta) \cdot (\ln k - \ln k^*).$$

Da $\ln y = \alpha \cdot \ln k$ und $w_y = \alpha \cdot w_k$ ergibt sich hieraus die charakteristische Konvergenzgleichung

$$w_y = (1 - \alpha) \cdot (n + g + \delta) \cdot (\ln y^* - \ln y).$$

Damit ergibt sich für den Zusammenhang zwischen Niveau und Wachstumsrate des Pro-Kopf-Einkommens im Länderquerschnitt Folgendes: Wenn die gemessenen Werte des Pro-Kopf-Einkommens zufällig um ihre Werte auf den landesspezifischen Gleichgewichtswachstumspfaden y^* verteilt sind, ist keine Korrelation zwischen dem Niveau des Pro-Kopf-Einkommens und dessen Wachstumsrate zu erwarten; die Wachstumsrate ist dann annahmegemäß exogen bestimmt. Wenn aber keine zufällige Verteilung der Länder um ihre spezifischen Gleichgewichtswachstumspfade vorliegt, sondern - wie anzunehmen ist - Länder mit geringerem Pro-Kopf-Einkommen sich dadurch auszeichnen, daß sie niedrige Kapitalkoeffizienten aufweisen und noch nicht auf ihrem Gleichgewichtswachstumspfad angelangt sind, werden die Wachstumsraten des Pro-Kopf-Einkommens in einer Stichprobe von Ländern, die zum gleichen säkularen Wachstumspfad konvergieren, d.h. bei Kontrolle auf die Determinanten des Gleichgewichtswachstumspfades, negativ mit dem Ausgangsniveau des Pro-Kopf-Einkommens korreliert sein.

Aus der Konvergenzgleichung folgt ferner, daß bei $\alpha \geq 1$, d.h. bei Modellen mit endogenem Wachstum, keine Konvergenz zu erwarten ist.

Kommentierte Literaturhinweise:

Solow (1956) ist der programmatische (und gut lesbare) Beitrag, auf dessen Grundlage im wesentlichen die gesamte Wachstumstheorie bis etwa 1990 beruht. Lucas (1988) ist eine der wesentlichen Publikationen, die Anfang der 90er Jahre den Paradigmenwechsel von Modellen mit exogenem zu Modellen mit endogenem Wachstum (Neue Wachstumstheorie) einleiten. Mankiw/Romer/Weil (1992) erweitern das Solow-Modell um den Faktor Humankapital und liefern die bis heute maßgebliche methodische Untermauerung für die Diskussion der Konvergenz/Nichtkonvergenz von Wachstumsraten. Dieser (anspruchsvolle) Beitrag ist als Replik auf die sich zu etablieren beginnende Neue Wachstumstheorie zu lesen und liefert eine elaborierte Ausformulierung der traditionellen neoklassischen Ansatzes. Das Kapitel über Wachstumstheorie im Lehrbuch von Branson (1992) gibt eine didaktisch sehr gelungene und umfassende Darstellung der postkeynesianischen und neoklassischen Wachstumstheorie, aus dem sowohl die formale als auch die graphische Analyse im Eigenstudium gelernt werden können. Frenkel/Hemmer (1999) ist ein deutschsprachiges Lehrbuch, das eine sehr gute Übersicht über die verschiedenen Stadien der Entwicklung der Theorie des ökonomischen Wachstums unter Einschluß der Neuen Wachstumstheorie gibt. Auch dieses Lehrbuch ist gut nachvollziehbar und somit zum Eigenstudium geeignet.

Branson, W. H. (1992):
Makroökonomie: Theorie und Politik. München.

Frenkel, M./Hemmer, H.-R. (1999):
Grundlagen der Wachstumstheorie. München.

Lucas, R. E. (1988):
On the Mechanics of Economic Development. In: Journal of Monetary Economics, Vol. 22, S. 3-42.

Mankiw, N. G./Romer, D./Weil, D. N. (1992):
A Contribution to the Empirics of Economic Growth. In: Quarterly Journal of Economics, Vol. 107, S. 407-437.

Solow, R. M. (1956):
A Contribution to the Theory of Economic Growth. In: Quarterly Journal of Economics, Vol. 70, S. 65-94.

Kapitel 21

Monetäre Außenwirtschaft

Dr. habil. Ansgar Belke, Ruhr-Universität Bochum
Dr. habil. Matthias Göcke, Westfälische Wilhelms-Universität Münster

Aufgaben

Aufgabe 21.1:

Die Leistungsbilanz eines Landes weist einen Saldo von LB auf. Von den privaten Wirtschaftssubjekten wird netto ein Kapitalbetrag von KP exportiert. Die Regierung nimmt zur Finanzierung des Staatsdefizits einen Auslandskredit in Höhe von KR auf. Welchen Saldo weist die Devisenbilanz auf? In welchem Umfang ändern sich die Währungsreserven der Zentralbank im Fall eines Festkurssystems? Welche Höhe müsste der Leistungsbilanzsaldo haben, wenn ein System mit flexiblen Wechselkursen vorliegt. Welcher Veränderung würde dann die Leistungsbilanz bei einer Erhöhung des auslandsfinanzierten Staatsdefizit unterliegen? Vernachlässigen Sie dabei Vermögens- und Leistungsübertragungen.

Aufgabe 21.2:

Zwei große Länder, das Inland und das Ausland („Rest der Welt"), nehmen an einem Festkurssystem teil. Mit dem Ziel der Verbesserung der Leistungsbilanz (und damit verbunden auch der Beschäftigungssituation) wertet das Inland seine Währung ab. Im folgenden soll im Rahmen einer Partialanalyse argumentiert werden.

21.2.1 Wie verändern sich der Export- und der Importwert des Inlands, die inländische Leistungsbilanz (in Inlandswährung) sowie die Terms of Trade des Inlands? Die Situation bezüglich der Elastizitäten lasse sich wie folgt charakterisieren: Das Angebot auf Ex- und Importmärkten sei vollkommen preiselastisch ($a_E, a_M \to \infty$) und die Nachfrage nach den Exportgütern des Inlands weise exakt eine Preiselastizität von $n_E = (-1)$ auf. Die Preiselastizität der Importnachfrage sei unbekannt. Unter welchen Bedingungen kommt es zu einer „normalen" Reaktion der Leistungsbilanz? Ist hierbei der Saldo der Leistungsbilanz in der Ausgangssituation von Bedeutung?

21.2.2 Welche Wirkung ergeben sich für den in Auslandswährung nominierten Leistungsbilanzsaldo des Inlands? Spielt hier der Ausgangssaldo der Leistungsbilanz eine Rolle?

Aufgabe 21.3:
Ausgehend von einem Gleichgewicht auf allen Märkten sinkt aufgrund von Änderungen der Zahlungsgewohnheiten (autonom) die Liquiditätsnachfrage in einem kleinen Land, welches keine nennenswerten Reaktionen im Rest der Welt auslöst. Zeigen Sie die Wirkungen anhand des Mundell-Fleming-/IS-LM-Z-Modells für ein konstantes Preisniveau auf. Das Land sei Mitglied eines Festkurssystems. Die Kurven weisen einen „normalen" Verlauf auf.

Aufgabe 21.4:
Das große Ausland („Rest der Welt") sieht sich im Rahmen einer Konjunkturbelebung einem (autonomen) Anstieg der Güternachfrage und als Folge hieraus einer Erhöhung des Zinssatzes gegenüber. Der Wechselkurs zwischen dem Inland und dem Ausland ist flexibel. Da vollkommene Kapitalmobilität vorliegt, ist der internationale Kapitalverkehr vollkommen zinsreagibel. Für beide Länder ist das Preisniveau konstant. Die Kurven weisen einen „normalen" Verlauf auf.

21.4.1 Untersuchen Sie die Effekte der ausländischen Konjunkturbelebung auf das kleine Inland auf der Grundlage eines keynesianischen IS-LM-Z-Ansatzes. Betrachten Sie als Vereinfachung zunächst nur das kleine Inland.

21.4.2 Im Unterschied zur vorherigen Teilaufgabe ist das Inland nun als großes Land zu behandeln. Stellen Sie die Wirkungen der konjunkturellen Nachfrageerhöhung im Ausland für die beiden Länder dar.

Aufgabe 21.5:

In einem kleinen Land, welches flexible Wechselkurse gegenüber dem Ausland unterhält, erhöht die Zentralbank im Rahmen einer expansiven Geldpolitik autonom die monetäre Basis, um positive Beschäftigungseffekte zu erreichen. Wie werden sich Volkseinkommen, Preisniveau, Zinssatz und Wechselkurs des Landes ändern, wenn das gesamtwirtschaftliche Angebot (AS: „Aggregate Supply") nicht völlig preisunelastisch ist? Nutzen Sie den AS-AD-Analyserahmen (AD: „Aggregate Demand") und gehen Sie als Vereinfachung von einer unendlich hohen Zinsreagibilität des Kapitalverkehrs aus.

Aufgabe 21.6:

Das ausländische Preisniveau sinkt. Dies bewirkt einen Druck auf den Außenwert der Inlandswährung. Die inländische Zentralbank möchte ihre Währung stützen. Zeigen Sie anhand des Branson-Portfolio-Modells auf, wie sich verschiedene Stützungstransaktionen auf den Wechselkurs und den Inlandszinssatz auswirken. Diese Transaktion seien:

1. kontraktive Offenmarktpolitik,
2. Verkauf von ausländischen Bonds,
3. Tausch von ausländischen Bonds gegen inländische Bonds.

Gehen Sie davon aus, daß die in- und ausländischen Finanzaktiva (Bonds) keine vollständigen Substitute sind. Betrachten Sie nur die Reaktionen im kleinen Inland.

Lösungen

Aufgabe 21.1:

Die Kapitalverkehrsbilanz (im engeren Sinne) erfasst die Kapitaltransaktionen der „Nicht-Zentralbanken" mit dem Ausland. Der Saldo K stellt den Nettokapitalimport dar. K errechnet sich aus dem Kapitalimport der Regierung und den Kapitalexporten der Privaten als:

$$K = KR - KP.$$

Die Devisenbilanz DB erfasst die Nettokapitalimporte der Zentralbank. Infolge der doppelten Buchführung ist die Zahlungsbilanz über alle Teilsalden (Leistungsbilanz

LB, Kapitalverkehrsbilanz i.e.S. K und Devisenbilanz DB) zwangsläufig definitionsgemäß ausgeglichen:

$$LB + K + DB \equiv 0.$$

Der Devisenbilanzsaldo folgt somit als:

$$DB = -LB - KR + KP.$$

Durch den Kapitalimport der Zentralbank DB verringern sich die Nettoauslandsaktiva der Zentralbank. Damit sinken transaktionsbedingt die Währungsreserven WR:

$$\Delta WR = -DB = LB + KR - KP.$$

(Häufig wird dies auch als „Zahlungsbilanzsaldo" $Z = -DB$ bezeichnet). Bei flexiblem Wechselkurs darf die Zentralbank nicht am Devisenmarkt intervenieren. Daher muß die Devisenbilanz einen Saldo von Null aufweisen. Es ist dann $Z = 0$ und somit gilt bei flexiblem Wechselkurs:

$$0 = Z = LB + K.$$

Es folgt daher für den Saldo der Leistungsbilanz:

$$LB = -KR + KP.$$

Dies bedeutet, daß mit einer Erhöhung der staatlichen Kreditaufnahme im Ausland c.p. eine Leistungsbilanz-Verschlechterung einhergehen muß ($KR \uparrow \Rightarrow LB \downarrow$).

Aufgabe 21.2:

21.2.1 Infolge des vollkommen preiselastischen Angebots im In- und Ausland sind der inländische Exportpreis in Inlandswähung (Euro) $\bar{p}_E$ und der Importpreis in Auslandswährung (Dollar) $\bar{p}_M^{\$}$ als die jeweiligen Angebotspreise konstant. Der Wechselkurs w sei in Preisnotierung angegeben als der „Preis" des Dollars in Euro. Eine Abwertung des Euro bedeutet deshalb ein Steigen des Wechselkurses w (von w_0 auf w_1). Der Exportpreis in Dollar $p_E^{\$} = \frac{\bar{p}_E}{w}$ sinkt umgekehrt proportional zur w-Steigerung. Weil die Exportnachfrage-Elastizität

$$n_E = \frac{\frac{\partial E}{E}}{\frac{\partial p_E^{\$}}{p_E^{\$}}}$$

eine Höhe von genau (-1) aufweist, muß somit die Exportmenge E proportional zu w, d.h. mit der Rate $\frac{w_1 - w_0}{w_0}$, wachsen. Der Exportwert in Inlandswährung

$$E^n = \bar{p}_E \cdot E$$

erhöht sich ebenfalls proportional zum Wechselkurs. Für den Importpreis in Euro

$$p_M = w \cdot \bar{p}_M^{\$}$$

ergibt sich ebenfalls eine proportionale Steigerung. (Es handelt sich hierbei jeweils um einen vollständigen „exchange rate pass-through".) Infolge der Preiserhöhung sinkt die Importmenge M. Soweit die Importnachfrage unelastisch ist ($0 < |n_M| < 1$), dominiert die Preissteigerung die Mengenreduktion, so daß der Importwert in Inlandswährung

$$M^n = p_M \cdot M$$

steigt. Im Extremfall einer völlig preisunelastischen Importnachfrage ($n_M = 0$) erfolgt eine proportionale Erhöhung des Importwerts. Bei preiselastischer Nachfrage ($|n_M| > 1$) sinkt der Importwert. Eine grafische Darstellung der Preis- und Mengeneffekte findet sich in Abbildung 21.1. Die Ausgangssituationen vor Abwertung sind mit den Punkten A bzw. C und die Situation nach der Abwertung ist mit den Punkten B bzw. D gekennzeichnet.

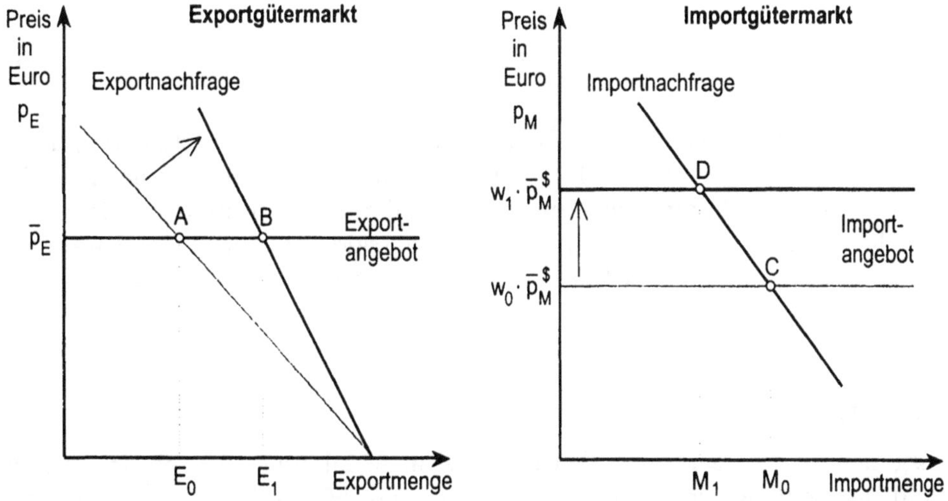

Abbildung 21.1: Internationale Märkte für inländische Ex- und Importgüter

Eine „normale" Reaktion der inländischen Leistungsbilanz auf die Abwertung des Euro würde in ihrer Verbesserung bestehen. Es liegt eine proportionale Exportwert-Erhöhung vor. Der Importwert steigt nur im Grenzfall ($n_M = 0$) proportional. Bei anfänglich ausgeglichener Leistungsbilanz ist somit normalerweise - abgesehen vom Grenzfall - von einer stärkeren Reaktion des Exportwerts und damit von einer Verbesserung der Leistungsbilanz auszugehen. Dies wird auch durch die Marshall-Lerner-Bedingung

$$\text{bei } LB_0 = 0 : \frac{\partial LB}{\partial w} > 0 \quad \text{für} \quad n_E + n_M < -1$$

verdeutlicht. Ist die Leistungsbilanz in der Ausgangssituation defizitär

$$LB_0 < 0 \Rightarrow M_0^n > E_0^n,$$

wiegt die Importwert-Erhöhung relativ schwerer, da sich das Importwert-Wachstum auf einen höheren Ausgangswert bezieht. Also ist bei niedriger Importnachfrage-Elastizität eine „nicht-normale" Reaktion, d.h. eine LB-Verschlechterung als Folge der Abwertung, möglich. Somit spielt der Ausgangssaldo eine Rolle.

Die Terms of Trade geben an, wie viele Einheiten des Importgutes das Inland gegen eine Einheit des Exportgutes erhält. Dieses Mengenverhältnis entspricht dem umgekehrten Preisverhältnis:

$$ToT = \frac{\bar{p}_E}{p_M}.$$

Da im Nenner der Importpreis proportional zu w steigt, sinken die Terms of Trade umgekehrt proportional zur Wechselkurs-Erhöhung.

21.2.2 Der Exportwert in Euro E^n ist im Fall von $|n_E| = 1$ proportional zu w gestiegen. Daher bleibt hier der Exportwert in Dollar

$$E^{n\$} = \frac{E^n}{w}$$

unverändert, da die Preissenkung in Dollar exakt durch die Mengensteigerung kompensiert wird. Der Importpreis in Dollar $\bar{p}_M^{\$}$ ist konstant. Die Importmenge M ist für $|n_M| > 0$ gesunken. Somit sinkt in diesem Fall auch der Importwert in Dollar $M^{n\$}$. Folglich wird sich - unabhängig vom Ausgangssaldo - die in Auslandswährung nominierte Leistungsbilanz des Inlands infolge der Abwertung verbessern (soweit $|n_M| > 0$).

Aufgabe 21.3:

Die Ausgangssituation sei durch den Punkt A in Abbildung 21.2 gekennzeichnet. Aufgrund der Senkung der autonomen Liqiditätsnachfrage ($\bar{L}\downarrow$) ergibt sich auf dem Geldmarkt ein Geldangebotsüberschuß.[1] Der Geldangebotsüberschuß kann bei einem Einkommensanstieg durch die Erhöhung der Nachfrage nach Transaktionskasse abgebaut werden, d.h. die LM-Kurve verschiebt sich nach rechts auf LM'. Ein temporäres internes Gleichgewicht ergibt sich im Punkt B. Der Zinssatz i sinkt. Dies induziert eine Verschlechterung der Kapitalverkehrsbilanz K ($i\downarrow \Rightarrow K\downarrow$). Das Einkommen Y steigt, so daß einkommensinduzierte Importe die Leistungsbilanz verschlechtern ($Y\uparrow \Rightarrow LB\downarrow$). Als Folge ergibt sich in der Summe auch eine Verschlechterung der Zahlungsbilanz. Dies bedeutet, daß die Zentralbank zur Stützung

[1] Die folgenden Ausführungen gelten daher selbstverständlich analog für eine Ausdehnung des heimischen monetären Basis (und damit des Geldangebots) im Rahmen einer expansiven Geldpolitik durch die Zentralbank.

des festen Wechselkurses Devisen verkaufen muß; die Währungsreserven WR sinken:

$$\Delta WR = Z = LB + K < 0 \Rightarrow WR\downarrow .$$

Hierdurch verringert sich die monetäre Basis. Deshalb wird die LM-Kurve zurück verschoben, und zwar solange, bis mittelfristig die Ausgangslage in LM_0 bzw. A wieder erreicht wird. Die Reduktion der Liquiditätsnachfrage erweist sich infolge der außenwirtschaftlich bedingten Verringerung der monetären Basis als mittelfristig wirkungslos. Nur während der Anpassungsphase steigt das Einkommen Y temporär.[2]

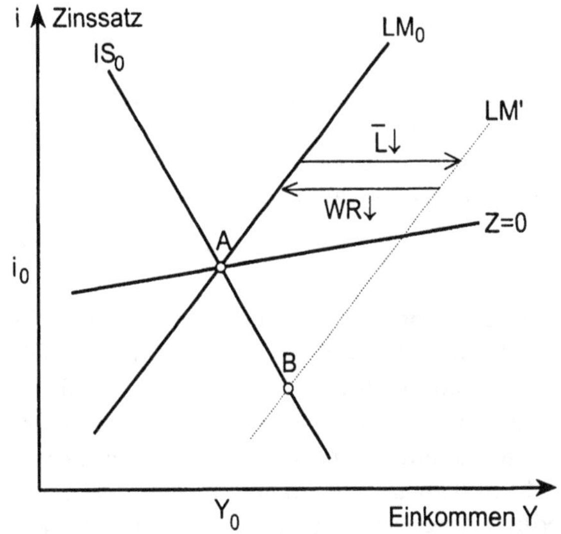

Abbildung 21.2: Effekte einer Geldnachfragesenkung im IS-LM-Z-Modell (Festkurssystem)

Aufgabe 21.4:

21.4.1 Bei vollkommenem internationalen Kapitalverkehr weist die Z-Kurve eine horizontale Lage auf. D.h. der Inlandszinssatz muß dem Auslandszins entsprechen ($i = i^*$; der Stern „*" wird im folgenden zur Kennzeichnung des Auslands verwendet), andernfalls würden extrem starke Kapitalströme durch die Zinsdifferenz induziert. Die Ausgangslage sei durch Punkt A in Abbildung 21.3 gegeben.

Die Konjunkturbelebung im Ausland bringt eine Steigerung des Auslandseinkommens und des Auslandszinssatzes mit sich ($Y^* \uparrow$ und $i^* \uparrow$). Einkommensinduziert

[2]Gleiches gilt für eine expansive Geldpolitik im Festkurssystem.

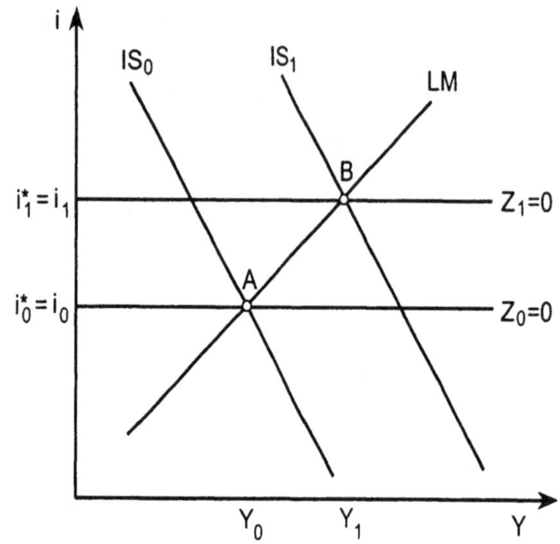

Abbildung 21.3: Konjunkturübertragung auf ein kleines Inland (flexible Wechselkurse)

steigen die ausländischen Importe (das sind die inländischen Exporte), so daß sich die inländische Leistungsbilanz LB verbessert ($Y^* \Rightarrow LB \uparrow$). Die ausländische Zinssteigerung bewirkt bei vollkommen zinselastischem Kapitalverkehr starke inländische Kapitalexporte: die Kapitalverkehrsbilanz verschlechtert sich sehr stark ($i^* \Rightarrow K \downarrow\downarrow$). Die Kapitalverkehrsbilanz-Verschlechterung dominiert die Leistungsbilanz-Verbesserung, so daß ein Devisennachfrageüberschuß resultiert. Da die Zentralbank im System flexibler Wechselkurse nicht zur Kursstützung am Devisenmarkt interveniert, steigt der „Preis" der Devisen w; d.h. es kommt zu einer Abwertung der Inlandswährung ($LB \uparrow + K \downarrow\downarrow = Z \downarrow \Rightarrow w \uparrow \Rightarrow LB \uparrow$). Dies verbessert - soweit von einer „normalen" Reaktion der Leistungsbilanz ausgegangen werden kann - die inländische Leistungsbilanz um ein weiteres. Die mit der Leistungsbilanz-Verbesserung einhergehende Erhöhung der Nachfrage nach heimischen Gütern bewirkt eine Verschiebung der IS-Kurve nach rechts. Die Zinserhöhung führt zu einer Verlagerung der Z-Kurve nach oben. Das Einkommen und der Zinssatz im Inland steigen ($Y \uparrow$ und $i = i^* \uparrow$). Das neue Gleichgewicht ist mit dem Punkt B beschrieben. Es kommt somit zu einer positiven Konjunkturübertragung aus dem Ausland.

21.4.2 Die Ausgangssituation für das Inland bzw. Ausland ist durch die Punkte A bzw. A^* in Abbildung 21.4 dargestellt. Der Konjunkturaufschwung im Ausland bewirkt eine autonome Verschiebung von IS^* nach rechts bis $IS^{*\prime}$.[3] Trotz der eigentlichen Simultaneität der weiteren Prozesse sei eine „künstliche" Trennung in der Darstellung der Transmission gewählt, indem zunächst das große Ausland, dann

[3]Eine expansive Fiskalpolitik im Ausland führt zu einem analogen Impuls.

die Übertragung auf das große Inland und schließlich die Rückwirkungen auf das Ausland betrachtet werden.

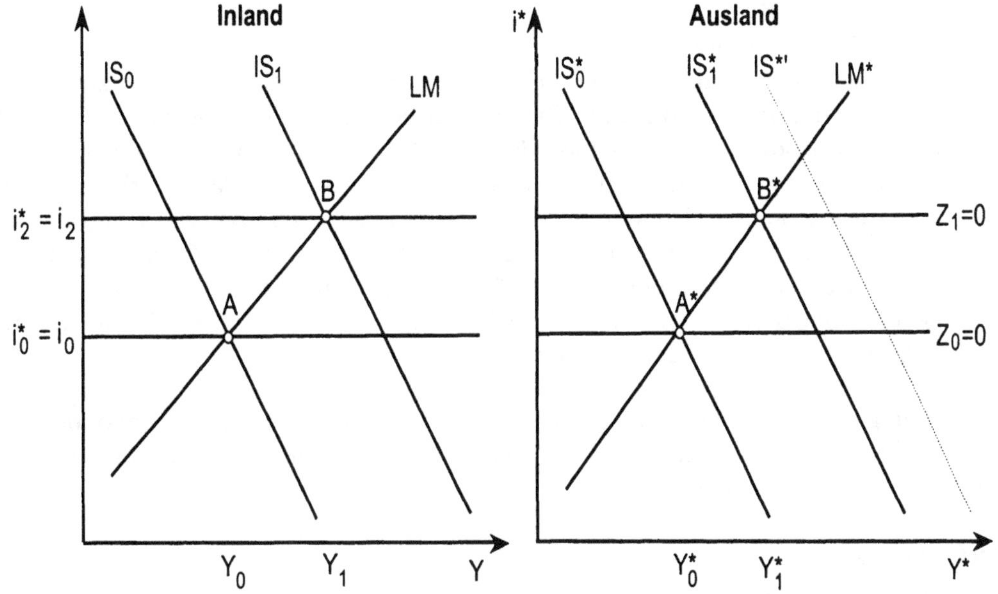

Abbildung 21.4: Konjunkturübertragung bei zwei großen Ländern (flexible Wechselkurse)

- *Ausland:*
  Wie schon in Teilaufgabe 21.4.1 aus Sicht des Inlands beschrieben, führt die konjunkturelle Erholung im Ausland (IS^* nach rechts auf $IS^{*'}$) einkommensinduziert zur Verschlechterung der ausländischen Leistungsbilanz, während die Zinssteigerung zu einem starken Anwachsen der Kapitalimporte führt. Die Abwertung der Inlandswährung entspricht einer Aufwertung der ausländischen Währung. Deshalb verschiebt sich die IS^*-Kurve wieder teilweise in Richtung des Ausgangsgleichgewichts A^*:

$$Y^* \uparrow \;\Rightarrow LB^* \downarrow; i^* \uparrow \;\Rightarrow K^* \uparrow\uparrow \;\Rightarrow \$ - \text{Aufwertung}; \frac{1}{w} \downarrow \;\Rightarrow LB^* \downarrow .$$

- *Inland:*
  Wie in Teilaufgabe 21.4.1 ausführlich dargestellt, kommt es infolge der Verbesserung der inländischen Leistungsbilanz (IS_0 nach rechts auf IS_1) zu einem Einkommens- und Zinsanstieg.

- *Rückwirkung auf das Ausland:*
  Da es sich nun nicht mehr um ein kleines Inland handelt, kommt es zu Rückwirkungen auf das Ausland. Die inländische Zinssteigerung schwächt den Aufwertungsdruck der Auslandswährung ab. Außerdem bewirkt die Einkommenserhöhung im Inland c.p. eine ausländische Leistungsbilanz-Verbesserung. Aus diesen beiden Gründen kehrt die ausländische IS^*-Kurve nicht ganz in ihre Ausgangslage zurück. Das gemeinsame gleichgewichtige Zinsniveau spielt sich auf einem gegenüber der ursprünglichen Situation in A bzw A^* gestiegenen Niveau ($i_2 = i_2^*$) ein. Das ausländische Gleichgewichtseinkommen hat sich trotz der Aufwertung erhöht.

Insgesamt gesehen kommt es in beiden Ländern zu einem positiven Einkommens- und Zinseffekt. Man kann hier also von einem positiven Konjunkturzusammenhang bei flexiblen Wechselkursen sprechen.[4]

Aufgabe 21.5:

Die AD-Kurve stellt die „gesamtwirtschaftliche Nachfrage" in Form des IS-LM-Z-Multiplikatorgleichgewichtes in Abhängigkeit von jeweils unterschiedlichen Preisniveaus dar. Bei flexiblem Wechselkurs und vollkommen zinselastischem Kapitalverkehr wird das IS-LM-Z-Gleichgewichtseinkommen durch den Punkt determiniert, der durch den Auslandszinssatz $i = i^*$ auf der LM-Kurve gegeben ist. Abweichungen von diesem Punkt führen zu Wechselkursänderungen und damit zu Leistungsbilanz-Reaktionen, die für eine Verschiebung der IS-Kurve in diesen Punkt sorgen.

Die Ausgangssituation ist in Abbildung 21.5 mit den Punkten A (im i/Y-Diagramm) bzw. A' (im p/Y-Diagramm) dargestellt. Die expansive Geldpolitik bewirkt eine Ausdehnung des nominellen Geldangebots M^n und damit - bei zunächst konstantem Preisniveau p_0 - eine Rechtsverschiebung von LM nach LM'. Der hiermit einher gehende Zinssenkungsdruck sorgt für eine Verschlechterung der Kapitalverkehrsbilanz und somit für einen Devisennachfrage-Überschuss. Als Folge ergibt sich eine Abwertung der Inlandswährung; d.h. der nominelle Wechselkurs in Preisnotierung w steigt. Bei „normaler" Reaktion verbessert sich die Leistungsbilanz. Die IS-Kurve verschiebt sich nach rechts auf IS'. Ohne Preisänderungen würde sich ein neues Gleichgewicht im Punkt B ergeben. Die AD-Kurve verschiebt sich also horizontal um die Strecke $\overline{AB}$ bzw. $\overline{A'B'}$ auf AD_1. Die gesamtwirtschaftliche Nachfrage wird im Folgenden durch AD_1 charakterisiert.

Da aber das gesamtwirtschaftliche Angebot nicht vollkommen preiselastisch ist,

[4]Ein analoges Ergebnis hätte sich bei expansiver Fiskalpolitik im Ausland ergeben.

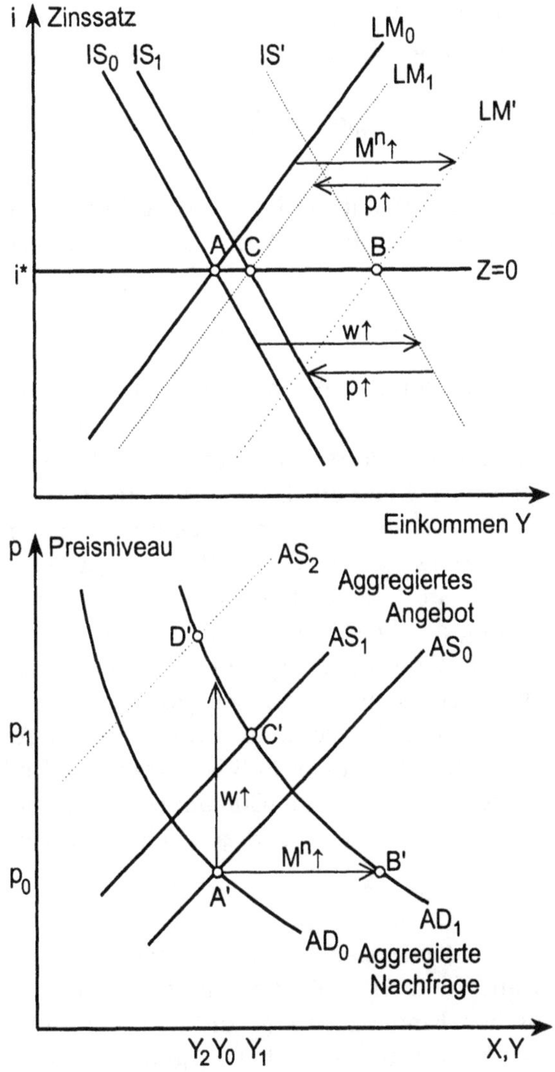

Abbildung 21.5: Expansive Geldpolitik (flexible Wechselkurse)

kommt es nun zu Preisreaktionen. Aufgrund der nominellen Abwertung steigen die in heimische Währung umgerechneten Preise für importierte Vorleistungen. Außerdem verbessert sich die relative Wettbewerbslage der inländischen Exporteure und Importkonkurrenten, was ihnen einen Spielraum für Preissteigerungen verleiht. Das gesamtwirtschaftliche Angebot verteuert sich. Hierdurch verschiebt sich die AS-Kurve nach oben auf AS_1. Es kommt zu Preissteigerungen (von p_0 auf p_1). Dies bedeutet c.p. eine reale Aufwertung der Inlandswährung

$$w^{real} = \frac{w \cdot p^*}{p},$$

wodurch sich bei „normaler" Reaktion die Leistungsbilanz wieder verschlechtert. Die IS-Kurve verschiebt sich nach links. Wegen der Preissteigerung sinkt auch das reale Geldangebot

$$M = \frac{M^n}{p},$$

so daß sich die LM-Kurve nach links auf LM_1 verschiebt. Das neue Gleichgewicht ist für i^* auf LM_1 durch den Punkt C (bzw. C') determiniert. Durch eine entsprechende Änderung des nominalen Wechselkurses w wurde die IS-Kurve auf IS_1 verschoben.

Als Folge der expansiven Geldpolitik kommt es in jedem Fall zu Preissteigerungen und zur nominellen Abwertung der Inlandswährung. Im Punkt C bzw. C' fällt die nominelle Abwertung stärker als die Preissteigerung im Inland aus. D.h. in diesem Fall würde insgesamt eine reale Abwertung erfolgen. Es ergibt sich dann letztlich eine Verbesserung der Leistungsbilanz und somit auch eine Einkommenssteigerung auf Y_1. Diese Einkommenssteigerung ist aber nicht zwingend. So kann sich die AS-Kurve so weit nach oben verschieben (z.B. durch das Wirken einer Lohn-Preis-Spirale im Inland), daß die Preiserhöhung die nominelle Abwertung überkompensiert (AS_2 und Punkt D'). In diesem Fall ist sogar eine Einkommensreduktion (Y_2) möglich. Festzuhalten bleibt, daß die Einkommensreaktion unbestimmt ist, es in jedem Fall aber zu Preissteigerungen und zu Währungs-Abwertungen kommt.

Aufgabe 21.6:

Zu betrachten ist das Geldvermögen V der privaten inländischen Nicht-Zentralbanken, welches sich aus Geld M, inländischen Bonds B und den in ihrer Hand befindlichen ausländischen Finanzaktiva F, die in Inlandswährung umzurechnen sind ($V = M + B + w \cdot F$), zusammensetzt. Das jeweilige Angebot ist somit durch M, B und F gegeben. Die Nachfrage nach Geld M wird negativ durch die Opportunitätszinssätze i bzw. i^* inklusive Wechselkursänderungs-Erwartung beeinflusst. Die Nachfrage nach Bonds B steigt mit i und sinkt mit dem Opportunitätszinssatz i^*. F wird stärker nachgefragt, wenn i^* steigt und wenn i sinkt. Die Nachfrage nach allen drei Komponenten steigt, wenn das Vermögen V insgesamt steigt. Dies ist z.B. der Fall, wenn infolge einer Abwertung (der Wechselkurs in Preisnotierung w steigt) die ausländischen Finanzaktiva F einen höheren Wert bekommen.

Im Gleichgewicht entsprechen sich Angebot und Nachfrage. Die Gleichgewichtslinien im w/i-Diagramm sind mit MM für das Geldmarktgleichgewicht, BB für das Gleichgewicht auf dem Markt für Inlandsbonds und mit FF für den Markt für Auslandsbonds in Abbildung 21.6 abgetragen. Die inländischen Bonds B reagieren stärker auf inländische Zinsänderungen als die ausländischen Finanzaktiva F, während der Wert der ausländischen Finanzaktiva $(w \cdot F)$ bei Wechselkursänderungen unmittelbar variiert. Daher ist BB steiler als FF eingetragen. Im folgenden ist eine Analyse der einzelnen Transaktionen der Zentralbank in dem gerade skizzierten Modellrahmen durchzuführen.

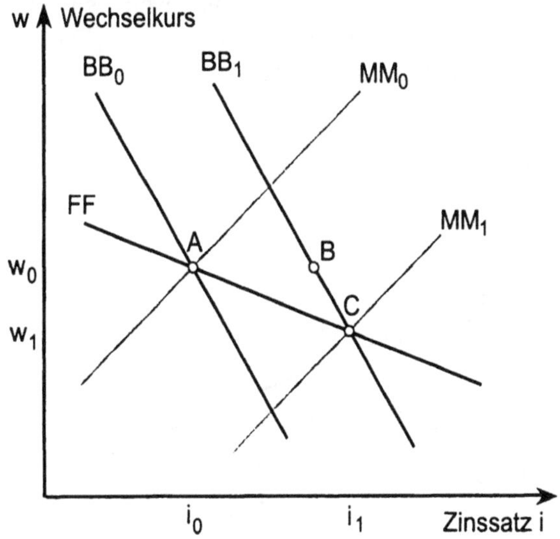

Abbildung 21.6: Kontraktive Offenmarktpolitik

1. *kontraktive Offenmarktpolitik:* Die Ausgangssituation sei in Abbildung 21.6 durch den Punkt A dargestellt. Die Zentralbank verkauft B gegen M. Das Geldangebot M sinkt und das Angebot an B steigt. Eine zinssteigerungsinduzierte Nachfrageerhöhung nach B würde dies ausgleichen: BB verschiebt sich nach rechts. Der Nachfrageüberschuss nach M wird ebenfalls durch eine Zinssteigerung kompensiert (MM nach rechts). Die Zinssteigerung (Punkt $A \rightarrow B$) wirkt tendenziell auf den Wunsch zur Substitution von ausländischen durch inländische Bonds hin. Dies bewirkt eine Aufwertung der Inlandswährung: der Wechselkurs w sinkt. Als Folge sinkt der Wert der Auslandsaktiva $(w \cdot F)$ und damit das Geldvermögen V. Die Nachfrage nach allen Komponenten sinkt damit etwas. Dies wird durch eine weitere Zinssteigerung kompensiert (Punkt $B \rightarrow C$). Die gewünschte Kursstützung - d.h. die Aufwertung der Inlandswährung - wird erreicht, gleichzeitig steigt aber der Zinssatz im Inland.

2. *Verkauf von ausländischen Bonds (entspricht einer nicht-sterilisierten Devisenmarktintervention):* Das Angebot an Geld M sinkt, gleichzeitig steigt das Angebot an F. Eine Zinssteigerung würde den Nachfrageüberschuss nach M ausgleichen (MM nach rechts auf MM_1). Der Angebotsüberschuss an ausländischen Finanzaktiva kann entweder durch eine Zinssenkung oder eine Aufwertung ($w \cdot F$ sinkt) kompensiert werden: FF verschiebt sich nach links auf FF_1. Die mit dem Angebotsüberschuss an F auftretende Aufwertung (Punkt $A \rightarrow B$ in Abbildung 21.7) bedeutet wiederum einen Verlust an Geldvermögen und damit eine Reduktion der Nachfrage nach allen Komponenten. Der resultierende Angebotsüberschuss für inländische Finanzaktiva B führt zu einer Zinssteigerung und damit zu einer weiteren Aufwertung ($B \rightarrow C$). Die gewünschte Aufwertung wird wieder erreicht. Die Zinssteigerung dürfte allerdings geringer ausfallen als unter (1).

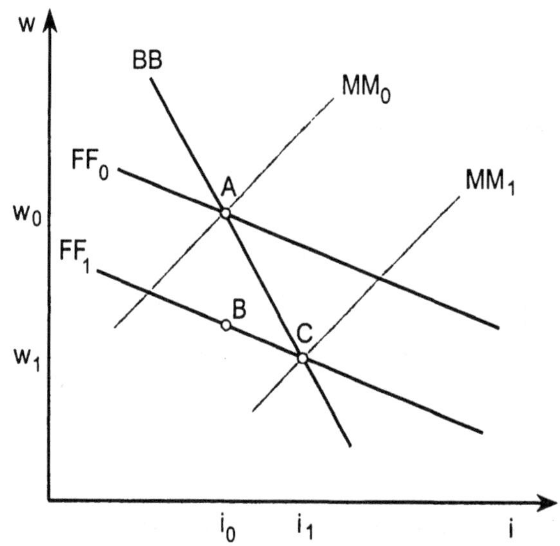

Abbildung 21.7: Zentralbank verkauft ausländische Bonds

3. *Tausch, Abgabe von ausländischen Bonds gegen Hergabe von inländischen Bonds (analog zu einer sterilisierten Devisenmarktintervention):* Das gesunkene Angebot an B wird durch eine Zinssenkung ausgeglichen. In Abbildung 21.8 verschiebt sich BB_0 nach links auf BB_1 (Bewegung von Punkt $A \rightarrow B$). Das gestiegene Angebot an $w \cdot F$ führt zur Aufwertung der Inlandswährung und somit zur Verschiebung von FF_0 nach unten auf FF_1. In Punkt B bewirkt die Zinssenkung eine Erhöhung der Nachfrage nach ausländischen Finanzaktiva. Dies bedeutet tendenziell eine Aufwertung der inländischen Währung (Punkt $B \rightarrow C$). Die Aufwertung bedeutet eine Verringerung des Geldvermögens und zieht damit eine Nachfragesenkung nach den einzelnen Be-

standteilen nach sich. Hierdurch wird die Zinssenkung etwas abgeschwächt. Das neue Gleichgewicht ist durch den Punkt C bei gesunkenen Zinsen gegeben. Das Ziel der Aufwertung wird wiederum erreicht.

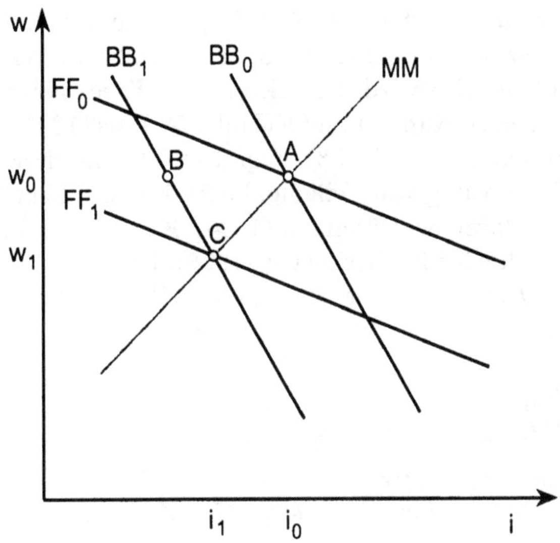

Abbildung 21.8: Zentralbank gibt ausländische gegen inländische Bonds her

Kommentierte Literaturhinweise:

Zu Aufgabe 21.1 vgl. Dieckheuer (1998), Kap. A-1, Jarchow/Rühmann (1994), Kap. I und II, Rose/Sauernheimer (1995), Kap. I.2 und Willms (1995), Kap. 1. Der Stoff von Aufgabe 21.2 wird in Dieckheuer (1998), Kap. C-2 und C-3, Jarchow/Rühmann (1994), Kap. III, Rose/Sauernheimer (1995), Kap. II.2 und Willms (1995), Kap. 3 behandelt. Für Aufgabe 21.3 wird die Lektüre von Dieckheuer (1998), Kap. D-2, Jarchow/Rühmann (1994), Kap. VI und VII oder Willms (1995), Kap. 5 empfohlen. Zu Aufgabe 21.4 vgl. Dieckheuer (1998), Kap. D-4 oder Jarchow/Rühmann (1994), Kap. VI und VII. Zur Lösung von Teilaufgabe 21.5 ist die Lektüre von Dieckheuer (1998), Kap. D-5 oder Jarchow/Rühmann (1994), Kap. VIII hilfreich. Der Stoff von Aufgabe 21.6 schließlich wird in Dieckheuer (1998), Kap. F-3.3, Jarchow/Rühmann (1994), Kap. XI, Rose/Sauernheimer (1995), Kap. III.2 u. III.3 sowie Willms (1995), Kap. 7.5 behandelt.

Dieckheuer, G. (1998):
Internationale Wirtschaftsbeziehungen. München.

Jarchow, H.-J./Rühmann, P. (1994):
Monetäre Außenwirtschaft, Bd. 1: Monetäre Außenwirtschaftstheorie. 4. Auflage, Göttingen.

Rose, K./Sauernheimer, K. (1995):
Theorie der Außenwirtschaft. 12. Auflage, München.

Willms, M. (1995):
Internationale Währungspolitik. 2. Auflage, München.

Kapitel 22

Reale Außenwirtschaft

Dr. Axel Jochem, Universität der Bundeswehr München

Aufgaben

Aufgabe 22.1:

Sowohl in Frankreich als auch in Deutschland werden Autos und Käse hergestellt, jedoch mit unterschiedlichen Arbeitsproduktivitäten. Während Frankreich für die Produktion eines Autos fünf Arbeitseinheiten und für die eines Käses eine Arbeitseinheit benötigt, werden die beiden Güter in Deutschland unter dem Einsatz von sechs (Autos) bzw. zwei (Käse) Arbeitseinheiten hergestellt. Der Lohnsatz je Arbeitseinheit beträgt in beiden Ländern eins.

22.1.1 Machen Sie anhand dieses Beispiels den Unterschied zwischen absoluten und relativen Kostenvorteilen deutlich und erläutern Sie, warum Außenhandel auch dann zustande kommen kann, wenn ein Land bei beiden Gütern absolute Kostenvorteile besitzt.

22.1.2 Angenommen, Frankreich verfügt über 100 Einheiten des Produktionsfaktors Arbeit und Deutschland über 120 Einheiten. Beide Länder können ihre Arbeitskräfte frei auf die Produktion von Autos und Käse aufteilen. Zeigen Sie graphisch, daß vollständige Spezialisierung zu Einkommenserhöhungen in beiden Ländern führt.

Aufgabe 22.2:

22.2.1 Gegeben seien zwei homogene Produktionsfunktionen vom Cobb-Douglas-Typ (d.h., die Isoquanten schneiden sich nur einmal). Zeigen Sie graphisch, daß eine eindeutige Beziehung zwischen dem Preisverhältnis der produzierten Güter und dem Faktorpreisverhältnis besteht und machen Sie die Auswirkungen einer Veränderung des Güterpreisverhältnisses auf das Faktorpreisverhältnis deutlich.

22.2.2 Gegeben seien die Produktionsfunktionen

$$x_1 = a \cdot A_1^{0,2} \cdot K_1^{0,8}$$

und

$$x_2 = b \cdot A_2^{0,4} \cdot K_2^{0,6}.$$

Weiter verfügt Land i über 220 Einheiten Kapital und über 40 Einheiten Arbeit, Land j über 120 Einheiten Kapital und 30 Einheiten Arbeit. Nach der Aufnahme von Außenhandel werde ein Vollbeschäftigungsgleichgewicht in beiden Ländern erreicht und x_1 mit einer Kapitalintensität

$$\frac{K_1}{A_1} = 8$$

produziert. Leiten Sie unter Verwendung dieser Angaben das Faktorpreisverhältnis und die Kapitalintensität von x_2 her. Berechnen Sie die exakten Faktoreinsatzmengen, die Land A und Land B für die Herstellung der beiden Güter verwenden.

Aufgabe 22.3:

22.3.1 Zeigen Sie graphisch, wie sich die Tauschkurve eines Landes verlagert, das seine Importe mit einem Wertzoll belegt. Bezeichnen Sie für den Fall eines kleinen Landes die Zolleinnahmen, den Zollsatz, die Veränderung der Terms of Trade und das neue Inlandspreisverhältnis.

22.3.2 Bestimmen Sie für den 2-Länder-Fall graphisch den Optimalzoll und zeigen Sie die Wohlfahrtswirkungen in beiden Ländern, wenn das Ausland seinerseits mit der Erhebung eines Optimalzolls reagiert (Retorsionszoll).

Aufgabe 22.4:

Auf dem internationalen Markt für Magnetschwebebahnen kommt es zu einem Wettbewerb zwischen einem deutschen und einem japanischen Konsortium. Die gesamtwirtschaftliche Preis-Absatz-Funktion für Magnetschwebebahnen lautet:

$$p = 20 - (x_D + x_J).$$

Beide Anbieter produzieren mit konstanten Stückkosten:

$$K_D = 5 \cdot x_D$$

und

$$K_J = 5 \cdot x_J$$

mit K = Gesamtkosten der Produktion; x = Anzahl produzierter Magnetschwebebahnen. Beide Anbieter verhalten sich autonom, d.h. sie maximieren ihren eigenen Gewinn, unter der Annahme einer konstanten Produktionsmenge der Konkurrenz.

22.4.1 Berechnen Sie die gleichgewichtige Produktionsmenge von Magnetschwebebahnen und die dazugehörigen Gewinne des deutschen und des japanischen Konsortiums.

22.4.2 Zeigen Sie die Auswirkungen einer Stücksubvention ($s_D = 3$), welche die deutsche Regierung an das einheimische Konsortium zahlen könnte. Wieviele Magnetschwebebahnen werden nun in beiden Ländern produziert und welche Gewinne werden erzielt? Wie hoch ist der Wohlfahrtseffekt der Subvention (zusätzlicher Gewinn abzüglich Subventionszahlungen) in Deutschland?

22.4.3 Mit welchen Auswirkungen für die Wohlfahrt in Deutschland ist zu rechnen, wenn Japan seinerseits mit Stücksubventionen in Höhe von $s_J = 3$ an den japanischen Hersteller reagiert?

Lösungen

Aufgabe 22.1:

22.1.1 Die sich bei vollständiger Konkurrenz (einer Annahme des Ricardo-Modells) ergebenden Preise für die beiden Güter vor der Aufnahme von Außenhandel (Autarkiesituation) sind in Tabelle 22.1 dargestellt.

	P_{Auto}	$P_{Käse}$
Frankreich	5	1
Deutschland	6	2

Tabelle 22.1: Absolute Preise für Autos und Käse

Offensichtlich besitzt Frankreich bei beiden Gütern einen absoluten Kostenvorteil. Dennoch erweist sich eine Spezialisierung Deutschlands auf die Produktion von

Autos und eine Spezialisierung Frankreichs auf die Käseproduktion als sinnvoll. Der Grund hierfür liegt in den komparativen Kostenvorteilen Deutschlands bei der Produktion von Autos. Für die Herstellung eines zusätzlichen Autos müssen die Deutschen bei Vollbeschäftigung auf drei Einheiten Käse verzichten, die Franzosen aber auf fünf Einheiten (vgl. Tabelle 22.2).

	$\frac{P_{Auto}}{P_{Käse}}$	$\frac{P_{Käse}}{P_{Käse}}$
Frankreich	5	1
Deutschland	3	1

Tabelle 22.2: Relative Preise (Käse als Numeraire)

Werden in der Autarkiesituation in beiden Ländern beide Güter produziert und konsumiert, so würden sich beide Länder besser stellen, wenn Deutschland seine Käseproduktion um drei Einheiten einschränkt und dafür ein Auto mehr produziert als zuvor. Dieses könnte es an Frankreich liefern, das seine Autoproduktion entsprechend drosselt und dafür fünf zusätzliche Käse herstellen kann. Bezahlt nun Frankreich das importierte Auto mit vier Käseeinheiten, so verfügen beide Länder über genauso viele Autos wie in der Ausgangssituation, können aber jeweils einen Käse zusätzlich konsumieren.

22.1.2 Die durchgezogenen Geraden in den beiden Graphiken in Abbildung 22.1 beschreiben die Produktionsmöglichkeiten von Frankreich und Deutschland. Bei Autarkie beschreiben sie zugleich ihre Konsummöglichkeiten (oder Einkommenslinien). Frankreich kann bei vollständiger Spezialisierung maximal 100 Einheiten Käse oder 20 Autos produzieren, Deutschland 60 Einheiten Käse oder ebenfalls 20 Autos. Bei Autarkie beträgt das Preisverhältnis von Autos zu Käse in Frankreich drei, in Deutschland fünf.

Durch die Aufnahme von Außenhandel wird sich das Preisverhältnis der beiden Güter für mindestens eines der beiden Länder ändern und in jedem Fall zwischen drei und fünf liegen:

$$\left(\frac{P_{Auto}}{P_{Käse}}\right)^D \leq \left(\frac{P_{Auto}}{P_{Käse}}\right)^W \leq \left(\frac{P_{Auto}}{P_{Käse}}\right)^F$$

mit D = Deutschland, W = Welt (Preisverhältnis bei Außenhandel), F = Frankreich.

In Abbildung 22.1 beträgt das Preisverhältnis nach Aufnahme des Außenhandels

$$\left(\frac{P_{Auto}}{P_{Käse}}\right)^W = 4,$$

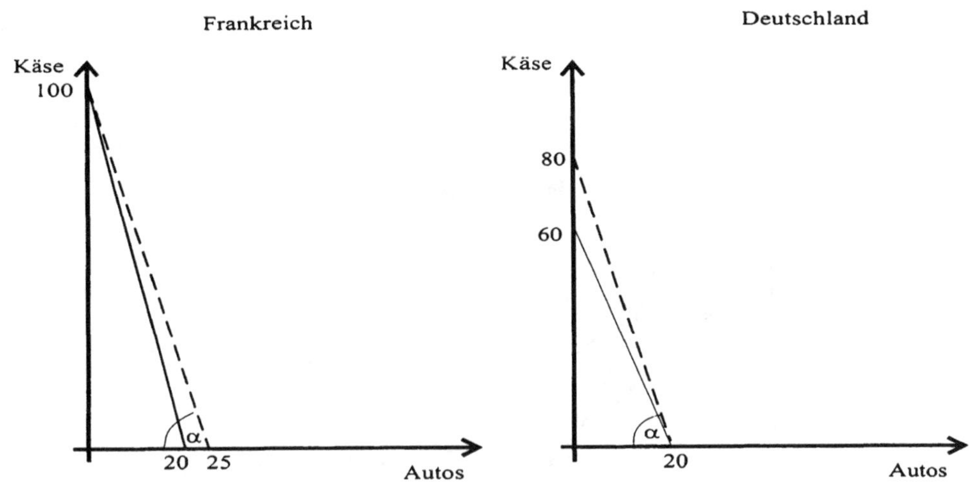

Abbildung 22.1: Grafische Darstellung der Einkommenseffekte im Ricardo-Modell

was zu einer vollkommenen Spezialisierung Frankreichs auf die Produktion von Käse und einer vollkommenen Spezialisierung Deutschlands auf die Produktion von Autos führt. Die gestrichelte Einkommenslinie, deren absolute Steigung ($tan\ \alpha = 4$) dem Weltmarktpreisverhältnis entspricht, stellt die Konsummöglichkeiten der beiden Länder bei Außenhandel dar. Diese übersteigen die Konsummöglichkeiten bei Autarkie und bedeuten somit einen realen Einkommensgewinn in beiden Ländern.

Aufgabe 22.2:

22.2.1 Die Achsen des Diagramms aus Abbildung 22.2 stellen den Einsatz der Produktionsfaktoren Arbeit (A) und Kapital (K) bei der Produktion der Güter x_1 und x_2 dar. Die Herstellung von x_1 ist bei gegebenen Faktorpreisen stets arbeitsintensiver als die von x_2. In der Ausgangssituation kosten beide Güter 5 Geldeinheiten ($P_1 = P_2 = 5$). Die Isoquanten ($x_1; P_1 = 5$) und ($x_2; P_2 = 5$) stellen die Produktionsmengen von x_1 und x_2 dar, welche auf dem Absatzmarkt den gleichen Erlös bringen. Da die beiden Güter genauso viel kosten, stehen auch die beiden Isoquanten für die gleiche Produktionsmenge (z.B. jeweils ein Stück).

Bei dem gegebenen Güterpreisverhältnis von eins stellt sich ein Lohn-Zins-Verhältnis von

$$tan\ \alpha = \left(\frac{1}{z}\right)_0$$

ein, da die Fakorpreislinie nur bei dieser Steigung beide Isoquanten tangieren und so eine kostenminimale Produktion gewährleisten kann. Verändert sich nun die

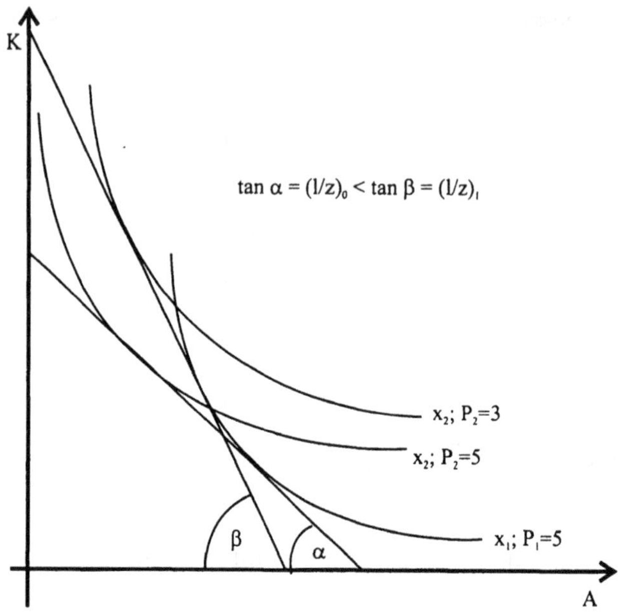

Abbildung 22.2: Eindeutigkeit der Güter- und Faktorpreisverhältnisse

Güterpreisrelation auf

$$\frac{P_1}{P_2} = \frac{5}{3},$$

so wird durch den Verkauf von 5 Einheiten des Gutes x_2 der gleiche Erlös erzielt wie durch den Verkauf von 3 Einheiten x_2. Bei vollkommener Konkurrenz, muß daher auch die Produktion von fünf Einheiten des Gutes x_2 ebenso teuer sein wie die Produktion von drei Einheiten des Gutes x_1. Dies erfordert aber eine Veränderung des Faktorpreisverhältnisse auf

$$tan\ \beta = \left(\frac{1}{z}\right)_1.$$

Der Faktor, den das relativ teuerer gewordene Gut (x_1) intensiv nutzt, hat sich in dem neuen Gleichgewicht relativ verteuert (Arbeit), während der Faktor, den das relativ billiger gewordene Gut (x_2) intensiv nutzt, relativ günstiger geworden ist (Kapital).

22.2.2 Zunächst ist für Gut x_1 die Kapitalintensität in Abhängigkeit von dem Lohn-Zins-Verhältnis zu bestimmen. Bei Gewinnmaximierung entspricht das Faktorpreisverhältnis dem Verhältnis der Grenzproduktivitäten:

$$\frac{1}{z} = \frac{\frac{\partial x_1}{\partial A_1}}{\frac{\partial x_1}{\partial K_1}} = \frac{0,2}{0,8} \cdot \frac{a \cdot A_1^{-0,8} \cdot K_1^{0,8}}{a \cdot A_1^{0,2} \cdot K_1^{-0,2}} = \frac{1}{4}\frac{K_1}{A_1}.$$

Da Gut x_1 nach der Aufnahme von Außenhandel mit der Kapitalintensität $\frac{K_1}{A_1} = 8$ produziert wird, lautet das gleichgewichtige Lohn-Zins-Verhältnis:

$$\frac{1}{z} = \frac{1}{4} \cdot \frac{K_1}{A_1} = 2.$$

Dieses Ergebnis kann verwendet werden, um unter Rückgriff auf die entsprechende Produktionsfunktion die Kapitalintensität zu bestimmen, mit der Gut x_2 produziert wird:

$$\frac{1}{z} = 2 = \frac{\frac{\partial x_2}{\partial A_2}}{\frac{\partial x_2}{\partial K_2}} = \frac{0,4}{0,6} \cdot \frac{b \cdot A_2^{-0,6} K_2^{0,6}}{b \cdot A_2^{0,4} \cdot K_2^{-0,4}} = \frac{2}{3} \frac{K_2}{\cdot} A_2$$

$$\frac{K_2}{A_2} = \frac{3}{2} \cdot \frac{1}{z} = 3.$$

Damit in beiden Ländern Vollbeschäftigung herrscht, müssen die Faktorbestände vollständig auf die Produktion der beiden Güter aufgeteilt werden:

- Vollbeschäftigung des Faktors Kapital

$$K_{1i} + K_{2i} = 220$$

bzw.

$$K_{1j} + K_{2j} = 120.$$

- Vollbeschäftigung des Faktors Arbeit

$$A_{1i} + A_{2i} = 40$$

bzw.

$$A_{1j} + A_{2j} = 30.$$

- Kapitalintensität bei der Produktion des Gutes 1 in beiden Ländern

$$\frac{K_{1i}}{A_{1i}} = 8$$

- Kapitalintensität bei der Produktion des Gutes 2 in beiden Ländern

$$\frac{K_{2i}}{A_{2i}} = 3.$$

Wird in der Vollbeschäftigungsbedingung für den Faktor Kapital die Erweiterung

$$K = \left(\frac{K}{A}\right) \cdot A$$

vorgenommen, erhält man:

$$8 \cdot A_{1i} + 3 \cdot A_{2i} = 220$$

bzw.

$$8 \cdot A_{1j} + 3 \cdot A_{2j} = 120.$$

Auflösen nach A_{2i} und Einsetzen in die Vollbeschäftigungsbedingung für den Faktor Arbeit ergibt die Einsatzmenge von Arbeit bei der Produktion von Gut x_1:

$$\begin{aligned} A_{1i} &= 40 - \frac{1}{3} \cdot (220 - 8 \cdot A_{1i}) \quad \text{bzw.} \quad A_{1j} = 30 - \frac{1}{3} \cdot (120 - 8 \cdot A_{1i}) \\ 5 \cdot A_{1i} &= -120 + 220 \quad \text{bzw.} \quad 5 \cdot A_{1j} = -90 + 120 \\ A_{1i} &= 20 \quad \text{bzw.} \quad A_{1j} = 6. \end{aligned}$$

Damit sind auch die übrigen Faktoreinsatzmengen leicht zu bestimmen:

$$\begin{aligned} A_{2i} &= 20 \quad \text{bzw.} \quad A_{2j} = 24 \\ K_{1i} &= 160 \quad \text{bzw.} \quad K_{1j} = 48 \\ K_{2i} &= 60 \quad \text{bzw.} \quad K_{2j} = 72. \end{aligned}$$

Aufgabe 22.3:

22.3.1 Die Tauschkurve (englisch: offer curve) gibt an, wieviele Mengeneinheiten seines Exportgutes ein Land bei alternativen Preisverhältnissen (Terms of Trade - TOT) zum Tausch anbietet (vgl. Abbildung 22.3).

Bei Freihandel (keine Zölle) werden Exportangebot und Importnachfrage des Landes durch den Schnittpunkt seiner Tauschkurve mit der TOT-Linie dargestellt (Punkt A). Durch die Erhebung eines Wertzolls auf Importgüter dreht sich die Tauschkurve um den Ursprung nach unten, da die Zahlungsbereitschaft der Inländer für ein Exportgut zwar unverändert bleibt, der Staat jedoch einen Teil dieser Zahlungen für sich „abzweigt" und dem Ausland nur noch ein Teil des von den Inländern gezahlten Preises angeboten wird.

Da es sich annahmegemäß um ein kleines Land handelt, das keinen Einfluß auf die Weltmarktpreise ausübt, bleiben die TOT von der Zollerhebung unberührt und das neue Außenhandelsgleichgewicht liegt in Punkt C. Das Inlandspreisverhältnis von Importgütern zu Exportgütern beträgt nun $\overline{BD}/\overline{OD}$, die Zolleinnahmen betragen in Exportgütern gemessen $\overline{BC}$. Der Zollsatz entspricht dem Verhältnis von Zolleinnahmen zu Weltmarktpreisen und beträgt $\overline{BC}/\overline{CD}$.

22.3.2 In Abbildung 22.4 sind die Tauschkurven (T_A, T_B) und die Handelsindifferenzkurven (I_A, I_B) der beiden Länder A und B dargestellt. Eine Handelsindifferenzkurve gibt Export- und Importkombinationen an, die dem betroffenen Land die gleiche Wohlfahrt bescheren und zwischen denen das Land daher indifferent ist. Für beide Länder haben die Indifferenzkurven in der Graphik einen steigenden Verlauf, da ein zusätzliches Exportangebot stets durch zusätzliche Importe ausgeglichen werden muß. Für Land A, welches das Gut X_2 exportiert, stellen die Indifferenzkurven im „Südosten" der Graphik ein höheres Wohlfahrtsniveau dar als

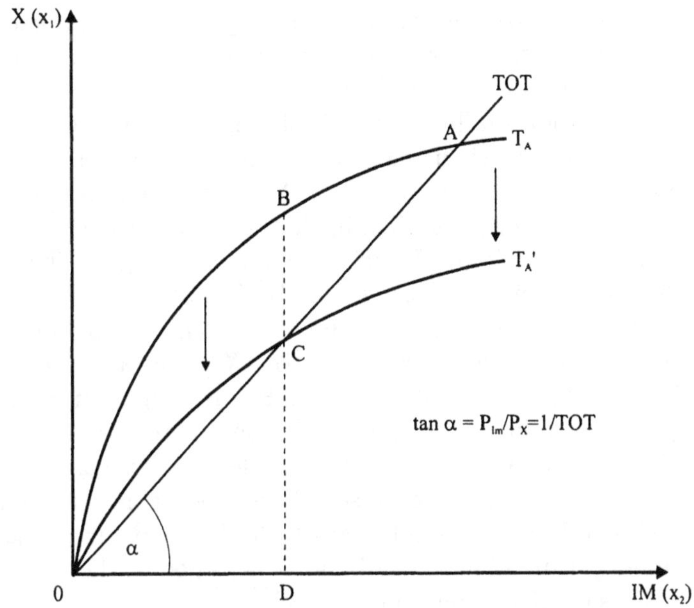

Abbildung 22.3: Tauschkurve, Wertzoll und TOT

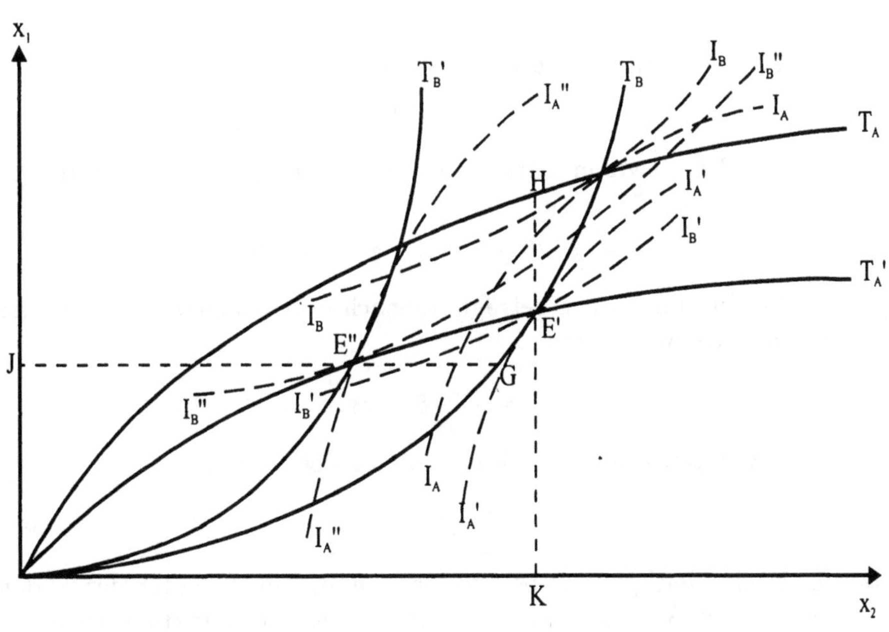

Abbildung 22.4: Optimalzoll und Retorsionszoll

die Indifferenzkurven im „Nordwesten", da sie bei gegebenen Exporten ein höheres Importvolumen repräsentieren und vice versa. Für Land B, welches das Gut X_1 exportiert, verhält es sich genau umgekehrt.

Da Land A im 2-Länder-Fall die TOT beeinflussen kann, ist es ihm prinzipiell möglich, seine Wohlfahrt durch die Erhebung eines Importzolls zu erhöhen. Die größtmögliche nationale Wohlfahrt von Land A, die mit den Tauschangeboten von Land B vereinbar ist, wird offensichtlich in Punkt E' erreicht, wo die Tauschkurve seines Handelspartners gerade die Indifferenzkurve I'_A tangiert. Um Punkt E' zu realisieren, muß Land A einen Zollsatz $\overline{HE'}/\overline{E'K}$ auf seine Einfuhren erheben, wodurch sich seine Tauschkurve nach unten dreht (T'_A). Die Zolleinnahmen in dem neuen Gleichgewicht, gemessen in Exportgütern (X_2), betragen $\overline{HE'}$.

Die beschriebene Maßnahme ist für Land B allerdings mit Wohlfahrtseinbußen verbunden, die in Punkt E' erreichte Handelsindifferenzkurve I'_B repräsentiert ein niedrigeres Nutzenniveau als die bei Freihandel mögliche Indifferenzkurve I_B. Land B kann seine Situation nun verbessern, indem es seinerseits seine Einfuhren aus Land A mit einem Zoll belegt und zwar idealer Weise derart, dass es Punkt E" realisiert, wo die neue Tauschkurve von Land A (T'_A) gerade die eigene Indifferenzkurve I''_B tangiert. Der Zollsatz beträgt dann $\overline{E''G}/\overline{JE''}$.

In dem neuen Handelsgleichgewicht stellen sich nun beide Länder schlechter als in der Freihandelssituation ($I_A \succ I''_A; I_B \succ I''_B$).

Aufgabe 22.4:

22.4.1 Der Gewinn des deutschen Konsortiums beträgt:

$$G_D = [20 - (x_D + x_J)] \cdot x_D - 5 \cdot x_D.$$

Die Bestimmung des Gewinnmaximums erfordert die Ableitung nach der produzierten Menge:

$$\frac{\partial G_D}{x_D} = 20 - 2 \cdot x_D - x_J - 5 = 0.$$

Die optimale Produktionsmenge beträgt demnach in Abhängigkeit von der Anzahl japanischer Magnetschwebebahnen:

$$x_D = \frac{1}{2} \cdot (15 - x_J).$$

Die japanische Reaktionsfunktion lautet symmetrisch dazu:

$$x_J = \frac{1}{2} \cdot (15 - x_D).$$

Das Cournot-Nash-Gleichgewicht bei nicht-kooperativem Verhalten der beiden Anbieter läßt sich durch Substitution von x_J in die Reaktionsfunktion des deutschen Konsortiums bestimmen:

$$x_D = \frac{1}{2} \cdot \left[15 - \frac{1}{2} \cdot (15 - x_D)\right].$$

Auflösen nach x_D führt zu der gleichgewichtigen Produktion deutscher Magnetschwebebahnen:

$$x_D = 5.$$

Aufgrund der symmetrischen Produktionsfunktionen beträgt auch die japanische Produktionsmenge:

$$x_J = 5.$$

Der Gewinn beträgt für beide Anbieter:

$$G_D = G_J = \underbrace{(20 - 10)}_{p} 5 - \underbrace{5 \cdot 5}_{K} = 25.$$

22.4.2 Die um Produktsubventionen erweiterte Gewinnfunktion des deutschen Konsortiums lautet:

$$G_D = [20 - (x_D + x_J)] \cdot x_D - 5 \cdot x_D + 3 \cdot x_D.$$

Durch die Subventionen verändert sich auch die Reaktionsfunktion der deutschen Anbieter:

$$\frac{\partial G_D}{x_D} = 20 - 2 \cdot x_D - x_J - 5 + 3 = 0$$

$$x_D = \frac{1}{2} \cdot [18 - x_J].$$

Die Reaktionsfunktion des japanischen Herstellers von Magnetschwebebahnen bleibt zunächst unverändert. Durch Substitution von x_J durch die japanische Angebotsfunktion erhält man die neue Produktionsmenge des deutschen Konsortiums:

$$x_D = \frac{1}{2} \cdot \left[18 - \frac{1}{2} \cdot (15 - x_D)\right].$$

Auflösen nach x_D ergibt:

$$x_D = 7.$$

Entsprechend produzieren die Japaner $x_J = 4$ Magnetschwebebahnen.

Der Gewinn des deutschen Konsortiums beträgt nun inklusive der Subventionen:

$$G_D = \underbrace{[20 - 11]}_{p} \cdot 7 - 35 + 21 = 49.$$

Die japanischen Gewinne sinken durch die deutschen Produktsubventionen auf:

$$G_J = [20 - 11] \cdot 4 - 20 = 16.$$

Gegenüber der Freihandelssituation kann Deutschland durch die Subventionsgewährung einen Wohlfahrtsgewinn erzielen:

$$W^D_{S_D} - W^D_{F_H} = \underbrace{49 - 25}_{\triangle G} - \underbrace{21}_{S_D} = 3.$$

mit $W^D_{S_D}$ = nationale Wohlfahrt in Deutschland bei Subventionsgewährung, $W^D_{F_H}$ = nationale Wohlfahrt in Deutschland bei Freihandel.

22.4.3 Gewährt die japanische Regierung als Antwort auf die deutsche Unterstützung ebenfalls Produktsubventionen an ihre Anbieter, so lautet die neue japanische Reaktionsfunktion nun ähnlich wie die deutsche:

$$x_J = \frac{1}{2} \cdot [18 - x_D]$$

was zu einer Einschränkung der deutschen Produktion führt:

$$x_D = \frac{1}{2} \cdot \left[18 - \frac{1}{2} \cdot (18 - x_D)\right]$$

$$x_D = 6.$$

Da in Japan ebenfalls sechs Magnetschwebebahnen produziert werden, betragen die Gewinne in beiden Ländern:

$$G_D = G_J = (20 - 12) \cdot 6 - 30 + 18 = 36.$$

Der Wohlfahrtseffekt gegenüber der Freihandelssituation beläuft sich auf:

$$W^D_{S_D,S_J} - W^D_{Fh} = W^J_{S_D,S_J} - W^J_{Fh} = \underbrace{36 - 25}_{\triangle G} - \underbrace{18}_{S} = -7$$

mit W_{S_D,S_J} = Wohlfahrt bei Subventionsgewährung in beiden Ländern.

Beide Länder stellen sich also bei Freihandel besser als in einem „Handelskrieg". Dennoch ist die Antwort Japans auf die deutschen Produktsubventionen durchaus rational wie ein Wohlfahrtsvergleich der beiden Konstellationen aus japanischer Sicht zeigt:

$$W^J_{S_D,S_J} - W^J_{S_D} = \underbrace{36 - 16}_{\triangle G} - \underbrace{18}_{S} = 2.$$

Kommentierte Literaturhinweise:

Das Buch von Ethier (1997) ist ein internationales Standardlehrbuch, auf dem deutschen Markt zumindest bei Studenten noch nicht so bekannt. Seit dieses amerikanische Lehrbuch auch in deutscher Übersetzung zu haben ist, erfreut es sich aber zunehmender Beliebtheit. Das Buch besticht durch eine rundum gelungene Darstellung auch schwieriger Sachverhalte und die umfassende Behandlung aller wichtigen Sachgebiete.

Bei Gandolfo (1998) handelt es sich um ein international renommiertes Lehrbuch zur realen Außenwirtschaft, das eine gute Einführung in alle Bereiche der reinen Theorie und der Handelspolitik gibt. Da das Buch (noch) nicht in deutscher Übersetzung vorliegt, erfordert die Lektüre allerdings gute Englischkenntnisse.

Das Lehrbuch von Rose/Sauernheimer (1996) stellt einen Klassiker der deutschen Lehrbücher für die Außenwirtschaftstheorie dar. Fast an allen deutschen Universitäten wird mit diesem Lehrbuch gearbeitet, die Darstellung erfolgt übersichtlich und verständlich. Der Schwerpunkt liegt allerdings bei der reinen Theorie des Außenhandels, die Zolltheorie erhielt zwar auch ein eigenes Kapitel, doch wird z.B. die strategische Handelspolitik nur sehr knapp angesprochen.

Ethier, W. J. (1997):
Moderne Außenwirtschaftstheorie. München, Wien.

Gandolfo, G. (1998):
International Trade Theory and Policy. Berlin u.a.

Rose, M./Sauernheimer, K. (1996):
Theorie der Außenwirtschaft. München.

Teil IV

Finanzwissenschaft

Kapitel 23

Rechtfertigung der Staatstätigkeit

Dipl.-Vw. Ulrich Hange, Technische Universität Dresden

Aufgaben

Aufgabe 23.1:

Bei Bauarbeiten in der Stadt Ferrata wird eine römische Villa freigelegt. Der Stadtrat möchte den Fundort für alle seine Bürgerinnen und Bürger als kostenlos zugänglichen, archäologischen Park gestalten. Die Größe dieses Parks bezeichnen wir mit G. Die Kosten pro Flächeneinheit (z.B. 100 m^2) der Anlage betragen MC=12 Geldeinheiten (GE). Die Bewohner der Stadt lassen sich in zwei gleichgroße Gruppen, A und B, einteilen. Die Mitglieder einer Gruppe sind alle identisch. Wir stellen die Präferenzen einer Gruppe i, $i = A, B$, durch die Nutzenfunktion

$$U_i(x_i, G) = x_i + a_i\left(20 \cdot G - \frac{G^2}{2}\right)$$

dar, wobei x_i den Konsum eines privaten Güterbündels angibt, dessen Preis auf Eins normiert ist. Schließlich verfügen alle Einwohner über das gleiche Einkommen, so daß sich zugleich die Einkommen der beiden Gruppen entsprechen, $I_A = I_B = 200$.

23.1.1 Diskutieren Sie an Hand dieses Beispiels die Eigenschaften eines reinen öffentlichen Gutes.

23.1.2 Unterstellen wir, der archäologische Park sei ein reines öffentliches Gut. Berechnen Sie die Grenzzahlungsbereitschaft einer Gruppe i für den Park, $MB_i(G)$, und bestimmen Sie die Pareto–optimale Größe der Anlage sowohl algebraisch als auch mit Hilfe einer Zeichnung. Dabei ist $a_A = 1/4$ und $a_B = 1/2$.

23.1.3 Erklären Sie, warum eine private Bereitstellung eines frei zugänglichen öffentlichen Parks nicht zu erwarten ist.

23.1.4 Bestimmen Sie die Lindahl–Lösung sowohl algebraisch als auch mit Hilfe Ihrer Abbildung aus Aufgabe 23.1.2. Welche Funktion erfüllen die sich ergebenden Lindahl–Preise und welche Probleme können sich bei der Anwendung des Lindahl–Verfahrens ergeben?

23.1.5 Durch die Eingemeindung umliegender Ortschaften wächst die Einwohnerzahl der Stadt Ferrata um eine Gruppe C, die ebenso groß ist wie A und B. Die Mitglieder von C sind wieder identisch. Die Präferenzen dieser Gruppe bilden wir durch die gleiche Nutzenfunktion wie oben ab mit $a_C = 3/4$. Zudem verfügt diese Gruppe ebenfalls über ein Einkommen von $I_C = 200$.

Wie ändern sich die Ergebnisse aus 23.1.2 und 23.1.4 durch die Zunahme der potentiellen Nutzer des archäologischen Parks. Erklären Sie in diesem Zusammenhang den Vorteil der Aufnahme weiterer Nutzer bei einem reinen öffentlichen Gut. Unterstützen Sie Ihre Argumente mit Hilfe einer Abbildung.

Aufgabe 23.2:

Die Stadt Ferrata (vgl. Aufgabe 23.1) möchte einen Park anlegen, der ein reines öffentliches Gut darstellt. Über seine Größe G sollen alle Bürgerinnen und Bürger in einer demokratischen Wahl abstimmen, bei der die einfache Mehrheit entscheidet. Die Grenzkosten der Anlage des Parks betragen $MC = 12$. Die Einwohner lassen sich in drei gleichgroße Gruppen A, B und C einteilen. Die Mitglieder innerhalb einer Gruppe sind identisch. Die Nutzenfunktion der Gruppe i, $i = A, B, C$, lautet

$$U_i(x_i, G) = x_i + a_i \cdot \left(20 \cdot G - \frac{G^2}{2}\right),$$

wobei x_i den Konsum eines privaten Güterbündels angibt, dessen Preis auf Eins normiert ist. Jede Gruppe verfügt schließlich über das gleiche Einkommen, $I = I_i = 200$, $i = A, B, C$.

23.2.1 Sei $a_A = 1/4, a_B = 1/2, a_C = 3/4$. Bestimmen Sie für diesen Fall sowohl algebraisch als auch mit Hilfe einer Abbildung die Pareto–optimale Größe des Parks.

23.2.2 Jeder Gruppe wird der gleiche Anteil an den Kosten des bereitgestellten öffentlichen Gutes zugewiesen, $t_A = t_B = t_C = MC/3 = 4$. Berechnen Sie die Menge G_i, die aus Sicht der Gruppe i optimal ist.

23.2.3 Bei der Abstimmung über die Größe des Parks werden jeweils zwei verschiedene Niveaus paarweise zur Wahl gestellt. Welches Niveau G_i gewinnt die

Abstimmung? Welche Funktion übt dabei die Gruppe B aus? Wie beurteilen Sie das Abstimmungsergebnis aus allokativer Sicht?

23.2.4 Nun ändern sich die Präferenzen. Für Gruppe A gilt nun $a_A = 1/3$ und für Gruppe C $a_C = 5/6$, während für B weiterhin $a_B = 1/2$ gilt. Die Finanzierungsregel bleibt bestehen. Wie ändert sich das Abstimmungsergebnis aus Aufgabe 23.2.3?

23.2.5 Seien die Präferenzen wie in Aufgabe 23.2.1 gegeben. Die Gruppe A setzt durch, daß sie bei der Finanzierung des öffentlichen Gutes weniger belastet wird als die anderen Gruppen. Ihr Finanzierungsanteil lautet nun $t_A = MC/12 = 1$, während die Gruppen B und C die restlichen Kosten zu gleichen Teilen tragen, $t_B = t_C = 11 \cdot MC/24 = 11/2$. Berechnen Sie nun die optimalen Werte G_i. Welches Niveau setzt sich in einer Abstimmung durch? Wie beurteilen Sie dieses Ergebnis aus allokativer Sicht?

Aufgabe 23.3:

Ein Landwirt produziert Getreide, x, und verhält sich auf allen Märkten als Mengenanpasser. Seine Kostenfunktion ist $C(x) = x^2 + 100$. Der Preis für Getreide beträgt $p = 20$. Bei der Bestellung seiner Felder verschmutzt er das Grundwasser. Die Menge an verunreinigtem Grundwasser ist direkt abhängig von seiner produzierten Getreidemenge: $a \cdot x$, $a > 0$. Pro Einheit verschmutztes Grundwasser entstehen soziale Grenzkosten in Höhe von zwei Geldeinheiten (GE). Insgesamt verursacht der Landwirt also einen gesellschaftlichen Schaden in Höhe von $D = 2 \cdot a \cdot x$.

23.3.1 Welche Getreidemenge erwirtschaftet der gewinnmaximierende Landwirt im Gleichgewicht ohne staatlichen Eingriff und ohne private Verhandlungen?

23.3.2 Bestimmen Sie in Abhängigkeit vom Verschmutzungsparameter a das Pareto-optimale Produktionsniveau. Ab welcher Höhe von a sollte der Landwirt seine Felder aus allokativer Sicht brach liegen lassen?

23.3.3 Sei im folgenden $a = 5/2$. Zeigen Sie mit Hilfe einer Abbildung den Wohlfahrtsverlust aufgrund der Nichtbeachtung der Verunreinigung des Grundwassers durch den Landwirt auf. Wie kann der Staat durch eine Steuer das Allokationsoptimum sichern?

23.3.4 Die Gemeinschaft *Rettet die Landwirte*, bestehend aus potentiellen Getreidebauern, schlägt zur Verringerung der Grundwasserverschmutzung vor, daß dem Landwirt eine Subvention z pro unterlassene Produktionseinheit gezahlt werden soll, wenn er seine Getreidemenge ausgehend von der in Aufgabe 23.3.1 bestimmten, gewinnmaximalen Menge verringert.

Beurteilen Sie diesen Vorschlag ausführlich. Unterscheiden Sie dabei die Wirkungen dieser Maßnahme in der kurzen und langen Frist. Gehen Sie bei Ihrer Argumentation von freien Marktzutrittsmöglichkeiten identischer Landwirte aus, die alle die gleiche Kostenfunktion haben und sich als Mengenanpasser verhalten.

Zudem verursachen sie den gleichen gesellschaftlichen Schaden pro produzierte Einheit Getreide, $MD = 5$. Die Gesamtnachfrage nach Getreide nimmt mit sinkendem Preis zu. Unterstützen Sie Ihre Ausführungen mit Hilfe von Zeichnungen.

Lösungen

Aufgabe 23.1:

23.1.1 Ein reines öffentliches Gut (im Konsum) ist durch folgende zwei Eigenschaften gekennzeichnet:

1. Nicht–Rivalität:
   Diese Eigenschaft bedeutet, daß keine zusätzlichen Kosten entstehen, wenn ein weiterer Nutzer das öffentliche Gut konsumiert. Wenn also ein weiterer Einwohner den archäologischen Park aufsucht, werden zum einen die bisherigen Besucher in ihrem Nutzen nicht beeinträchtigt. Zum anderen entstehen keine zusätzliche Ausgaben für die Stadt. Ob der archäologische Park tatsächlich diese Eigenschaft besitzt, ist fraglich, da sicherlich ab einer kritischen Nutzerzahl sowohl die bisherigen Besucher in ihrem Nutzen durch eine weiteren Nutzer negativ beeinflusst werden (z.B. können sie nicht mehr ungehindert die Ausgrabungsstücke betrachten) als auch zusätzliche Kosten für die Stadt entstehen, da die Parkanlage durch viele Besucher abgenutzt wird.

2. Nicht–Ausschließbarkeit:
   Diese Eigenschaft besagt, daß niemand von der Nutzung des öffentlichen Gutes ausgeschlossen werden kann. Im Falle des Parks ist diese Eigenschaft nicht notwendigerweise erfüllt, da die Stadt den Park auch einzäunen und einen Eintritt von den Besuchern verlangen könnte. Allerdings hat sich der Stadtrat entschlossen, die Parkanlage allen Bürgerinnen und Bürgern kostenlos zugänglich zu machen. Niemand wird also von der Nutzung dieses Gutes ausgeschlossen.

23.1.2 Die Grenzzahlungsbereitschaft der Gruppe i für das öffentliche Gut entspricht der Grenzrate der Substitution zwischen dem privaten Konsum x_i und dem Park G. Diese ergibt sich also als

$$MB_i(G) \equiv \frac{\partial U_i/\partial G}{\partial U_i/\partial x_i} = \frac{a_i \cdot (20 - G)}{1} = a_i \cdot (20 - G).$$

Die Pareto–optimale Größe des Parks ist gemäß der Samuelson–Bedingung erreicht, wenn die Summe der Grenzzahlungsbereitschaften aller Einwohner gerade den Grenzkosten des öffentlichen Gutes entspricht:

$$\sum_{i=A,B} MB_i(G) = MC, \quad \text{bzw.} \quad \sum_{i=A,B} a_i \cdot (20 - G) = 12.$$

Die Pareto–optimale Größe, G^*, beträgt daher

$$G^* = 4.$$

In Abbildung 23.1 ergibt sich diese Größe in Punkt A, in dem sich die Grenzkostenkurve MC mit der Kurve der gesamten Grenzzahlungsbereitschaft, $\sum_i MB_i$, schneidet.

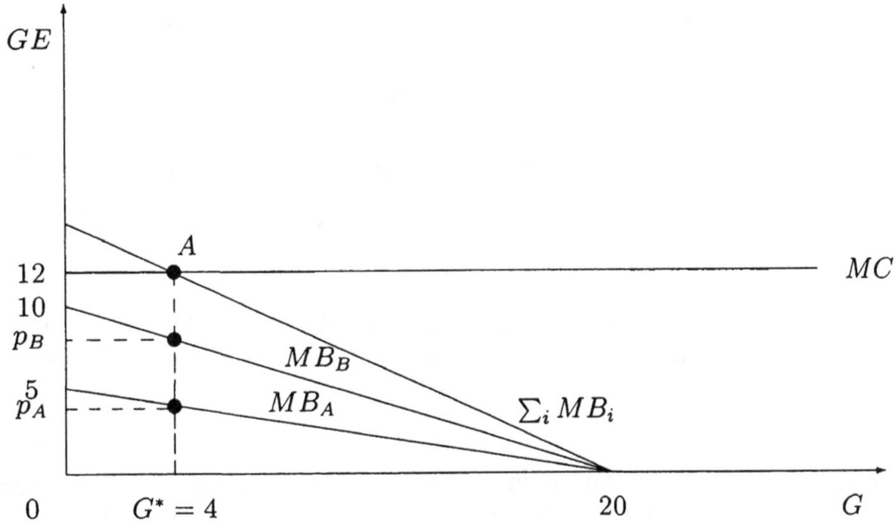

Abbildung 23.1: Pareto-optimale Größe des Parks

23.1.3 Da kein Einwohner von der Nutzung des Parks ausgeschlossen wird, kann auch kein Preis für den Besuch erhoben werden. Unter diesen Umständen wird sich kein Privatunternehmen finden, der dieses Gut bereitstellt, da er seine Kosten nicht finanzieren kann. Zugleich wird weder Gruppe A noch B einen Park anlegen, da die Grenzzahlungsbereitschaft jeder Gruppe für die erste Einheit von G bei beiden Gruppen kleiner ist als die Kosten dieser Einheit.

23.1.4 Die Lindahl–Lösung besteht aus einer bestimmten Größe des Parks, G, und gruppenspezifischen Beiträgen pro Einheit von G (Lindahl–Preise), p_A und p_B, so daß beide Gruppen die gleiche Größe des Parks zu diesen Preisen nachfragen.

Zugleich müssen p_A und p_B so groß sein, daß die Grenzkosten gerade gedeckt sind, $p_A + p_B = MC$.

Bestimmen wir zunächst die Nachfrage nach G der Gruppe i in Abhängigkeit von dem von ihr zu entrichtenden Preis p_i, $G_i(p_i)$. Verhält sich die Gruppe i als Preisnehmer, so wird sie so viel von G nachfragen, bis der Preis ihrer Grenzzahlungsbereitschaft entspricht. Folglich ergibt sich die Nachfrage der Gruppe i als

$$MB_i(G_i) = p_i \quad \Rightarrow \quad G_i(p_i) = 20 - \frac{p_i}{a_i}.$$

Nun müssen die Preise so bestimmt werden, bis beide Gruppen die gleiche Größe des Parks nachfragen, d.h. bis

$$G_A(p_A) = G_B(p_B) \quad \Rightarrow \quad 20 - \frac{p_A}{a_A} = 20 - \frac{p_B}{a_B}.$$

Setzen wir $a_A = 1/4$ und $a_B = 1/2$ ein und lösen auf, so erhalten wir

$$p_A = \frac{1}{2} \cdot p_B.$$

Da die Summe der Preise gerade die Grenzkosten decken soll, $p_A + p_B = MC = 12$, ergeben sich die Lindahl–Preise als

$$p_A = 4, \quad p_B = 8.$$

Die von beiden Gruppen nachgefragte Größe des Parks berechnet sich durch Einsetzen der Preise in die gruppenspezifische Nachfragefunktionen $G_i(p_i)$ als

$$G_A = G_B = G = 4.$$

Dies entspricht gerade der Pareto–optimalen Größe G^*. In Abbildung 23.1 ergeben sich die Lindahl–Preise, indem wir auf den MB_i–Kurven, $i = A, B$, die zur Menge G^* gehörenden Grenzzahlungsbereitschaften der Gruppen ablesen.

Funktion der Lindahl–Preise: Im Gegensatz zu Marktpreisen für private Güter (z.B. Brot oder Kleidung), die die Funktion erfüllen, die angebotene Menge auf die Konsumenten aufzuteilen und somit festzulegen, wer wieviel konsumiert, geben die Lindahl–Preise an, wer welchen Kostenanteil (der letzten Einheit) des öffentlichen Gutes trägt. Sie besitzen somit keine allokative sondern eine distributive Funktion. Die Lindahl–Preise verteilen die Finanzierungslast so, daß jeder Konsument gerade gemäß seiner Grenzzahlungsbereitschaft belastet wird.

Probleme des Lindahl–Verfahrens: Damit der Stadtrat die Lindahl–Preise in Pareto–optimaler Weise setzen kann, muß er die wahren Grenzzahlungsbereitschaften der Gruppen kennen. Jedoch werden die Gruppen ihre Grenzzahlungsbereitschaften nicht korrekt angeben, da sie wissen, daß ihr gruppenspezifischer Beitrag gemäß ihrer geäußerten Nachfrage festgelegt wird. Sie verhalten sich daher nicht als Preisnehmer, sondern besitzen den Anreiz, ihre wahren Grenzzahlungsbereitschaften zu untertreiben, um ihren Finanzierungsanteil zu verringern. Stellt der Stadtrat den Park gemäß der geäußerten Präferenzen der Gruppen bereit, so wird dieser im Vergleich zur Pareto–optimalen Größe im allgemeinen zu klein sein.

23.1.5 Durch die Eingemeindung steigt die Pareto–optimale Größe des Parks auf:

$$\sum_{i=A,B,C} MB_i(G) = MC \quad \Rightarrow G^* = 12.$$

Die neuen Lindahl–Preise ergeben sich analog zu den Ausführungen zu Aufgabe 23.1.4 als

$$p_A = 2, \quad p_B = 4, \quad p_C = 6.$$

(Hinweis: Aus der Bedingung $G_A(p_A) = G_B(p_B)$ erhalten wir $p_A = 0,5 \cdot p_B$. Aus $G_C(p_C) = G_B(p_B)$ gewinnen wir $p_C = 1,5 \cdot p_B$. Setzen wir dies in $p_A + p_B + p_C = 12$ ein, so erhalten wir $p_B = 4$.)

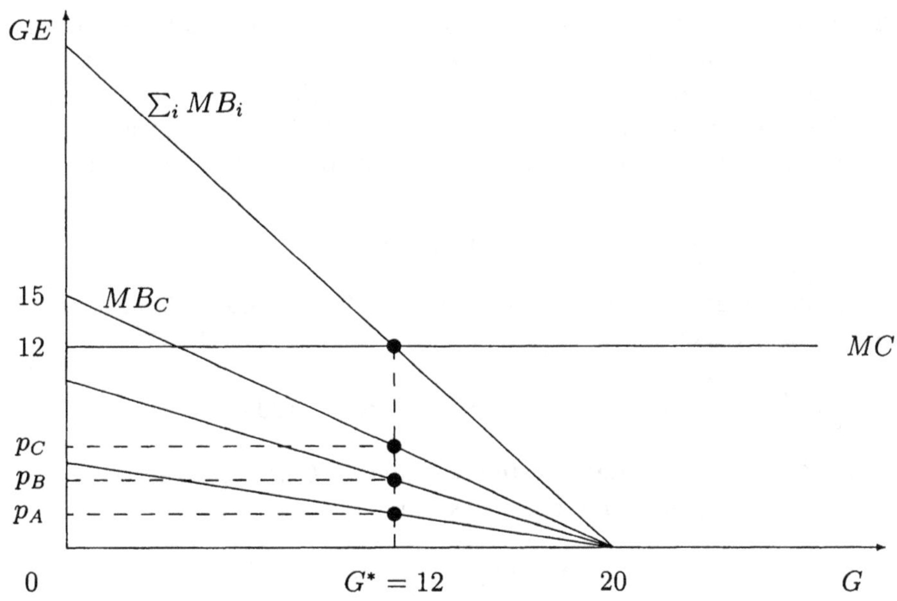

Abbildung 23.2: Vorteil weiterer Nutzer

Vorteil der Aufnahme weiterer Nutzer: Durch die Aufnahme weiterer Nutzer des öffentlichen Gutes können alle bisherigen Konsumenten besser gestellt werden. Denn die zusätzlichen Nutzer der Gruppe C übernehmen einen Teil der bisherigen Kosten und damit sinken die Lindahl–Preise der Gruppen A und B, ohne daß ihr Nutzen geschmälert wird. Dies erkennen wir auch mit Hilfe Abbildung 23.2.

(In dieser Zeichnung sind lediglich diejenigen Bezeichnungen angeführt, die sich gegenüber Abbildung 23.1 verändert haben.)

Aufgabe 23.2:

23.2.1 Zunächst bestimmen wir die Grenzzahlungsbereitschaft der Gruppe i (vgl. Aufgabe 23.1.1)

$$MB_i(G) = \frac{\partial U_i/\partial G}{\partial U_i/\partial x_i} = a_i \cdot (20 - G).$$

Die Pareto–optimale Größe des Parks G^* ergibt sich gemäß der Samuelson–Bedingung als (vgl. Aufgabe 23.1.5)

$$\sum_{i=A,B,C} MB_i(G) = MC \quad \Longrightarrow \quad G^* = 12.$$

Die graphische Herleitung der Pareto–optimalen Größe findet sich analog zu Abbildung 23.2 in Aufgabe 23.1.5.

23.2.2 *Optimale Größe des Parks aus Sicht der Gruppe i*: Die Gesamtausgaben für die Bereitstellung des Parks belaufen sich auf $MC \cdot G$. Hiervon trägt jede Gruppe genau ein Drittel, $(MC/3)G = t_i \cdot G$. Folglich ergibt sich der private Konsum der Gruppe i als: $x_i = I_i - t_i \cdot G$. Setzen wir diese Budgetrestriktion in die Nutzenfunktion der Gruppe i ein, so erhalten wir die Nutzenmaximierungsaufgabe als

$$\max_G \quad U_i = I_i - t_i \cdot G + a_i \cdot \left(20 \cdot G - \frac{G^2}{2}\right).$$

Als notwendige Bedingung für eine optimale Größe des Parks aus Sicht der Gruppe i, G_i, erhalten wir nun

$$\frac{dU_i}{dG} = 0 \quad \Longleftrightarrow \quad MB_i(G_i) = t_i \quad \text{bzw.} \quad a_i(20 - G_i) = \frac{MC}{3}.$$

Setzen wir die entsprechenden Werte für a_i und MC ein, so ergeben sich die aus Sicht der Gruppen optimalen Größen des Parks als

$$G_A = 4, \quad G_B = 12, \quad G_C = \frac{44}{3}.$$

Diese stellen auch tatsächlich ein Nutzenmaximum dar, da

$$\frac{d^2U_i}{dG^2} = -a_i \cdot G < 0.$$

Somit ist der Nutzen der Gruppe i um so kleiner, je weiter die zur Wahl stehende oder tatsächliche Größe des Parks G von ihrem jeweiligen Optimum G_i abweicht.

23.2.3 Zunächst müssen wir das Abstimmungsverhalten einer Gruppe klären. Da der Nutzen einer Gruppe abnimmt, je weiter die zur Wahl stehenden Größen des

Parks von ihrer eigenen optimalen Größe abweichen, werden sie sich immer für diejenige Größe entscheiden, die ihrem Optimum am nächsten kommt. So entscheidet sich z.B. Gruppe A bei einer paarweisen Abstimmung über die Alternativen G_A und G_B natürlich für ihre optimale Größe G_A, während sie sich bei einer Wahl zwischen G_B und G_C für G_B aussprechen wird.

Werden nun die Alternativen G_A, G_B und G_C paarweise zur Wahl gestellt, so ergibt sich das in Tabelle 23.1 dargestellte Ergebnis.

Abstimmung	Stimmenvergabe	Auszählungsergebnis
G_A vs. G_B	A vs. B, C	G_B wird gewählt
G_B vs. G_C	A, B vs. C	G_B wird gewählt

Tabelle 23.1: Abstimmungsergebnisse bei paarweiser Abstimmung

Bei einer Abstimmung zwischen G_C und G_A wird sich Gruppe B für die Alternative G_C entscheiden, da sie ihr einen höheren Nutzen gewährleistet. Dieser Fall ist jedoch irrelevant, da sich G_B immer gegenüber den anderen Alternativen durchsetzen wird. Die Gruppe B ist bei einer einfachen Mehrheitsregel das Zünglein an der Waage. Ihre Stimmen müssen gewonnen werden, um eine Alternative mehrheitsfähig zu machen. Diese Gruppe repräsentiert den sogenannten Medianwähler, da ihre Präferenzen den Median der Verteilung der Präferenzen aller Wähler darstellt.

Vergleichen wir das Wahlergebnis mit der Pareto–optimalen Größe des Parks aus Aufgabe 23.2.1, so erkennen wir, daß in diesem Fall die Abstimmung zugleich ein Allokationsoptimum sichert: $G_B = G^* = 12$.

23.2.4 Da sich die Präferenzen der Gruppe B nicht ändern und sie immer noch den Medianwähler repräsentiert, setzt sie sich auch weiterhin bei einer paarweisen Abstimmung über die Alternativen durch. Das Wahlergebnis aus Aufgabe 23.2.3 ändert sich folglich nicht, $G_B = 12$.

Allerdings verändert sich die Pareto–optimale Größe des Parks, da sich die Grenzzahlungsbereitschaften der Gruppen A und C erhöht haben. Sie beträgt nun:

$$\sum_{i=A,B,C} MB_i(G) = MC \quad \Longrightarrow \quad G^* = \frac{64}{5} > 12 = G_B.$$

Somit sichert die einfache Mehrheitswahl kein Allokationsoptimum mehr. Die gewählte Größe ist im Vergleich zum Pareto–Optimum zu klein. Auffallend ist des weiteren, daß sich das Abstimmungsergebnis nicht ändert, obwohl die Mehrheit der Bürger einen größeren Park wünscht.

23.2.5 Gehen wir analog zu Aufgabe 23.2.2 vor, so erhalten wir die gruppenspezifischen Optima als

$$G_A = 16, \quad G_B = 9, \quad G_C = \frac{38}{3}.$$

Bei einer paarweisen Abstimmung setzt sich nun die Alternative G_C durch, da die Gruppe C den Medianwähler repräsentiert. Das Pareto–Optimum liegt aber, wie in Aufgabe 23.2.2 gezeigt, bei $G^* = 12$. Somit wird bei einer Wahl im Vergleich zum Allokationsoptimum ein zu großer Park beschlossen.

Zusammenfassend halten wir fest, daß Wahlen sehr selten ein Pareto–optimales Ergebnis sichern. Sowohl Unterschiede in den Präferenzen als auch in der Finanzierungslast beeinflussen das Abstimmungsverhalten der Bürger.

Aufgabe 23.3:

23.3.1 Das Optimierungsungsproblem des Landwirts lautet:

$$\max_x \quad x \cdot p - C(x) \quad \Longrightarrow \quad \max_x \quad 20 \cdot x - x^2 - 100.$$

Die gewinnmaximale Produktionsmenge ist erreicht, wenn die privaten Grenzkosten MC dem Preis p entsprechen, $2 \cdot x = 20$. Hieraus folgt die optimale Getreidemenge $x_e = 10$.

23.3.2 Für die Bestimmung des Pareto–Optimums müssen wir den gesamten Vorteil und die gesamten Kosten der Getreideproduktion berücksichtigen, also neben dem Gewinn des Landwirts auch die Schäden D, die bei der Bewirtschaftung der Getreidefelder entstehen. Folglich ergibt sich die Pareto–optimale Menge von x aus

$$\max_x \quad x \cdot p - C(x) - D \quad \Longrightarrow \quad \max_x \quad 20 \cdot x - x^2 - 100 - 2 \cdot a \cdot x.$$

Das Allokationsoptimum ist erreicht, wenn die sozialen Grenzkosten, d.h. die Summe aus den privaten Grenzkosten MC und dem Grenzschaden, $MD \equiv \partial D / \partial x = 2 \cdot a$, dem Preis p entsprechen:

$$MC + MD = p \quad \Longrightarrow \quad x^* = \frac{20 - 2 \cdot a}{2}.$$

Ist $a \geq 10$, so sollte aus allokativer Sicht die Getreideproduktion eingestellt werden.

23.3.3 Bei $a = 5/2$ erhalten wir einen konstanten Grenzschaden $MD = 5$ und eine Pareto–optimale Produktionsmenge von $x^* = 15/2$. Der Wohlfahrtsverlust bei einer Produktion von x_e ergibt sich, indem wir die zusätzlichen sozialen Kosten mit den zusätzlichen Erlösen in Abbildung 23.3 vergleichen, die bei einer Ausdehnung der Getreidemenge von x^* zu x_e entstehen. Die Kosten steigen um die Fläche unterhalb der $MC + MD$-Kurve, $x^* x_e CA$, während sich zugleich die Erlöse des Landwirts um das Viereck $x^* x_e BA$ erhöhen. Netto verbleibt folglich ein Wohlfahrtsverlust in

Höhe des Dreiecks ABC.

Pigou–Steuer: Durch Einführung einer Steuer pro produzierte Einheit Getreide, $t > 0$, erhöhen sich die privaten Grenzkosten des Landwirts auf $MC + t$. Er wird folglich seine Produktion einschränken. Entspricht diese Steuer gerade dem Grenzschaden im Allokationsoptimum, $t^* = MD = 5$, so verringert der Bauer seine Getreidemenge gerade auf x^*.

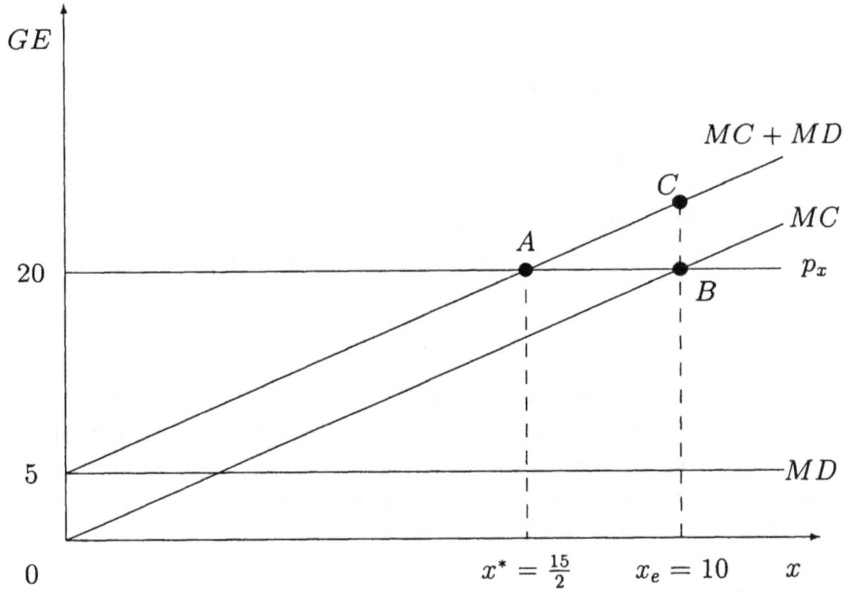

Abbildung 23.3: Negative externe Effekte

23.3.4 Nun erhält der Landwirt eine Subvention z pro Einheit Getreidemenge, die er ausgehend von x_e nicht produziert. Die Subventionszahlungen betragen somit $z(x_e - x)$, $x \leq x_e$. Jede Einheit, die der Bauer jetzt noch erntet, bedeutet für ihn ein Verlust an Subventionen und damit zusätzliche private Kosten der Produktion von x. Sein Optimierungsproblem lautet nun

$$\max_x \quad x \cdot p - C(x) + z \cdot (x^e - x) \quad \Longrightarrow \quad p = MC + z.$$

Entspricht die Subvention gerade dem Grenzschaden im Allokationsoptimum, $z^* = MD = 5$, so verringert der Landwirt seine Getreidemenge gerade auf x^*. Folglich kann auch durch eine Subventionierung des Getreidebauern ein Pareto–Optimum in der kurzen Frist erreicht werden.

In der langen Frist müssen wir berücksichtigen, daß die Anzahl der Landwirte bei freiem Marktzutritt variabel ist. Einen Marktzutritt werden wir immer dann beobachten, wenn ein positiver Gewinn durch Getreideanbau erzielt werden kann, d.h. solange der Getreidepreis die Durchschnittskosten $AC(x)$ übersteigt. Erst wenn keine Gewinnmöglichkeiten mehr bestehen ist ein langfristiges Gleichgewicht erreicht, $p = AC(x)$. Zugleich erfordert gewinnmaximierendes Verhalten eines Bauern, daß seine privaten Grenzkosten dem Getreidepreis entsprechen. Zusammengefaßt gilt daher im langfristigen Gleichgewicht ohne staatlichen Eingriff für den einzelnen Landwirt

$$MC(x) = p = AC(x), \quad \text{wobei} \quad AC(x) = \frac{C(x)}{x} = x + \frac{100}{x}.$$

Diese Bedingung ist, wie wir aus der Mikroökonomik wissen, gerade im Minimum der Durchschnittskosten erfüllt. Dort entsprechen sich gerade die Durchschnitts- und Grenzkosten. Folglich erhalten wir die Ausbringungsmenge eines Landwirts im langfristigen Gleichgewicht ohne staatlichen Eingriff durch

$$\frac{\partial AC(x)}{\partial x} = 1 - 100 \cdot x^{-2} = 0 \quad \Longrightarrow \quad x_e = 10.$$

Der Gleichgewichtspreis in der langen Frist ergibt sich durch Einsetzen von $x_e = 10$ in die Durchschnitts- oder Grenzkostenfunktion, da beide Funktionen im Minimum von $AC(x)$ den gleichen Wert aufweisen: $AC(x_e) = MC(x_e) = 20$. Dies sind gerade die Werte, die sich aus der Angabe und in Aufgabe 23.3.1 ergaben, d.h. ohne staatlichen Eingriff lag ein langfristiges Gleichgewicht vor.

Wird eine Subvention in Höhe von $z^* = 5$ gewährt, so verringern sich die Durchschnittskosten eines Bauern, solange er weniger produziert als $x_e = 10$. Diese ergeben sich nun als

$$AC_z(x) = \frac{C(x) - z^* \cdot (x^e - x)}{x} = AC(x) - z^* \cdot \left(\frac{x^e}{x} - 1\right) = x + \frac{50}{x} + 5.$$

Nun beträgt die Ausbringungsmenge eines Bauern im langfristigen Gleichgewicht $x_z = \sqrt{50}$, während der Preis im Vergleich zur Lösung ohne staatlichen Eingriff auf $p_z = 2\sqrt{50} + 5$ sinkt. Diese Zusammenhänge werden auch in Abbildung 23.4 im linken Diagramm wiedergegeben, in dem die jeweiligen Grenz- und Durchschnittskostenkurven für einen repräsentativen Landwirt eingezeichnet sind. (Anmerkung: Diese Abbildung ist nicht maßstabsgetreu für die hier berechneten Werte.)

Betrachten wir nun den aggregierten Markt für Getreide, der im rechten Diagramm der Abbildung dargestellt ist. Die Gesamtmenge an Getreide bezeichnen wir mit $X = \sum x$. Ohne staatlichen Eingriff wird im langfristigen Gleichgewicht die Menge X_e gehandelt, da dann die marginale Zahlungsbereitschaft der Nachfrager, ausgedrückt durch die Nachfragekurve D, gerade dem Preis und dieser wiederum den Grenz- und Durchschnittskosten eines Bauern entspricht.

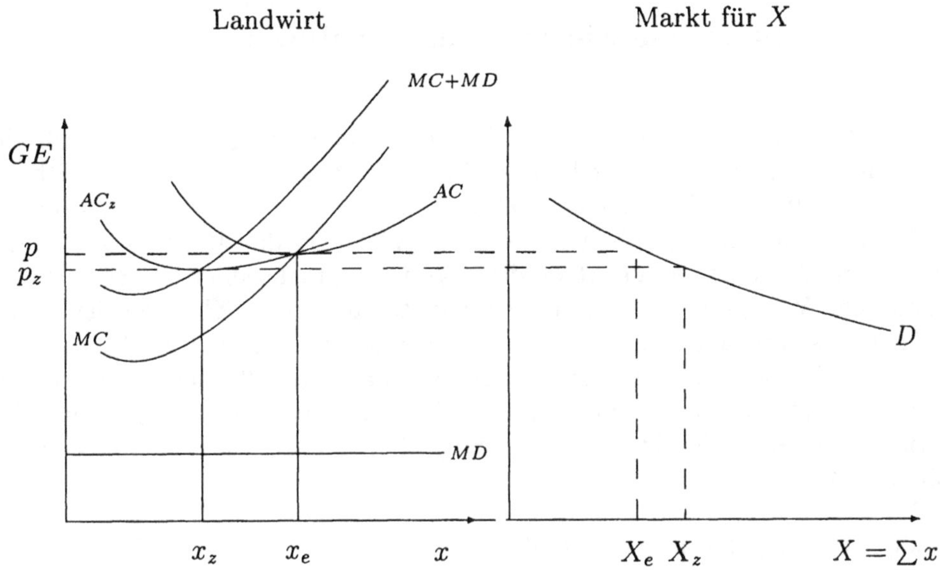

Abbildung 23.4: Langfristiges Gleichgewicht bei Subventionen

Mit Einführung einer Subvention in Höhe von z^* sinkt langfristig nicht nur die produzierte Menge jedes einzelnen Bauern auf x_z, sondern auch der Preis für Getreide auf p_z. Da die Nachfrage nach Getreide mit fallenden Preis zunimmt, erhöht sich die gehandelte Gesamtmenge an Getreide auf X_z. Dies ist nur möglich, da neue Landwirte auf den Markt ihre Ernte anbieten. Insgesamt steigt also die Summe der Schäden durch die Subventionszahlung im Vergleich zu einer Situation ohne staatlichen Eingriff an, auch wenn jeder einzelne Bauer weniger produziert.

Kommentierte Literaturhinweise:

Jedes Lehrbuch der Finanzwissenschaft behandelt die wichtigsten Gründe für eine Rechtfertigung der Staatstätigkeit. Als Einstieg in dieses Thema bietet sich das Buch von Stiglitz und Schönfelder (1994) an, in dem die hier gezeigten Problembereiche der öffentlichen Güter und externen Effekte in den Kapiteln 5, 6 und 8 in wenig formaler Weise erläutert werden. Etwas anspruchsvoller ist das Buch von Boadway und Wildasin (1984). In diesem englischsprachigen Klassiker der modernen Finanzwissenschaft finden sich die hier behandelten Themen in den Kapiteln 4, 5 und 6. Eine sehr empfehlenswerte, deutschsprachige Alternative zu Boadway und Wildasin (1984) stellt Wellisch (1999) dar. Die Ausführungen zu öffentlichen Gütern und externen Effekten finden sich in diesem modernen Lehrbuch in den Kapiteln 3, 4 und 5.

Boadway, R. W./Wildasin, D. E. (1984):
Public Sector Economics. 2. Auflage, Boston.

Stiglitz, J. E./Schönfelder, B. (1994):
Finanzwissenschaft. München.

Wellisch, D. (1999):
Finanzwissenschaft I: Rechtfertigung der Staatstätigkeit. Unter Mitarbeit von U. Hange, München.

Kapitel 24

Theorie der Besteuerung

Dipl.-Vw. Elke Baumann, M.A./SUNY, Sachverständigenrat zur Begutachtung der gesamtwirtschaftlichen Entwicklung

Aufgaben

Aufgabe 24.1:

Nehmen Sie an, der Steuertarif $T(I)$ sei in folgender Weise vom zu versteuernden Einkommen I abhängig:

$$T(I) = \max\{0, I - 10 \cdot \sqrt[4]{I^3}\}. \tag{24.1}$$

24.1.1 Beschreiben Sie die Eigenschaften des Einkommensteuertarifs, also insbesondere den Verlauf der Funktion, die Residualelastizität (relative Veränderung des Nettoeinkommens bei Änderung des Bruttoeinkommens) und das Verhältnis von Durchschnitts- zu Grenzsteuersatz. Wie hoch sind die Eingangs- bzw. Spitzengrenz- und -durchschnittssteuersätze?

24.1.2 Erklären Sie die gemeinsame Veranlagung von Ehepaaren gemäß §26b EStG. Hat diese bei einem Einkommensteuertarif wie in 24.1 immer Vorteile? Berechnen Sie die Steuerersparnis der getrennten gegenüber der gemeinsamen Veranlagung, wenn das Einkommen der Frau I_F = 160.000 Geldeinheiten (GE) und das des Mannes I_M = 65.536 GE beträgt. Wie verhält sich die gemeinsame gegenüber der getrennten Veranlagung bei steigendem Einkommen eines Alleinverdienerhaushalts?

24.1.3 Gehen Sie nun wieder von einem Alleinstehenden aus, der sein Einkommen ausschließlich durch Arbeit verdient, die er zum Lohnsatz $w = 350$ GE/Tag anbieten kann. Nutzen zieht er ausschließlich aus Konsum c und Freizeit

$$F = \bar{F} - L = 360 - L,$$

mit L als Arbeitseinsatz, gemäß der Nutzenfunktion

$$U(c, F) = 2 \cdot \ln c + \ln F.$$

Bestimmen Sie die optimale Freizeit–Arbeitsangebots–Entscheidung sowohl in einer Situation ohne Steuern als auch in einer Situation mit obigem Einkommensteuertarif $T(I)$. Vergleichen Sie Ihr Ergebnis mit einer aufkommensgleichen Pauschalsteuer sowie mit einer aufkommensgleichen proportionalen Einkommensteuer. Erklären Sie die auftretenden Effekte auch in einer Graphik, und kennzeichnen Sie die Zusatzlast der verschiedenen Steuern.

Aufgabe 24.2:

Ein Schiffsbauer im bislang unentdeckten Inselreich Catan, der sich vollkommenem Wettbewerb ausgesetzt sehe, baue Schiffe aus Holz zur Erkundung der weiten Welt. Dazu setzt er neben den fixen Faktoren Boden zum Anpflanzen von Bäumen und seiner Arbeitskraft Kapital K gemäß der Technologie $F(K) = 40 \cdot \ln K$ ein. Die Schiffe kann er zum Preis $p = 6$ GE absetzen.

24.2.1 Angenommen, der Schiffsbauer nimmt in jungen Jahren einen Kredit auf, um die Investition in den Kapitalstock seiner Werft zu finanzieren. In der Produktionsphase, in der die Investition wirksam werde, muß er den Kredit zum Zinssatz $r = 20\%$ tilgen. Wie hoch wird der Schiffsbauer die Kapitalinvestition K wählen?

24.2.2 Wie wird sich seine Investitionsentscheidung verändern, wenn der Staat nun seinen Erlös mit dem Steuersatz $t = 50\%$ besteuert, dafür aber einen Schuldzinsenabzug sowie die vollständige Abschreibung der Investition in der Produktionsphase zuläßt? Wie bezeichnet man ein solches Steuersystem?

24.2.3 Die Regierung von Catan möchte ihr Image bei den Schiffsbauern, die eine große Lobby haben, verbessern und ermöglicht ihnen neben dem Schuldzinsenabzug auch den sofortigen Abzug der gesamten Investitionsausgaben. Ist diese Maßnahme aus Effizienzgesichtspunkten zu begrüßen? Wie ist demgegenüber eine anteilige Subventionierung der Investition zu beurteilen, wenn die Erlöse besteuert werden, Schuldzinsen aber nicht mehr abzugsfähig sind?

24.2.4 Die Siedler von Catan haben auf ihren Seefahrten endlich ein anderes bewohntes Inselreich, das Königreich Meerland, entdeckt. Die beiden Inselreiche bilden fortan eine Föderation, die sich durch die Freizügigkeit des Kapitalverkehrs auszeichnet. Auch in Meerland gibt es sehr viele Schiffsbauer. Da sich ihre Boote nicht von denen Catans unterscheiden, können sie in beiden Ländern zum Preis $p = 6$ GE abgesetzt werden. Während die Schiffsproduktion Catans durch $F(K)$ aus 24.2.1 gegeben sei, hänge die hergestellte Menge Schiffe in Meerland aufgrund anderer Gegebenheiten von folgender Produktionsfunktion ab:

$$F^*(K^*) = 1.500 + \ln(K^* - 150)^{10},$$

wobei ein „*" Werte Meerlands bezeichne. Kapital wird den Schiffsbauern von den privaten Haushalten zum Zins r bzw. r^* zur Verfügung gestellt. Hierbei werde vereinfachend angenommen, daß die Kapitalkosten der Schiffsbauern nur noch aus den Zinszahlungen bestehen. Die Haushalte beider Inseln seien im Eigentum von Kapital in Höhe von insgesamt $\bar{K} = 400$, das vollständig zur Herstellung von Schiffen verwendet werde.

In welcher Höhe werden die Haushalte Kapital auf den beiden Inseln anlegen, wenn Zinseinkünfte nicht besteuert werden? Leiten Sie sodann die optimale Kapitalallokation auf den beiden Inseln her, wenn ozeanüberschreitende Zinseinkünfte nach dem reinen Wohnsitzlandprinzip bzw. nach dem Quellenlandprinzip besteuert werden und der Steuersatz auf Catan $t = 50\%$ und auf Meerland $t^* = 30\%$ beträgt. Gehen Sie dabei immer von einem investitionsneutralen Steuersystem auf Unternehmensebene aus. Für welches Besteuerungsprinzip werden sich die Regierungen aus Effizienzgesichtpunkten entscheiden? Veranschaulichen Sie Ihre Aussagen auch mit Hilfe einer geeigneten Graphik.

Aufgabe 24.3:

Betrachten Sie die Anfänge des Internetzeitalters, in denen die Firma X-Online als einzige einen Internetzugang für Privatkunden über das Telefonnetz anbiete. Sie sehe sich der preisabhängigen Nachfrage $D(p) = 120 - 2 \cdot p$ gegenüber. Die Kosten der Zugangsbereitstellung seien abhängig von der angebotenen Kapazität x und betragen $C(x) = 6 \cdot x + 4$.

24.3.1 Wie hoch ist die angebotene Kapazität und der Preis im Gleichgewicht? Wie ändern sich die Gleichgewichtsgrößen, wenn eine Umsatzsteuer mit $\tau = 2$ pro abgesetzter Einheit erhoben wird? Welches Steueraufkommen kann der Staat damit erzielen? Inwieweit kann das Unternehmen die Steuerlast auf die Konsumenten überwälzen?

24.3.2 Wie hoch muß die Regierung alternativ den ad valorem- (Wert-)Steuersatz t^M, der auf den Bruttoumsatz erhoben werde, setzen, damit die angebotene Kapazität im Vergleich zur Mengensteuer unverändert bleibt? Mit welcher Steuer läßt sich ein höheres Aufkommen erzielen? Begründen Sie Ihre Antwort anhand einer Graphik.

24.3.3 Im Laufe der Zeit sind viele andere Unternehmen auf den Markt getreten, die den Zugang zum World Wide Web über Internet by Call anbieten. Kennzeichnen Sie – zum besseren Vergleich ausgehend von unveränderter Nachfrage- und Kostenfunktion – das Marktgleichgewicht ohne Steuer sowie bei Erhebung der Mengensteuer $\tau = 2$. Welches Steueraufkommen entsteht hier, und zu wieviel Prozent können die Unternehmen jetzt die Steuerlast auf die Nachfrager überwälzen?

24.3.4 Auch unter vollkommener Konkurrenz überlegt die Regierung, welchen ad valorem–Umsatzsteuersatz t^W sie alternativ erheben muß, damit die Unternehmen die gleiche Zugangskapazität wie bei der Mengensteuer anbieten. Vergleichen Sie das erzielbare Steueraufkommen der Mengen- mit dem der Wertsteuer.

Lösungen

Aufgabe 24.1:

24.1.1 Der Einkommensteuertarif weist eine Nullzone bis zum Grundfreibetrag I_G auf, bis zu dem keine Steuern gezahlt werden müssen. Er ergibt sich aus

$$T(I_G) = I_G - 10 \cdot \sqrt[4]{I^3} = 0 \qquad \Rightarrow \qquad I_G = 10.000.$$

Für Einkünfte oberhalb von I_G beträgt der Grenzsteuersatz

$$T'(I) = \frac{dT(I)}{dI} = 1 - \frac{15}{2 \cdot \sqrt[4]{I}} < 1 \tag{24.2}$$

und ist genauso wie die zweite Ableitung positiv:

$$T''(I) = \frac{15}{8 \cdot \sqrt[4]{I^5}} > 0.$$

Der Steuertarif verläuft also monoton steigend und streng konvex. Der Grenzsteuersatz wächst mit zunehmendem Einkommen, bleibt jedoch immer unterhalb des konfiskatorischen Steuersatzes von Eins.

Die Residualelastizität für $I > I_G$ berechnet sich wie folgt:

$$\frac{d[I - T(I)]}{dI} \frac{I}{I - T(I)} = \frac{15 \cdot I}{2 \cdot \sqrt[4]{I} \cdot 10 \cdot \sqrt[4]{I^3}} = \frac{3}{4}.$$

Steigt das Bruttoeinkommen um 1%, so wächst das Nettoeinkommen nur um 0,75%. Dieser Anstieg ist unabhängig von der Höhe des Bruttoeinkommens. Das bedeutet, daß die Nettoeinkommensverteilung über die Bevölkerung konstant bleibt, wenn die Bruttocinkommen z.B. aufgrund eines konjunkturellen Aufschwungs gleichmäßig ansteigen.

Der Steuertarif ist im Einkommensintervall $I \in (I_G, \infty)$ progressiv, da der durchschnittliche Steuersatz dort,

$$\frac{T(I)}{I} = 1 - \frac{10}{\sqrt[4]{I}} < 1, \tag{24.3}$$

mit zunehmender Bemessungsgrundlage steigt:

$$\frac{d\left(\frac{T(I)}{I}\right)}{dI} = \frac{T'(I) \cdot I - T(I)}{I^2} = \frac{5}{2 \cdot \sqrt[4]{I^5}} > 0. \tag{24.4}$$

Hierbei handelt es sich um direkte Progression, da der Grenzsteuersatz mit zunehmender Bemessungsgrundlage ebenfalls ansteigt. Ein linearer Tarif mit Grundfreibetrag ist dagegen nur indirekt progressiv. Generell liegt bei einem progressiven Tarif der Grenzsteuersatz immer über dem Durchschnittssteuersatz, wie man allgemein durch Umformen von 24.4 bzw. im speziellen durch einen Vergleich von 24.2 mit 24.3 erkennt.

Der Eingangsgrenz- bzw. -durchschnittssteuersatz ergibt sich durch Einsetzen von $I_G = 10.000$ in 24.2 bzw. 24.3 zu 25% bzw. 0%, während sich der Spitzendurchschnittssteuersatz dem Spitzengrenzsteuersatz mit zunehmendem Einkommen annähert. Sie konvergieren bei $I \to \infty$ beide gegen Eins.

24.1.2 Die gemeinsame Veranlagung von Ehepaaren erfolgt unter Anwendung des Splittingverfahrens, bei dem das gesamte steuerpflichtige Einkommen gleichmäßig auf die beiden Ehegatten verteilt und dann der für die beiden Hälften geltende Steuersatz auf das Familieneinkommen angewandt wird. Somit führt die gemeinsame Veranlagung bei einem direkt progressiven Steuertarif wie 24.1 immer zu dem sogenannten Splittingvorteil $SV(I_F, I_M)$, d.h. zu einer geringeren steuerlichen Belastung als die getrennte Veranlagung, sofern mindestens ein Einkommen mit $I_F \neq I_M$ im (direkt) progressiven Bereich liegt. Nur wenn beide Einkommen nicht höher als der Grundfreibetrag sind oder $I_F = I_M$, ist der Splittingvorteil gleich Null.

Bei $I_F = 160.000$ und $I_M = 65.536$ ergibt sich der Splittingvorteil zu

$$\begin{aligned} SV(I_F, I_M) &= T(I_F) + T(I_M) - 2 \cdot T\left(\frac{I_F + I_M}{2}\right) \\ &= 80.000 + 24.576 - 102.461 = 2.115 \text{ GE}. \end{aligned}$$

Verdient im Haushalt z.B. nur die Frau, so beträgt der Splittingvorteil

$$SV(I_M = 0) = T(I_F) - 2 \cdot T\left(\frac{I_F}{2}\right),$$

der mit steigendem Einkommen I_F gemäß

$$SV'(I_M = 0) = T'(I_F) - T'\left(\frac{I_F}{2}\right) = \frac{15 \cdot (\sqrt[4]{2} - 1)}{2 \cdot \sqrt[4]{I_F}} > 0,$$

wegen $T''(I) > 0$ für $I > I_G$ unbegrenzt monoton ansteigt.

24.1.3 Um das Nutzenmaximum des Haushalts zu bestimmen, muß seine Budgetrestriktion in seine Nutzenfunktion eingesetzt und F durch $\bar{F} - L$ ersetzt werden. Dann ist die Nutzenfunktion nur noch von der Variablen L abhängig. Die Budgetrestriktionen (1) in einer Situation ohne Steuer, (2) beim progressiven Steuertarif $T(I)$, (3) bei einer Pauschalsteuer τ und (4) einer proportionalen Einkommensteuer t lauten wie folgt:

$$c_1 = I_1 = w \cdot L_1, \qquad c_3 = w \cdot L_3 - \tau,$$
$$c_2 = I_2 - T(I_2) = 10 \cdot \sqrt[4]{(w \cdot L_2)^3}, \qquad c_4 = (1-t) \cdot w \cdot L_4,$$

wobei c_i, $i = 1, ..., 4$, als Konsum gleichzeitig auch das verfügbare Einkommen angibt.

In einer Situation ohne Besteuerung ergibt sich durch die Ableitung der Nutzenfunktion nach L:

$$\frac{dU}{dL} = \frac{2}{L_1} - \frac{1}{360 - L_1} = 0 \qquad \Rightarrow \qquad L_1 = 240, \quad c_1 = 84.000.$$

Bei Einführung des Einkommensteuertarifs (24.1) verändert sich die notwendige Bedingung für ein Nutzenmaximium zu

$$\frac{dU}{dL} = \frac{3}{2 \cdot L_2} - \frac{1}{360 - L_2} = 0 \Rightarrow L_2 = 216, \; c_2 = 10 \cdot \sqrt[4]{75.600^3} = 45.592.$$

Für die optimale Freizeit–Arbeitsangebots–Entscheidung bei aufkommensgleicher Pauschalsteuer $\tau = T(I_2 = 75.600) = 30.008$ GE muß gelten:

$$\frac{dU}{dL} = \frac{700}{350 \cdot L - \tau} - \frac{1}{360 - L} = 0 \qquad \Rightarrow \qquad L_3 = 269, \quad c_3 = 64.142.$$

Da die Nutzenfunktion dergestalt ist, daß das optimale Arbeitsangebot in einer Situation ohne Steuern unabhängig vom Lohnsatz ist, und die proportionale Einkommensteuer den Lohnsatz zu jedem Arbeitsangebot um den gleichen Faktor verringert, entspricht die notwendige Bedingung bei einer proportionalen Einkommensteuer mit gleichem Steueraufkommen wie bei $T(I)$ derjenigen ohne Steuer. In diesem Fall ist es für den Haushalt deshalb wiederum optimal, $L_4 = 240$ zu wählen. Wegen $T(I_2) = t \cdot w \cdot L_4$, woraus für den Einkommensteuersatz $t = T(I_2)/(w \cdot L_4)$ folgt, beträgt sein verfügbares Einkommen jedoch nur $c_4 = 8.400 + 10 \cdot \sqrt[4]{75.600^3} = 53.992$ GE.

Abbildung 24.1 gibt in Punkt O, in der die Indifferenzkurve $\bar{U}^1$ die Budgetrestriktion tangiert, das Nutzenmaximum in einer Situation ohne Steuern wieder. Bei Einführung des progressiven Steuertarifs $T(I)$ verläuft die Budgetrestriktion bis zu $c = 10.000$ entlang der ursprünglichen Budgetgerade und dann nach links abknickend konkav auf die Ordinate zu (die Krümmung ist zur Verdeutlichung

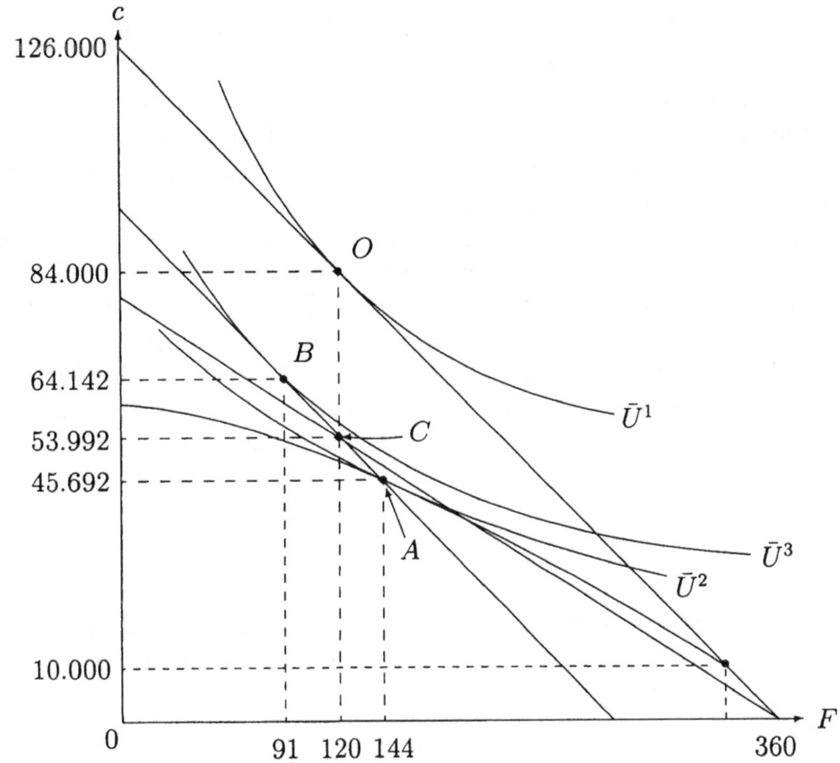

Abbildung 24.1: Arbeitsangebot bei proportionaler und progressiver Einkommensteuer sowie Pauschalsteuer

überzeichnet und somit nicht maßstabsgetreu). Der erreichbare Nutzen beträgt nur noch $\bar{U}^2$, wobei der Haushalt deutlich weniger arbeitet und nur ein sehr niedriges Einkommen für Konsumzwecke zur Verfügung hat. Soll nun eine aufkommensgleiche Pauschalsteuer erhoben werden, so muß die dann geltende Budgetgerade durch (L_2, c_2) parallel zur ursprünglichen Budgetrestriktion verlaufen. Der Haushalt erreicht einen deutlich höheren Nutzen $\bar{U}^3 > \bar{U}^2$.

Da die Pauschalsteuer den relativen Preis der Freizeit unverändert läßt, ist die Steuer effizient, d.h. sie verzerrt die Entscheidungen des Haushalts nicht. Es tritt lediglich ein Einkommenseffekt auf, der Freizeit und Konsum, sofern sie normale Güter sind, reduziert. Freizeit wird hierbei so stark vermindert, daß das neue Arbeitsangebot über dasjenige in einer Situation ohne Besteuerung hinaus erhöht wird. Bei einer aufkommensgleichen proportionalen Einkommensteuer muß die optimale Konsum–Freizeit–Allokation des Haushalts ebenfalls auf der Budgetgerade bei Pauschalsteuer liegen. Da die proportionale Einkommensteuer keinen Grundfreibetrag aufweist, entsteht die entsprechende Budgetrestriktion durch Drehung um den Nullpunkt der ursprünglichen Budgetrestriktion und schneidet die Budgetgerade bei Pauschalsteuer im Optimalpunkt (L_4, c_4), der durch dasselbe Arbeitsangebot wie in einer Situation ohne Steuern gekennzeichnet ist. Obwohl die proportionale Einkommensteuer das Arbeitsangebot im Vergleich zu einer Situation ohne Steuern unverändert läßt, ist diese Steuer dennoch ineffizient, da der Haushalt mit einer Pauschalsteuer bei gleichem Steueraufkommen einen höheren Nutzen realisieren kann, $\bar{U}^4 < \bar{U}^3$ ($\bar{U}^4$ ist aus Übersichtlichkeitsgründen nicht eingezeichnet). Grund hierfür ist – wie bei der progressiven Steuer – das zusätzliche Auftreten eines Substitutionseffekts, der dem Einkommenseffekt entgegengerichtet ist und ihn in diesem Fall gerade aufhebt. Die Zusatzlast der proportionalen Einkommensteuer ist die Differenz zwischen $\bar{U}^4$ und $\bar{U}^3$. Gemessen in Konsumeinheiten entspricht sie der vertikalen Distanz zwischen C und der Indifferenzkurve $\bar{U}^3$. Den größten Nutzenverlust erleidet der Haushalt bei einer progressiven Steuer, $\bar{U}^2 < \bar{U}^4 < \bar{U}^3$, bei der die Zusatzlast – die vertikale Distanz zwischen A und $\bar{U}^3$ – am höchsten ist.

Aufgabe 24.2:

24.2.1 Ziel des Schiffsbauers ist es, durch optimale Wahl seines Kapitalstocks seinen Gewinn π, d.h. die Erlöse aus dem Schiffsverkauf abzüglich der Zins- und Tilgungskosten, zu maximieren:

$$\max_K \pi = p \cdot F(K) - r \cdot K = 240 \cdot \ln K - \frac{6}{5} \cdot K.$$

Die Bedingung für ein Gewinnmaximum ergibt sich durch Ableitung nach K zu

$$\pi' = p \cdot F'(K) - r = \frac{240}{K} - \frac{6}{5} = 0 \quad \Rightarrow \quad K = 200. \tag{24.5}$$

Die gewinnmaximierende Investition in K beträgt demnach in einer Situation ohne Besteuerung 200 Einheiten.

24.2.2 Das von der Regierung nun eingeführte Einkommensteuersystem, das den Ideen von Schanz, Haig und Simons entspricht, besteuert nur den Reinvermögenszugang. Da dabei die Schuldzinsen sowie die Investitionsausgaben während der Produktionsphase abzugsfähig sind, führt es zu einem Gewinn von

$$\pi = (1-t) \cdot p \cdot F(K) - (1-t) \cdot (1+r) \cdot K = (1-t) \cdot [p \cdot F(K) - r \cdot K],$$

woraus als Bedingung erster Ordnung für ein Gewinnmaximum

$$\pi' = (1-t) \cdot [p \cdot F'(K) - r] = 0 \qquad \text{bzw. wegen } t \neq 0: \quad p \cdot F'(K) = r$$

und damit wieder Bedingung 24.5 folgt. Die optimale Investitionshöhe bleibt bei einem solchen Einkommensteuersystem unverändert bei 200 Einheiten. Das Steuersystem wird daher auch als investitionsneutral bezeichnet.

24.2.3 Der sofortige Abzug der Investitionsausgaben wirkt wie eine vorgezogene Abschreibung bzw. wie eine 50%ige Subventionierung der Investition. Der Schiffsbauer muß nur einen Kredit in Höhe von $(1-t) \cdot K$ aufnehmen, um eine Investition in Höhe von K finanzieren zu können. Zusätzlich kann er wiederum seine Schuldzinsen steuerlich geltend machen. Sein Gewinn beläuft sich nunmehr auf

$$\pi = (1-t) \cdot [p \cdot F(K) - (1+r) \cdot K + r \cdot t \cdot K] = (1-t) \cdot \{p \cdot F(K) - [1 + r \cdot (1-t)] \cdot K\},$$

der bei einer Kapitalinvestition gemäß der Bedingung

$$\pi' = (1-t) \cdot \{p \cdot F'(K) - [1 + r \cdot (1-t)]\} = 0 \quad \Rightarrow \quad p \cdot F'(K) = 1 + r \cdot (1-t)$$

$$\Rightarrow \quad \frac{240}{K} = \frac{11}{10} \quad \Leftrightarrow \quad K = \frac{2.400}{11} = 218,\overline{18}$$

maximiert wird. Verglichen mit Bedingung 24.5 wird die Investitionsentscheidung bei vorzeitiger Abschreibung so verzerrt, daß über das effiziente Maß hinaus investiert wird. Würde die Regierung dagegen Schuldzinsen nicht mehr zum Abzug von der Steuerbemessungsgrundlage zulassen, so könnte Investitionsneutralität wiederhergestellt werden. Dieses Steuersystem wird auch als Cash–Flow–System bezeichnet, da es nur die realwirtschaftlichen Zahlungsüberschüsse besteuert, finanzwirtschaftliche Überschüsse jedweder Art jedoch steuerlich unberücksichtigt läßt.

24.2.4 Eine effiziente internationale Kapitalallokation in einer Situation ohne Zinsbesteuerung ist im globalen Schiffsproduktionsmaximum, $\max F(K) + F^*(K^*)$, bei optimaler Wahl von K und K^* gegeben, wenn das gesamte Kapital gerade eingesetzt wird, $\bar{K} = K + K^* = 400$. Nach Substitution von K^* lautet das Maximierungskalkül einer fiktiven Zentralregierung beider Inselreiche:

$$\max_K 40 \cdot \ln K + 1.500 + 10 \cdot \ln(250 - K).$$

Die notwendige Bedingung für eine effiziente internationale Kapitalallokation gleicht die Grenzproduktivitäten des Kapitals auf beiden Inseln an, d.h.

$$F_K = F_K^* \quad \Leftrightarrow \quad \frac{40}{K} = \frac{10}{250 - K} \tag{24.6}$$

$$\Leftrightarrow \quad K = 200,$$

woraus auch für $K^* = 200$ folgt.

Werden jetzt Zinseinkünfte besteuert, so müssen die Entscheidungen der Schiffsbauern mit denen der privaten Haushalte als Anleger verglichen werden. Der Kapitaleinsatz der Schiffsbauern ist gewinnmaximal, wenn das Wertgrenzprodukt des Kapitals dessen Grenzkosten entspricht:

$$p \cdot F_K = r \qquad \text{bzw.} \qquad p \cdot F_K^* = r^*. \tag{24.7}$$

Die Haushalte legen ihr Kapital dort an, wo die Nettoverzinsung am höchsten ist. Dies ist differenziert für das Wohnsitz- und das Quellenlandprinzip zu betrachten.

Beim reinen Wohnsitzlandprinzip werden alle Zinserträge, unabhängig davon, ob sie auf Catan oder Meerland erzielt wurden, mit dem Steuersatz des Wohnsitzlandes belastet. Das bedeutet, daß ausländische Quellensteuern auf die inländische Steuerschuld vollständig angerechnet werden. Das Arbitrageverhalten der Anleger führt stets dazu, daß die Nettoerträge auf beiden Inseln gleich sein müssen. Aus Sicht eines Anlegers von Catan bzw. Meerland erfordert dies:

$$\left.\begin{array}{rrcl} & r\cdot(1-t) & = & r^*\cdot(1-t) \\ \text{bzw.} & r\cdot(1-t^*) & = & r^*\cdot(1-t^*) \end{array}\right\} \Rightarrow r = r^*, \tag{24.8}$$

d.h. auch die Bruttoerträge müssen übereinstimmen. Zusammen mit 24.7 ergibt sich aus einem Vergleich mit 24.6, daß die effiziente internationale Kapitalallokation mit $K = K^* = 200$ resultiert.

Bei Anwendung des Quellenlandprinzips werden Kapitalerträge aus ausländischen Quellen von der inländischen Steuer freigestellt. Die ausländische Steuer bleibt somit effektiv. Das die Nettoerträge angleichende Arbitrageverhalten der Anleger ist jetzt durch

$$r\cdot(1-t) = r^*\cdot(1-t^*) \quad \Rightarrow \quad r \neq r^* \quad \text{für} \quad t \neq t^* \tag{24.9}$$

gekennzeichnet. Da durch das Quellenlandprinzip die inselspezifischen Erträge auch mit der inselspezifischen Steuer belegt werden, unterscheidet sich die Bruttoverzinsung. Setzt man 24.7 in 24.9 ein, so ergibt sich die optimale Kapitalallokation

$$\frac{20}{K} = \frac{7}{250-K} \quad \Leftrightarrow \quad \tilde{K} = \frac{5.000}{27} = 185,19 \quad \text{und} \quad \tilde{K}^* = 214,81.$$

Abbildung 24.2, die den Bruttogrenzproduktivitäten des Kapitals die Grenzproduktivitäten nach Steuer gegenüberstellt, veranschaulicht die allokative Überlegenheit des Wohnsitzlandprinzips gegenüber dem Quellenlandprinzip. Die Länge der Abszisse mißt den gesamten Kapitalstock der Föderation, $\bar{K}$. Der Kapitaleinsatz Meerlands wird auf der Abszisse nach rechts abgetragen, während der Kapitaleinsatz Catans nach links ansteigt. Demzufolge nehmen auch die Grenzproduktivitäten des Kapitals von links nach rechts für Meerland und umgekehrt für Catan ab. Im Schnittpunkt O sind sie auf beiden Inseln gleich. Hier ist eine effiziente Kapitalallokation erreicht, die durch das Wohnsitzlandprinzip gesichert werden kann. Durch die Anwendung des Quellenlandprinzips kommt es jedoch bei nicht harmonisierten Steuersätzen zu einem Schnittpunkt der Nettogrenzproduktivitäten und damit zu einem Gleichgewicht in E, da hier die Arbitragebedingung der Anleger 24.9 erfüllt ist. Dieses neue Gleichgewicht ist nicht mehr effizient, es entsteht ein Produktionsverlust in Höhe von AOB, da die Fläche unterhalb der Grenzproduktivitätskurven die gesamte Schiffsproduktion wiedergibt.

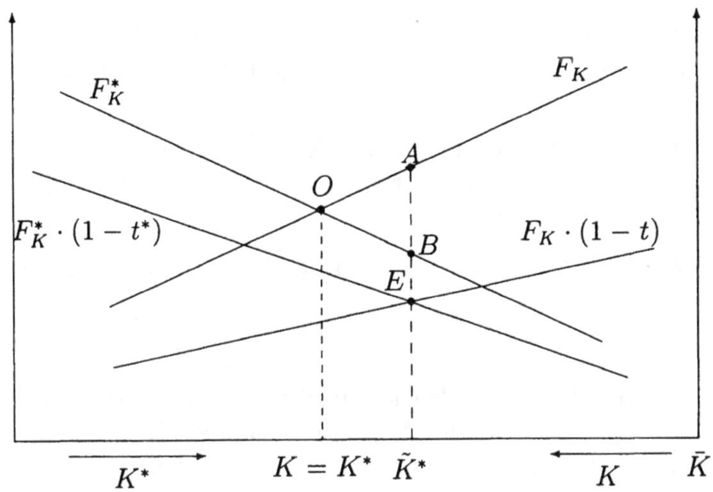

Abbildung 24.2: Internationale Kapitalallokation beim Wohnsitzland- und Quellenlandprinzip

Aufgabe 24.3:

24.3.1 Der Monopolist betrachtet den Preis nicht als gegeben, sondern steuert ihn über die Wahl seiner Absatzmenge. Die inverse Nachfragefunktion (Preis-Absatz-Funktion) ergibt sich durch Umformung von $D(p)$ zu

$$p(x) = 60 - \frac{x}{2},$$

die in die Gewinnfunktion des Monopolisten,

$$\pi^M = p(x) \cdot x - C(x),$$

eingesetzt wird. Im Gewinnmaximum entspricht der Grenzerlös den Grenzkosten, so daß für das optimale Angebot x^M

$$p(x) + x \cdot p'(x) = C'(x) \qquad \text{bzw.} \qquad 60 - x = 6 \quad \Leftrightarrow \quad x^M = 54$$

gilt. Der Monopolpreis beträgt folglich $p^M = 33$.

Da sich bei Erhebung einer Mengensteuer der vom Monopol zu erzielende Nettopreis um τ reduziert, muß im Gewinnmaximum gelten:

$$p(x) + x \cdot p'(x) - \tau = 60 - x - \tau = C'(x) \quad \Rightarrow \quad x_\tau^M = 54 - \tau = 52.$$

Daraus folgt ein Konsumentenpreis von $p_\tau^M = 34$ und ein Steueraufkommen von $\tau \cdot x_\tau^M = 104$. Für den Monopolisten bleibt nach Steuer pro verkaufter Einheit nur noch $p_\tau^M - \tau = 32$ übrig. Wie aus dem Preisvergleich von p_τ^M mit p^M deutlich wird, kann er die Steuerlast zu 50% auf die Nachfrager überwälzen. Dies ist bei konstanten Grenzkosten und linearer Nachfrage für eine Mengensteuer stets der Fall.

24.3.2 Bei einer Wertsteuer verbleibt dem Monopolisten lediglich ein Nettopreis in Höhe von $p_t^M \cdot (1 - t^M)$. Er wählt daher seine gewinnmaximierende Angebotsmenge folgendermaßen:

$$[p(x) + x \cdot p'(x)] \cdot (1 - t^M) = C'(x) \qquad \text{bzw.} \qquad (60 - x) \cdot (1 - t^M) = C'(x)$$
$$\Leftrightarrow \qquad x_t^M = 60 - \frac{6}{1 - t^M}.$$

Um mit der Wertsteuer t^M das gleiche Angebot wie mit der Mengensteuer τ zu realisieren, $x_\tau^M = x_t^M = 52$, muß $t^M = 1/4$ sein. Der Konsumentenpreis bleibt unverändert, die Regierung kann jedoch ein deutlich höheres Steueraufkommen

$$t^M \cdot p_t^M \cdot x^M = 442$$

erzielen. Der Nettopreis, der dem Monopolisten nun übrig bleibt, reduziert sich auf

$$p_t^M \cdot (1 - t^M) = \frac{51}{2} = 25,5,$$

die Überwälzung der Steuerlast gelingt dem Monopolisten nur noch zu

$$\frac{p_t^M - p^M}{p_t^M \cdot t} = \frac{2}{17} = 11,76\%.$$

In Abbildung 24.3 sind die Nachfragekurven, $D(\cdot)$, und die Grenzerlöskurven, $MR(\cdot)$, für eine Situation ohne Steuern sowie zu Nettopreisen bei Erhebung einer Mengen- bzw. Wertsteuer dargestellt. (Anmerkung: Die Abbildung dient nur zur Veranschaulichung, sie ist nicht maßstabsgetreu für die hier berechneten Werte und Funktionen.) Auch hierin wird das Auseinanderfallen der Inzidenz einer Mengen- und einer Wertsteuer im Monopol deutlich. Bei gleicher Absatzmenge müssen die beiden Nettogrenzerlöskurven $MR(\tau)$ und $MR(t^M)$ die Grenzkostenkurve in demselben Punkt (G) schneiden. Bei einer Mengensteuer fällt der Grenzerlös genau um den zu zahlenden Steuerbetrag pro Einheit des verkauften Gutes. Dies entspricht genau dem Betrag, um den die Steuereinnahmen des Staates steigen. Die Erhebung einer Wertsteuer verringert dagegen den Grenzerlös des Monopolisten um $t^M \cdot MR$ und damit um weniger als die mit dieser Steuer erwirtschafteten Einnahmen pro Einheit des verkauften Gutes, $t^M \cdot p_t^M$. Da der Preis im Monopol aber immer höher als der Grenzerlös ist, gilt

$$t^M \cdot p_t^M > t^M \cdot MR.$$

Der Stücksteuerbetrag einer Wertsteuer übersteigt den einer Mengensteuer und führt folglich bei gleicher Ausbringungsmenge zu höheren Steuereinnahmen:

$$(p_t^M \cdot (1 - t^M)) \quad F \quad C \quad p_t^M > (p_t^M - \tau) \quad E \quad C \quad p_t^M.$$

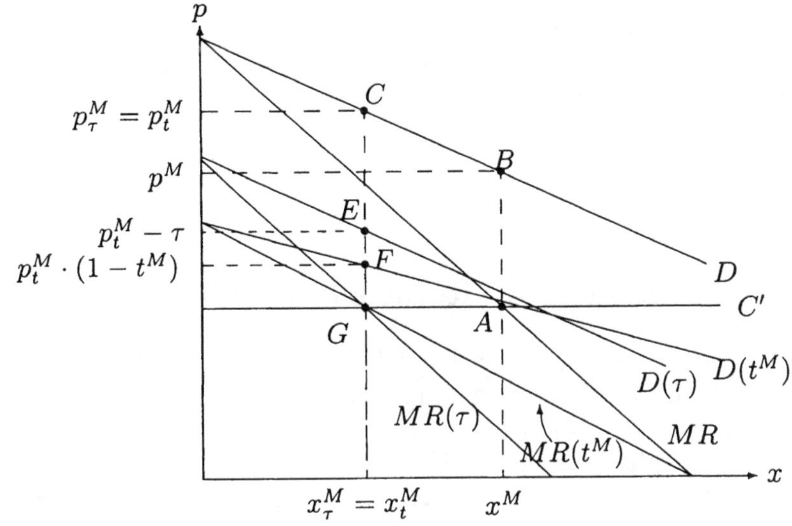

Abbildung 24.3: Steuerinzidenz auf einem Monopolmarkt

24.3.3 Bei vollkommenem Wettbewerb der Onlineanbieter kann der Preis von den einzelnen Anbietern nicht beeinflußt werden. Zur Gewinnmaximierung setzen sie daher den Preis gleich den Grenzkosten, so daß sich in einer Situation ohne Steuern

$$p = C'(x) \quad \Rightarrow \quad 60 - \frac{x}{2} = 6 \quad \Leftrightarrow \quad x^W = 108$$

bei einem Gleichgewichtspreis von $p^W = 6$ ergibt. Verglichen mit den Gleichgewichtswerten im Monopol kommt es zu einem Angebot in doppelter Höhe, während der Preis weniger als ein Fünftel dessen im Monopol beträgt. Wird jetzt eine Mengensteuer $\tau = 2$ auf jede verkaufte Einheit Internetzugang erhoben, reduziert sich der von den Anbietern zu erzielende Preis um τ. Im Gleichgewicht werden sie demzufolge nur $x_\tau^W = 104$ Einheiten Internetzugänge zu einem Konsumentenpreis von $p_\tau^W = 8$, jedoch unverändertem Produzentenpreis absetzen. Die Anbieter können die Steuerlast also vollständig auf die Nachfrager überwälzen. Diese 100%ige Überwälzung ist bei vollkommener Konkurrenz immer bei unendlich elastischem Angebot gewährleistet. Das Steueraufkommen der Regierung ist bei dieser Mengensteuer mit $\tau \cdot x_\tau^W = 208$ doppelt so hoch wie im Monopol.

24.3.4 Soll nun eine ad valorem–Umsatzsteuer t^W erhoben werden, setzen die Anbieter den Nettopreis $p_t^W \cdot (1 - t^W)$ den Grenzkosten gleich. Bei gleicher Angebotsmenge $x_\tau^W = x_t^W$ muß der Wertsteuersatz wie im Monopol

$$t^W = \frac{\tau}{1 + \tau} = 25\%$$

betragen. Jedoch sind neben dem Konsumentenpreis – im Gegensatz zum Monopol – auch der Produzentenpreis und das Steueraufkommen identisch mit dem bei einer Mengensteuer. Bei vollkommener Konkurrenz ist die Steuerinzidenz somit unabhängig von der Art der Besteuerung, ausschlaggebend ist ausschließlich die Differenz zwischen Konsumenten- und Produzentenpreis.

Kommentierte Literaturhinweise:

Einen allgemeinen Einstieg in die hier behandelten Themen der Theorie der Besteuerung bieten die Lehrbücher von Stiglitz und Schönfelder (1994, Kap. 16 – 19) oder Rosen (1995, Kap. 13 – 15). Etwas anspruchsvoller und formaler sind die Ausführungen in dem englischsprachigen Klassiker der modernen Finanzwissenschaft von Boadway und Wildasin (1984, Kap. 9, 11, 12). Für die deutschsprachige Lehrbuchliteratur sind insbesondere die Bücher von Homburg (1997) und Wellisch (1999) zu empfehlen, die die Fragestellungen der Theorie der Besteuerung mit aktuellem Bezug ausführlich darstellen und diskutieren.

Boadway, R. W./Wildasin, D. E. (1984):
Public Sector Economics. 2. Auflage, Boston.

Homburg, St. (1997):
Allgemeine Steuerlehre. München.

Rosen, H. S. (1995):
Public Finance. 4. Auflage, Chicago.

Stiglitz, J. E./Schönfelder, B. (1994):
Finanzwissenschaft. München.

Wellisch, D. (1999):
Finanzwissenschaft II: Theorie der Besteuerung. Unter Mitarbeit von E. Baumann, München.

Kapitel 25

Kollektive Entscheidung

Dipl.-Vw. Jeannette Brosig, Universität Magdeburg
Dipl.-Wirt.-Math. Atanasios Mitropoulos, Universität Magdeburg
Dipl.-Vw. Carsten Vogt, Zentrum für Europäische Wirtschaftsforschung Mannheim

Aufgaben

Aufgabe 25.1:

An der Abstimmung über den Austragungsort der olympischen Sommerspiele im Jahr 1996 beteiligten sich 86 IOC-Mitglieder. Es standen 6 Alternativen zur Auswahl: Atlanta, Athen, Toronto, Melbourne, Manchester und Belgrad. Die Abstimmung erfolgte nach der Hare-Wahl. Die Abstimmungsergebnisse wurden nach jedem Durchgang bekannt gegeben.

Durchgang	1	2	3	4	5
Atlanta	19 St	20 St	26 St	34 St	51 St
Athen	23 St	23 St	26 St	30 St	35 St
Toronto	14 St	17 St	18 St	22 St	-
Melbourne	12 St	21 St	16 St	-	-
Manchester	11 St	5 St	-	-	-
Belgrad	7 St	-	-	-	-

Tabelle 25.1: Abstimmungsergebnis

25.1.1 Erfüllt die Hare-Wahl das Kriterium der Strategiefestigkeit? Beweisen Sie Ihre Aussage.

25.1.2 Das Ergebnis der IOC-Abstimmung ist in Tabelle 25.1 dargestellt. Welche Schlußfolgerungen ziehen Sie aus dem Wahlausgang?

25.1.3 Welchen Vorschlag würden Sie dem IOC zur Verbesserung des Abstimmungsverfahrens unterbreiten?

Aufgabe 25.2:

Nehmen Sie an, sieben Mitglieder einer Theatergruppe wollen mit Hilfe der Borda-Wahl über den Inhalt des nächsten Theaterstücks abstimmen. Es stehen drei klassische Stücke zur Auswahl: *Hamlet* von Shakespeare, *Faust* von Goethe sowie *Wallenstein* von Schiller. Die vier Shakespearefans der Gruppe präferieren *Hamlet* vor *Faust* und *Faust* vor *Wallenstein*. Die drei anderen, allesamt aus Weimar, präferieren *Faust* vor *Wallenstein* und *Wallenstein* vor *Hamlet*.

25.2.1 Beschreiben Sie den Ablauf der Borda-Wahl.

25.2.2 Welches Ergebnis resultiert, wenn alle Schauspieler ehrlich abstimmen, das heißt, sich nicht strategisch verhalten?

25.2.3 Angenommen, die vier Shakespearefans bilden eine Koalition und kennen die Präferenzen der drei Weimarer. Es sei ferner angenommen, daß sich diese drei Schauspieler weiterhin ehrlich verhalten. Zeigen Sie, daß sich strategisches Verhalten für die vier Shakespearefans lohnen kann.

25.2.4 Angenommen, die drei Weimarer antizipieren das strategische Verhalten der Shakespearefans. Wie können Sie verhindern, daß ihre Letztpräferenz *Hamlet* gewinnt?

Aufgabe 25.3:

Eine Berufungskommission besteht aus fünf Mitgliedern und steht vor der Aufgabe, die drei Kandidaten der engeren Wahl in eine striktc Reihung zu bringen. Die Präferenzen der Mitglieder seien wie in Tabelle 25.2 dargestellt.

Vorsitzender	$C \succ A \succ B$
2. Teilnehmer	$B \succ C \succ A$
3. Teilnehmer	$A \succ B \succ C$
4. Teilnehmer	$B \succ C \succ A$
5. Teilnehmer	$A \succ B \succ C$

Tabelle 25.2: Mitgliederpräferenzen

Der Vorsitzende beauftragt Sie, ein Gutachten über die drei ihm bekannten Wahlverfahren Condorcet-Wahl, Borda-Wahl und Stichwahl zu erstellen. Er teilt Ihnen vertraulich mit, daß er gerne erreichen möchte, daß sein meist präferierter Kandidat gewinnt und auf Platz 1 der Berufungsliste gelangt.

25.3.1 Ermitteln Sie die kollektiven Präferenzen für die genannten Wahlverfahren. Kann der Vorsitzende mit den Resultaten zufrieden sein? Wenn nein: Was könnte er tun, um seinen Kandidaten „durchzubringen"?

25.3.2 Gegen welches der Arrowschen Axiome verstößt die Borda-Wahl? Welche Bedeutung hat dieser Umstand für die Möglichkeiten strategischen Verhaltens? Gibt es unter der Borda-Wahl für ein oder mehrere Mitglieder der Berufungskommission Anlaß, sich strategisch zu verhalten? Nehmen Sie dabei an, daß aufgrund vorangegangener intensiver Diskussionsprozesse die Präferenzen der Mitglieder bekannt sind.

Aufgabe 25.4:

Am 20. Juni 1991 hatte der Deutsche Bundestag über den Sitz von Parlament und Bundesregierung zu befinden. Drei Vorschläge standen zur Debatte. Vorschlag A sah vor, Parlaments- und Regierungssitz zu teilen: Der Bundestag sollte in Berlin residieren, während Bonn Regierungssitz bleiben sollte. Antrag B forderte, daß beide Institutionen nach Berlin wechseln, während Vorschlag C beide Organe in Bonn belassen wollte. Die Präferenzen der insgesamt 657 Abgeordneten über die drei Alternativen waren wie in Tabelle 25.3 dargestellt verteilt.[1]

i)	$A \succ B \succ C$	116	Abgeordnete
ii)	$A \succ C \succ B$	30	Abgeordnete
iii)	$B \succ A \succ C$	81	Abgeordnete
iv)	$B \succ C \succ A$	140	Abgeordnete
v)	$C \succ A \succ B$	140	Abgeordnete
vi)	$C \succ B \succ A$	150	Abgeordnete

Tabelle 25.3: Präferenzen der Bundestagsabgeordneten

25.4.1 Muß unter einer Condorcet-Wahl bei der o.g. Verteilung der Präferenzen grundsätzlich mit intransitiven Ergebnissen gerechnet werden?

[1]Es mag verwunderlich erscheinen, warum die Präferenzen der Abgeordneten bekannt sein sollten. Bei der Hauptstadt-Entscheidung des Bundestages wurde jedoch namentlich abgestimmt, das Abstimmungsverhalten aller Abgeordneten war also vollständig dokumentiert. Unter Zugrundelegung einiger Plausibilitätsannahmen kann man dann aus dem beobachteten Abstimmungsverhalten auf die Präferenzrelationen der Abgeordneten schließen (vgl. hierzu Leininger (1993)).

25.4.2 Führen Sie eine Condorcet-Wahl durch und ermitteln Sie die kollektive Präferenz des Gremiums.

25.4.3 Wie beurteilen Sie Ihr Ergebnis aus 25.4.2 im Hinblick auf Ihre Antwort auf 25.4.1 ?

25.4.4 Ermitteln Sie die resultierenden kollektiven Präferenzen bzw. die von dem Gremium am meisten präferierte Alternative unter

- der Borda-Wahl,
- der Pluralitätswahl,
- der Stichwahl,
- der Anerkennungswahl (Approval Voting).

Nehmen Sie bzgl. der Anerkennungswahl folgendes Abstimmungsverhalten an: Abgeordnete mit den Profilen (iv) und (vi) stimmen lediglich für ihre meist präferierte Alternative, während Abgeordnete mit allen übrigen Profilen für ihre beste und zweitbeste Alternative stimmen. Vergleichen Sie die Ergebnisse und kommentieren Sie diese im Hinblick auf das Unmöglichkeitstheorem von Arrow.

25.4.5 Der Ältestenrat des Bundestages hatte folgendes Abstimmungsprozedere vorgesehen: Zunächst wird über den Vorschlag A abgestimmt. Erhält A eine Mehrheit von 50% der Stimmen oder mehr, so gilt A als angenommen. Anderenfalls wird Vorschlag A aus der Tagesordnung entfernt und es wird über die Vorschläge B und C simultan abgestimmt. Wie lautet das Ergebnis ? Wie beurteilen Sie die Verfahrensweise des Ältestenrates?

Aufgabe 25.5:

Jean-Charles de Borda kritisierte an der Pluralitätswahl, daß diese bei der Abstimmung über mehr als zwei Alternativen nicht immer den richtigen Gewinner ermittelt. Zur Stützung seiner Kritik führte Borda das in Tabelle 25.4 dargestellte Beispiel an. Worauf bezieht sich Ihrer Meinung nach Bordas Kritik?

	1 Wähler	7 Wähler	7 Wähler	6 Wähler
Erstpräferenz	A1	A1	A2	A3
Zweitpräferenz	A2	A3	A3	A2
Drittpräferenz	A3	A2	A1	A1

Tabelle 25.4: Beispiel Pluralitätswahl

Aufgabe 25.6:

25.6.1 Zeigen Sie, daß weder die Pluralitätswahl, noch die Hare-Wahl, noch die Borda-Wahl notwendigerweise den Condorcet-Sieger ermitteln.

25.6.2 Zeigen Sie anhand eines Beispiels, daß die Nichtbestimmbarkeit eines Condorcet-Siegers nicht notwendigerweise das Vorliegen eines Condorcet-Paradoxons impliziert.

Aufgabe 25.7:

Bis zum 31. August 1965 bestand der Sicherheitsrat der Vereinten Nationen aus fünf ständigen und sechs nichtständigen Mitgliedern. Damit ein Vorschlag angenommen wurde, war es erforderlich, daß er insgesamt mindestens sieben Stimmen bekam. Außerdem wurde verlangt, daß keines der ständigen Mitglieder gegen den Vorschlag stimmte (d.h. die ständigen Mitglieder waren mit Vetomacht ausgestattet).

25.7.1 Zeigen Sie, daß es unter der beschriebenen Abstimmungsregel zu keinen zyklischen Mehrheiten kommen kann.

25.7.2 Seit dem 1. September 1965 beträgt die Zahl der nichtständigen Mitglieder im Sicherheitsrat zehn, die Zahl der ständigen Mitglieder blieb unverändert bei fünf. Für die Annahme eines Vorschlags sind seither neun Ja-Stimmen erforderlich. Weiterhin gilt, daß keines der ständigen Mitglieder ein Veto einlegen darf, andernfalls gilt der Vorschlag als abgelehnt. Zeigen Sie anhand eines Beispiels, daß nunmehr sehr wohl zyklische Mehrheiten auftreten können.

Aufgabe 25.8:

Ein Gremium besteht aus $i = 1, ..., 7$ Mitgliedern und hat über die Menge x eines bereitzustellenden öffentlichen Gutes zu befinden. Die Finanzierung erfolgt über eine Proportionalsteuer mit dem Steuersatz $t = 0,2$. Die Präferenzen der Mitglieder des Gremiums seien durch folgende Nutzenfunktionen beschreibbar:

$$u_i(x) = a_i \ln(x) - t \cdot x$$

mit

$$a_i = \left(1, \frac{7}{5}, \frac{8}{5}, 2\right) \quad \text{für} \quad i = 1, ..., 4$$

sowie

$$u_i(x) = b_i \cdot \sqrt{x} - t \cdot x$$

mit

$$b_i = \left(\frac{2}{5}, \frac{4}{5}, \frac{6}{5}\right) \quad \text{für} \quad i = 5, 6, 7.$$

Die Satzung des Gremiums sieht vor, daß ein Vorschlag dann als angenommen gilt, wenn er Condorcet-Gewinner ist. Auf welche Menge des öffentlichen Gutes wird sich das Gremium einigen?

Aufgabe 25.9:

Drei Individuen stehen vor dem Problem, eine Entscheidung in einem zweidimensionalen Entscheidungsraum über drei verschiedene Alternativen x, y, z zu treffen. Nehmen Sie an, daß die Präferenzen eingipflig sind, wobei die meistpräferierten Punkte mit a, b und c bezeichnet seien. Die Präferenzen seien der Einfachheit halber durch konzentrische Indifferenzkurven darstellbar (vgl. Abbildung 25.1).

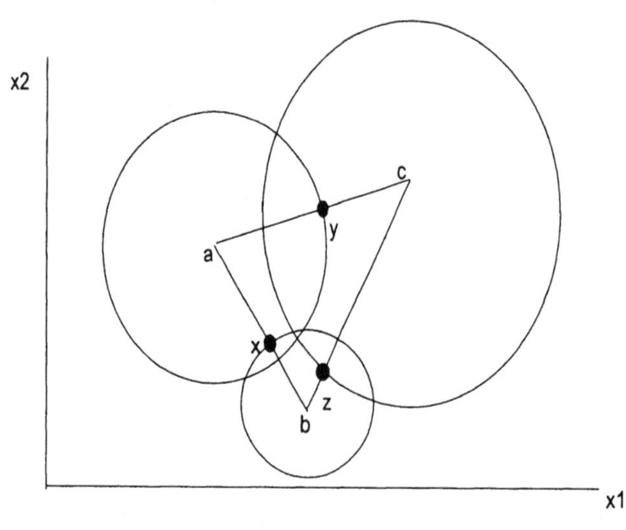

Abbildung 25.1: Konzentrische Indifferenzkurven

Kann aufgrund der eingipfligen Präferenzen bei paarweiser Mehrheitsabstimmung mit einer transitiven kollektiven Präferenz gerechnet werden?

Aufgabe 25.10:

Tim Teebeutel, Karl Kaffeetasse und Albert Apfelsaft wohnen in einer Wohngemeinschaft. Im Wohngemeinschaftsvertrag ist festgelegt, daß alle gemeinschaftlich nutzbaren Anschaffungen von allen Mitbewohnern zu gleichen Teilen bezahlt werden müssen.

Über Neuanschaffungen wird grundsätzlich per Mehrheitsbeschluss entschieden. Sowohl die Teekanne als auch der Kaffeeautomat sind bereits so weit abgenutzt, daß eine Neuanschaffung für den jeweiligen Nutzer eine erhebliche Verbesserung darstellen würde.

25.10.1 Tim wäre individuell bereit, bis zu 20 DM für eine neue Teekanne zu zahlen, während ihm der Kaffeeautomat kaum einen Nutzen verschafft. Die Gesamtkosten der Teekanne belaufen sich auf 24 DM. Karl würde für den Kaffeeautomaten etwa 20 DM aufwenden wollen, während ihm die Teekanne mehr oder weniger egal ist. Ein neuer Kaffeeautomat würde im Sonderangebot ebenfalls 24 DM kosten. Albert hat fast nur Apfelsaft im Sinn und interessiert sich nur marginal für Tee oder Kaffee.

25.10.1.1 Zeigen Sie, daß bei unabhängiger Entscheidung über Teekanne und Kaffeeautomaten und wahrheitsgemäßen Präferenzaufdeckungen keine der beiden Neuanschaffungen getätigt wird.

25.10.1.2 Zeigen Sie, daß Tim und Karl ein Interesse daran haben, sich durch Stimmentausch gegenseitig bei der Durchsetzung ihrer Interessen zu helfen. Wie sehen die Nutzenniveaus für die drei Mitglieder danach aus? Wie stünde es mit der Gesamtwohlfahrt der Wohngemeinschaft vor und nach den Beschlüssen?

25.10.2 Nehmen Sie nun an, daß der Nutzen von Tim aus einer neuen Teekanne und der Nutzen von Karl aus einem neuen Kaffeeautomat 28 statt 20 DM ausmacht.

25.10.2.1 Zeigen Sie, daß bei unabhängigen Entscheidungen und wahrheitsgemäßen Präferenzaufdeckungen keine der beiden Neuanschaffungen getätigt wird.

25.10.2.2 Zeigen Sie, daß Tim und Karl erneut ein Interesse daran haben, sich durch Stimmentausch gegenseitig bei der Durchsetzung ihrer Interessen zu helfen. Wie sehen die Nutzenniveaus diesmal danach aus?

25.10.2.3 Untersuchen Sie die Möglichkeiten Alberts, sich durch Stimmentausch besser zu stellen als unter 25.10.2.2. Gibt es ein Entscheidungspaar über Teekanne und Kaffeeautomaten, das nicht durch alternative Koalitionsbildung unterwandert werden kann?

25.10.3 Nehmen Sie nun an, daß die Wohngemeinschaft simultan über beide Neuanschaffungen entscheidet, d.h. jeder schreibt seine beiden Entscheidungen über Teekanne und Kaffeeautomat auf einen Stimmzettel und reicht ihn verdeckt ein. Alle Stimmzettel werden gleichzeitig umgedreht. Unterstellen Sie Präferenzen wie unter 2.

25.10.3.1 Zeigen Sie, daß bei diesem Verfahren die Koalition zwischen Tim und Karl ein Gefangenendilemma darstellt.

25.10.3.2 Nehmen Sie an, daß nur zwischen Karl und Tim common knowledge sei, daß Tim risikoavers ist und Nutzenverluste stets vermeiden möchte. Albert soll dies nicht bekannt sein; er gehe dagegen davon aus, daß eine Koalition zwischen Tim und Karl möglich ist. Welches Entscheidungspaar wird sich dann aller Wahrscheinlichkeit nach durchsetzen?

Lösungen

Aufgabe 25.1

25.1.1 Ist ein Wahlverfahren strategiefest, bestehen keinerlei Anreize für die Wähler, ihre Präferenzen nicht wahrheitsgemäß zu offenbaren. Das Kriterium der Strategiefestigkeit ist folgendermaßen definiert:

Sei M_i die Präferenzmeldung, die der Wähler i abgibt, wenn er seinen wahren Präferenzen folgt. Sei M_i^* eine falsche Präferenzangabe von i. Es sei x die Alternative, die gewählt wird, wenn i die Wahrheit meldet (M_i) und auch alle anderen Wähler die Wahrheit sagen. Sei y das Wahlergebnis, das sich einstellt, wenn alle anderen die Wahrheit sagen, aber i M_i^* meldet. Das Wahlverfahren ist dann und nur dann strategiefest, wenn für alle möglichen M_i^* kein y existiert, das vom Wähler i gegenüber der Alternative x strikt präferiert wird.[2]

Eine notwendige Voraussetzung für die Strategiefestigkeit eines Wahlverfahrens ist die Erfüllung des Axioms der Unabhängigkeit von irrelevanten Alternativen. Dieses Axiom besagt, daß die aus dem Wahlverfahren resultierende Präferenzordnung bezüglich zweier Alternativen nur von den individuellen Ordnungen zwischen diesen beiden Alternativen abhängen darf, nicht jedoch von den individuellen Präferenzen bzgl. einer dritten Alternative. Will man also beweisen, daß ein Wahlverfahren nicht strategiefest ist, genügt es anhand eines Beispiels zu zeigen, daß dieses Verfahren nicht das Axiom der Unabhängigkeit von irrelevanten Alternativen erfüllt. Genau dies ist bei der Hare-Wahl der Fall.

Angenommen, es gibt neun Wähler, die drei Alternativen $A1, A2$ und $A3$ wie in Tabelle 25.5 dargestellt ranken.

	4 Wähler	3 Wähler	2 Wähler
Erstpräferenz	A2	A1	A3
Zweitpräferenz	A1	A3	A2
Drittpräferenz	A3	A2	A1

Tabelle 25.5: Präferenzordnung der Wähler

In der ersten Runde erhält keine Alternative mehr als 50% der Stimmen, d.h. die Alternative mit den wenigsten Stimmen - $A3$ - wird eliminiert. In der zweiten Runde erhält nun Alternative $A2$ die erforderliche Mehrheit der Stimmen und gewinnt die Wahl.

Was würde passieren, wenn Alternative $A1$ nicht mehr existiert? Bei einer erneuten Durchführung der Hare-Wahl erhält Alternative $A3$ in der ersten Runde die Stimmenmehrheit und gewinnt die Wahl. Das heißt, das Wahlergebnis kann

[2] Siehe dazu Mueller (1989), S. 395.

durch Eliminierung einer Alternative, die keinerlei Aussicht auf den Gewinn der Wahl hat, verändert werden. Das Ergebnis der Hare-Wahl ist nicht unabhängig von „irrelevanten" Alternativen.

25.1.2 Stimmen bei der Hare-Wahl alle Wähler konsistent ab, dürfen sich von einer Runde zur nächsten die Stimmen der verbleibenden Alternativen nur in Höhe der Stimmenzahl der eliminierten Alternativen erhöhen. Es darf zu keiner Reduktion der Stimmen für die verbleibenden Alternativen kommen. Dieser Fall ist aber laut Wahlergebnis bei der IOC-Abstimmung eingetreten:

Runde 1: Belgrad wird eliminiert, d.h. die sieben Stimmen für Belgrad müßten in der zweiten Runde entsprechend den individuellen Präferenzen auf die verbleibenden Alternativen verteilt werden.

Runde 2: Während in der zweiten Runde Atlanta, Athen, Toronto und Melbourne einen Stimmenzuwachs von insgesamt 13 Stimmen erhalten, verringert sich die Stimmenanzahl von Manchester um sechs Stimmen. Diese Beobachtung kann als eindeutiges Zeichen dafür gewertet werden, daß die IOC-Mitglieder bei der Abstimmung ihre Präferenzen nicht wahrheitsgemäß offenbart haben (natürlich gilt dies nur, soweit man den IOC-Mitgliedern kein irrationales Verhalten unterstellt). Im Ergebnis der zweiten Runde wird Manchester eliminiert und die fünf Stimmen, die diese Alternative in der zweiten Runde erhalten hat, müßten in der dritten Runde auf die verbleibenden Alternativen verteilt werden.

Runde 3: Bei der dritten Abstimmung zeigt sich, daß auch dieses Mal nicht von einem ehrlichen Abstimmungsverhalten ausgegangen werden kann. Atlanta, Athen und Toronto erhalten einen Stimmenzuwachs von insgesamt zehn Stimmen und Melbourne verliert fünf Stimmen. Da damit Melbourne mit insgesamt 16 Stimmen die wenigsten Stimmen erhält, wird diese Alternative eliminiert.

Runde 4: In dieser Runde erhalten die verbleibenden Alternativen insgesamt einen Stimmenzuwachs von 16 Stimmen, keine Alternative muß einen Stimmenverlust hinnehmen. Das heißt, es existieren keine Anzeichen für unehrliches Abstimmungsverhalten. Da Toronto in dieser Runde die wenigsten Stimmen erhält, wird diese Alternative eliminiert.

Runde 5: Die 22 Stimmen von Toronto werden auf die beiden verbleibenden Alternativen verteilt. Auch in dieser Runde gibt es keine Anzeichen für eine nichtwahrheitsgemäße Offenbarung der Präferenzen der IOC-Mitglieder.

Die vorherigen Betrachtungen deuten also darauf hin, daß zumindest in den Runden 2 und 3 nicht ehrlich abgestimmt wurde. Zwei Ursachen können dieses Verhalten erklären. Zum einen besteht die Möglichkeit, daß einige IOC-Mitglieder aufgrund der Informationen, die ihnen durch die Bekanntgabe der Zwischenergebnisse vermittelt wurden, ihr Verhalten geändert haben. Man spricht in diesem Fall von taktischem Abstimmungsverhalten. Zum anderen könnte die Verhaltensänderung der Mitglieder auch aufgrund von Informationen über die Präferenzen der anderen Mitglieder verursacht worden sein. Das heißt, hier könnte strategisches Verhalten vorliegen.[3] Im folgenden wollen wir uns darauf beschränken, beispielhaft ein Präferenzprofil zu präsentieren, mit dem das beobachtete Abstimmungsverhalten nachgebildet werden kann. Dazu werden zwei Annahmen getroffen:

1. Alle IOC-Mitglieder stimmen konsistent ab.
2. In der ersten Runde verhalten sich alle Mitglieder gemäß ihren wahren Präferenzen.

Die 86 Wähler werden in 13 Gruppen eingeteilt, deren Mitglieder jeweils die gleiche Präferenzordnung besitzen. Der für die Abstimmung relevante Teil der Präferenzen ist in Tabelle 25.6 dargestellt.

Gruppe	Anzahl	Präferenzen
G1	19	Atl $\succ$ Ath $\succ$ Rest
G2	1	Bel $\succ$ Atl $\succ$ Ath $\succ$ Rest
G3	23	Ath $\succ$ Rest
G4	1	Tor $\succ$ Ath $\succ$ Rest
G5	3	Bel $\succ$ Tor $\succ$ Ath $\succ$ Rest
G6	13	Tor $\succ$ Mel $\succ$ Atl $\succ$ Rest
G7	6	Man $\succ$ Mel $\succ$ Atl $\succ$ Rest
G8	8	Mel $\succ$ Atl $\succ$ Rest
G9	3	Bel $\succ$ Mel $\succ$ Tor $\succ$ Atl $\succ$ Rest
G10	4	Mel $\succ$ Ath $\succ$ Rest
G11	3	Man $\succ$ Ath $\succ$ Rest
G12	1	Man $\succ$ Tor $\succ$ Ath $\succ$ Rest
G13	1	Man $\succ$ Mel $\succ$ Tor $\succ$ Atl $\succ$ Rest

Tabelle 25.6: Präferenzordnung der IOC-Mitglieder

Wenn die IOC-Mitglieder tatsächlich diese Präferenzen besessen haben, hätte sich bei ehrlichem Abstimmungsverhalten das in Tabelle 25.7 dargestellte Resultat ergeben.

Wie man sieht, wäre bei wahrheitsgemäßer Offenbarung der Präferenzen Athen als Sieger der Abstimmung hervorgegangen. Unterstellt man jedoch, daß sich einige Wähler nicht ehrlich verhalten haben, kann mit diesen Präferenzen auch das Ergebnis der IOC-Abstimmung wiedergegeben werden.

Angenommen, die Wähler aus der siebten Gruppe sehen nach Bekanntgabe des Ergebnisses der ersten Runde, daß Manchester - ihre Erstpräferenz - keine guten Aussichten hat, die Wahl zu gewinnen. Bezüglich der Erwartungsbildung der

[3] Inwiefern sich das beobachtete Abstimmungsverhalten bei der IOC-Wahl tatsächlich durch strategisches oder taktisches Verhalten erklären läßt, wird bei Schauenberg (1992) und Eichner et al. (1996) untersucht.

Durchgang	1	2	3	4	5
Atlanta	19 St	20 St	20 St	20 St	-
Athen	23 St	23 St	26 St	31 St	51 St
Toronto	14 St	17 St	18 St	-	-
Melbourne	12 St	15 St	22 St	35 St	35 St
Manchester	11 St	11 St	-	-	-
Belgrad	7 St	-	-	-	-

Tabelle 25.7: Abstimmungsresultat bei ehrlichem Verhalten

Gruppenmitglieder sei weiterhin angenommen, daß diese vermuten, daß sich die Stimmen der jeweils eliminierten Alternative gleichmäßig auf die verbliebenen Alternativen verteilen. Dann scheint jedoch die von der siebten Gruppe sehr gering gerankte Alternative Athen zu gewinnen. Würde jeder Wähler der siebten Gruppe die Präferenzen der jeweils anderen Gruppenmitglieder kennen, könnten sie in der zweiten Runde eine Koalition bilden und gemeinsam für Melbourne - ihre Zweitpräferenz - stimmen. Nach Bekanntgabe des Ergebnisses der zweiten Runde sieht es jedoch so aus, als ob in der dritten Runde Toronto ausscheiden wird und danach Atlanta, so daß in der letzten Runde Athen trotzdem gegen Melbourne gewinnen würde. Um dies zu verhindern, könnten die Mitglieder der siebten Gruppe erneut eine Koalition bilden und in der dritten Runde für Atlanta stimmen. Damit scheidet zwar Melbourne in der dritten Runde aus, in der vierten Runde wird aber voraussichtlich auch Toronto eliminiert. Damit bestehen gute Aussichten, daß sich in der Endrunde Atlanta gegen Athen durchsetzt, was dann auch tatsächlich passierte.[4]

25.1.3 Nach den vorherigen Betrachtungen scheint es geboten, ein Wahlverfahren einzusetzen, daß weniger Anreize zu strategischem und taktischem Verhalten bietet. Strategisches Verhalten kann dadurch vermindert werden, das man ein Verfahren einsetzt, das trotz dieser Informationen Anreize zu ehrlichem Abstimmungsverhalten bietet, oder indem man zumindest den Zugang zu Informationen über die Präferenzen der anderen Wähler erschwert. Um dagegen taktisches Verhalten auszuschließen, muß man verhindern, daß Informationen über das Abstimmungsverhalten der anderen weitergegeben werden. So könnte man beispielsweise die Hare-Wahl weiterhin anwenden, jedoch gleich zu Beginn von jedem Wähler eine vollständige Präferenzordnung über alle Alternativen verlangen, anhand derer der Sieger der Wahl ermittelt wird. Ein ähnlicher Vorschlag muß anscheinend auch dem IOC zugegangen sein. Bei der Wahl von Sydney als Olympiastadt für das Jahr 2000 wurden nämlich keine genauen Zwischenergebnisse mehr preisgegeben, sondern nur noch der Name der Stadt genannt, die in der jeweiligen Runde eliminiert wurde.

[4] Siehe dazu Eichner et al. (1996).

Aufgabe 25.2

25.2.1 Bei der Borda-Wahl müssen alle Alternativen nach dem folgenden Verfahren gerankt werden: Angenommen, es gibt n Alternativen, dann wird der erste Platz mit $n-1$ Punkten gerankt, der zweite mit $n-2$ Punkten, ... und die Letztpräferenz erhält Null Punkte. Das heißt, jede Alternative bekommt genau so viel Punkte, wie sie Alternativen im direkten Vergleich schlägt. Die Punkte werden für die einzelnen Alternativen addiert und die Alternative mit den meisten Punkten gewinnt die Wahl.

25.2.2 Stimmen alle Schauspieler ehrlich ab, erhält *Hamlet* acht Punkte, *Faust* zehn Punkte und *Wallenstein* drei Punkte. *Faust* gewinnt also die Abstimmung bei wahrheitsgemäßer Offenbarung der Präferenzen.

25.2.3 Strategisches Verhalten kann sich für die vier Shakespearefans lohnen, wenn sie das folgende Ranking angeben:

$$Hamlet \succ Wallenstein \succ Faust.$$

Wird nun abgestimmt, erhält *Hamlet* wieder acht Punkte, *Faust* jedoch nur noch sechs Punkte und *Wallenstein* sieben Punkte. Die Shakespearefans können sich damit auf die Aufführung von *Hamlet* freuen.

25.2.4 Wenn die drei Weimarer das strategische Verhalten der Shakespearefans antizipieren, dann sollten sie ihr Ranking folgendermaßen angeben:

$$Wallenstein \succ Faust \succ Hamlet.$$

Die Abstimmung führt dann dazu, daß *Hamlet* acht Punkte erhält, *Faust* drei Punkte und *Wallenstein* zehn Punkte. Es gewinnt damit die Zweitpräferenz der Weimarer bzw. die Letztpräferenz der Shakespearefans.

Aufgabe 25.3

25.3.1 Condorcetwahl: A schlägt B mit 3:2 Stimmen, B schlägt C mit 4:1 Stimmen, in der Kontrollabstimmung unterliegt jedoch A C mit 2:3 Stimmen. Die resultierende kollektive Präferenz

$$A \succ_{soz} B \succ_{soz} C \succ_{soz} A \succ_{soz} B \ldots$$

ist also intransitiv und die Kommission ist infolgedessen entscheidungsunfähig.
Borda-Wahl: B erhält 6 Punkte, A 5 und C 4 Punkte. Die kollektive Präferenzordnung lautet also

$$B \succ_{soz} A \succ_{soz} C.$$

Stichwahl: C erhält im ersten Wahlgang nur eine Stimme und scheidet aus. Im folgenden zweiten Wahlgang schlägt A Alternative B mit 3:2 Stimmen. Die kollektive Präferenzordnung lautet

$$A \succ_{soz} B \succ_{soz} C.$$

In keinem der drei Verfahren wird die vom Vorsitzenden meistpräferierte Alternative C gewählt. Um seinen Kandidaten durchzubringen, könnte der Vorsitzende versuchen, die Tagesordnung geschickt zu wählen: Wird beispielsweise zuerst über die Alternativen A und B abgestimmt, so siegt A. Läßt der Vorsitzende dann über A und C abstimmen, gewinnt C mit 3:2 Stimmen.

25.3.2 Die Borda-Wahl ist nicht unabhängig von irrelevanten Alternativen. Dies eröffnet die Möglichkeit, bei derartigen Alternativen durch ein Abstimmungsverhalten, das nicht den wahren Präferenzen entspricht, den Wahlausgang zu beeinflussen. Man betrachte im vorliegenden Fall die Teilnehmer 3 und 5 der Kommission. Sie präferieren A am meisten, unter der Borda-Wahl wird jedoch B ausgewählt. Um den Sieg von B zu verhindern, könnte Teilnehmer 3 (5) sich gemäß der falschen Präferenz $A \succ C \succ B$ verhalten. Die Borda-Wahl hätte dann folgendes Ergebnis: Alle drei Alternativen erhalten 5 Punkte und es herrscht völlige gesellschaftliche Indifferenz. Immerhin hätte 3 (5) aber so den Sieg von B verhindert. Verhalten sich Teilnehmer 3 und 5 simultan strategisch, so resultiert folgendes Ergebnis: C erhält 6 Punkte, A 5 und B 4 Punkte. Die kollektive Präferenzordnung lautet dann also

$$C \succ_{soz} A \succ_{soz} B.$$

Die Teilnehmer 3 und 5 können zwar nicht erreichen, daß ihre meistpräferierte Alternative gewinnt, aber sie können erreichen, daß ihre zweitplazierte Alternative gewinnt und sich so gegenüber wahrheitsgemäßem Abstimmungsverhalten verbessern.

Aufgabe 25.4

25.4.1 Ja, denn die individuellen Präferenzordnungen lassen sich nicht eingipflig darstellen. Dies gilt für jede mögliche Permutation der Alternativen A, B und C. Nach dem Satz von Black ist die eingipflige Darstellbarkeit eine hinreichende Bedingung für transitive kollektive Präferenzen bei paarweisen Vergleichen nach der Mehrheitswahl, d.h. wenn die Bedingung erfüllt ist, sind zyklische Mehrheiten sicher ausgeschlossen. Ist ein Präferenzordnungsprofil hingegen mehrgipflig, können sogenannte Condorcet-Zyklen auftreten.

25.4.2 A unterliegt C mit 227 zu 330 Stimmen. B wiederum schlägt Vorschlag C mit 337 zu 320 Stimmen. Daraus ergibt sich die soziale Präferenz

$$B \succ_{soz} C \succ_{soz} A.$$

In der Kontrollabstimmung unterliegt Alternative A Alternative B mit 286 zu 371 Stimmen. Die ermittelte kollektive Präferenz ist also transitiv.

25.4.3 Da Eingipfligkeit lediglich eine hinreichende Bedingung für eine transitive kollektive Präferenz darstellt, kann es auch bei Vorliegen mehrgipfliger individueller Präferenzordnungen zu logisch konsistenten kollektiven Präferenzen kommen.

25.4.4 Unter der Borda-Wahl siegt C mit 750 Punkten vor B mit 708 Punkten und A (513 Punkte). Die Pluralitätswahl ermittelt ebenfalls C als Sieger (290 Stimmen gegenüber 221 für B und 146 für A. In einer an eine Pluralitätswahl anschließenden Stichwahl würde sich B mit 337 gegenüber 320 Stimmen durchsetzen. Unter den getroffenen Verhaltensannahmen führt die Anerkennungswahl[5] zu folgendem Resultat: A siegt mit 367 Stimmen über B (337) und C (320). Jeder der drei Vorschläge kann also in Abhängigkeit vom Wahlverfahren zum Abstimmungssieger werden. Dieses Ergebnis ist letztlich die Folge aus Arrows Unmöglichkeitstheorem: Wenn kein ideales Wahlverfahren existiert, das immer eine eindeutige gesellschaftlich beste Alternative auswählt, dann muß man in Kauf nehmen, daß je nach den spezifischen Eigenschaften der jeweiligen Wahlverfahren unterschiedliche Abstimmungsresultate eintreten können.

25.4.5 Das Prozedere des Ältestenrates ermittelt Berlin als siegreiche Alternative. Der Ältestenrat hat bei der Wahl des Verfahrens wahrscheinlich antizipiert, daß die Mehrheitsregel (Wahl derjenigen Alternative, die bei simultaner Abstimmung über alle drei Vorschläge mehr als 50% der abgegebenen Stimmen erhält) zu keinem Ergebnis geführt hätte. Vermutlich aus diesem Grunde wurde das skizzierte abweichende Verfahren gewählt, das einer Stichwahl ähnelt. Ob den Mitgliedern des Ältestenrates darüber hinaus bewußt war, daß sie durch das Wahlverfahren die Entscheidung für Berlin präjudizierten, kann nur spekuliert werden.

Aufgabe 25.5

In dem von Borda angeführten Beispiel erhält Alternative $A1$ die Stimmenmehrheit und gewinnt somit die Pluralitätswahl. Würde man statt der Pluralitätswahl einen paarweisen Vergleich der Alternativen durchführen, sieht man, daß Alternative $A1$ sowohl gegen Alternative $A2$ als auch gegen Alternative $A3$ verliert. Alternative $A1$ ist demnach ein Condorcet-Verlierer, da diese Alternative von allen anderen Alternativen im paarweisen Vergleich geschlagen wird. Um die Wahl des Condorcet-Verlierers zu verhindern, empfahl Borda ein Verfahren anzuwenden, das heute auch unter dem Namen Borda-Wahl bekannt ist (zum Ablauf des Verfahrens siehe Aufgabe 25.2). Wendet man die Borda-Wahl auf das Beispiel an, würde Alternative A1 16 Stimmen erhalten, Alternative $A2$ 21 Stimmen und Alternative $A3$ 26 Stimmen. Alternative $A3$, die darüber hinaus auch alle paarweisen Vergleiche gewinnen würde, geht damit als Sieger aus der Borda-Wahl hervor. Das bedeutet allerdings nicht, daß der Gewinner der Borda-Wahl auch immer der Gewinner aller paarweisen Vergleiche ist. Es ist durchaus möglich, daß eine Alternative als Sieger ermittelt wird, die nicht mit dem Condorcet-Sieger übereinstimmt (siehe dazu die nachfolgende Aufgabe). Die Borda-Wahl schließt nur aus, daß der Condorcet-Verlierer die Abstimmung gewinnt.

[5] Vgl. Mueller (1989), S. 120 f.

Aufgabe 25.6

25.6.1 Der Condorcet-Sieger ist diejenige Alternative, die alle paarweisen Vergleiche mit den anderen zur Wahl stehenden Alternativen gewinnt. Im folgenden wird jeweils anhand eines Beispiels gezeigt, daß dieser Condorcet-Sieger nicht notwendigerweise mit den Siegern der Pluralitätswahl, der Hare-Wahl oder der Borda-Wahl identisch ist.

Wähler	1	2	3	4	5	6	7
Erstpräferenz	A1	A1	A2	A1	A2	A3	A3
Zweitpräferenz	A2	A3	A3	A2	A3	A2	A4
Drittpräferenz	A3	A4	A1	A3	A4	A4	A2
Viertpräferenz	A4	A2	A4	A4	A1	A1	A1

Tabelle 25.8: Beispiel Pluralitäts- und Borda-Wahl

Führt man eine Pluralitätswahl durch, kann Alternative $A1$ die meisten Stimmen auf sich vereinigen und gewinnt damit die Wahl. Wird statt dessen die Borda-Wahl angewendet, erhält $A1$ 10 Punkte, $A2$ 13 Punkte, $A3$ 14 Punkte und $A4$ 5 Punkte. Das heißt, der Gewinner der Borda-Wahl ist Alternative $A3$. Der Condorcet-Sieger ist jedoch weder $A1$ noch $A3$, sondern $A2$.

Wähler	1	2	3	4	5
Erstpräferenz	A2	A4	A1	A2	A4
Zweitpräferenz	A1	A1	A4	A3	A1
Drittpräferenz	A3	A3	A3	A1	A3
Viertpräferenz	A4	A2	A2	A4	A2

Tabelle 25.9: Beispiel Hare-Wahl

Bei der Hare-Wahl erhält in der ersten Runde keine der Alternativen mehr als 50% der Stimmen. Das heißt, die Alternative mit den wenigsten Stimmen - $A1$ - wird eliminiert und es kommt zur erneuten Abstimmung. In der zweiten Runde erhält Alternative $A4$ die erforderliche Stimmenmehrheit und gewinnt damit die Wahl. Der Condorcet-Sieger ist jedoch Alternative $A1$.

25.6.2 Ein Condorcet-Paradoxon liegt immer dann vor, wenn die durch paarweisen Vergleich der Alternativen ermittelte kollektive Präferenz nicht transitiv ist. Das heißt, für die kollektive Präferenz gilt in diesem Fall nicht, daß dann, wenn Alternative 1 mindestens so gut ist wie Alternative 2 und Alternative 2 mindestens so gut ist wie Alternative 3, auch Alternative 1 mindestens so gut ist wie Alternative

3. Mit anderen Worten, beim paarweisen Vergleich zwischen den zur Wahl stehenden Alternativen kommt es zu zyklischen Mehrheiten. Bedeutet das aber auch, daß immer dann ein Zyklus vorliegt, wenn es nicht möglich ist, den Condorcet-Sieger eindeutig zu bestimmen? Natürlich nicht, wie am Beispiel aus Tabelle 25.10 gezeigt werden kann.

2 Wähler	2 Wähler	1 Wähler	1 Wähler
A2	A1	A3	A3
A1	A2	A1	A2
A3	A3	A2	A1

Tabelle 25.10: Beispiel Condorcet-Sieger

Wird hier paarweise abgestimmt, gewinnt $A1$ gegen $A3$ und $A2$ gegen $A3$, aber die kollektive Präferenz ist zwischen $A1$ und $A2$ indifferent. Damit kann kein eindeutiger Condorcet-Sieger ermittelt werden. Trotzdem tritt kein Zyklus auf, da hier $A1$ mindestens so gut ist wie $A2$ und beide, $A1$ und $A2$, gegenüber $A3$ präferiert werden.

Aufgabe 25.7

25.7.1 Das Beispiel kann in Feldman (1980), S. 18 f. nachgelesen werden. Angenommen in einer Reihe von k Abstimmungen sei die folgende Reihung ermittelt worden:

$$x_1 \succ_{soz} x_2 \succ_{soz} \dots \succ_{soz} x_{k-1} \succ_{soz} x_k.$$

Da x_1 die Abstimmung über x_2 gewonnen hat, muß mindestens ein ständiges Mitglied des Sicherheitsrates für x_1 gestimmt haben. Nehmen wir an, es handele sich um die Volksrepublik China (VRC). Offensichtlich hat China in allen folgenden Abstimmungen keinerlei Veto eingelegt, d.h. China ist bezüglich aller nachfolgenden Alternativen mindestens indifferent oder präferiert diese strikt. Das impliziert aber, daß China x_1 gegenüber x_k strikt vorzieht, es gilt also $x_1 \succ_{VRC} x_k$. In einer Kontrollabstimmung zwischen x_1 und x_k würde China also sein Vetorecht gegen x_k einlegen - ein Zyklus kann nicht zustande kommen.

25.7.2 Wir konstruieren folgendes Beispiel. Der Sicherheitsrat habe über 5 Alternativen zu beraten. Der Einfachheit halber seien die ständigen Mitglieder vollständig indifferent. Von den zehn nichtständigen Mitgliedern haben je zwei folgende Präferenzordnung:

$$x_1 \succ x_2 \succ x_3 \succ x_4 \succ x_5,$$

$$x_2 \succ x_3 \succ x_4 \succ x_5 \succ x_1,$$

$$x_3 \succ x_4 \succ x_5 \succ x_1 \succ x_2,$$

$$x_4 \succ x_5 \succ x_1 \succ x_2 \succ x_3,$$
$$x_5 \succ x_1 \succ x_2 \succ x_3 \succ x_4.$$

Eine Abstimmung über jeweils benachbarte Alternativen liefert: x_1 schlägt x_2 mit 8 zu 2 Stimmen, x_2 schlägt x_3 (ebenfalls mit 8:2), x_3 gewinnt gegen x_4 und x_4 gegen x_5 (jeweils mit 8:2). Die kollektive Präferenz ergibt sich soweit als

$$x_1 \succ_{soz} x_2 \succ_{soz} x_3 \succ_{soz} x_4 \succ_{soz} x_5.$$

Durchführen der Kontrollabstimmung zeigt jedoch, daß x_5 seinerseits x_1 mit 8:2 Stimmen schlägt. Es liegt eine zyklische Mehrheit vor:

$$x_1 \succ_{soz} x_2 \succ_{soz} x_3 \succ_{soz} x_4 \succ_{soz} x_5 \succ_{soz} x_1 \succ_{soz} \cdots$$

Aufgabe 25.8

Zunächst kann man sich leicht klar machen, daß die Präferenzen für beide Typen von Nutzenfunktionen eingipflig sind. Wir betrachten zuerst die logarithmische Nutzenfunktion $u_i(x) = a_i \cdot \ln(x) - t \cdot x$. Differenzieren liefert:

$$\frac{\partial u_i}{\partial x} = a_i \cdot \frac{1}{x} - t$$

Klar ist:

$$\frac{\partial u_i}{\partial x} > 0 \Leftrightarrow a_i \cdot \frac{1}{x} - t > 0 \Leftrightarrow x < a_i \cdot \frac{1}{t} \ ,$$

sowie

$$\frac{\partial u_i}{\partial x} < 0 \Leftrightarrow a_i \cdot \frac{1}{x} - t < 0 \Leftrightarrow x > a_i \cdot \frac{1}{t} \ .$$

Wir betrachten die zweite Ableitung

$$\frac{\partial^2 u_i}{\partial_2 x} = -a_i \cdot \frac{1}{x^2} < 0 \ .$$

Das bedeutet, die Nutzenfunktion verläuft konkav, steigt im Bereich $x < a_i \cdot \frac{1}{t}$ streng monoton in x an, erreicht in $x = a_i \cdot \frac{1}{t}$ ihr globales Maximum und fällt danach im Bereich $x > a_i \cdot \frac{1}{t}$. Für einen Steuersatz von $t = \frac{1}{5}$ sowie die angegebenen Parameter $a_i = \left(1, \frac{7}{5}, \frac{8}{5}, 2\right)$für i=1,...,4 ergeben sich die individuellen Nutzenmaxima als

$$x_i^* = 5 \cdot a_i = \{5, 7, 8, 10\}.$$

Für $u_i(x) = b_i \cdot \sqrt{x} - t \cdot x$ ergibt sich:

$$\frac{\partial u_i}{\partial x} = \frac{b_i}{2 \cdot \sqrt{x}} - t \ ,$$

$$\frac{\partial u_i}{\partial x} > 0 \quad \Leftrightarrow \frac{b_i}{2 \cdot \sqrt{x}} - t > 0 \quad \Leftrightarrow x < \frac{b_i^2}{4 \cdot t^2} ,$$

bzw.

$$\frac{\partial u_i}{\partial x} < 0 \quad \Leftrightarrow \frac{b_i}{2 \cdot \sqrt{x}} - t < 0 \quad \Leftrightarrow x > \frac{b_i^2}{4 \cdot t^2} .$$

Die zweite Ableitung der Funktion lautet

$$\frac{\partial^2 u_i}{\partial_2 x} = -\frac{b_i}{4} \cdot x^{-\frac{3}{2}} < 0 \;\; \forall \;\; x > 0 .$$

Die Funktion verläuft also ebenfalls streng konkav, monoton wachsend in x im Bereich

$$x < \frac{b_i^2}{4 \cdot t^2},$$

erreicht in

$$x = \frac{b_i^2}{4 \cdot t^2}$$

ihr globales Maximum und fällt danach in x. Für die angegebenen Parameter berechnen sich die individuellen Nutzenmaxima für $i = 5, 6, 7$ als

$$x_i^* = \frac{25}{4} \cdot b_i^2 = \{1, 4, 9\} .$$

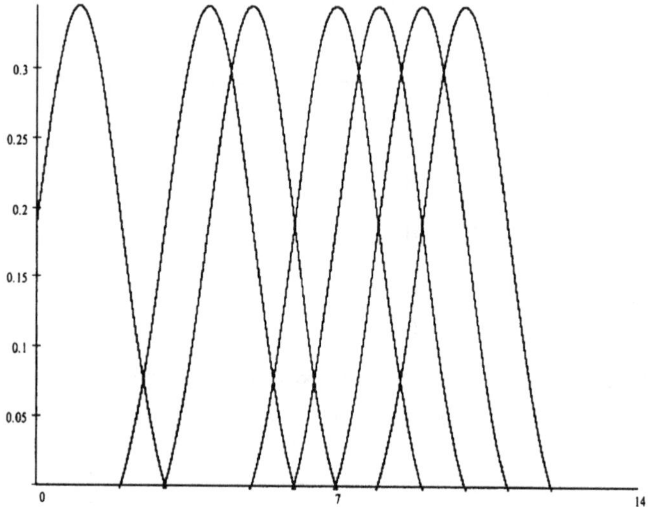

Abbildung 25.2: Präferenzen der Gremiusmitglieder

Wir nehmen nun an, daß alle idealen Punkte der Mitglieder des Gremiums, also die nutzenmaximierenden Mengen des öffentlichen Gutes, zur Abstimmung gebracht werden. Da alle Präferenzen eingipflig und der Entscheidungsraum eindimensional sind, ist das Medianwählertheorem anwendbar. Es besagt, daß bei eingipfligen Präferenzen ein eindeutiger Condorcet-Gewinner existiert, nämlich diejenige Alternative, die den idealen Punkt des Medianwählers darstellt. Im vorliegenden Fall ist dies die Menge $x^* = 7$. Die Logik des Resultats kann man sich leicht verdeutlichen. Die Präferenzen der Mitglieder des Gremiums lassen sich stilisiert (!) wie in Abbildung 25.2 darstellen.

Wird eine Alternative links von $x^* = 7$ zur Abstimmung gestellt, so erhält diese mindestens vier Gegenstimmen, denn für drei Mitglieder liegen ihre idealen Punkte rechts von der Medianalternative und für den Medianwähler stellt $x^* = 7$ natürlich gerade seinen idealen Punkt dar. Alle Alternativen links von $x^* = 7$ verlieren also den paarweisen Vergleich mit der Medianalternative. Wird über eine Alternative rechts von der Medianalternative entschieden, so erhält diese ebenfalls mindestens vier Gegenstimmen, denn für drei Mitglieder liegen ihre idealen Punkte nunmehr links von der Medianalternative und der Medianwähler wählt natürlich wieder seinen idealen Punkt. Auch in diesem Fall verlieren alle Alternativen den paarweisen Vergleich mit der Medianalternative. Mit anderen Worten: Die Medianalternative ist die einzige, die alle übrigen Alternativen in paarweisen Vergleichen schlägt und damit der eindeutige Condorcet-Gewinner.

Aufgabe 25.9

Die individuellen Präferenzordnungen ergeben sich einfach aus der räumlichen Entfernung der Alternativen zu den jeweiligen idealen Punkten. Für Individuum 1 mit idealem Punkt a ergibt sich, daß x der Alternative y und diese wiederum z vorgezogen wird: $x \succ_1 y \succ_1 z$. Für Individuum 2 mit idealem Punkt b erhält man $z \succ_2 x \succ_2 y$ und für Individuum 3 $y \succ_3 z \succ_3 x$. Die Abstimmung x versus y gewinnt x mit 2:1 Stimmen. y erhält im paarweisen Vergleich mit z ebenfalls 2:1 Stimmen. Vergleicht man nun jedoch noch z mit x, so gewinnt z mit ebenfalls 2:1 Stimmen. Die kollektive Präferenz lautet also

$$x \succ_{soz} y \succ_{soz} z \succ_{soz} x \succ_{soz} \cdots .$$

Eingipflige Präferenzen sind offenbar bei mehrdimensionalen Entscheidungsproblemen kein Garant mehr für transitive kollektive Präferenzen.

Aufgabe 25.10

Für die Lösung des Problems unterstellen wir zunächst einmal, daß geringes Interesse an einer Anschaffung mit einem Nutzenniveau von 0 abgebildet wird. Ebenso nehmen wir an, daß die Zahlungsbereitschaft für eine Anschaffung dem tatsächlichen Nutzen nach der Anschaffung entspricht. Damit vermeiden wir jegliche Auseinandersetzung mit Einkommenseffekten und erlauben interpersonelle Nutzenvergleiche.

25.10.1 Die Situation der Wohngemeinschaft ist dadurch gekennzeichnet, daß man es mit drei Spezialisten zu tun hat, wobei jeder durch eine spezielle Anschaffung bessergestellt werden kann, aus institutionellen Gründen die Kosten aber gemeinschaftlich getragen werden müssen.

25.10.1.1 Die Kosten von 24 DM für eine Teekanne würden zu je 8 DM auf die Wohngemeinschaftsmitglieder aufgeteilt werden. Da Karl und Albert ansonsten keinen Nutzen ziehen würden, stellten sie sich demnach schlechter und würden gegen diese Alternative stimmen, auch wenn Tim einen Nettonutzenzuwachs von

$$20 - 8 = 12 \quad DM$$

verzeichnen würde. Bei dem Kaffeeautomaten ergäbe sich die gleiche Konstellation. Wird über die beiden Alternativen also getrennt abgestimmt, haben beide Anschaffungen zwei Gegner, die nur Kosten haben und keinen Nutzen aus der Anschaffung erzielen.

25.10.1.2 Tim hat ein Interesse daran, eines der anderen Mitglieder dazu zu bewegen, für die Teekanne zu votieren. Ebenso hat Karl ein Interesse daran, einen der anderen beiden dazu zu bewegen, für den Kaffeeautomaten zu votieren. So könnten sich die beiden darauf einigen, jeweils für die vom anderen präferierte Alternative zu stimmen. Es ergäbe sich, daß nun sowohl die Anschaffung der Teekanne als auch die des Kaffeeautomaten mit jeweils zwei Stimmen gegen die Stimme von Albert durchgesetzt werden würden. Die sich ergebenden Nutzenniveaus wären dann

$$20 - 8 - 8 = 4 \quad DM$$

für Tim und Karl und

$$-8 - 8 = -16 \quad DM$$

für Albert. Die Gesamtwohlfahrt beträgt dann

$$4 + 4 - 16 = -8 \quad DM.$$

Somit stellt sich die Wohngemeinschaft als Ganzes schlechter, und eine Tauschkoalition von zwei Mitgliedern stellt sich auf Kosten eines Dritten besser.

25.10.2 In diesem Szenario ist der Nutzen, den die beiden Spezialisten aus den Anschaffungen ziehen würden, so groß, daß sich die Anschaffung bereits individuell lohnen würde. Wir gehen hier stilisiert davon aus, daß dennoch die Anschaffung nicht individuell erfolgen kann, sondern die Kosten kollektiv getragen werden müssen.

25.10.2.1 Auch hier stellt sich durch eine Anschaffung nur jeweils ein Mitglied besser, während die beiden anderen die Kosten anteilig mittragen müßten. Daher würde bei separater Entscheidung über die Anschaffungen wieder keine der beiden getätigt.

25.10.2.2 Wie unter 25.10.1 könnten sich Tim und Karl gegenseitig bei der Durchsetzung ihrer Interessen helfen, indem sie für die vom jeweils anderen präferierten Alternative votierten. Dann würden sowohl die Teekanne als auch der Kaffeeautomat angeschafft und die Nutzenniveaus betrügen

$$28 - 8 - 8 = 12 \quad DM$$

für Tim und Karl und wieder

$$-8 - 8 = -16 \quad DM$$

für Albert. Die Gesamtwohlfahrt wäre in diesem Fall natürlich positiv, da sich die Anschaffungen bereits individuell lohnen würden.

25.10.2.3 Albert könnte natürlich Tim einen Stimmentausch anbieten, bei dem er (Albert) für die Teekanne votiert und damit Tim befriedigt, und Tim im Gegenzug gegen den Kaffeeautomaten votiert, womit er sich und Albert um das Tragen der Kosten des Kaffeeautomaten erleichtern würde. Albert könnte das analoge Koalitionsangebot auch an Karl machen. Käme eine der Albertschen Koalitionen zustande, könnte sich aber der dadurch benachteiligte durch die ursprüngliche Koalition zwischen Tim und Karl ebenso wieder besser stellen, ohne daß der Koalitionspartner schlechter gestellt würde. Demnach kann jede Koalition durch jede andere unterwandert werden, d.h. keine Koalition ist stabil.

25.10.3 Über die beiden Anschaffungen wird nun simultan und geheim abgestimmt.

25.10.3.1 Nimmt man die wahrheitsgemäße Präferenzoffenbarung aller Spieler als Basis, so ergibt sich für eine Koalition zwischen Tim und Karl die in Abbildung 25.3 dargestellte Payoff-Matrix.

		Karl	
		koalieren	nicht koal.
Tim	koalieren	+12 +12	-8 +20
	nicht koal.	+20 -8	0 0

Abbildung 25.3: Payoff-Matrix

Wie beim Gefangenendilemma ist es tatsächlich für beide Teilnehmer dominante Strategie nicht zu koalieren. Verfolgen beide Spieler individuelle Payoff-Maximierung, so werden sie sich nicht gegenseitig die Stimmen geben. Durch einen

Stimmentausch könnten sich aber beide besser stellen, d.h. ihrer Koalition zu einer Pareto-Verbesserung verhelfen.

25.10.3.2 Da Tim gemäß 25.10.3.1 bei einer Koalition mit Karl Gefahr liefe, ausgebeutet zu werden, kann sich Tim nicht besser stellen als in der Situation mit wahrheitsgemäßer Präferenzoffenbarung, d.h. keiner Anschaffung. Tim ist jetzt allerdings noch der Gefahr ausgesetzt, daß Karl die Unwissenheit Alberts ausnutzt, um mit ihm eine Koalition zu bilden. Dagegen kann sich Tim aber versichern, indem er eindeutig zum Ausdruck bringt, daß er gegen beide Anschaffungen, also auch gegen seine favorisierte Teekanne stimmt und damit Albert jeglichen Anreiz nimmt, mit Karl zu koalieren. Ein absichtliches Offenlegen seiner destruktiven Wahl wäre für Tim die optimale Strategie, während eine bloße Bekundung seiner Risikoaversion strategisch motiviert sein könnte und für Albert daher nicht glaubwürdig wäre.[6]

[6] Siehe dazu Mueller (1989), S. 92.

Kommentierte Literaturhinweise:

Mueller (1989) ist das international einschlägige Standardwerk zur Theorie kollektiver Entscheidungen. Einen ersten, sehr informativen Überblick bietet Feldman (1980). Dort findet sich im übrigen auch ein zwar langwieriger, aber gut nachvollziehbarer Beweis des Arrowschen Unmöglichkeitstheorems für den einfachsten Fall von zwei Individuen und drei Alternativen. Im deutschsprachigen Raum ist Bernholz/Breyer (1994) eine ausgesprochen kompetente und umfassende Einführung in die Materie. Für einen recht kompakten Überblick kann Weimann (1995) herangezogen werden. Eine exzellente Studie der angewandten Public-Choice-Forschung ist Leininger (1993). Mit der IOC-Entscheidung befassen sich Schauenberg (1992) und Eichner/Pfingtsen/Wagener (1996).

Mueller, D.C. (1989):
Public Choice II. Cambridge.

Feldman, A.M. (1980):
Welfare Economics and Social Choice Theory. Insbes. Kapitel 9 und 10, Boston.

Bernholz, P./Breyer, F. (1994):
Grundlagen der Politischen Ökonomie. Band 2, Tübingen.

Weimann, J. (1995):
Wirtschaftspolitik. Allokation und kollektive Entscheidung. Insbes. Kapitel 5, Berlin.

Leininger, W. (1993):
The Fatal Vote: Berlin vs. Bonn. In: Finanzarchiv, S. 1-20.

Schauenberg, B. (1992):
Die Hare-Regel und das IOC. Irrationales Abstimmungsverhalten bei der Wahl von Atlanta zum Austragungsort der Olympischen Sommerspiele 1996? In: Zeitschrift für betriebswirtschaftliche Forschung, 48, S. 466-474.

Eichner, T./Pfingsten, A./Wagener, A. (1996):
Strategisches Abstimmungsverhalten bei Verwendung der Hare-Regel: Irrationalität bei der Vergabe der Olympischen Sommerspiele 1996 an Atlanta? In: Zeitschrift für betriebswirtschaftliche Forschung, 48, S. 466-474.

Kapitel 26

Verteilungstheorie

Dipl.-Wirtsch.-Ing. Antje Berger, Technische Universität Dresden
Dipl.-Vw. Katrin Mehnert, Technische Universität Dresden

Aufgaben

Die Analyse des Verteilungsproblems einer Volkswirtschaft besteht letztlich in der Erklärung der Verteilung von Vermögen auf die Individuen. Diese Verteilung knüpft an bestimmte Bezugsgrößen an. Die auf Individuen bzw. Haushalte bezogene Verteilung wird als personelle, die auf die Produktionsfaktoren bezogene als funktionelle Einkommensverteilung bezeichnet. Die relevanten Fragestellungen zielen u. a. konkret darauf ab, herauszufinden:

1. Warum verdient ein Individuum A das Mehrfache des Einkommens von B?
2. Warum sind die Vermögen in einer Volkswirtschaft „ungleich" verteilt?

Diese Fragestellungen werden im folgenden beispielhaft anhand eines mikro- und eines makroökonomischen Modells untersucht.

Aufgabe 26.1:

Die mikroökonomische Fragestellung der personellen Einkommensverteilung soll am Beispiel des Humankapitalansatzes nach Stiglitz untersucht werden. Dieser statische Ansatz abstrahiert von komplizierten intertemporalen Entscheidungen und ermöglicht eine vergleichsweise einfache Darstellung der grundlegenden Zusammenhänge. Die individuellen ökonomischen Entscheidungen der Individuen bilden die Basis für die Erklärung der Einkommensverteilung. Ausbildungsaktivitäten, sogenannte Humankapitalinvestitionen, beeinflussen offenbar den Arbeitslohn und damit das Einkommen eines Individuums. Typischerweise werden die individuellen Ausbildungsaktivitäten beeinflußt von der „Fähigkeit“ des Individuums und von den Opportunitätskosten der Ausbildung. Für die folgenden Darstellungen werden zwei grundlegende Annahmen benötigt:

1. Der individuelle Bestand an Humankapital wird verstanden als Bestand an erworbenen produktiven, ökonomischen Fähigkeiten, die dann zusammen mit den angeborenen Fähigkeiten die gesamte Produktivität eines Individuums darstellen. Die Bestände an Humankapital bei verschiedenen Individuen unterscheiden sich dabei nur in ihrer Höhe, nicht in ihrer Zusammensetzung.

2. Die Höhe des Bestandes an Humankapital selbst beeinflußt nicht die relevanten ökonomischen Entscheidungen. Eine erworbene Ausbildung ist damit nur insoweit „nutzenstiftend“, als sie die Produktivität eines Individuums erhöht. In der Realität existierende Nebeneffekte einer Ausbildung, wie beispielsweise „Freude am Studieren“, werden vernachlässigt.

Ein Individuum ist charakterisiert durch seine Fähigkeit a und sein Startvermögen K_0. Die Fähigkeiten $a \in [0,1]$ der Individuen einer Bevölkerung sind gleichverteilt. Das Vermögen eines Individuums kann ganz oder teilweise risikolos in Humankapital umgewandelt werden, wobei Kreditaufnahme möglich ist. Bei gegebener Fähigkeit a und Humankapital H wird der Lohn über die linear-homogene, konkave Funktion $\omega(a, H) = 2 \cdot \sqrt{a \cdot H}$ ermittelt.

26.1.1 Individuum A habe ein Startvermögen $K_A = K_0 \cdot (1-a)$. Bestimmen Sie zur Fähigkeit a und zum Marktzinssatz r das optimale Humankapital $H\,(a,r)$ sowie das resultierende Gesamteinkommen $y\,(a,r)$. Erläutern Sie die Abhängigkeit des Humankapitals $H\,(a,r)$ von a und r.

26.1.2 Interpretieren Sie den ökonomischen Zusammenhang zwischen $y\,(a,r)$ und a. Untersuchen Sie dabei die Abhängigkeit der Steigung der Funktion $a \to y\,(a,r)$ vom Marktzins r. Erklären Sie das Ergebnis in ökonomischer Hinsicht.

26.1.3 Ermitteln Sie zu einem gegebenen Marktzinssatz r den Anteil der Individuen, der seine Ausbildung über eine Kreditaufnahme finanziert. Wie verhält sich dieser Anteil mit steigendem Zinssatz? Erläutern Sie die ökonomischen Zusammenhänge.

26.1.4 Jetzt habe jedes Individuum dasselbe Startkapital $K_A = K_0 > 0$. Berechnen Sie die Lorenzkurve der resultierenden Einkommensverteilung. Untersuchen Sie sodann die Abhängigkeit dieser Verteilung von der Höhe des Zinssatzes.

Aufgabe 26.2:

Mit der funktionellen Einkommensverteilung verbundene Fragestellungen sind typischerweise makroökonomischer Natur. Das Kaldor-Modell ist ein auf wenige Beziehungen reduziertes makroökonomisches Nachfrage-Modell.

In einem Kaldor-Modell seien $\bar{Y}$ das Vollbeschäftigungseinkommen und I das (exogen vorgegebene) Investitionsniveau. Mit s_L bzw. s_P werden die marginalen Sparneigungen der Lohnempfänger bzw. der „Kapitalisten“ bezeichnet. Es soll gelten:

$$0 < s_L < I/\bar{Y} < s_P < 1.$$

Im Gleichgewicht ergeben sich so die Verteilungsquoten $L/\bar{Y}$ für das Lohneinkommen und 1-$L/\bar{Y} = P/\bar{Y}$ für das Gewinneinkommen.

26.2.1 Nennen Sie die formalen Grundannahmen des Kaldor-Verteilungsmodells.

26.2.2 Ermitteln Sie die gesamtwirtschaftliche Sparfunktion $S(P)$ und leiten Sie die Profitquote als Verteilungsgleichung für die funktionelle Einkommensverteilung her.

26.2.3 Untersuchen Sie formal die Abhängigkeit der Gleichung der funktionellen Einkommensverteilung von Änderungen der exogen gegebenen Größen wie der Sparneigung der Lohnempfänger s_L, der Sparneigung der Unternehmer s_P und der Investitionsquote $I/\bar{Y}$. Erläutern Sie Ihre Ergebnisse unter Verwendung von Kaldors Aussage: „Kapitalisten verdienen, was sie ausgeben, Arbeiter geben aus, was sie verdienen.“

26.2.4 Jetzt wird eine lineare Einkommenssteuer $T(y) = a + t \cdot y$ mit festem Grenzsteuersatz $0 < t < 1$ und Pauschalsteuer a eingeführt. Der Parameter a wird so gewählt, daß das gesamte Steueraufkommen gleich Null ist (Umverteilungssteuer). Berechnen Sie den Pauschalsteuersatz a. Ermitteln Sie sodann (formal) die neue Sparfunktion $S_t(P)$ sowie die Profitquote $P_t/\bar{Y}$.

26.2.5 Erklären Sie die drei möglichen Auswirkungen einer Steuererhöhung.

Lösungen

Aufgabe 26.1:

26.1.1 Das Gesamteinkommen $y\,(a, r)$ des Individuums bestimmt sich aus dem Arbeitslohn ω und dem am Kapitalmarkt verzinsten „Rest“-Vermögen

$$y(a, H, r) = \omega(a, H) + r \cdot (K_A - H). \tag{26.1}$$

Das Entscheidungsproblem von Individuum A mit Fähigkeit a und Vermögen K_A lautet daher:

$$\max_H[y(a,H,r)] = \max_H[2\cdot\sqrt{a\cdot H} + r\cdot(K_0\cdot(1-a)-H)]. \qquad (26.2)$$

Die Bedingung erster Ordnung ergibt sich unter Berücksichtigung der Homogenität für $a > 0$ unmittelbar zu:

$$\frac{\delta y}{\delta H} = 2\cdot 0,5\cdot a^{0,5}\cdot H^{-0,5} + r\cdot(-1) = 0$$

$$\frac{\delta y}{\delta H} = a^{0,5}\cdot H^{-0,5} - r = 0.$$

Daraus folgt für das optimale Humankapital H:

$$H(a,r) = \frac{a}{r^2}. \qquad (26.3)$$

$\frac{H(a,r)}{a}$ ist konstant für alle Individuen. Das optimale Humankapital steigt dabei proportional mit steigendem a, sinkt jedoch aufgrund der zunehmenden Opportunitätskosten der Ausbildung mit steigendem Marktzinssatz r.

$$\frac{\delta H}{\delta a} = \frac{1}{r^2} > 0,$$

$$\frac{\delta H}{\delta r} = -\frac{2\cdot a}{r^3} < 0.$$

Unter Berücksichtigung des optimal gewählten Humankapitals gilt für das resultierende Gesamteinkommen die Beziehung

$$y(a,r) = 2\cdot\sqrt{a\cdot\frac{a}{r^2}} + r\cdot(K_0 - K_0\cdot a - \frac{a}{r^2}),$$

welche sich wie folgt vereinfachen läßt:

$$y(a,r) = \frac{a}{r} + r\cdot K_0 - r\cdot K_0\cdot a. \qquad (26.4)$$

Eine Steigerung der Fähigkeit a wirkt dabei positiv auf den Arbeitslohn, schmälert jedoch die Rendite der Kapitalanlage.

26.1.2 Eine Untersuchung der Abhängigkeit des Gesamteinkommens y von der Fähigkeit a, also der Steigung der Funktion $a \rightarrow y(a,r)$, weist dabei in der Tat einen unmittelbaren Zusammenhang zum Marktzins r auf:

$$\frac{\delta y(a,r)}{\delta a} = \frac{1}{r} - r\cdot K_0 \quad <=> \quad 0$$

$$\frac{1}{r^2} <=> K_0.$$

In Abhängigkeit von der Höhe des exogen gegebenen Zinssatzes r lassen sich die folgenden drei Fälle unterscheiden:

1. Fall

$$\frac{1}{r^2} > K_0 \Rightarrow \frac{\delta y}{\delta a} > 0$$

Die Fähigkeiten a beeinflussen das Gesamteinkommen y positiv. Dieser Effekt tritt bei niedrigen Zinssätzen $\sqrt{\frac{1}{K_0}} > r$ auf. Die Opportunitätskosten einer Ausbildung sind relativ gering, demzufolge wird verstärkt in die Bildung von Humankapital investiert. Die Verteilung der Fähigkeiten schlägt voll auf die Einkommensverteilung durch. Bei gegebenen Fähigkeiten a sinkt deren Einfluß mit zunehmendem Zins r, weil das Startkapital eher finanziell angelegt und somit zu einem geringeren Teil in Humankapital umgewandelt wird.

2. Fall

$$\frac{1}{r^2} = K_0 \Rightarrow \frac{\delta y}{\delta a} = 0$$

Die Fähigkeiten a haben keinen Einfluß auf das Einkommen y.

3. Fall

$$\frac{1}{r^2} < K_0 \Rightarrow \frac{\delta y}{\delta a} < 0$$

Für relativ hohe Zinssätze $\sqrt{\frac{1}{K_0}} < r$ bedingen höhere Fähigkeiten einen negativen Einfluß auf das Einkommen des Individuums. Aufgrund der negativen Abhängigkeit des Startkapitals K_A von den individuellen Fähigkeiten $K_A = K_0 \cdot (1-a)$ führt die Umwandlung des Startvermögens K_A in Humankapital H zu einer Kreditfinanzierung. Dieser Zusammenhang wird durch steigende Zinssätze noch verstärkt.

26.1.3 Die Finanzierung der Ausbildung über einen Kredit erfolgt, wenn das Startkapital nicht ausreicht, um das optimale Humankapital zu bilden.

$$\begin{aligned} H(a,r) &> K_A, \\ \frac{a}{r^2} &> K_0 \cdot (1-a). \end{aligned}$$

Durch Umformen dieser Gleichung erhält man:

$$\begin{aligned} a &> K_0 \cdot r^2 - K_0 \cdot a \cdot r^2 \\ a &> \frac{K_0 \cdot r^2}{(1 + K_0 \cdot r^2)}. \end{aligned} \tag{26.5}$$

Für alle a, die diese Ungleichung erfüllen, wird die Humankapitalbildung über Kreditaufnahme finanziert. Dies gilt demzufolge für alle Individuen, deren Fähigkeiten diesen Wert a übersteigen. Die Fähigkeiten der Individuen sind gleichverteilt im Intervall $[0,1]$. Dies bedeutet, daß alle Fähigkeiten die gleiche relative Häufigkeit aufweisen. Somit entspricht die Ausprägung der Fähigkeit a der kummulierten relativen Häufigkeit $F(a)$:

$$a = F(a). \tag{26.6}$$

Im folgenden soll A_1 den Anteil der Individuen darstellen, die eine Fähigkeit $a \leq a_1$ mit

$$a_1 = \frac{K_0 \cdot r^2}{(1 + K_0 \cdot r^2)} = A_1 \tag{26.7}$$

haben, was keine Kreditfinanzierung impliziert. Des weiteren soll:

$$\begin{aligned} A_K &= 1 - A_1 = 1 - \frac{K_0 \cdot r^2}{(1 + K_0 \cdot r^2)} \\ A_K &= \frac{1}{(1 + K_0 \cdot r^2)} \end{aligned} \tag{26.8}$$

den Anteil der Individuen darstellen, die über Kredite ihre Ausbildung finanzieren.

Die sich daraus ergebende Frage ist, wie sich dieser Anteil mit steigendem Zinsatz verhält und wie die Zusammenhänge ökonomisch erläutert werden können

$$\frac{\delta A_K}{\delta r} = -\frac{2 \cdot K_0 \cdot r}{(1 + K_0 \cdot r^2)^2} < 0.$$

Anhand dieser Ableitung ist zu erkennen, daß mit steigendem Zinssatz r der Anteil derer, die ihre Ausbildung anteilig über einen Kredit finanzieren, sinkt. Dies ist auf die steigenden Opportunitätskosten zurückzuführen. Da weniger in die Bildung von Humankapital investiert wird, reicht das Startvermögen K_A bei einem größeren Anteil der Individuen für die Finanzierung der Ausbildung aus.

26.1.4 Zur Bearbeitung dieser Teilaufgabe wird nochmals darauf hingewiesen, daß nunmehr alle Individuen dasselbe Startkapital $K_A = K_0 > 0$ besitzen. Die allgemeine Funktionsgleichung zur Berechnung einer Lorenzkurve lautet:

$$L^F = \frac{1}{\bar{x}} \int_{y_{\min}}^{F^{-1}(p)} f(y) \cdot y \cdot dy.$$

Um diese allgemeine Gleichung auf die vorliegende Fragestellung anzuwenden, ist die Bestimmung der einzelnen Funktionsparameter erforderlich. Unter Berücksichtigung des Intervalls $a \in [0,1]$ ergibt sich aus der Funktion

$$y(a,r) = \frac{a}{r} + r \cdot K_0 \tag{26.9}$$

für die Integrationsgrenzen folgender Zusammenhang:

$$y_{\min} = y(0,r) = r \cdot K_0, \tag{26.10}$$

$$y_{\max} = y(1,r) = \frac{1}{r} + r \cdot K_0. \tag{26.11}$$

Aus Gleichung (26.9) ergibt sich durch einfache Umstellung:

$$a(y) = r \cdot (y - r \cdot K_0).$$

Aufgrund der Gleichverteilung der Fähigkeiten a im Intervall $[0,1]$ wird jedem maximal erreichbaren Einkommen y eindeutig eine Fähigkeit a zugeordnet. Unter Bezug auf Gleichung (26.6) ergibt sich folglich:

$$F(a[y]) = F(y) = r \cdot (y - r \cdot K_0), \tag{26.12}$$

$$f(y) = \frac{\delta F(y)}{\delta y} = r. \tag{26.13}$$

Der arithmetische Mittelwert $\bar{x}$ im stetigen Fall lautet:

$$\bar{x} = \int_0^\infty f(y) \cdot y \cdot dy.$$

Unter Verwendung der Integrationsgrenzen aus (26.10) und (26.11) ergibt sich die Funktionsgleichung zur Bestimmung von $\bar{x}$:

$$\begin{aligned} \bar{x} &= \int_{y_{\min}}^{y_{\max}} r \cdot y \cdot dy = [\frac{1}{2} \cdot r \cdot y^2]_{y_{\min}=r \cdot K_0}^{y_{\max}=\frac{1}{r}+r \cdot K_0} && (26.14) \\ &= \frac{1}{2} \cdot r \cdot (\frac{1}{r^2} + \frac{2 \cdot r \cdot K_0}{r} + r^2 \cdot K_0^2 - r^2 \cdot K_0^2) \\ &= \frac{1}{2 \cdot r} + r \cdot K_0. && (26.15) \end{aligned}$$

Da für die variable Integrationsgrenze $F^{-1}(p) = F^{-1}(a) = y(a)$ gilt, berechnet sich das Integral wie folgt:

$$\begin{aligned} \int_{y_{\min}}^{F^{-1}(a)} r \cdot y \cdot dy &= [\frac{1}{2} \cdot r \cdot y^2]_{y_{\min}=r \cdot K_0}^{y(a)=\frac{a}{r}+r \cdot K_0} && (26.16) \\ &= \frac{1}{2} \cdot r((\frac{a}{r} + r \cdot K_0)^2 - r^2 \cdot K_0^2) \\ &= \frac{1}{2} \cdot r(\frac{a^2}{r^2} + \frac{2 \cdot a \cdot r \cdot K_0}{r} + r^2 \cdot K_0^2 - r^2 \cdot K_0^2) \\ &= \frac{a^2}{2 \cdot r} + r \cdot a \cdot K_0. && (26.17) \end{aligned}$$

Nachdem die einzelnen Funktionsparameter bestimmt wurden, kann die Lorenzkurve der resultierenden Einkommensverteilung berechnet werden. Die Lorenzkurve lautet:

$$L^F = \frac{\frac{a^2}{2\cdot r} + r \cdot a \cdot K_0}{\frac{1}{2\cdot r} + r \cdot K_0} = \frac{a^2 + 2 \cdot r^2 \cdot a \cdot K_0}{1 + 2 \cdot r^2 \cdot K_0}. \tag{26.18}$$

Die folgende Ableitung zeigt, daß der Wert L^F mit steigendem Zinssatz r zunimmt

$$\frac{\delta L^F}{\delta r} > 0. \tag{26.19}$$

Die Verteilung der Einkommen nähert sich zunehmend der Gleichverteilung an, d. h. unabhängig von ihren jeweiligen Fähigkeiten haben alle Individuen das gleiche Einkommen. Dies ist darauf zurückzuführen, daß der Einfluß der individuellen Fähigkeiten a bei steigenden Opportunitätskosten sinkt und alle Individuen über ein Startvermögen der Höhe $K_A = K_0 > 0$ verfügen.

Aufgabe 26.2:

26.2.1 Das Gesamteinkommen $\bar{Y}$ wird als Vollbeschäftigungseinkommen angenommen, es gliedert sich in die Kategorien Löhne L und Profite P.

$$\bar{Y} = Y_{VB} \tag{26.20}$$

$$\bar{Y} = L + P. \tag{26.21}$$

Im güterwirtschaftlichen Gleichgewicht gilt:

$$S = I. \tag{26.22}$$

Die Ersparnis S setzt sich aus der Ersparnis der Lohnempfänger S_L und der Ersparnis der Unternehmer S_P zusammen

$$S = S_L + S_P \tag{26.23}$$

$$S_L = s_L \cdot L \quad \text{und} \quad S_P = s_P \cdot P. \tag{26.24}$$

Die wesentliche Annahme des Kaldor-Modells liegt im unterschiedlichen Konsum- bzw. Sparverhalten der beiden Klassen. Die marginale Sparquote s_L der Lohnempfänger wird als klein angesehen im Vergleich zur entsprechenden Quote s_P der „Kapitalisten“. Die marginale Konsumquote c_L ist im Gegensatz dazu groß im Vergleich zur entsprechenden Quote c_P.

$$s_L < s_P \tag{26.25}$$

$$\text{und} \quad c_L > c_P \quad \text{wegen } c_L + s_L = 1.$$

26.2.2 Aus den Gleichungen (26.21), (26.22) und (26.23) ergibt sich für die Sparfunktion $S(P)$:

$$\begin{aligned} S(P) &= s_P \cdot P + s_L \cdot (\bar{Y} - P) &= I \\ S(P) &= (s_P - s_L) \cdot P + s_L \cdot \bar{Y} &= I. \end{aligned} \tag{26.26}$$

Abbildung 26.1 veranschaulicht den Sachverhalt grafisch.

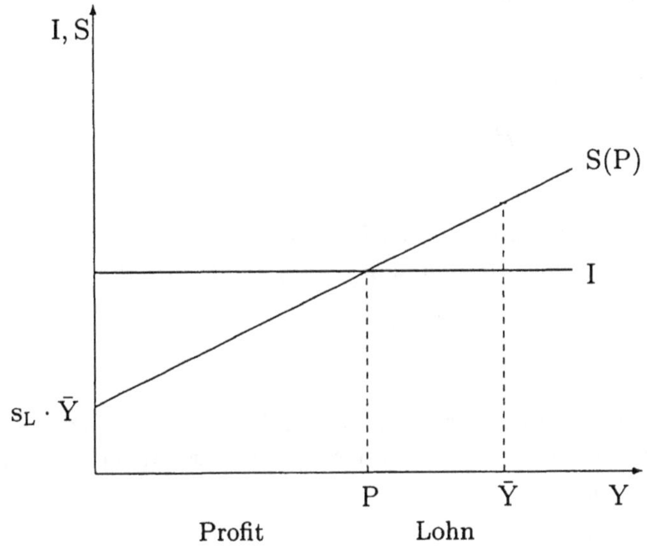

Abbildung 26.1: Gesamtwirtschaftliche Sparfunktion

Für den Profit bzw. für die Profitquote ergibt sich:

$$\begin{aligned} P &= \frac{I - s_L \cdot \bar{Y}}{(s_P - s_L)} \\ \frac{P}{\bar{Y}} &= \frac{I/\bar{Y} - s_L}{(s_P - s_L)}. \end{aligned} \tag{26.27}$$

Gleichung (26.27) wird auch als Verteilungsgleichung des Kaldor-Modells bezeichnet.

26.2.3 Die Beantwortung dieser Teilaufgabe erfolgt unter Anwendung der ceteris-paribus-Klausel. Um die Auswirkungen einer Änderung der Sparquote s_L der Lohnempfänger zu untersuchen, wird die Gleichung der Profitquote partiell nach s_L differenziert.

$$\frac{\delta P/\bar{Y}}{\delta s_L} = \frac{-1 \cdot (s_P - s_L) - (I/\bar{Y} - s_L) \cdot -1}{(s_P - s_L)^2}$$

$$\frac{\delta P/\bar{Y}}{\delta s_L} = \frac{I/\bar{Y} - s_P}{(s_P - s_L)^2}.$$

Unter Berücksichtigung von $0 < s_L < I/\bar{Y} < s_P < 1$ gilt:

$$\frac{\delta P/\bar{Y}}{\delta s_L} < 0.$$

Die Profitquote $P/\bar{Y}$ geht bei steigendem s_L zurück. Demzufolge steigt die Lohnquote. Analog gilt bei Änderung der Sparneigung s_P der Lohnempfänger:

$$\frac{\delta P/\bar{Y}}{\delta s_P} = -\frac{(I/\bar{Y} - s_L)}{(s_P - s_L)^2} < 0.$$

Auch eine Steigerung des Sparens auf Unternehmerseite führt zu einer Verringerung der Profitquote $P/\bar{Y}$. Für die Profitquote bei Änderung der Investitionsquote $I/\bar{Y}$ gilt der folgende Zusammenhang:

$$\frac{\delta P/\bar{Y}}{\delta I/\bar{Y}} = \frac{1}{(s_P - s_L)} > 0.$$

Zusammenfassend gilt für das Kaldor-Modell: Eine Erhöhung der exogen vorgebenen Investitionen führt zu einer Steigerung der Profitquote. Erhöhtes Sparen, egal ob durch Lohnempfänger oder „Kapitalisten“, bedingt eine sinkende Profitquote. Analog dazu führt unter Berücksichtigung von $c_L + s_L = 1$ eine Steigerung des Konsums, unabhängig davon welche der beiden Klassen mehr konsumiert, zu einer Erhöhung der Profitquote.

26.2.4 Nun soll die Besteuerung des Einkommens betrachtet werden. Die Steuerfunktion besitzt die Form $T(y) = a + t \cdot y$ mit festem Grenzsteuersatz $0 < t < 1$. Der Pauschalsteuersatz a wird so bemessen, daß das Gesamtaufkommen der Steuer gleich Null ist. Es gilt:

$$T(P) + T(L) = 0. \tag{26.28}$$

Unter Anwendung von $T(y) = a + t \cdot y$ ergibt sich der Pauschalsteuersatz a:

$$(a + t \cdot P) + (a + t \cdot L) = 0,$$

$$a = -\frac{t \cdot \bar{Y}}{2} < 0. \tag{26.29}$$

Für die Sparfunktionen der beiden Klassen gilt:

$$S_L = s_L \cdot (L - T(L)) \quad \text{und} \quad S_P = s_P \cdot (P - T(P)).$$

Die gesamtwirtschaftliche Sparfunktion $S_t(P)$ lautet:

$$\begin{aligned}
S_t = &\quad s_L \cdot (L - T(L)) + s_P \cdot (P - T(P)) &= I\\
S_t = &\quad s_L \cdot (L - a - t \cdot L) + s_P \cdot (P - a - t \cdot P) &= I\\
S_t = &\quad s_L \cdot ((1-t) \cdot L + \tfrac{t \cdot \bar{Y}}{2}) + s_P \cdot ((1-t) \cdot P + \tfrac{t \cdot \bar{Y}}{2}) &= I.
\end{aligned}$$

Es wird nun L durch $(\bar{Y} - P)$ ersetzt:

$$\begin{aligned}
S_t = &\quad s_L \cdot ((1-t) \cdot (\bar{Y} - P) + \tfrac{t \cdot \bar{Y}}{2}) + s_P \cdot ((1-t) \cdot P + \tfrac{t \cdot \bar{Y}}{2}) &= I\\
S_t = &\quad (s_P - s_L) \cdot (1-t) \cdot P + s_L \cdot (1 - \tfrac{t}{2}) \cdot \bar{Y} + s_P \cdot \tfrac{t}{2} \cdot \bar{Y} &= I.
\end{aligned}$$

Eine identische Umformung der Sparfunktion $S_t(P)$ ergibt:

$$S_t(P) = (s_P - s_L) \cdot (1-t) \cdot P + s_L \cdot \bar{Y} + (s_P - s_L) \cdot \frac{t}{2} \cdot \bar{Y} = I. \tag{26.30}$$

Daraus folgt für den Profit P_t:

$$P_t = \frac{I - s_L \cdot \bar{Y} + s_L \cdot \frac{t}{2} \cdot \bar{Y} - s_P \cdot \frac{t}{2} \cdot \bar{Y}}{(s_P - s_L) \cdot (1-t)}. \tag{26.31}$$

Im Vergleich zur alten Profitquote ergibt sich die neue Profitquote zu:

$$\frac{P_t}{\bar{Y}} = \frac{\frac{I}{\bar{Y}} - s_L + (s_L - s_P) \cdot \frac{t}{2}}{(s_P - s_L) \cdot (1-t)} <=> \frac{\frac{I}{\bar{Y}} - s_L}{(s_P - s_L)} = \frac{P}{\bar{Y}}. \tag{26.32}$$

26.2.5 Bevor die drei möglichen Auswirkungen einer Steuererhöhung unterschieden werden, erfolgt ein Vergleich zwischen alter Sparfunktion $S(P)$ und neuer Sparfunktion $S_t(P)$:

$$\begin{aligned}
S(P) &= (s_P - s_L) \cdot P + s_L \cdot \bar{Y},\\
S_t(P) &= (s_P - s_L) \cdot (1-t) \cdot P + s_L \cdot \bar{Y} + (s_P - s_L) \cdot \frac{t}{2} \cdot \bar{Y}.
\end{aligned}$$

Es handelt sich hier um einen linearen Zusammenhang der Form $y = a \cdot x + b$. Folgende Aussagen können getroffen werden:

- Der Achsenabschnitt b der Sparfunktion mit Steuer $S_t(P)$ ist vergleichsweise zur Sparfunktion ohne Steuer $S(P)$ um den Ausdruck $(s_P - s_L) \cdot \frac{t}{2} \cdot \bar{Y} > 0$ größer.
- Der Achsenabschnitt b der Sparfunktion mit Steuer $S_t(P)$ ist aber kleiner als I, da die Beziehung $S_t(P) = I$ gilt.

- Der in der neuen Sparfunktion $S_t(P)$ im Anstieg a auftretende Term $(1-t)$ mit $0 < (1-t) < 1$ verringert den Anstieg im Vergleich zur alten Sparfunktion $S(P)$.

Im folgenden werden die drei möglichen Fälle untersucht. Zur graphischen Veranschaulichung soll Abbildung 26.2 dienen.

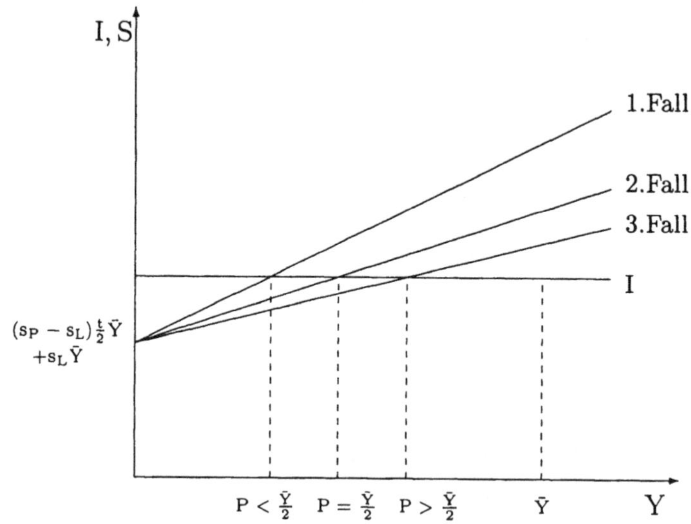

Abbildung 26.2: Gesamtwirtschaftliche Sparfunktion $S_t(P)$ unter Berücksichtigung einer Steuereinführung

Formal ergibt sich für die Änderung der gesamtwirtschaftlichen Sparfunktion S_t in Abhängigkeit von t folgender Zusammenhang:

$$\frac{\delta S_t}{\delta t} = -(s_L - s_P) \cdot P + \frac{(s_P - s_L)}{2} \cdot \bar{Y} <=> 0.$$

Die drei Fälle unterscheiden sich folglich darin, ob der Profit P größer, gleich oder kleiner der Hälfte des Gesamteinkommens $\bar{Y}$ ist:

$$\frac{\bar{Y}}{2} <=> P. \tag{26.33}$$

1. Fall

$$\frac{\bar{Y}}{2} > P$$

Da P kleiner als $\frac{\bar{Y}}{2}$ ist, erfolgt eine Umverteilung von den Arbeitern (Löhne) zu den Unternehmern (Profite). Der Gesamtkonsum sinkt (wegen $c_P < c_L$), es wird mehr gespart (wegen $s_P > s_L$). Das führt zu einer Senkung der Preise. Die Steigerung der Kaufkraft bedeutet eine Erhöhung der Reallöhne. Dies ist gleichbedeutend mit einer Verringerung der Profitquote.

2. Fall

$$\frac{\bar{Y}}{2} = P$$

Dies bedeutet, daß $\frac{\bar{Y}}{2}$ dem Wert P bzw. L entspricht. Da $L = P$ erfolgt keine Umverteilung durch die Erhebung der Steuer. Die Profitquote $\frac{P}{Y}$ bleibt unverändert.

3. Fall

$$\frac{\bar{Y}}{2} < P$$

P übersteigt den Wert $\frac{\bar{Y}}{2}$, die Steuer nimmt eine Umverteilung von den Gewinnen zu den Löhnen vor. Damit steigt die gesamtwirtschaftliche Nachfrage (wegen $c_L > c_P$). Es kommt zu Preissteigerungen, die Reallöhne sinken. Die Profitquote $\frac{P}{Y}$ steigt an.

Kommentierte Literaturhinweise:

Ein einführender Überblick zu Fragen der Verteilungstheorie wird in allgemeinen Büchern zur Volkswirtschaftslehre, wie beispielsweise Cezanne, W. (1999): *Allgemeine Volkswirtschaftslehre* und Woll, A. (2000): *Allgemeine Volkswirtschaftslehre* gegeben. Für eine ausführliche Diskussion der Problematik sind Kaldor, N. (1976) *Alternative Verteilungstheorien*, Ramser, H. (1987) *Verteilungstheorie* und Stiglitz, J. (1978) *Equality, Taxation and Inheritance* zu empfehlen. Das Vorlesungsskript *Verteilungstheorie* von Wiesmeth, H. (2000), TU Dresden stellt eine kompakte Zusammenfassung dar.

Cezanne, W. (1999):
Allgemeine Volkswirtschaftslehre. München.

Kaldor, N. (1976):
Alternative Verteilungstheorien. In: Schlicht, E. (Hrsg.), Einführung in die Verteilungstheorie. Hamburg.

Ramser, H.-J. (1987):
Verteilungstheorie. Heidelberg.

Stiglitz, J. (1978):
Equality, Taxation and Inheritance. In: W. Krelle/A. Shorocks (Eds.), Personal Income Distribution. Amsterdam.

Wiesmeth, H. (2000):
Script zur Vorlesung Verteilungstheorie. Dresden.

Woll, A. (2000):
Allgemeine Volkswirtschaftslehre. München.

Autorenverzeichnis

Dipl.-Vw. Elke Baumann
1989-1991 Studium der Volkswirtschaftslehre und der Romanistik an der Bayrischen Julius Maximilians-Universität Würzburg. 1991-1992 Austauschstudium an der State University of New York at Albany mit Abschluß als M.A. in Economics, 1992-1995 Studium der Volkswirtschaftlehre an der Rheinischen Friedrich-Wilhelms-Universität Bonn mit Abschluß als Diplom-Volkswirtin, 1995-2000 Wissenschaftliche Mitarbeiterin am Lehrstuhl für Finanzwissenschaft und Öffentliche Steuerlehre (Prof. Dr. D. Wellisch) der Technischen Universität Dresden, seit Oktober 2000 Wissenschaftliche Mitarbeiterin beim Sachverständigenrat zur Begutachtung der Gesamtwirtschaftlichen Entwicklung.

Dr. rer. oec. habil. Ansgar Belke
Studium der Volkswirtschaftslehre und der Ökonometrie an der Westfälischen Wilhelms-Universität Münster mit Abschluß (1991) als Diplom-Volkswirt, 1991-2000 Wissenschaftlicher Mitarbeiter am Lehrstuhl für theoretische Volkswirtschaftslehre I (Prof. Dr. W. Kösters) der Ruhr-Universität Bochum, Promotion an der Ruhr-Universität Bochum (1995), Habilitation an der Ruhr-Universität Bochum (1999), seit März 2000 Hochschuldozent an der Ruhr-Universität Bochum.

Dipl.-Wirt.-Ing. Antje Berger
Studium des Wirtschaftsingenieurwesens an der Technischen Universität Dresden mit Abschluß (1998) als Diplom-Wirtschaftsingenieur, seit 1998 Wissenschaftliche Mitarbeiterin am Lehrstuhl für Volkswirtschaftslehre, insbes. Allokationstheorie (Prof. Dr. H. Wiesmeth) der Technischen Universität Dresden und Projektleiterin bei der INTECTUS GmbH Dresden, Ingenieurgesellschaft für Abfallwirtschaft und umweltintegratives Management.

Dr. rer. pol. Michael Berlemann
1989-1994 Studium der Wirtschaftswissensschaften an der Ruhr-Universität Bochum mit Abschluß (1994) als Diplom-Ökonom, 1995 Erhalt eines Promotionsstipendiums des Freistaates Sachsen, 1996-1999 wissenschaftlicher Mitarbeiter am Lehrstuhl für Volkswirtschaftslehre, insbes. Geld, Kredit und Währung (Prof. Dr. A. Karmann) der Technischen Universität Dresden, Promotion an der Technischen Universität Dresden (1999), seit Oktober 1999 Wissenschaftlicher Assistent am Lehrstuhl für Volkswirtschaftslehre, insbes. Geld, Kredit und Währung der Technischen Universität Dresden.

Dipl.-Vw. Jeannette Brosig
1993-1998 Studium der Volkswirtschaftslehre an der Otto von Guericke-Universität Magdeburg mit Abschluß als Diplom-Volkswirtin (1998), seit 1998 Wissenschaftliche Mitarbeiterin am Lehrstuhl für Volkswirtschaftslehre, insbes. Wirtschaftspolitik (Prof. Dr. J. Weimann) der Otto von Guericke-Universität Magdeburg.

Dr. rer. pol. Gregor Brüggelambert
Studium der Wirtschaftswissenschaften an der Universität-GH Kassel mit Abschluß (1988) als Diplom-Ökonom, danach Wissenschaftlicher Mitarbeiter an der Universität Frankfurt (Prof. Dr. R. Tietz) und an der Professur für Wirtschaftspolitik (Prof. Dr. K. Kraft) der Universität-GH Essen, Promotion an der Universität-GH Esssen (1998), seitdem Wissenschaftlicher Assistent an der Professur für Wirtschaftspolitik der Universität-GH Essen.

Dr. rer. pol. Bettina Burger-Menzel
Studium der Volkswirtschaftslehre an der Universität Mannheim mit Abschluß (1991) als Diplom-Volkswirtin, 1991-1992 Tätigkeit bei der German Business Association of Hong Kong, 1992-1993 Mitarbeiterin am Zentrum für Europäische Wirtschaftsforschung Mannheim, 1993-1998 Mitarbeiterin am HWWA-Institut für Wirtschaftsforschung Hamburg, Promotion an der Universität Hamburg (1998), seit 1998 tätig bei der RWE-DEA AG für Mineralöl und Chemie Hamburg.

Dipl.-Vw. Nicole-Barbara Buschle
Studium der Volkswirtschaftslehre an der Universität Mannheim mit Abschluß (1996) als Diplom-Volkswirtin, seit 1997 Wissenschaftliche Mitarbeiterin an der Professur für Volkswirtschaftslehre, insbes. Managerial Economics (Prof. Dr. M. Lehmann-Waffenschmidt) der Technischen Universität Dresden.

Dipl.-Vw. Arwed Crüger
Studium der Volkswirtschaftslehre an der Fern-Universität Hagen und der Johann Wolfgang Goethe-Universität Frankfurt mit Abschluß als Diplom-Volkswirt, Unternehmensberater bei Anderson Consulting, Frankfurt am Main, Wissenschaftlicher Mitarbeiter an der Professur für Finanzwissenschaft (Prof. Dr. M. Ahlert) der Martin Luther-Universität Wittenberg-Halle, zur Zeit Berater bei KPMG Global Transfer Pricing Services, Frankfurt am Main.

Dipl.-Vw. Ralf Dewenter
Studium der Volkswirtschaftslehre an der Universität Konstanz und der Uni-GH Essen mit Abschluß (1998) als Diplom-Volkswirt, März-August 1998 Wissenschaftlicher Mitarbeiter an der Universität St. Gallen, seit September 1998 Wissenschaftlicher Mitarbeiter an der Professur für Wirtschaftspolitik (Prof. Dr. K. Kraft) der Uni-GH Essen.

Dr. rer. pol. habil. Matthias Göcke
Studium der Volkswirtschaftslehre und der Ökonometrie an der Westfälischen-Wilhelms-Universität Münster mit Abschluß (1990) als Diplom-Volkswirt, 1990-1998 Wissenschaftlicher Mitarbeiter am Institut für industriewirtschaftliche Forschung (Prof. Dr. G. Dieckheuer) der Westfälischen Wilhelms-Universität Münster, Promotion an der Westfälischen Wilhelms-Universität Münster (1993), Habilitation an der Westfälischen Wilhelms-Universität Münster (1998), seit Dezember 1998 Hochschuldozent an der Westfälischen Wilhelms-Universität Münster.

Dr. rer. pol. habil. Michael Graff
Studium der Soziologie an der Universität Hamburg mit Abschluß (1989) als Diplom-Soziologe, 1989-1993 Wissenschaftlicher Mitarbeiter am Institut für Außenhandel und Wirtschaftsintegration (Prof. Dr. V. Timmermann) der Universität Hamburg, Promotion an der Universität Hamburg (1994), seit 1994 Wissenschaftlicher Assistent am Lehrstuhl für Volkswirtschaftslehre, insbes. Geld, Kredit und Währung (Prof. Dr. A. Karmann) der Technischen Universität Dresden, Habilitation an der Technischen Universität Dresden (2000).

Dipl.-Vw. Oliver Greßmann
Studium der Volkswirtschaftslehre an der Technischen Universität Dresden mit Abschluß (1998) als Diplom-Volkswirt, seit März 1999 Wissenschaftlicher Mitarbeiter am Lehrstuhl für Volkswirtschaftslehre, insbes. Geld, Kredit und Währung (Prof. Dr. A. Karmann) der Technischen Universität Dresden.

Dipl.-Vw. Ulrich Hange
1989-1990 Studium der Politischen Wissenschaft, Slavistik und Neueren Geschichte an der Ludwig Maximilians-Universität München, 1990-1995 Studium der Volkswirtschaftslehre an der Ludwig-Maximilians-Universität München mit Abschluß als Diplom–Volkswirt, seit 1995 Wissenschaftlicher Mitarbeiter am Lehrstuhl für Finanzwissenschaft und Öffentliche Steuerlehre (Prof. Dr. D. Wellisch) der Technischen Universität Dresden.

Dipl.-Vw. Guido Henkel
Studium der Volkswirtschaftslehre an der Universität Dortmund mit Abschluß als Diplom-Volkswirt (1991), Oktober 1991 bis September 1997 Wissenschaftlicher Mitarbeiter am Lehrstuhl für Makroökonomik (Prof. Dr. H. Holländer) der Universität Dortmund, seit Oktober 1997 Wissenschaftlicher Mitarbeiter an der Professur für Volkswirtschaftslehre, insbes. Geld und Kredit (Prof. Dr. H. Gischer) der Otto von Guericke-Universität Magdeburg.

Dipl.-Vw. Christian Hott
Studium der Volkswirtschaftslehre an der Universität Konstanz mit Abschluß (1999) als Diplom-Volkswirt, seit Mai 1999 Wissenschaftlicher Mitarbeiter am Lehrstuhl für Volkswirtschaftslehre, insbes. Geld, Kredit und Währung (Prof. Dr. A. Karmann) der Technischen Universität Dresden.

Dr. rer. pol Axel Jochem
Studium der Volkswirtschaftslehre an der Ludwig Maximilians-Universität München und der Université Paris IX - Dauphine mit Abschluß (1993) als Diplom-Volkswirt, von 1993 bis Juni 1998 Wissenschaftlicher Mitarbeiter am Lehrstuhl für Volkswirtschaftslehre, insbes. internationale Wirtschaftsbeziehungen (Prof. Dr. F. Sell) der Technischen Universität Dresden, Promotion an der Technischen Universität Dresden (1998), seit Juli 1998 Wissenschaftlicher Mitarbeiter an der Bundeswehruniversität München.

Dipl.-Math. Thomas Kähler
Studium der Mathematik an der Universität Hamburg mit Abschluß (1991) als Diplom-Mathematiker, 1992-1994 Wissenschaftlicher Mitarbeiter am sozialökonomischen Seminar der Universität Hamburg, 1994-1999 Wissenschaftlicher Mitarbeiter am Lehrstuhl für Volkswirtschaftslehre, insbes. Geld, Kredit und Währung (Prof. Dr. A. Karmann) der Technischen Universität Dresden.

Dr. rer. pol. Frank Leibbrand
Studium des Wirtschaftsingenieurwesens an der Universität Karlsruhe (TH) mit Abschluß (1991) als Diplom-Wirtschaftsingenieur, Wissenschaftlicher Mitarbeiter am Lehrstuhl für Volkswirtschaftslehre, insbes. Wirtschaftspolitik und Wirtschaftsforschung (Prof. Dr. U. Blum) der Technischen Universität Dresden, Promotion zum Dr. rer. pol. an der Technischen Universität Dresden (1996), seitdem Wissenschaftlicher Assistent am Lehrstuhl für Volkswirtschaftslehre, insbes. Wirtschaftspolitik und Wirtschaftsforschung der Technischen Universität Dresden.

PD Dr. rer. pol. Martin Leschke
1983-1989 Studium des Volkswirtschaftslehre an der Westfälischen Wilhelms-Universität Münster mit Abschluß als Diplom-Volkswirt, seit 1993 Wissenschaftlicher Mitarbeiter am Lehrstuhl für Volkswirtschaftslehre, insbes. Geld und Währung (Prof. Dr. M. Borchert) der Westfälischen Wilhelms-Universität Münster, Promotion zum Dr. rer. pol. an der Westfälischen Wilhelms-Universität Münster, Habilitation an der Westfälischen Wilhelms-Universität Münster (1998).

Dipl.-Kfm. Dominik Maltritz
Studium der Physik und der Betriebswirtschaftslehre an der Universität Göttingen mit Abschluß (1999) als Diplom-Kaufmann, seit Oktober 1999 Wissenschaftlicher Mitarbeiter am Lehrstuhl für Volkswirtschaftslehre, insbes. Geld, Kredit und Währung (Prof. Dr. A. Karmann) der Technischen Universität Dresden.

Dipl.-Vw. Katrin Mehnert
1991-1996 Studium der Volkswirtschaftslehre an der Technischen Universität Dresden mit Abschluß als Diplom-Volkswirtin, seit 1997 Wissenschaftliche Mitarbeiterin am Lehrstuhl für Volkswirtschaftslehre, insbes. Allokationstheorie (Prof. Dr. H. Wiesmeth) der Technischen Universität Dresden.

Dipl.-Vw. Thomas C. Menzel
Studium der Volkswirtschaftslehre an der Freien Universität Berlin mit Abschluß als Diplom-Volkswirt, seit 1997 Wissenschaftlicher Mitarbeiterin am Lehrstuhl für Volkswirtschaftslehre, insbes. Finanzwissenschaft und Öffenliche Steuerlehre (Prof. Dr. D. Wellisch) der Technischen Universität Dresden.

Dipl.-Wirt.-Math. Atanasios Mitropoulos
1990-1996 Studium der Wirtschaftsmathematik an der Universität Dortmund und Economics and Mathematics an der University of Leeds (UK) mit Abschluß als Diplom-Wirtschaftsmathematiker, seit Dezember 1996 Wissenschaftlicher Mitarbeiter am Lehrstuhl für Volkswirtschaftslehre, insbes. Wirtschaftspolitik (Prof. Dr. J. Weimann) der Otto von Guericke-Universität Magdeburg.

Dr. rer. pol. Kornelia Möser
Studium des Wirtschaftsingenieurwesens an der Technischen Universität Dresden mit Abschluß (1988) als Diplom-Wirtschaftsingenieur, Wissenschaftliche Mitarbeiterin am Lehrstuhl für Volkswirtschaftslehre, insbes. Allokationstheorie (Prof. Dr. H. Wiesmeth) der Technischen Universität Dresden, Promotion zum Dr. rer. pol. an der Technischen Universität Dresden, seitdem Wissenschaftliche Assistentin am Lehrstuhl für Volkswirtschaftslehre, insbes. Allokationstheorie der Technischen Universität Dresden.

Dr. rer. pol. Roland Rollberg
Studium der Betriebswirtschaftslehre an der Westfälischen Wilhelms-Universität Münster und der University of Warwick (GB) mit Abschlüssen als Master of Science in Management Science and Operational Research (1991) und als Diplom-Kaufmann (1992), 1992-1996 Wissenschaftlicher Mitarbeiter am Institut für Industrie- und Krankenhausbetriebslehre der Westfälischen Wilhelms-Universität Münster (Prof. Dr. D. Adam), Promotion an der Westfälischen Wilhelms-Universität Münster (1995), seit 1996 Wissenschaftlicher Assistent am Lehrstuhl für Betriebswirtschaftslehre, insbes. Produktionswirtschaft (Prof. Dr. R. Bogaschewsky) der Technischen Universität Dresden.

Dipl.-Vw. Jörg Stank
Studium der Volkswirtschaftslehre mit Abschluß als Diplom-Volkswirt, Wissenschaftlicher Mitarbeiter am Fachgebiet Wirtschaftspolitik (Prof. Dr. K. Kraft) der Universität-GH Essen.

Dipl.-Vw. Carsten Vogt
1988-1993 Studium der Volkswirtschaftslehre und der Diplomjournalistik an der Universität Dortmund mit Abschluß als Diplom-Volkswirt, 1994-1995 Wissenschaftlicher Mitarbeiter am Seminar für Wirtschafts- und Finanzpolitik (Prof. Dr. J. Weimann) der Ruhr Universität Bochum, 1995-2000 Wissenschaftlicher Mitarbeiter am Lehrstuhl für Volkswirtschaftslehre, insbes. Wirtschaftspolitik (Prof. Dr. J. Weimann) der Otto von Guericke-Universität Magdeburg, seit April 2000 Mitarbeiter in der Abteilung Umwelt- und Ressourcenökonomik des Zentrums für Europäische Wirtschaftsforschung (ZEW) Mannheim.

www.ingramcontent.com/pod-product-compliance
Lightning Source LLC
LaVergne TN
LVHW080745300926
849162LV00008BA/1756